A pré-história da mente

FUNDAÇÃO EDITORA DA UNESP

Presidente do Conselho Curador
Mário Sérgio Vasconcelos

Diretor-Presidente
Jézio Hernani Bomfim Gutierre

Superintendente Administrativo e Financeiro
William de Souza Agostinho

Conselho Editorial Acadêmico
Carlos Magno Castelo Branco Fortaleza
Henrique Nunes de Oliveira
João Francisco Galera Monico
João Luís Cardoso Tápias Ceccantini
José Leonardo do Nascimento
Lourenço Chacon Jurado Filho
Paula da Cruz Landim
Rogério Rosenfeld
Rosa Maria Feiteiro Cavalari

Editores-Adjuntos
Anderson Nobara
Leandro Rodrigues

Steven Mithen

A pré-história da mente
Uma busca das origens da arte, da religião e da ciência

Tradução
Laura Cardellini Barbosa de Oliveira

Revisão técnica
Max Blum Ratis e Silva

© 1996 Thames and Hudson Ltd., London

Título original em inglês: *The Prehistory of the Mind.
A Search for the Origins of Art, Religion and Science.*

© 1998 da tradução brasileira:

Fundação Editora da Unesp (FEU)
Praça da Sé, 108
01001-900 – São Paulo – SP
Tel.: (0xx11) 3242-7171
Fax: (0xx11) 3242-7172
www.editoraunesp.com.br
www.livrariaunesp.com.br
feu@editora.unesp.br

Dados Internacionais de Catalogação na Publicação (CIP)
(Câmara Brasileira do Livro, SP, Brasil)

Mithen, Steven J.
    A pré-história da mente: uma busca das origens da arte, da religião
e da ciência / Steven J. Mithen; tradução Laura Cardellini Barbosa de Oliveira;
revisão técnica Max Blum Ratis e Silva. – São Paulo: Editora UNESP, 2002.

    Título original: The Prehistory of the Mind: A Search for the Origins of Art,
Religion, and Science.
    Bibliografia.
    ISBN 85-7139-438-5

    1. Antropologia 2. Arqueologia 3. Comportamento humano 4. Evolução
(Biologia) 5. Evolucação social 6. Filosofia da mente I. Título.

02-6224   CDD-599.938

Índice para catálogo sistemático:
1. Evolução da mente: Antropologia física: Ciências da vida 599.938

Editora afiliada:

Asociación de Editoriales Universitarias
de América Latina y el Caribe

ASSOCIAÇÃO BRASILEIRA
DAS EDITORAS UNIVERSITÁRIAS

Para meus filhos Hannah, Nicholas e Heather.

Sumário

Prefácio à edição brasileira 9

Prefácio 13

1 Por que interrogar um arqueólogo a respeito
   da mente humana? 17

2 O drama do nosso passado 29

3 A arquitetura da mente moderna 55

4 Uma nova proposta para a evolução da mente 101

5 Símios, macacos e a mente do elo perdido 117

6 A mente do primeiro fabricante de instrumentos 151

7 As inteligências múltiplas da mente
   dos humanos arcaicos 185

8 Tentando pensar como um neandertal 241

9 O *big bang* da cultura humana: as origens
   da arte e da religião 247

10 Como tudo aconteceu? 305

11 A evolução da mente 321

Epílogo: As origens da agricultura   351

Bibliografia   367

Ilustrações   415

Quadros   417

Índice remissivo   419

Prefácio à edição brasileira

Como vivemos num país onde os novos paradigmas das "ciências" humanas aplicadas demoram décadas para chegar (e, às vezes, quando chegam, são implacavelmente "fritados" pela *inteligentsia* local), a pedagogia entre nós ainda apresenta forte tendência piagetiana. Ocorre que Piaget, bem como a maioria de seus contemporâneos e antecessores, criou suas teorias sobre o desenvolvimento da mente humana com base na premissa de que ela se assemelha a uma esponja ou a um computador, dotado de grande algoritmo, pau para toda obra, que poderíamos denominar inteligência generalizada.

Ocorre, entretanto, que nos países onde as "ciências" humanas aplicadas se mantêm antenadas com os progressos em outras áreas do conhecimento, a ideia de uma mente formada por um algoritmo "pau para toda obra" deixou, há muito, de ser privilegiada, com grandes consequências para o desenvolvimento de novas estratégias pedagógicas. Desde que a ideia da "modularidade da mente humana" foi proposta por Jerry Fodor em 1983, ela vem ganhando força teórica e experimental. Dentro dessa perspectiva de modularidade, a mente humana deve ser vista muito mais como um "canivete suíço" do que como um computador. As diversas lâminas desse canivete são compostas por "inteligências especializadas", que em nosso caso estão altamente integradas, sem perda de independência neurofisiológica, contudo.

Os autistas são o maior exemplo empírico dessas inteligências especializadas. Apesar de apresentarem grande capacidade cognitiva em várias dimensões do conhecimento e da vida cotidiana, exibem grande dificuldade de socialização e de comunicação com os outros, sugerindo graves deficiências no módulo que poderíamos chamar de "inteligência social". As grandes intervenções neurocirúrgicas também nos brindam com farto material empírico quanto a se legitimizar o modelo da modularidade da mente humana.

Steven Mithen é um jovem arqueólogo inglês que tem, desde sempre, se caracterizado pela inovação ao abordar temas candentes do processo evolutivo humano, ou da organização social das sociedades que nos precederam, lançando mão, sempre que possível, de teoria da cognição. No presente livro, publicado originalmente em 1996, Mithen aproximou o estudo da pré-história à teoria da cognição de forma magistral, superando ensaios anteriores, onde essa aproximação foi realizada de maneira mais modesta.

Tive a satisfação de utilizar a presente obra, como texto de discussão, em meu curso de pós-graduação sobre a evolução do comportamento humano, na USP, em 1998, tendo-o debatido com um público bastante eclético e "descolado": alunos de biologia, ciências sociais, filosofia, arqueologia, história e psicologia. Nos últimos anos, venho investindo uma boa parte de meu tempo na leitura de títulos na área da psicologia evolutiva (que certamente não vicejará no Brasil no próximo século e meio), para consumo próprio. A psicologia evolutiva tem crescido muito no exterior e grande parte dos profissionais envolvidos nessa abordagem é formada por antropólogos, tendo se tornado, na verdade, uma nova subárea da antropologia evolutiva. Essa última, para ser praticada em nível aceitável, requer que os profissionais envolvidos tenham uma grande erudição sobre o fenômeno humano no espaço e no tempo. Requer, também, que esses profissionais acreditem, ainda que apenas parcialmente, que é possível identificar relações de causa e efeito no comportamento social humano, crença essa absolutamente destituída hoje em dia de qualquer aceitação pelo *mainstream* das ciências sociais, desde que Nietzsche exterminou o idealismo na filosofia e que Deleuze, Derrida e Foucault enterraram a verticalidade nas ciências sociais.

Tendo em vista que, por razões nem sempre sob meu controle, acabei sendo levado a estudar teoria e método tanto em biologia evolutiva quanto em antropologia biológica, arqueologia e antropologia social, e de que ainda não estou completamente convencido de que a horizontalidade é a única alternativa verdadeiramente honesta de se abordar o fenômeno humano, abdicando-se completamente das relações de causa e efeito, não fica difícil compreender minha atração fatal pela aproximação entre biologia evolutiva e teoria da mente que a psicologia evolutiva e, por respingo, a antropologia evolutiva vêm promovendo.

No rastro desse meu devaneio antropológico (sem praia) fiquei absolutamente mesmerizado pela eficiência como Steven Mithen costurou, com sua ilimitada erudição, sobre os homens, dados paleoantropológicos, primatológicos, arqueológicos e etnológicos, demonstrando convincentemente que, ao se aplicar teoria da modularidade da mente sobre a empiria que dispomos sobre a história evolutiva humana, não só passamos a compreender melhor essa história, dando sentido a coisas que no passado nos pareciam paradoxais no nosso percurso evolutivo, como também legitimamos a força explanatória do conceito de mente como canivete suíço.

Há apenas uma correção a ser feita no texto, que é finalmente colocado à disposição do público brasileiro, graças ao golpe de vista acurado da Editora UNESP. Entre os seis anos que separam a publicação original no exterior e a tradução para o português, novas descobertas efetuadas na África do Sul, publicadas em 2001 e 2002, mostraram, além de qualquer dúvida, que a explosão criativa do Paleolítico Superior, abordada no Capítulo 9, pode ter ocorrido antes de 45 mil anos atrás e que, certamente, se deu no continente africano. Pontas ósseas e um fragmento de osso ricamente decorado encontrados em Blombos, África do Sul, foram datados em quase oitenta mil anos, mostrando, portanto, que a manifestação estética artisticamente expressada é bem mais antiga do que pensávamos até recentemente. Na realidade, ainda nos anos 90, pontas ósseas encontradas em Katanda, no antigo Zaire, datadas de cerca de setenta mil anos, já apontavam para essa direção, mas havia muita controvérsia sobre a propriedade dessa datação.

Tenho certeza de que a leitura desse *A pré-história da mente* deixará o leitor leigo absolutamente fascinado com a potencialidade elucidativa que a aproximação entre biologia evolutiva, teoria da mente e arqueologia proporciona no tocante ao comportamento social humano.

Walter Neves

Prefácio

A mente humana levou milhões de anos para evoluir. É o fruto de um processo longo e gradual, sem objetivo ou direção predeterminados. Durante os últimos dois milhões e meio de anos desse percurso, nossos ancestrais deixaram indícios dos seus comportamentos, como os utensílios de pedra, os restos de alimentos e as pinturas rupestres. Registros escritos somente passaram a existir bem no fim desse período, a partir de apenas cinco mil anos atrás. Para compreender a evolução da mente devemos primeiro voltar-nos para a nossa pré-história, pois foi então que as características singulares do intelecto humano surgiram, como a linguagem e uma inteligência avançada. Entender a mente nos leva a uma apreciação do que significa sermos humanos. Espero, portanto, que *A pré-história da mente* seja do interesse não apenas de arqueólogos e psicólogos, mas também de todo leitor razoavelmente curioso e reflexivo.

Tentei escrever um livro no qual a evidência da pré-história se tornasse acessível àqueles que talvez nunca tenham ouvido falar de australopitecinos ou machados de mão. Mas o livro também tenta propor uma nova teoria sobre a evolução da mente. A audiência acadêmica que for julgar essa teoria desejará vê-la fundamentada em detalhes possivelmente tediosos para o leitor comum. Procuro satisfazer esses especialistas com extensas notas que fornecem apoio adicional às alegações feitas neste texto. Elas também serão úteis aos estudantes que tentam dar conta da complexidade do registro arqueológico e da evolução humana.

Embora a evolução da mente tenha sido um processo lento e gradual, houve, contudo, eventos-chave que constituíram momentos decisivos para o modo como isso aconteceu. A evolução deste livro também foi um processo gradual, que envolve três episódios determinantes. Sem eles, o texto talvez não tivesse sido escrito ou, como a mente, teria permanecido em um estado um tanto primitivo. Depois que meu interesse inicial pela pré-história cognitiva foi estimulado pela obra do arqueólogo americano Thomas Wynn, o primeiro desses episódios ocorreu em 1988, quando ocupava o cargo de pesquisador do Trinity Hall, em Cambridge. Um dia, durante o almoço, *Sir* John Lyons – o diretor do College – casualmente perguntou-me se havia lido *The Modularity of Mind* [*A modularidade da mente*] de Jerry Fodor. Não havia, mas o fiz imediatamente. E foi assim que uma ideia sobre a pré-história da mente foi semeada na minha própria mente, embora permanecesse lá sem maiores desenvolvimentos durante os seis anos seguintes. Eis então o segundo episódio: numa noite de abril de 1994, depois de ter deixado Cambridge para lecionar na Universidade de Reading, fui jantar com Leda Cosmides, John Tooby e Michael Jochim num restaurante de beira de praia em Santa Bárbara, na Califórnia. Leda e John bombardearam-me com suas ideias sobre uma psicologia evolutiva e deram-me uma lista de livros a serem lidos, cada um dos quais tornou-se crítico para o desenvolvimento do meu trabalho. Finalmente, poucos meses mais tarde, no meio da noite, estava a caminho das minhas escavações na Escócia com um colega, Mark Lake, quando paramos no restaurante de um posto de beira de estrada em algum lugar da M6. Enquanto comíamos, falamos sobre arqueologia, mente e computadores; foi então que percebi que havia chegado o momento de libertar a pré-história da mente da minha própria para expressá-la no papel.

A oportunidade surgiu graças aos meus colegas do Departamento de Arqueologia da Universidade de Reading, que me concederam um afastamento para fins de pesquisa, entre janeiro e março de 1995, durante o qual produzi o primeiro rascunho deste livro. Sou grato a esses colegas não apenas pelo recesso concedido, mas também por terem proporcionado um ambiente tão agradável e estimulante para desenvolver minha versão da arqueologia evolutiva desde que me juntei a eles, em 1992. Richard Bradley, Dick Byrne e Clive Gamble gentilmente leram o rascunho e contribuíram com muitas críticas perspicazes e palavras de encorajamento.

Enquanto reescrevia o texto, um grande número de pessoas providenciou novas referências, trabalhos pessoais ainda não publicados ou simplesmente seu tempo – muitas vezes apenas algumas palavras no meio de uma conversação que, mesmo não sendo óbvio, foram de enorme importância para mim. Outras pessoas foram de grande ajuda na minha pesquisa sobre mentes antigas durante minha estada em Cambridge e Reading. Gostaria particularmente de agradecer a Leslie Aiello, Ofer Bar-Yosef, Pascal Boyer, Bob Chapman, Michael Corballis, Leda Cosmides, Nyree Finlay, Bill Finlayson, Robert Foley, Chris Knight, Alexander Marshack, Gilbert Marshall, Paul Mellars, Richard Mithen, Steven Pinker, Camilla Powers, Colin Renfrew, Chris Scarre, Rick Schulting, John Shea, Stephen Shennan, James Steele, Chris Stringer e Thomas Wynn. Durante todo esse tempo, Mark Lake foi uma "caixa de ressonância" para as minhas ideias e a ele sou especialmente grato. Também tenho um débito para com funcionários da Editora Thames and Hudson, pela ajuda recebida durante os estágios finais da produção do texto. Gostaria de agradecer ainda a Margaret Mathews e Aaron Watson, pelos seus desenhos.

Escrevi a maior parte deste livro na sala da minha casa, em meio ao burburinho da vida em família. Consequentemente, o maior "muito obrigado" destina-se à minha mulher, Sue, e aos meus filhos, por aguentarem as pilhas de livros e o constante digitar no computador. É de fato aos meus filhos Hannah, Nicholas e Heather que dedico este livro, como agradecimento por terem mentes tão vivas e profundamente modernas.

1
Por que interrogar um arqueólogo a respeito da mente humana?

A mente humana é intangível, uma abstração. Apesar de estudada durante mais de duzentos anos por psicólogos e filósofos, ela foge a definições e descrições adequadas, e mais ainda a explicações. Utensílios de pedra, peças de osso partido e figuras esculpidas – o material da arqueologia – possuem outras qualidades. Podem ser pesadas e medidas, ilustradas num livro ou mostradas em exposições. Em nada se parecem com a mente, exceto pelo profundo mistério que as circunda. Então, por que interrogar um arqueólogo sobre a mente humana?

As pessoas sentem-se intrigadas por vários aspectos do intelecto. O que é inteligência? O que é consciência? Como pode a mente humana criar arte, gerar ciência e acreditar em ideologias religiosas quando nem mesmo traços disso são encontrados nos chimpanzés, nossos parentes vivos mais próximos?[1] Poderíamos novamente perguntar: De que maneira os arqueólogos, com seus utensílios antigos, ajudam a responder tais perguntas?

O mais provável é consultar não um arqueólogo, mas um psicólogo: é a psicologia que estuda a mente, com frequência por meio de engenhosos experimentos de laboratório. Os psicólogos investigam o desenvolvimento mental das crianças, disfunções do cérebro e a capacidade dos chimpanzés de adquirirem uma linguagem. A partir dessa pesquisa eles podem oferecer respostas aos tipos de questões aqui mencionadas.

Ou talvez devêssemos tentar um filósofo? A natureza da mente e sua relação com o cérebro – o problema da relação mente-corpo – tem sido um tema persistente na filosofia durante mais de um século. Alguns filósofos procuraram evidências empíricas, outros simplesmente aplicaram seus consideráveis intelectos ao assunto.

Outros profissionais também poderiam ser abordados. Talvez um neurologista, capaz de analisar o que realmente ocorre no cérebro; ou um especialista em primatas, com seu profundo conhecimento sobre chimpanzés vivendo no ambiente natural, e não no laboratório. Quem sabe um antropólogo mais voltado à biologia, que examina fósseis para estudar como o cérebro mudou de tamanho e formato durante a evolução humana; ou então um antropólogo social, que estuda a natureza do pensamento nas sociedades não ocidentais. Talvez um cientista da área de computação, que lida com a inteligência artificial.

A lista dos que poderíamos consultar à procura de respostas sobre a mentalidade humana é, de fato, extensa. Talvez ficasse ainda mais longa com o acréscimo de artistas, atletas e atores – aqueles que usam suas mentes para realizar proezas notoriamente impressionantes da concentração e da imaginação. Obviamente, a resposta sensata é que deveríamos indagar a todos os que mencionamos, na medida em que a maioria das disciplinas tem algo a contribuir para uma compreensão da mente do homem.

Mas o que a arqueologia tem a oferecer em relação a isso? Mais especificamente, qual a contribuição da arqueologia considerada neste livro, a dos caçadores-coletores pré-históricos? O assunto se estende desde o primeiro aparecimento das ferramentas líticas, há dois milhões e meio de anos, até o surgimento da agricultura, dez mil anos atrás. A resposta é bem simples: podemos apenas compreender o presente conhecendo o passado. A arqueologia é capaz, portanto, não somente de dar sua contribuição, mas de conter a própria chave da compreensão do intelecto humano.

Os criacionistas acreditam que a mente passou a existir de repente, já completamente formada, um produto da criação divina.[2] É uma visão incorreta: ela possui uma longa história evolutiva e pode ser explicada sem recorrermos a forças sobrenaturais. A importância de entendermos essa história é uma das razões de os psicólogos estudarem os chimpanzés, nossos parentes vivos mais próximos. Inúmeros trabalhos têm comparado a mente desses primatas à mente humana, especialmente no que diz respeito às capacidades linguísticas. Entretanto, os estudos resultaram insatisfatórios, porque embora os chimpanzés sejam nossos parentes mais próximos, na verdade trata-se de uma proximidade não muito grande. Eles e nós tivemos um ancestral comum há aproximadamente seis milhões de anos. Após essa data, as linhagens que deram origem aos símios e aos homens modernos divergiram. Portanto, seis longos milhões de anos de evolução separam as mentes dos humanos e chimpanzés atuais.

É esse período evolutivo que contém a chave para compreendermos a mente moderna. Precisamos analisar a mente dos nossos ancestrais[3] que viveram naquele tempo, incluindo *Australopithecus*[4] *ramidus*, de quatro milhões e meio de anos; *Homo habilis*, de dois milhões de anos e um dos primeiros a manufaturar ferramentas de pedra; *Homo erectus*, o primeiro a deixar a África 1,8 milhão de anos atrás; *Homo neanderthalensis* (o homem de Neandertal), que sobreviveu na Europa até menos de trinta mil anos atrás; e finalmente nossa espécie, *Homo sapiens sapiens*,[5] que surgiu há cem mil anos. Esses antepassados são conhecidos apenas pelos seus restos fósseis e os restos materiais dos seus comportamentos – utensílios de pedra, fragmentos de osso e pequenas figuras esculpidas.

A tentativa mais ambiciosa de reconstruir os intelectos desses antepassados tem sido, até agora, a do psicólogo Merlin Donald. No seu livro *The Origins of the Modern Mind* [*As origens da mente moderna*] (1991), ele recorreu substancialmente a dados arqueológicos para propor uma sequência de eventos sobre a evolução da mente. Quero seguir os passos de Donald, embora acredite que ele tenha cometido alguns erros fundamentais no seu trabalho – não fosse assim, o presente livro não seria necessário.[6] Mas quero inverter a abordagem de Donald. Em vez de ser um psicólogo que recorre a dados arqueológicos, escrevo como um arqueólogo que deseja explorar ideias da psicologia. Em vez de a arqueologia funcionar como coadjuvante, quero que ela estabeleça a agenda para uma compreensão da mente moderna. Assim sendo, apresento este livro *A pré-história da mente*.

As últimas duas décadas presenciaram um notável avanço no campo do comportamento e das relações evolutivas dos nossos antepassados. De fato, atualmente, muitos arqueólogos estão certos de que chegou o momento de ir além das questões sobre a aparência e o comportamento desses ancestrais e começar a fazer perguntas sobre o que se passava nas suas mentes. É o tempo da "arqueologia cognitiva".[7]

A necessidade de tal avanço é particularmente evidente ao considerarmos o padrão de expansão do cérebro ao longo da evolução humana e sua relação – ou ausência de uma – com mudanças do comportamento anterior. Fica claro que não existe uma relação simples entre volume do cérebro, "inteligência" e comportamento. Na Figura 1 represento o aumento do tamanho do cérebro nos últimos quatro milhões de anos de evolução, passando pela sucessão de ancestrais humanos e parentes que irei introduzir de maneira mais completa no capítulo seguinte. Mas, nesta parte do livro, vamos considerar apenas como o cérebro se expandiu. Podemos observar que ocorreram dois grandes surtos de aumento, um entre dois milhões e um milhão e meio de anos atrás, que parece estar relacionado com o aparecimento do *Homo habilis*, e outro, menos nítido, entre quinhetos mil e duzentos mil anos atrás. Os arqueólogos especulativamente associam o primeiro ao desenvolvimento da manufatura de utensílios, mas não conseguem detectar nenhuma mudança marcante nos registros arqueológicos que se correlacione com o segundo pico de rápida expansão cerebral. Nossos ancestrais continuaram a viver no mesmo estilo básico de caçadores-coletores, com a mesma série limitada de ferramentas de pedra e madeira.

As duas transformações comportamentais realmente impressionantes aconteceram muito depois do tamanho do cérebro humano moderno ter evoluído. Ambas estão exclusivamente associadas ao *Homo sapiens sapiens*. A primeira foi uma explosão cultural entre sessenta mil e trinta mil anos atrás e inclui as primeiras manifestações artísticas, o aparecimento de uma tecnologia complexa e da religião. A segunda foi o início das atividades agrícolas, quando, pela primeira vez, comunidades humanas começaram a cultivar plantas e domesticar animais. Embora os neandertais (há duzentos mil-trinta mil anos) tivessem cérebros tão grandes quanto os nossos atuais, suas culturas permaneceram extremamente limitadas – sem arte, sem tecnologias complexas e muito provavelmente sem comportamento religioso. Entretanto, cérebros grandes são órgãos de alto custo, que demandam muita energia para sua manutenção – 22 vezes mais energia que a exigida por uma quantidade equivalente de tecido muscular em repouso (cf. Aiello, 1996a). Portanto, aqui deparamos com um dilema – para que fins estava sendo usado o novo poder de processamento do cérebro antes da "explosão cultural"? O que se passava com a mente durante os dois grandes surtos de expansão cerebral da evolução humana? E o que aconteceu com ela entre esses dois períodos, e com a mente de *Homo sapiens sapiens,* para causar a explosão cultural de sessenta mil-trinta mil anos atrás? Quando foi que a linguagem e a consciência surgiram pela primeira vez? Quando emergiu uma forma moderna de inteligência? – na verdade, o que *é* essa inteligência e qual a natureza daquela que a precede? Caso existam, quais são as relações entre essas inteligências e o tamanho do cérebro? Para responder a tais perguntas precisamos reconstruir as mentes pré--históricas a partir da evidência que introduzo no Capítulo 2.

Essa evidência, no entanto, apenas fará sentido se fizermos algumas suposições sobre os possíveis tipos de mentes dos nossos ancestrais. De outra forma, iremos apenas lidar com uma desnorteante pilha de dados, sem saber quais dos seus aspectos podem ser significativos para o nosso estudo. A função do Capítulo 3 é estabelecer essas suposições. Isso é possível porque os psicólogos perceberam que somente poderemos desvendar a mente moderna se compreendermos o processo de evolução. Assim sendo, enquanto os arqueólogos criaram uma "arqueologia cognitiva", os psicólogos desenvolveram uma "psicologia evolutiva". Essas duas novas subdisciplinas precisam muito uma da outra. A arqueologia cognitiva não pode avançar a não ser que os arqueólogos ouçam as opiniões atuais da psicologia; os psicólogos evolutivos não terão sucesso a não ser que prestem atenção à reconstrução arqueológica do comportamento dos nossos antecessores humanos. Minha tarefa neste livro é realizar essa união, cujo fruto será uma compreensão da mente mais profunda que a alcançada individualmente pela arqueologia ou psicologia.

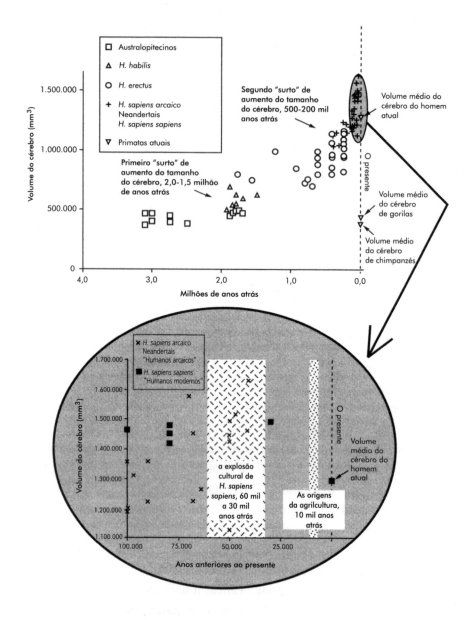

FIGURA 1 – Aumento do tamanho do cérebro durante os últimos quatro milhões de anos da evolução humana. Cada símbolo representa um crânio específico, cujo volume foi estimado por Aiello & Dumbar (1993). O gráfico superior foi baseado em figura de uma publicação de Aiello (1996a), onde se discute a evidência dos dois surtos de aumento do volume cerebral, separados por mais de um milhão de anos de estase.

A pré-história da mente

No Capítulo 3 serão delineados os avanços da psicologia que devem ser articulados com o que sabemos sobre o comportamento passado. Um dos argumentos da nova psicologia evolutiva é que a noção da mente como mecanismo de aprendizado geral, como se fosse um tipo de computador poderoso, é incorreta. Ela constitui o pensamento dominante dentro das ciências sociais, assim como também a visão [de "bom-senso]". Segundo os psicólogos evolutivos, essa noção deveria ser substituída por outra que define a mente como uma série de "domínios cognitivos", ou "inteligências", ou "módulos" especializados, cada qual dedicado a algum tipo específico de comportamento[8] (ver Quadro p.24) – como os módulos para a aquisição da linguagem, ou das habilidades de utilizar ferramentas, ou de interagir socialmente. Conforme explicarei nos próximos capítulos, essa nova concepção contém, de fato, a chave que permite desvendar a natureza de ambas a mentes, a pré-histórica e a moderna – embora de maneira muito diferente da aceita pelos psicólogos evolutivos hoje em dia. O contraste entre a mentalidade "generalizada" e a "especializada" irá emergir como um tema decisivo ao longo deste livro.

Analisando as novas ideias da psicologia evolutiva, encontraremos outro dilema a ser solucionado. Se a mente é de fato constituída por inúmeros processos especializados, cada qual dedicado a um tipo específico de comportamento, como explicar uma das mais notáveis características do intelecto moderno: uma capacidade de imaginação quase ilimitada? Como é possível que ela surja de uma série de processos cognitivos isolados e individualmente atrelados a comportamentos distintos? A resposta somente pode ser encontrada se trouxermos à tona a pré-história da mente.

No Capítulo 4, vou recorrer às ideias da psicologia evolutiva suplementadas com noções de outras áreas, como o desenvolvimento infantil e a antropologia social, para sugerir uma sequência de eventos sobre a evolução da mente. Isso fornecerá um molde para a reconstrução das mentalidades pré-históricas nos capítulos subsequentes. No Capítulo 5, daremos início a essa tarefa ao lidar com a questão da mente do ancestral comum dos símios e dos humanos, que viveu há seis milhões de anos. Dado que não temos testemunhos fósseis ou restos arqueológicos desse antepassado, vamos supor que sua mente não era fundamentalmente diferente da do chimpanzé atual. Faremos perguntas do tipo: O que a habilidade de forragear e o uso de ferramentas do chimpanzé revelam sobre sua mente? – e, esperamos, sobre a mente do ancestral comum de seis milhões de anos atrás.

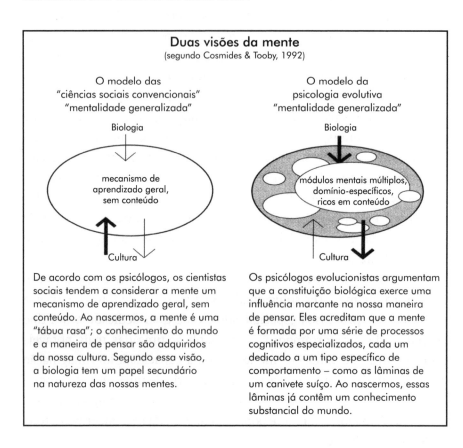

Nos dois capítulos seguintes vamos reconstruir as mentes dos ancestrais do homem que antecedem o *Homo sapiens sapiens* – nossa própria espécie – no registro fóssil de cem mil anos atrás. O Capítulo 6 é dedicado ao *Homo habilis*, o membro inicial da linhagem *Homo*. Além de ser, entre os antepassados, o primeiro criador de ferramentas a ser identificado,[9] o *Homo habilis* também foi o primeiro a alimentar-se em grande parte de carne. O que esses novos tipos de comportamento nos dizem sobre a mente do *Homo habilis*? Essa espécie possuía a capacidade de desenvolver uma linguagem? Sua percepção consciente do mundo era parecida com a nossa atual?

No Capítulo 7, vamos analisar um grupo de ancestrais humanos e seus parentes, a quem irei chamar de "humanos arcaicos". Os mais conhecidos são os *Homo erectus* e os neandertais. Os humanos arcaicos existiram entre 1,8 milhão de anos e apenas trinta mil anos atrás. É durante a reconstrução de suas mentes que teremos que explicar o uso do novo poder de processamento cerebral, surgido em período posterior a quinhentos mil anos atrás, levando em conta as poucas mudanças comportamentais desses antepassados nesse intervalo de tempo – que, aliás, exatamente por serem poucas, nos permitem agrupá-los na categoria singular de Humanos arcaicos.

Os neandertais representam o maior desafio, que eu aceito ao perguntar, no Capítulo 8, como deve ter sido possuir a mente de um desses indivíduos. Apesar de serem popularmente considerados pouco dotados de inteligência, veremos que os neandertais se parecem conosco de muitas maneiras, como no tamanho do cérebro e nos níveis de habilidade técnica, revelada nas suas ferramentas de pedra. Em outros aspectos, entretanto, eram muito diferentes, como no que diz respeito à ausência de uma arte, de rituais e de utensílios feitos de outro material que não a pedra ou a madeira. Essa aparente contradição no comportamento neandertal – tão moderno em certas coisas e tão primitivo em outras – fornece a evidência vital para reconstruirmos a natureza da mente do *Homo neanderthalensis*. Ao fazer isso, seremos recompensados com alguma indicação sobre a característica fundamental da mente moderna – uma indicação que permanece fora do alcance de psicólogos, de filósofos e, na verdade, de qualquer cientista que ignorar a evidência da pré-história.

Chegamos ao ponto máximo da nossa investigação no Capítulo 9: "O *big bang* da cultura humana: as origens da arte e da religião". Veremos que quando os primeiros humanos modernos, *Homo sapiens sapiens*, surgiram há cem mil anos, seus comportamentos pareciam ser essencialmente os mesmos dos Humanos arcaicos – por exemplo, dos neandertais. E então, entre sessenta mil e trinta mil anos atrás – sem que aparentemente ocorressem mudanças observáveis de tamanho do cérebro, formato ou anatomia de maneira geral –, a explosão cultural aconteceu. Isso resultou em modificações tão fundamentais de estilos de vida que praticamente é impossível não aceitar que tamanha diversidade cultural originou-se de uma grande mudança na natureza da mente. Vou argumentar que essa transformação foi nada menos que a emergência da mente moderna – a mesma mentalidade que o leitor e eu possuímos hoje. O Capítulo 9 trata da descrição da nova mentalidade e o Capítulo 10 sugere como ela apareceu.

No Capítulo 11, meu capítulo final, o enfoque não será mais a pré-história da mente e sim sua evolução. Enquanto o resto do livro traça os caminhos da transformação da mentalidade durante os últimos seis milhões de anos, nesse capítulo vou adotar uma perspectiva realmente em longo prazo, tendo como ponto de partida o tempo dos primeiros primatas, 65 milhões de anos atrás. Dessa forma, poderemos compreender que a mente moderna é o produto de um longo e lento processo evolutivo – o qual segue um notável padrão ainda não identificado.

O epílogo trata das origens da agricultura, há dez mil anos. Esse evento transformou os modos de vida do homem e criou novos contextos de desenvolvimento para mentes jovens – contextos dentro de sociedades sedentárias agrícolas e não mais em grupos nômades vivendo da caça e da coleta. Entretanto, mostrarei, ao longo do livro, que os acontecimentos mais fundamentais que definiram a natureza da mente moderna ocorreram muito cedo na pré-história. As origens da agricultura são, na verdade, não mais que um epílogo da pré-história da mente.

Neste livro, pretendo especificar os "quês", "quandos" e "por quês" da evolução da mente. Seguindo seu curso, estarei buscando, e vou encontrar, as bases cognitivas da arte, da religião e da ciência. Ao expor essas bases, ficará claro como compartilhamos certas raízes com outras espécies – apesar de a mente dos nossos parentes mais próximos atuais, os chimpanzés, ser tão fundamentalmente diferente da nossa. Vou, portanto, apresentar evidências sólidas para rejeitar a alegação creacionista de que o intelecto é produto de uma intervenção sobrenatural. No final dessa pré-história, espero ter contribuído com uma maior compreensão do funcionamento da mentalidade. E também espero ter demonstrado por que deveríamos interrogar um arqueólogo a respeito da mente humana.

Notas

1 A evolução de uma capacidade artística e religiosa na mentalidade do homem talvez seja o problema-chave no que diz respeito à mente. O linguista evolucionista Steven Pinker (1989, p.371) descreve isso como "a questão fundamental". Como pode ter sido possível – pergunta ele – que a evolução "tenha produzido um cérebro capaz de realizações especializadas e complexas assim como a matemática, a ciência e a arte, dada a total ausência de pressões seletivas para essas habilidades abstratas em qualquer momento da história".

2 Os criacionistas, neste contexto, não são necessariamente aqueles que mantêm uma posição anticiência ou antievolução em relação à anatomia humana. Por exemplo, Alfred Wallace Russell, coautor da teoria da seleção natural, acreditava que a própria inteligência humana somente poderia ser explicada pela criação divina (cf. Gould, 1981, p.39). No seu livro de 1989 intitulado *The Evolution of the Brain* [*A evolução do cérebro*], o neurologista e ganhador do prêmio Nobel *Sir* John Eccles (1989, p.287) conclui que a consciência humana deriva de uma "criação espiritual sobrenatural".

3 Nesta parte utilizo o termo "ancestrais" em sentido amplo, na medida em que as relações evolutivas entre australopitecinos e *Homo* são altamente controvertidas. Em muitos casos não se sabe ao certo se uma espécie representa o ancestral direto ou apenas um parente, especialmente com relação ao *H. neanderthalensis*, conforme discutirei mais adiante.

4 *Ardipitheus.* (N.R.T.)

5 Atualmente, o homem moderno recebe a denominação *H. sapiens*. Isso porque as evidências apontam para diferenças específicas entre nós e o homem de Neandertal. (N.R.T.)

6 O livro de Merlin Donald, *As origens da mente moderna*, de 1991, foi uma excelente e muito importante tentativa de integrar dados e ideias da psicologia, da biologia evolutiva e da arqueologia. Ele propõe que a mente passou por três grandes estágios: uma "cultura episódica" associada aos australopitecinos, aos primeiros *Homo* e aos grandes símios vivos; uma "cultura mimética" associada ao *Homo erectus* e uma cultura "mítica" associada ao *H. sapiens*. A última destas envolve a habilidade de construir modelos conceituais e esteve estreitamente relacionada com a evolução da linguagem. Ele acredita que, com esse terceiro estágio, a mente tornou-se ampla no sentido de começar a utilizar dispositivos de armazenamento externos, por exemplo, símbolos materiais. Recomendo com ênfase a todo leitor do meu livro que leia *As origens da mente moderna* como uma interpretação alternativa da maneira como dados e ideias da psicologia e da arqueologia podem

ser integrados. O principal ponto fraco no trabalho de Donald é seu uso dos dados arqueológicos: a complexidade e a variabilidade disso geralmente não são apreciadas, e por certo não são exploradas ao máximo. Lake (1992) faz inúmeras críticas perspicazes quanto a isso. Donald também parece subestimar as capacidades cognitivas dos grandes símios vivos, na medida em que o tipo de inteligência que ele atribui ao *H. erectus* é semelhante ao encontrado nos chimpanzés hoje em dia (Byrne, comunicação pessoal). Donald (1994) fornece um resumo seguido de uma discussão crítica do seu livro.

O psicólogo Michael Corballis (1992) também recorreu a dados arqueológicos, especialmente ao explorar a evolução da linguagem. Ele argumenta que a origem da linguagem foi o gesto – a fala somente tornou-se o principal meio de comunicação relativamente tarde na evolução humana, durante a transição entre o Paleolítico Médio e o Superior (cerca de quarenta mil anos atrás). Ele substancia essa ideia ao mencionar o maior alcance do comportamento técnico durante o período da transição: o osso, a armação e o marfim passaram a ser trabalhados; a arte, a ser produzida; e os núcleos de lâminas prismáticas, a serem usados para os instrumentos líticos. Isso surgiu, sugere ele, porque as mãos não mais eram usadas como meio de comunicação em virtude da evolução da fala. O principal problema em relação a isso é que a tecnologia lítica do Paleolítico Médio exigiu tanta destreza manual quanto à do Paleolítico Superior, conforme explicado no meu Capítulo 6. Contudo, assim como no caso do trabalho de Donald (1991), essa é uma tentativa valiosa de integrar dados e ideias da psicologia e da arqueologia.

7   O pronunciamento mais explícito sobre a necessidade de uma "arqueologia cognitiva" veio de Colin Renfrew (1983). Antes disso, entretanto, Thomas Wynn (1979, 1981) e Alexander Marshack (1972a,b) haviam tentado fazer inferências sobre a cognição do passado a partir de tipos específicos de artefatos. Mais recentemente, os arqueólogos direcionaram seus interesses para a evolução da linguagem (por exemplo, Davidson & Noble, 1989; Whallon, 1989; Mellars, 1989a), mas sem preocupar-se muito com a relação entre a linguagem e outros aspectos da cognição. Pelo que sei, nenhum arqueólogo procurou traçar a evolução da mente ao longo de toda a pré-história.

8   Conforme veremos no Capítulo 3, esta não é, de fato, uma ideia particularmente nova nem exige necessariamente um argumento claramente evolucionista para ser validada.

9   Atualmente, evidências apontam para a fabricação de instrumentos líticos por membros do gênero *Australopithecus*. (N.R.T.)

2
O drama do nosso passado

Para encontrar as origens da mente moderna temos que mergulhar na escuridão da pré-história. Voltar ao tempo que antecede as primeiras civilizações, e que começa há apenas cinco mil anos. Voltar ao período anterior às domesticações iniciais de animais e cultivo de plantas, há dez mil anos. Temos que olhar num relance para a origem da arte, há três mil anos, mesmo aquela criada pela nossa própria espécie, *Homo sapiens sapiens*, no registro fóssil de cem mil anos de idade. Nem mesmo o tempo remoto de dois milhões e meio de anos, quando as primeiras ferramentas de pedra aparecem, é adequado. Nosso ponto de partida para uma pré--história da mente não pode retroceder menos que seis milhões de anos, porque nesse período viveu um símio cujos descendentes seguiram dois caminhos evolutivos distintos. Um deu origem aos símios modernos, os chimpanzés e os gorilas, e o outro aos humanos modernos. Consequentemente, esse antepassado é chamado ancestral comum.

Não apenas ancestral comum, mas também elo perdido. É a espécie que nos conecta com os símios atuais – e continua ausente nos testemunhos fósseis. Não temos nem sequer um fragmento fóssil de evidência, mas é impossível duvidar de que o "elo perdido" existiu. Os cientistas estão no seu encalço. Medindo as diferenças da constituição genética entre símios e humanos modernos e estimando a taxa de aparecimento das mutações genéticas, eles estipularam que o elo perdido existiu cerca de seis milhões de anos atrás. E podemos estar certos de que esse antepassado viveu na África, porque – como bem disse Darwin – é lá que realmente parece ter sido o berço da humanidade. Em nenhum outro continente encontraram-se fósseis que pudessem de fato contrariar essa hipótese.

Seis milhões de anos é um vasto intervalo de tempo. Começar a compreendê-lo, a captar o padrão de eventos que ele apresenta, passa a ser mais fácil se pensarmos nos acontecimentos como uma peça de teatro, o drama do nosso passado. Uma peça muito especial, porque ninguém escreveu o roteiro: seis milhões de anos de improvisações. Nossos ancestrais são os atores, suas ferramentas são os objetos de cena e as incessantes transformações do ambiente em que viveram são as mudanças de cenário. Mas não considerem a peça um suspense, em que a ação e o final é que importam. Porque já conhecemos o epílogo – nós o estamos vivendo. Todos os neandertais e outros atores da Idade da Pedra se extinguiram, deixando apenas um sobrevivente, o *Homo sapiens sapiens*.

Pensem no nosso passado não como se fosse uma novela de Agatha Cristie ou Jeffrey Archer, mas um drama de Shakespeare. Uma peça em que saber com antecedência qual é a cena final aumenta nosso prazer e compreensão, porque não precisamos dar importância a *o que* vai acontecer. Em vez disso, podemos concentrar-nos em *por que* as coisas acontecem – os estados mentais dos atores. Não assistimos a *Macbeth* para saber se ele vai ou não assassinar Duncan, nem apostamos se Hamlet vai viver ou morrer. Da mesma forma, neste livro, nosso interesse não é tão voltado para o que nossos ancestrais da Idade da Pedra faziam ou deixavam de fazer quanto para o que suas ações revelam sobre suas mentalidades.

Considerem, portanto, este capítulo o roteiro da peça. Diferentes produtores – os autores dos livros-texto de arqueologia – enfatizam versões distintas até dos acontecimentos principais, razão pela qual alguns comentários sobre versões alternativas foram acrescentados. Dividi o drama em quatro atos, e incluo a seguir um breve resumo da ação, "detalhes biográficos" dos atores e anotações sobre os objetos de cena e as mudanças de cenário. Essas informações podem ser lidas agora ou usadas como referência ao longo do livro. As mudanças de iluminação do palco que menciono refletem a qualidade e a quantidade variáveis do nosso conhecimento sobre cada um desses atos da pré-história. E quando me refiro a "ele" e "seu" ou "ela" e "sua", adoto os pronomes arbitrariamente, para evitar as pouco elegantes formas de expressão ele/ela ou seu/sua. Isso não implica que um dos sexos tenha sido mais importante que o outro em qualquer momento do nosso passado.

Ato 1
6-4,5 milhões de anos atrás
Uma longa cena com pouca ação.
Deve ser presenciada virtualmente no escuro.

Nossa peça começa em algum lugar da África, há aproximadamente seis milhões de anos, e inclui um único ator, o antepassado símio. Ele não tem somente um, mas dois nomes artísticos: ancestral comum e elo perdido. Até que alguns restos fósseis sejam encontrados, sua verdadeira identidade – seu nome científico – deve permanecer em branco. Como nada sabemos sobre o ambiente onde viveu, e como, ao que parece, não nos deixou nenhuma ferramenta de pedra, o palco neste ato aparece vazio e silencioso. Certos produtores tenderiam a incluir árvores e algumas ferramentas simples, como as varetas de pegar cupins utilizadas pelos chimpanzés atuais. Mas haveria o risco de excesso de interpretação. Neste ato, o palco deve permanecer despojado e não pode haver nenhuma ação. Estamos, virtualmente, na escuridão total.

Ato 2
4,5-1,8 milhões de anos atrás
Este ato tem duas cenas que, juntas, duram
pouco mais que dois milhões e meio de anos.
Deveriam ser iluminadas apenas pelo tremeluzir de uma vela acesa.

O Ato 2 acontece na África, de início apenas em regiões como o Chad, o Quênia, a Etiópia e a Tanzânia; depois o palco se expande, para incluir a África do Sul na segunda cena. O começo se dá quatro milhões e meio de anos atrás com o aparecimento de *Australopithecus ramidus*, um ator que passou a ser conhecido apenas em 1994. Ele é o primeiro dos chamados australopitecinos (literalmente "macacos do sul"). Um segundo ator surge depois de aproximadamente trezentos mil anos – *A. anamensis*, cuja existência só foi reconhecida ainda mais recentemente, em 1995. Os dois atores vivem em ambientes com árvores e são especialmente vegetarianos. Por volta de três milhões e meio de anos atrás, eles deixaram o palco e foram substituídos por uma artista tão famosa que recebeu um nome artístico: Lucy (porque quem a encontrou estava ouvindo a música dos Beatles *Lucy in the Sky with Diamonds* no momento da descoberta). Sua verdadeira identidade é *Australopithecus afarensis*. É mais provável que tenha descendido de *A. ramidus*, mas também pode ter evoluído a partir de *A. anamensis* ou mesmo de algum outro antepassado. Lucy é tão impressionante, capaz tanto de andar em pé como de subir em árvores, que mal se nota a ausência de objetos de cena – de ferramentas. Ela deixa o palco depois de apenas meio milhão de anos. Inicia-se então outro período de silêncio até o começo da segunda cena, dois milhões e meio de anos atrás. Porém, bem no fim da primeira cena, observamos alguns pedaços de pedra espalhados pelo chão. Não parecem ser muito diferentes de lascas de rocha geradas por processos naturais, mas são, na verdade, os primeiros objetos de cena do espetáculo. Infelizmente, não é possível ver quem foi o ator que os fabricou.

A cena 2 começa dois milhões e meio de anos atrás com um bando de atores correndo para o palco. A maioria é parecida com os da cena 1, embora apresente formas e tamanhos variados. São simplesmente mais australopitecinos: os filhos de Lucy. De fato, um deles, que possui uma estrutura notavelmente mais leve e é chamado australopitecino grácil, é muito parecido com Lucy, apesar de encontrar-se na África do Sul e não na África Oriental. Trata-se de *A. africanus*, que se comporta um pouco como se fosse um babuíno moderno, embora passe mais tempo em pé. Os outros são muito mais robustos, com representantes tanto na África Oriental como na do Sul. Lembram mais gorilas que babuínos.

Por volta de dois milhões de anos atrás, depois de *A. africanus* ter desaparecido, aparece um novo grupo de atores; têm cabeças grandes e são um tanto precoces. De fato, correspondem aos primeiros integrantes da linhagem *Homo* e possuem cérebros uma vez e meio maiores que os dos australopitecinos. Mas, assim como os australopitecinos, variam muito quanto a formato e tamanho. Alguns comentaristas distinguem apenas um protagonista, o *Homo habilis*, mas é provável que existam três – o *Homo habilis*, o *Homo rudolfensis* e o *Homo ergaster*. Contudo, por serem tão difíceis de diferenciar, vamos apenas chamá-los coletivamente *Homo habilis*.

Homo habilis definitivamente carrega ferramentas, artefatos líticos descritos como a indústria olduvaiense. Talvez os australopitecinos robustos também as carreguem, é difícil dizer. A anatomia das suas mãos certamente tornaria isso possível. Podemos ver o *Homo habilis* esquartejando animais com suas ferramentas, mas não sabemos com certeza se ele abateu as carcaças ou simplesmente as rapinou da caça de leões e leopardos. Chegando ao final da cena, os comportamentos do *Homo habilis* e de seus primos australopitecinos robustos divergem fortemente: o primeiro destaca-se pela habilidade de manufaturar ferramentas e a inclusão de carne na alimentação, ao passo que os australopitecinos, de hábitos vegetarianos, parecem ruminar em direção a uma morfologia ainda mais robusta.

Ato 3
1,8 milhão – 100 mil anos atrás
Duas cenas, que apresentam um fascinante começo há aproximadamente
1,8-1,5 milhão de anos, mas que depois mergulham no tédio total.
A iluminação ainda é fraca, embora melhore um pouco na segunda cena.

O Ato 3 começa com um grandioso anúncio: "Tem início o Pleistoceno". Placas de gelo começam a formar-se nas latitudes altas. Um novo protagonista pisa no nosso palco de 1,8 milhão de anos atrás: o *Homo erectus*. Ele descende do *Homo habilis* (ou talvez de um dos outros tipos de *Homo*), que agora sai de cena mais alto e com um cérebro maior. Os australopitecinos robustos vagueiam na penumbra até um milhão de anos atrás, mas não participam dos acontecimentos deste ato. O incrível sobre a entrada do *Homo erectus* é que sua chegada parece ocorrer quase simultaneamente em três partes do mundo: na África Oriental, na China e em Java. Consequentemente, o palco agora tem que ser maior, para poder incluir o Oriente Médio, a Ásia Oriental e a Ásia do Sul. Aos poucos vemos o *Homo erectus*, ou suas ferramentas deixadas para trás, em todas essas regiões. Mas é difícil dizer exatamente quando ele chegou a determinados lugares e o que fazia lá.

Depois de mais de um milhão de anos de *Homo erectus* – durante o qual nenhum aumento adicional do tamanho do cérebro parece ter acontecido –, alguns novos artistas surgem no palco. Assim como no caso dos primeiros *Homo*, não fica claro quantas novas espécies estão de fato presentes. O *Homo erectus* continua vivendo na Ásia Oriental até meros trezentos mil anos atrás, mas por toda a Ásia e África vemos atores com crânios mais arredondados, que são chamados, de maneira um tanto deselegante, *Homo sapiens* arcaico. Eles provavelmente são descendentes do *Homo erectus* nos respectivos continentes, e marcam a volta de um período de aumento cerebral. Por volta de quinhentos mil anos atrás, o palco expande-se ainda mais para incluir a Europa. Lá o ator chama-se *Homo heidelbergensis*, outro descendente de *Homo erectus*, e parece possuir um físico particularmente avantajado.

Enquanto os objetos de cena do ato anterior continuam sendo usados durante todo o Ato 3, outros ainda mais impressionantes aparecem. Os mais notáveis são pedras simétricas com formato de pera, chamadas machados de mão. Logo depois de surgirem pela primeira vez na África Oriental, há aproximadamente 1,4 milhão de anos, esses machados espalham-se por quase toda parte no mundo, exceto no Sudeste Asiático, onde não se distingue nenhuma ferramenta – alguns comentaristas acreditam que nessa região utilizou-se o bambu, um material perecível.

A cena 2 do Ato 3, começando em torno de duzentos mil anos atrás, é tradicionalmente chamada de "Paleolítico Médio" pelos arqueólogos, que o diferenciam do "Paleolítico Inferior" da cena precedente. Mas o limite entre um e outro é impreciso, a tal ponto que essa distinção está gradualmente desaparecendo. No entanto, é evidente que por volta dessa época ocorreram algumas mudanças significativas nos objetos de cena usados pelos atores. Eles passaram a ser um tanto mais diversificados, e os machados de mão deixaram de ser tão notórios. As novas ferramentas incluem aquelas manufaturadas por uma nova técnica, chamada método de Levallois, que produz lascas e pontas de pedra cuidadosamente moldadas. De fato, pela primeira vez, parece que atores de diferentes partes do palco carregam séries de ferramentas distintas. Somente na África observamos a predominância de lascas de Levallois ao norte, "machados de mão" de serviço pesado nas regiões subsaarianas e lascas de pedra longas e finas na região Sul.

Por volta de 150 mil anos atrás, um novo ator apareceu na Europa e no Oriente Médio. É o *Homo neanderthalensis*, popularmente conhecido como o Homem de Neandertal. Ele tende a usar ferramentas produzidas pela técnica de Lavellois e pode ser visto caçando animais de grande porte. Assim como os outros personagens deste ato, os neandertais têm que enfrentar mudanças de cenário frequentes e dramáticas: é o período glacial, e assistimos a placas de gelo repetidamente avançando e se retraindo por toda a Europa, causando uma mudança na vegetação, que passa da tundra para a floresta. No entanto, mesmo com essas transformações, a peça parece um tanto monótona. De fato, um distinto comentarista dos Atos 2 e 3, o arqueólogo Glynn Isaac, descreveu como "durante quase um milhão de anos, os *kits* de ferramentas tenderam a incluir os mesmos ingredientes essenciais, aparentemente rearranjados em mudanças menores e intermináveis, sem direção". Algumas dessas ferramentas indicam ter sido manufaturadas com grande habilidade, porém todas são feitas de pedra ou madeira. Embora peças de ossos e chifres não modificadas sejam utilizadas, não chegam a ser esculpidas.

As cortinas se fecham depois de mais um longo ato. Durou mais que 1,5 milhão de anos e, apesar de grande parte do Velho Mundo ser agora o palco, de os objetos de cena estarem mais diversificados, de o tamanho do cérebro ter alcançado as dimensões modernas e de uma série de novos atores ter aparecido, não deixou de ser uma experiência tediosa. Até agora assistimos à peça por uma fração de tempo um pouco menor que seis milhões de anos, mas ainda não surgiu nada que possamos chamar arte, religião ou ciência.

Ato 4
100 mil anos atrás – dias atuais
Um ato muito mais curto, onde foram compactadas três cenas
que contêm mais ações dramáticas que o resto da peça.

A cena 1 do Ato 4 cobre um período que vai de cem mil a sessenta mil anos, embora, como iremos ver, as divisões entre as cenas 1 e 2 sejam um tanto imprecisas. Mas o começo é nítido: uma nova figura entra em cena – nossa própria espécie, o *Homo sapiens sapiens*. Ele é visto primeiro na África do Sul e no Oriente Médio, e junta-se a um elenco que continua incluindo os neandertais e o *Homo sapiens* arcaico. Talvez surpreendentemente, neste momento não ocorrem, no todo, grandes mudanças nos objetos de cena; nosso novo ator continua a produzir a mesma série de ferramentas manufaturadas pelos antepassados da cena final do Ato 3. De fato, em praticamente todos os aspectos, seu comportamento não difere do deles. Mas há indícios de que algo singular acontece. No Oriente Médio, vemos o *Homo sapiens sapiens* não apenas enterrando seus mortos dentro de covas – como, na verdade, também andam fazendo os neandertais –, mas depositando partes das carcaças de animais junto aos mortos, aparentemente como se fossem oferendas. Na África do Sul estão usando torrões de ocre vermelho, embora não fique claro o que fazem com eles, e também estão afiando pedaços de ossos para fazer arpões. São os primeiros utensílios feitos de outro material que não a madeira ou a pedra.

A cena 2 deste ato final começa há aproximadamente sessenta mil anos com um episódio notável: no Sudeste da Ásia, o *Homo sapiens sapiens* constrói embarcações e então faz a primeira travessia até a Austrália. Logo passamos a observar coisas novas acontecendo no Oriente Médio. Em vez de serem produzidas pelo método de Levallois, as lascas de pedra removidas agora são longas e finas: parecem e de fato são chamadas lâminas. E então, subitamente – por volta de quarenta mil anos atrás –, a peça transforma-se na Europa e na África. Os objetos de cena passaram a dominar a ação. Para demarcar tamanha mudança comportamental, os arqueólogos usam esses objetos como marcos que definem o início de um novo período do nosso passado, conhecido como Paleolítico Superior na Europa e Idade da Pedra Superior na África. Uma transformação semelhante também acontece na Ásia, mas, como ainda enxergamos essa região com muito pouca nitidez, não fica claro se ali as mudanças se dão ao mesmo tempo que na Europa e na África ou se acontecem um pouco mais tarde, quem sabe por volta de vinte mil anos atrás.

A restrita série de ferramentas de pedra agora deu lugar a uma grande diversidade de objetos fabricados com vários materiais diferentes, incluindo osso e marfim. Os próprios atores estão criando o cenário – construindo moradias e pintando as paredes. Alguns estão sentados esculpindo animais e figuras humanas em pedra e marfim; outros estão costurando vestimentas com agulhas de osso. E seus corpos, sejam os dos vivos ou dos mortos, estão ornados com colares e pingentes. Quem são os atores? Bem, o *Homo sapiens sapiens* claramente estabelece o ritmo. Vimos como ele viaja por mar até a Austrália nos primeiros momentos desta cena e depois penetra pela Europa, quarenta mil anos atrás. Depois disso, durante quase dez mil anos, os neandertais da Europa talvez tentem imitar as novas ferramentas do tipo lâminas manufaturadas por *Homo sapiens sapiens,* e também seus colares de contas. Mas eles logo desaparecem, como fizeram os outros atores da peça. O *Homo sapiens sapiens* agora está sozinho no palco do mundo.

O ritmo da ação lentamente se acelera. A Europa agora resplandece com as cores das pinturas rupestres de trinta a doze mil anos atrás, apesar das paisagens terem se tornado extremamente gélidas no meio do último período glacial. À medida que as placas de gelo começam a retrair-se, o palco torna-se ainda maior, com o acréscimo da América do Norte e da do Sul. Enquanto a era glacial chega ao fim, o cenário alterna-se dramaticamente entre períodos de clima quente e úmido e períodos de clima frio e seco, terminando com um rápido período de aquecimento global, há dez mil anos. Isso marca o fim do Pleistoceno, quando o ator é conduzido até o mundo quente do Holoceno e à cena final da peça.

Assim que começa a cena 3 do Ato 4, observamos pessoas no Oriente Médio cultivando plantas e depois domesticando animais. Os acontecimentos agora passam como um raio, numa velocidade estonteante. As pessoas criam aldeias e depois cidades. Sucessões de impérios emergem e caem. Os objetos de cena tornam-se ainda mais prevalentes, diversos e complexos. Em não mais que um instante, carroças viraram carros e escrivaninhas transformaram-se em computadores. Depois de quase seis milhões de anos de relativa inércia, é difícil compreender o sentido desta agitada cena final.

Os atores

**A. ramidus
e A. anamensis**

A. *ramidus* é o mais antigo ancestral humano identificado, datado de quatro milhões e meio de anos. É definido com base em dezessete espécimes fósseis descobertos em 1994, na região do Awash Médio, na Etiópia, os quais apresentam caraterísticas mais simiescas que qualquer outro dos nossos ancestrais. A. *ramidus* talvez tenha tido um corpo parecido com o de um chimpanzé. De fato, foi sugerido que os fósseis que o definem deveriam ser agrupados em um novo gênero: *Ardipithecus*. A abundância de evidências fósseis de madeira, sementes e macacos nos sedimentos onde esses exemplares foram encontrados sugerem que A. *ramidus* viveu em um ambiente de florestas.

A. *anamensis* foi definido com base em nove espécimes fósseis descobertos em Kanapoi, ou Quênia, em 1995. Ao que parece, essa espécie viveu desde 4,2 a 3,9 milhões de anos atrás e também acredita-se que ocupou hábitats com árvores ou arbustos. Talvez tenha sido maior que A. *ramidus*, porém a ausência de fragmentos ósseos pós-cranianos dificulta uma comparação entre as duas espécies. As datações de ambas provavelmente se justapõem e suas relações com A. *afarensis* permanecem pouco claras.

Ato 2

Australopitecinos
grácies
A. afarensis e
A. africanus

Essas duas espécies são coletivamente denominadas "australopitecinos grácies" e viveram de quatro a dois milhões e meio de anos atrás. A. *afarensis*, com quase metade do seu esqueleto recuperado, é popularmente conhecida por "Lucy". Foi encontrada na região de Hadar, na Etiópia, onde muitos outros exemplares de A. *afarensis* também foram descobertos. A. *afarensis* provavelmente media 1–1,5 m, pesava 30-75 kg e possuía um cérebro de 400-500 cm^3. Sua compleição era mais leve, com braços longos em relação às pernas e dedos curvos nas mãos e nos pés. Essas características sugerem que A. *afarensis* não era nem totalmente bípede nem totalmente arborícola. Uma trilha de pegadas descoberta em Laetoli, na Tanzânia, datada de três milhões e meio de anos, provavelmente foi deixada por essa espécie.

Os fósseis de A. *africanus* encontram-se na África do Sul. Essa espécie tinha aproximadamente o mesmo tamanho que A. *afarensis* e a mesma capacidade craniana. Ao que parece, estava adaptada ao bipedalismo. As diferenças entre as duas espécies podem ser encontradas no crânio, com A. *africanus* apresentando uma testa menor e arcadas supraciliares menos proeminentes. Com relação à dentição, A. *africanus* possuía caninos cortantes menores e molares maiores que os de A. *afarensis*.

Ato 2

Australopitecinos
robustos
P. boisei e
P. robustus

Os australopitecinos que desenvolveram características particularmente robustas foram agrupados em um gênero à parte: *Paranthropus*. Na África do Sul eram chamados P. *robustus* e pesavam entre 40 e 80 kg. Isso sugere que, assim como ocorre entre os gorilas modernos, os do sexo masculino eram consideravelmente maiores que os do sexo feminino. O tipo da África Oriental, P. *boisei*, apresentava uma variabilidade de tamanho ainda maior e talvez tenha sido um pouco mais alto, chegando a 1,4 m.

As características anatômicas dos australopitecinos robustos indicam uma dieta composta especialmente de alimentos vegetais e a geração de força considerável entre os dentes. Os sinais mais marcantes são mandíbulas inferiores pesadas e reforçadas, molares muito grandes e uma crista sagital no crânio que possibilitou a ancoragem de poderosos músculos utilizados para mastigar. Após surgirem no registro fóssil há dois milhões e meio de anos, as espécies do gênero *Paranthropus* sobreviveram até um milhão de anos atrás.

Ato 2

A pré-história da mente

O *Homo* mais antigo *H. habilis*, *H. rudolfensis* e *H. ergaster* 	Há aproximadamente dois milhões de anos surgem novos tipos de fósseis, que foram agrupados no gênero *Homo*. Apresentam considerável variabilidade no tamanho e forma e, por conseguinte, provavelmente representam várias espécies. Todos se caracterizam por um tamanho de cérebro maior que o dos australopitecinos e que chega a 500-800 cm³. As localidades mas importantes das descobertas fósseis são a garganta de Olduvai, na Tanzânia, e Koori Fora, no Quênia, onde foi recuperado o espécime mais bem preservado	de *H. habilis*, KNM-ER 1470. O corpo de *H. habilis* parece ter sido semelhante ao de um australopitecino, mas o rosto e a dentição eram mais humanos, enquanto *H. rudolfensis* possuía um corpo mais humano, porém com características faciais e dentárias próprias dos australopitecinos. Cerca de 1,6 milhão de anos atrás, os fósseis dessas primeiras espécies de *Homo* desaparecem, provavelmente tendo sido substituídas por *H. erectus*, que certamente evoluiu de outro tipo de *Homo* primitivo: *H. ergaster*.	Ato 2
H. erectus 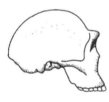	Os primeiros fósseis de *H. erectus* foram descobertos na África (região de Koobi Fora) e em Java, há 1,8 milhão de anos. Acredita-se que *H. erectus* evoluiu de um *Homo* mais antigo na África e depois dispersou-se rapidamente até chegar à Ásia. Uma mandíbula de *H. erectus*, de aproximadamente 1,4 milhão de anos de idade, segundo a opinião prevalente, também foi recuperada em Dmansi, na Geórgia. O *H. erectus* possuía um tamanho de cérebro maior que o do primeiro *Homo*, 750 a 1.250 cm³, arcadas supraciliares proeminentes e um esqueleto robusto. Os crânios dos *H. erectus* asiáticos, como os	encontrados na caverna de Zhoukoudian e antes conhecidos por o "Homem de Pequim", possuem mais áreas salientes para ancoragem de músculos que os da África. O fóssil mais espetacular de *H. erectus*, um esqueleto quase completo de um menino de doze anos datado de 1,6 milhão de anos e proveniente de Nariokotome, no Quênia, é evidência de um desenvolvimento infantil rápido. Isso parece ser típico dos primeiros humanos. O menino possui as características físicas de indivíduos que habitam ambientes tropicais. O *H. erectus* sobreviveu até aproximadamente trezentos mil anos atrás.	Ato 3
H. sapiens e *H. heidelbergensis* arcaicos 	Fósseis de *H. sapiens* arcaico são descobertos na África e Ásia entre cerca de quatrocentos mil e cem mil anos atrás. Exemplares importantes provêm dos sítios de Broken Hill, Florisbad e Omo na África, e Dali e Maba na Ásia Oriental. Essa é uma espécie mal-definida, porém distingue-se de *H. erectus* pelo seu cérebro maior, de 1.100 a 1.400 cm³, e crânio mais alto e arredondado. Pouco se sabe sobre o resto do esqueleto, mas acredita-se que tenha sido tão robusto e musculoso quanto o de *H. erectus*. *H. heidelbergensis* é o nome utilizado para os primeiros	humanos da Europa; ele é um descendente de *H. erectus*. Há poucos restos conhecidos, apenas uma mandíbula proveniente de Mauer (Alemanha) e parte do osso de uma perna encontrado em Boxgrove (Inglaterra), ambos com cerca de quinhentos mil anos de idade. Esses dois achados sugerem que *H. heidelbergensis* foi uma espécie grande e robusta. Fósseis humanos de Atapuerca, na Espanha, e recentemente datados de pelo menos setecentos mil anos atrás, também podem ter pertencido a *H. heidelbergensis*.	Ato 3 Ato 4

Os atores (cont.)

Os Neandertais
H. neanderthalensis

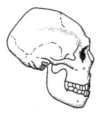

Acredita-se que *H. neanderthalensis* evoluiu a partir de *H. heidelbergensis* por volta de 150 mil anos atrás. Características neandertais bem-definidas podem ser observadas nos exemplares da caverna de Pontnewydd, ao norte do País de Gales, que datam de 220 mil anos atrás. Os neandertais "clássicos" surgem em sítios da Europa e do Oriente Médio entre 115 e trinta mil anos atrás, notadamente em Saint Césaire, na França (330 mil anos), e em Tabūn (110 mil anos) e Kebara (63 mil anos), no Oriente Médio.

H. neanderthalensis distigue-se de *H. erectus* pelo tamanho aumentado do crânio (1.220-1.500 cm^3), um nariz maior e arcadas supraciliares reduzidas. Sua compleição era mais robusta, sendo corpulento e musculoso, com pernas curtas e peito bojudo. Muitas das suas características anatômicas são adaptações à vida em ambientes glaciais. Ao que parece, os neandertais teriam sofrido por consideráveis ferimentos e doenças degenerativas, que provavelmente refletem um estilo de vida de grandes exigências físicas.

Ato 3

Ato 4

Os objetos de cena

Os primeiros utensílios de pedra

As ferramentas líticas mais antigas datam de três a dois milhões de anos e em geral não são fáceis de distinguir de rochas naturais. Esses artefatos foram agrupados num conjunto chamado Complexo Industrial de Omo, por se originarem da região da Etiópia que leva esse nome. Os achados dessa área provêm da formação de Shungura, cujos sedimentos abrangem o período de três a um milhão de anos atrás.

Os mais antigos consistem de seixos partidos ou lascados. Artefatos parecidos, cujas origens ao que parece remontam a 2,7 milhões de anos atrás, foram encontrados em Kada Gona, na Etiópia. Lokalalei (Gajh 5) é outro sítio antigo, localizado próximo à base do componente Kalochoro da formação Nachukui, na Turkana ocidental (Quênia); ali os artefatos datam de 2,36 milhões de anos.

Ato 2

Utensílios de pedra olduvaienses

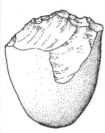

Entre dois milhões e um milhão e meio de anos atrás, as ferramentas de pedra encontradas na África Oriental e do Sul consistem de lascas removidas de seixos e o "núcleo" restante. O conjunto é denominado indústria olduvaiense em razão dos artefatos descobertos no Leito I da Garganta de Olduvai. Apresentam tamanhos e formatos variados e são classificados como ferramentas para serviços pesados, ferramentas para serviços mais leves, peças utilizadas e *débitage*.

A Garganta de Olduvai continua sendo o sítio mais importante da indústria olduvaiense. É uma fenda de 100 metros de profundidade (330 pés) que se estende por 50 km (30 milhas) na planície do Serengueti (Tanzânia), criada por um rio que atravessa sedimentos formados durante o último 1,8 milhão de anos. Comporta uma série de sítios arqueológicos encontrados em quatro leitos principais que abrigam artefatos e fósseis, muitos dos quais foram escavados por Mary Leakey. Há várias outras localidades da África Oriental de importância comparável à da Garganta de Olduvai. A mais notável é a região de Koobi Fora, no Quênia, onde o extenso trabalho de campo de Glynn Isaac rendeu muitos sítios antigos.

Ato 2

A pré-história da mente

Ato 4

Os humanos anatomicamente modernos
H. sapiens sapiens

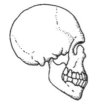

Os primeiros humanos anatomicamente modernos (HAMs) são encontrados no Oriente Médio (cavernas de Qafzeh e Skhūl) e na África do Sul (caverna de Border e a [foz/desembocadura do Rio Klassier]) há aproximadamente cem mil anos. Espécimes fósseis da localidade de Jebel Irhoud, no Norte da África, provavelmente sejam *H. sapiens sapiens*. Acredita-se que os HAMs descenderam de *H. sapiens* arcaico, na África. Exemplares fragmentados da foz/desembocadura do Rio Klassier mostram algumas características arcaicas e muitos representam um formato em transição. Os HAMs distinguem-se de *H. sapiens* arcaico e de *H. neanderthalensis* por um físico menos robusto, pela redução e desaparecimento frequente das arcadas supraciliares, um crânio mais arredondado e dentes menores. O tamanho do cérebro, que varia entre 1.200 e 1.700 cm³, é igual ou ligeiramente menor que o de *H. neanderthalensis*.

Em seguida, os HAMs de cem mil anos atrás provavelmente se dispersaram por toda a África e penetraram na Ásia Oriental. Eles colonizaram a Austrália logo depois de sessenta mil anos e chegaram pela primeira vez à Europa há quarenta mil anos. Depois de trinta mil anos, *H. sapiens sapiens* passa a ser o único membro sobrevivente da linhagem *Homo*.

Ato 3

Machados de mão e lascas de Levallois

Os machados de mão são um tipo de artefato produzido pelo lascamento bifacial de um nódulo de pedra, ou de uma grande lasca. Isso significa a remoção de lascas dos dois lados do artefato, alternadamente. Os machados de mão tipicamente possuem um formato de pera, enquanto ferramentas semelhantes com borda reta, em vez de uma extremidade pontuda ou curva, são chamadas "cutelos" (*cleavers*). Os conjuntos de utensílios de pedra são denominados acheulenses toda vez que apresentam frequências relativamente altas de machados de mão/"cutelos". A técnica bifacial é encontrada pela primeira vez no Leito II da Garganta de Olduvai e, quando presente, a indústria correspondente é chamada olduvaiense avançada. Os primeiros objetos que realmente constituem machados de mão têm 1,4 milhão de anos de idade e provêm da localidade de Konso-Gardula, na Etiópia. Eles também surgem abruptamente no registro arqueológico dos sítios de Olorgesailie e Kesem-Kebana de cerca de 1,4 milhão de anos.

Durante o Ato 3, machados de mão são encontrados em sítios arqueológicos por toda a Europa, Sul da Ásia e Ásia Ocidental, e frequentemente são muito numerosos. Por exemplo, em Olorgesailie, na Tanzânia, milhares deles foram descobertos em dezesseis conjuntos de artefatos nas bordas de uma antiga bacia lacustre. Na Europa, o sítio de Boxgrove, no sul da Inglaterra, é digno de nota; data de quinhentos mil anos e ali foram escavadas, em excelente estado de preservação, sobras espalhadas da fabricação de machados de mão. A única região do Velho Mundo onde aparentemente os primeiros humanos não chegaram a produzir esses machados é o Sudeste Asiático. Também são muito raros na China. Não são ubíquos nas regiões que os contêm e inexistem em muitos sítios onde os utensílios lembram a tecnologia olduvaiense ou olduvaiense avançada. Esses sítios incluem Vertezzöllós (Hungria), Bilzingsleben (Alemanha) e as camadas inferiores dos sítios estratificados de Übeidiya (Israel) e Swanscombe (Inglaterra).

Os objetos de cena (cont.) Machados de mão e lascas de Levallois	O método Levallois é uma técnica em que o núcleo é cuidadosamente preparado antes da retirada de lascas e pontas de tamanhos predeterminados. Aparece pela primeira vez no registro arqueológico de 250 mil anos atrás, e é observado por toda a parte na África, no Oriente	Médio e na Europa. Muitos dos conjuntos do Norte da África (caverna de Haua Fteah) e do Oriente Médio (cavernas de Tabun e Kebara) são dominados por esse método. Em alguns conjuntos, por exemplo o de Pontnewydd no norte do País de Gales, a técnica Levallois coexiste com os machados de mão.	Ato 3
Utensílios de madeira	Utensílios feitos de madeira são muito raros no registro arqueológico, mas os poucos que sobrevivem indicam ter sido feitos por Humanos arcaicos. Paus com pontas afiadas, provavelmente usados como lanças, foram recuperados nos sítios de Clacton-on-Sea e	Lehringen, e uma prancha de madeira polida foi descoberta na localidade de Gesher Benot Yàaqov, em Israel. Muito provavelmente, a utilização de madeira no fabrico de utensílios vem do tempo do ancestral comum, há seis milhões de anos.	1 2 3 4
A tecnologia da lâmina	Lascas de pedra longas e finas são chamadas lâminas; normalmente foram removidas de núcleos que haviam sido preparados com cuidado antes de destacar as lascas, e em geral apresentam um formato prismático. Encontramos os primeiros exemplares na indústria denominada pré-Aurignacense, da caverna de Haua Fteah, no Norte da África, e a de Amudian, no Oriente Médio, ambas datadas de período anterior a cem mil anos atrás. Entretanto,	a produção de lanças passa a ser sistemática somente quarenta mil anos atrás, após o que se torna a técnica dominante no Velho Mundo. Os tamanhos dos núcleos são variados e os menores são denominados núcleos de microlâminas. As lâminas em si são com frequência retocadas criando formatos específicos, como pontas de projéteis, plataformas puntiformes, raspadores (*endscrapers*) e buris (tipos de cinzel utilizados para esculpir).	Ato 3 Ato 4
Utensílios de osso	Embora existam evidências de ossos sendo utilizados como ferramentas desde quinhentos mil anos atrás, os primeiros artefatos trabalhados – os arpões produzidos afiando-se ossos – são de noventa mil anos atrás e foram descobertos em Katanda, no então Zaire. Esses arpões ainda permanecem descobertas singulares, porque o próximo utensílio de osso a	ser encontrado data de quarenta mil anos atrás. No período subsequente, objetos feitos desse material são encontrados em todas as regiões do Velho Mundo. Há 39 mil anos, pontas de flechas eram manufaturadas em Border Cave afiando-se ossos, enquanto no Oriente Médio e na Europa esculpia-se o material para criar pontas e sovelas. A partir de	Ato 4

A pré-história da mente

Utensílios de osso (cont.)	aproximadamente vinte mil anos atrás, os ossos foram utilizados no fabrico de arpões, especialmente nas sociedades que habitaram a Europa por volta do fim do último período	glacial. As primeiras agulhas de osso datam de dezoito mil anos atrás. A primeira arquitetura utilizou ossos para construir abrigos na Rússia e na Sibéria, há mais de vinte mil anos.
Objetos de arte e ornamentos pessoais 	Fragmentos de ocre vermelho foram descobertos em sítios que datam de 250 mil anos atrás. No entanto, os primeiros objetos de arte têm quarenta mil anos de idade. Os mais notáveis e abundantes encontram-se na Europa, onde contas e colares eram produzidos, figuras humanas e de animais eram esculpidas, e uma grande variedade de imagens abstratas e naturalistas era pintada nas paredes das cavernas. Na África, descobriram-se placas de pedra de 27,5 mil anos de idade onde foram pintadas representações	de animais, e contas de ovos de avestruz de 39 mil anos de idade. Na Ásia Oriental, as primeiras contas datam de dezoito a treze mil anos atrás e provêm da caverna de Longgupo, na China. Gravações em argila nas paredes de cavernas da Austrália foram datadas de 23-15 mil anos atrás, e é provável que parte da arte rupestre seja tão antiga quanto quarenta mil anos. Nos abrigos em rochas de Mandu Mandu descobriu-se uma coleção de vinte mil contas feitas de conchas e datadas de 34-30 mil anos atrás.
Computadores e outros objetos de cena modernos 	O primeiro computador, a máquina analítica de Charles Babbage, foi desenvolvido em 1834. Menos de 160 anos mais tarde, a rede global de computadores chamada Internet já havia sido criada. Esses desenvolvimentos aconteceram não mais que noventa mil anos depois que a primeira peça de osso foi talhada. Em contrapartida, foram necessários mais de dois milhões de anos para que os primeiros utensílios de osso se transformassem em peças esculpidas. Essa diferença temporal reflete uma incrível aceleração da inovação e transformação tecnológica, da qual tivemos uma pálida ideia nos registros de noventa mil anos atrás, mas que começa há	quarenta mil anos e continua ainda hoje. Durante esses quarenta mil anos, os momentos marcantes foram o primeiro emprego da tecnologia de cerâmica na feitura de figurinhas de argila, há 26 mil anos, e que se estendeu ao fabrico de vasos, por volta de oito mil anos atrás. As primeiras domesticações de animais e cultivo de plantas, há dez mil anos, e os primeiros escritos, há cinco mil anos. A lista também inclui a fundição de metais, com quatro mil anos de idade, e o arco e a flecha, inventados vinte mil anos antes da criação da bomba atômica. Em apenas seis mil anos, os primeiros veículos com rodas transformaram-se em espaçonaves.

Atos 1 e 2: As origens africanas

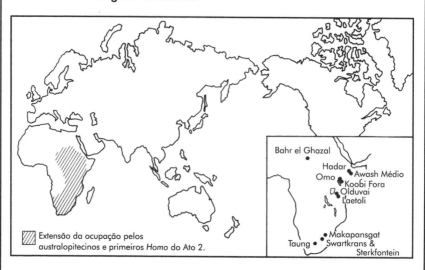

Extensão da ocupação pelos australopitecinos e primeiros *Homo* do Ato 2.

Fósseis símios de dez-cinco milhões de anos foram recuperados tanto na África como na Europa e na Ásia, porém ainda não se sabe ao certo onde viveu realmente o ancestral comum de seis milhões de anos atrás. O mais provável é que tenha sido na África Oriental, em vista da diversidade de australopitecinos fósseis dessa região e das características simiescas de alguns deles. Fósseis de australopitecinos e dos primeiros *Homo* são encontrados em depósitos de cavernas da África do Sul e em sítios ao ar livre da África Oriental. As localidades sul-africanas mais importantes são Makapansgat e Swartkrans & Sterkfontein, e todas fornecem uma gama diversificada de fósseis animais. É improvável que esses ancestrais humanos realmente tenham ocupado as cavernas, e seus restos devem ter sido arrastados até lá pelo movimento de águas ou por animais carnívoros. Dessas cavernas, a de Sterkfontein contém fósseis de *H. Habilis* e uma sequência estratificada das primeiras ferramentas de pedra. Na África Oriental, fósseis e ferramentas primitivas são encontrados erodindo de sedimentos expostos, especialmente nas localidades de Hadar, Awash Médio, a Garganta de Olduvai, Koobi Fora e Omo. Suas descobertas e datações foram possíveis em razão das falhas e da erosão do Vale das Fendas da África, que expôs antigos sedimentos, e das *lentes de tufos vulcânicos* presentes entre eles, que podem ser datadas por uma variedade de métodos radiométricos.

A pré-história da mente

Ato 3: A colonização da Europa e Ásia

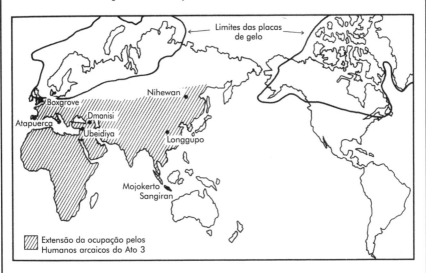

As controvertidas datações de exemplares de *H. erectus* das localidades de Mojokerto e Sangiran, em Java, estimaram suas origens em 1,6-1,8 milhão de anos atrás, o que os torna quase um milhão de anos mais antigos do que se pensava anteriormente. Um dente possivelmente datado de 1,9 milhão de anos e atribuído a um *Homo* arcaico foi descoberto na caverna de Longgupo, na região central da China. Se essas datas estiverem corretas, elas implicam que a difusão do *H. erectus* a partir da África foi muito rápida, ou que uma espécie mais antiga de *Homo* deixou a África e as origens de *H. erectus* se encontram, de fato, na própria Ásia. Achados arqueológicos da região de Riwat, no Paquistão, foram considerados ferramentas de pedra do tipo olduvaiense de dois milhões de anos de idade, mas ainda não está claro se constituem realmente ferramentas. Uma mandíbula humana atribuída a *H. erectus* e recuperada em Dmanisi, na Geórgia, foi descoberta acima de sedimentos que haviam sido datados em 1,8 milhão de anos. O espécime foi associado a ferramentas de pedra do tipo olduvaiense e muito provavelmente data de um milhão e meio a um milhão de anos atrás. Sendo assim, talvez seja tão antigo quanto as primeiras ocupações em Ubeidiya, na Ásia Ocidental. Os primeiros sítios arqueológicos da Ásia Oriental encontram-se na Baía de Nihewan, na China, e provavelmente datam de 0,75 a um milhão de anos atrás. Levando em conta esses primeiros fósseis e sítios da Ásia, a ausência de localidades devidamente datadas com idade anterior a quinhentos mil anos na Europa permanece um enigma. As datas de sítios como Vallonet, na França, foram consideradas anteriores a um milhão de anos, porém não se sabe ao certo se as "ferramentas" de pedra não passam de fragmentos de rochas gerados por processos naturais, como no caso de Riwat. As datas mais próximas de fósseis humanos provêm da localidade de Gran Dolina, em Antapuerca (Espanha), que foram estimadas em 780 mil anos, embora isso ainda exija uma certa confirmação. Há vários sítios arqueológicos na Europa com idade igual ou um pouco inferior a quinhentos mil anos. O mais famoso é Boxgrove, no sul da Inglaterra, onde foram encontrados machados de mão e parte de um osso da perna de um humano primitivo.

Ato 4: A colonização da Australásia e das Américas

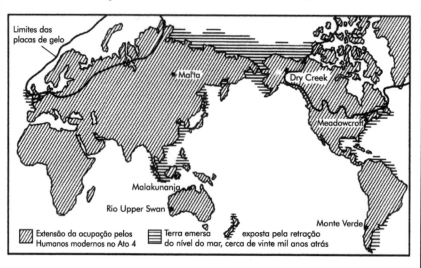

A Austrália muito provavelmente foi colonizada de cinquenta a sessenta mil anos atrás, em vistas dos períodos de ocupação determinados por datação termoluminescente em abrigos em rochas das localidades de Malakunanja II e Nauwalabila, no território norte. Excetuando-se esses sítios, as datas mais recentes são inferiores a quarenta mil anos de idade, mas isso talvez reflita o limite de precisão das datações com carbono radioativo. O sítio de Upper Swan nos arredores de Perth data de 32.500 ± 2.300 anos. A Austrália foi colonizada por *H. sapiens sapiens*, mas há uma controvérsia quanto a ele representar uma população irradiando-se a partir da África ou uma população que evoluiu localmente de *H. erectus*, no Sul da Ásia. Os fósseis humanos da Austrália que datam de trinta a vinte mil anos mostram uma variabilidade considerável, passando da anatomia extremamente grácil até a extremamente robusta. As Américas foram colonizadas por um caminho que passou pelo Norte da Sibéria, onde os sítios mais recentes adequadamente datados são de 35 mil anos. O mais rico em material arqueológico é Mal'ta, com uma enorme quantidade de objetos de arte. As Américas foram invadidas pela terra de Beríngia, atualmente submersa, mas a data dessa colonização ainda não foi claramente definida. Há alegações da existência de sítios na América do Sul com datações de quarenta mil anos, mas que provavelmente não são precisas. As datas recentes adequadamente verificadas são de sítios como Dry Creek no Alasca e Meadowcroft Rockshelter na Pensilvânia, de cerca de doze mil anos. Existem numerosas localidades datadas entre 11,5 e 11 mil anos, quando aparentemente indivíduos caçavam mamíferos de grande porte, como os mamutes. Existem muitos sítios na América do Sul datados em cerca de onze mil anos, notadamente Monte Verde. Como no caso da Austrália, é provável que a colonização das Américas não tenha sido um único evento e sim o conjunto de inúmeros influxos de populações ao longo de um vasto intervalo de tempo.

A pré-história da mente

Relações evolutivas entre ancestrais humanos

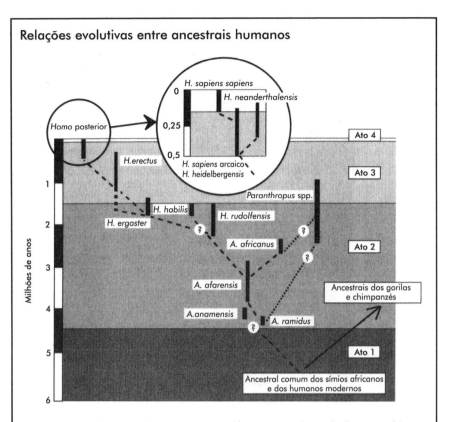

A reconstrução das ligações evolutivas entre os ancestrais humanos é uma tarefa árdua, por causa da escassez de evidências fósseis. Esse diagrama baseia-se no de Bernard Wood (1993), em que as colunas escuras indicam a cronologia da primeira e da última aparição de uma espécie. As relações entre os australopitecinos são particularmente difíceis de estabelecer, em razão do número limitado de fósseis e da variabilidade morfológica. Em geral não fica claro se estamos lidando com exemplares masculinos e femininos de uma mesma espécie, ou com duas espécies diferentes. Talvez a parte mais polêmica da árvore genealógica seja a mais recente, que se refere às origens de H. sapiens sapiens. As opiniões a esse respeito dividem-se em duas grandes alas. Alguns acreditam que existiu uma única procedência na África, e que as populações existentes, como os neandertais na Europa e o H. sapiens arcaico na Ásia, foram substituídas pela nova espécie H. sapiens sapiens e não contribuíram para o pool de genes moderno. Outros contestam isso, argumentando a favor das origens múltiplas de H. sapiens sapiens, que teria evoluído de populações humanas locais mais antigas em diferentes partes do mundo. Entre esses dois extremos existem várias outras opiniões, como as que argumentam a favor de uma população de humanos modernos difundindo-se a partir da África, há aproximadamente cem mil anos, porém mantendo um certo grau de miscigenação com as populações de H. sapiens arcaico. O estudo da genética humana é outra área que pode fornecer um meio de reconstruir a história evolutiva. A limitada variabilidade genética entre os humanos modernos sugere que tivemos uma origem bem recente, enquanto a medição das diferenças entre humanos e chimpanzés permitiu estimar a data do ancestral comum em seis milhões de anos.
A variação no DNA de populações humanas de diferentes partes do mundo também está sendo utilizada para analisar a origem única ou múltipla dos humanos modernos, e, no caso da primeira, identificar quando e onde isso ocorreu. Este livro adota a posição de uma única origem na África seguida pela substituição de todos os H. sapiens arcaicos, mas simpatiza com a ideia de uma hibridização limitada entre as populações migrantes que se dispersavam partindo da África e os Humanos arcaicos residentes.

Mudanças de cenário durante os Atos 3 e 4

Condições climáticas do Pleistoceno, segundo registrado na tradagem de mar profundo V28-238, realizada no oceano Pacífico

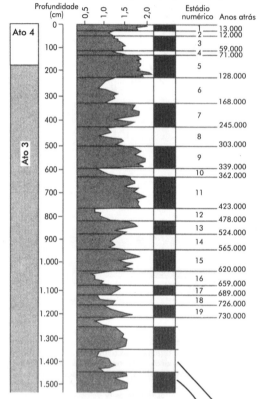

Os Atos 3 e 4 da pré-história compreendem os períodos geológicos conhecidos como Pleistoceno Médio e Pleistoceno Superior, durante os quais o planeta passou por uma longa e complexa série de mudanças climáticas, dominadas por oscilações de fases glaciais e interglaciais. Observamos essas flutuações mais claramente em sedimentos marinhos obtidos de tradagens do fundo do mar. Ao ser analisadas, essas amostras fornecem um registro das mudanças na razão entre dois isótopos de oxigênio, que por sua vez estão diretamente relacionadas com flutuações climáticas dos estágios glacial e interglacial. Esses sedimentos marinhos, disponíveis pela primeira vez na década de 1970, indicam que existiram oito ciclos de glaciação-interglaciação durante os Pleistocenos Médio e Superior. Além deles, ocorreram inúmeras oscilações menores, com fases nítidas de frio durante os períodos interglaciais, chamadas estádios, e fases de aquecimento durante os períodos glaciais, chamadas interestádios.

Essas oscilações climáticas forneceram uma estrutura cronológica do Pleistoceno, na medida em que cada estádio climático corresponde a um número, com os períodos glaciais denotados por algarismos pares e os períodos de aquecimento denotados por algarismos ímpares. Além do mais, as oscilações dentro de cada fase climática são denotadas por letras minúsculas. Por exemplo, o estádio 5 corresponde ao período inteiro do último interglacial (128-71 mil anos atrás) e foi dividido em cinco subestádios denominados 5a-5e, sendo que o último indica o nível do mar mais elevado. Os outros estádios importantes definidos pelos isótopos de oxigênio são o 12 (considerado o correspondente da glaciação angliana que cobriu a Europa Setentrional 478-423 mil anos atrás) e o 2 (que representa a última glaciação, 24-13 mil anos atrás).

Fases quentes

Durante as fases quentes do Pleistoceno, o derretimento das placas de gelo causou um aumento do nível do mar e isolou regiões como a Grã-Bretanha da Europa continental. À medida que o clima se tornou mais quente, as paisagens foram colonizadas por plantas e as comunidades animais sofreram transformações. Os sedimentos marinhos e as amostras de gelo mostram que a mudança para fases quentes frequentemente envolve períodos muito rápidos de aquecimento global.

Fases frias

Com a diminuição das temperaturas ambientais, mais água ficou sequestrada nas placas de gelo que se expandiam nas latitudes altas. O clima tornou-se mais seco nas latitudes baixas. A retração dos níveis do mar expôs grandes extensões de terra que agora se encontram alagadas. As tundras desenvolveram-se na Europa e foram exploradas por grandes rebanhos migratórios de renas. Regiões como o Oriente Médio passaram por condições de seca.

A pré-história da mente

Leituras suplementares

Evolução humana

Jonas et al. (1992) contém uma série de capítulos excelentes que abrangem todos os aspectos da evolução humana, incluindo descrições de fósseis e o que pode ser aprendido com primatas vivos e genética humana. Para uma discussão dos métodos de taxionomia molecular utilizados na reconstrução das relações evolutivas entre humanos e primatas, consultar Byrne (1995, capítulo 1). White et al. (1994), WoldeGabriel et al. (1994), Leakey et al. (1995) e Brunet et al. (1995) descrevem as descobertas mais recentes sobre australopitecinos, enquanto Wood (1994) e Andrews (195) discutem sua significância. Susman (1991) analisa a anatomia da mão dos australopitecinos, com relação ao seu potencial para fabricar instrumentos líticos. Johanson & Eddy (1980) narram a descoberta de "Lucy" e discutem seu significado. Wood (1992) apresenta uma revisão dos primeiros fósseis do *Homo*, enquanto Tobias (1991) apresenta um estudo abrangente dos fósseis de hominídeos da Garganta de Olduvai.

A evolução do *H. erectus* é discutida por Rightmire (1990); as idades dos fósseis de *H. erectus* podem ser encontradas em Swisher et al. (1994) com relação a Java, e em Wanpo et al. (1995) com relação à China. O significado dos novos achados da China e os problemas com a sua identificação taxionômica são discutidos por Wood & Turner (1995) e Culotta (1995). Walker & Leakey (1993) fornecem uma investigação detalhada do espécime de *H. erectus* denominado KNM-WT 15000. A evolução dos humanos modernos tem sido o tema de intensos debates na última década, entre os partidários de eventos multirregionais e os partidários de cenários de uma origem única, na Africa. As publicações importantes no tocante à contribuição da genética molecular incluem Cann et al. (1987) e Templeton (1993), ao passo que Hublin (1992), Frayer et al. (1993, 1994), Aiello (1993), Stringer & Bräuer (1994) e Wolpoff (1989; Wolpoff et al., 1984) contêm resumos dos pontos polêmicos sobre fósseis hominídeos. Os fósseis mais antigos da Europa são descritos por Arsuaga et al. (1993), Carbonell et al. (1995) e Roberts et al. (1994). Stringer (1993) apresenta um sumário das interpretações divergentes. A evolução e natureza dos neandertais estão descritas em Stringer & Gamble (1993) e Trinkaus & Shipman (1993). Um resumo das evidências de datação para os primeiros humanos anatomicamente modernos é dado por Grün & Stringer (1991).

Um grande número de obras publicadas refere-se às origens dos humanos modernos. As mais notáveis são de autoria de Akazawa et al. (1992), Mellars & Stringer (1989), Bräuer & Smith (1992) e Nitecki & Nitecki (1994).

A tecnologia lítica

Introduções gerais sobre a tecnologia lítica, que descrevem os diferentes métodos e os períodos em que foram achados, podem ser encontradas em Bordes (1961a, 1968) e Inizan et al. (1992).

A arqueologia do Ato 2

As primeiras ferramentas de pedra são descritas por Merrick & Merrick (1976), Chavaillon (1976), Roche (1989), Roche & Tiercelin (1977) e Kibunjia (1994; Kibunjia et al. 1992). Harris & Capaldo (1993) nos fornecem uma revisão dos primeiros sítios arqueológicos e interpretações a respeito. A arqueologia da Garganta de Olduvai é descrita por Leakey (1971), enquanto Hay (1976) fornece as bases geológicas fundamentais. Toth (1985) e Schick & Toth (1993) contêm boas descrições da indústria olduvaiense, e Potts (1988) resume a arqueologia do Leito. I. Isaac (1984) faz um apanhado dos complexos de outros sítios na África Oriental, como os de Koobi Fora. Com relação às interpretações de ossos de animais associados a essas ferramentas de pedra, consultar Binford (1981, 1985, 1986), Bunn (1981, 1983a, 1983b), Bunn & Kroll (1986), Potts (1988) e Potts & Shipman (1981). A coleção de artigos de Glynn Isaac (B. Isaac, 1989) são uma leitura essencial para compreender a arquitetura do Ato 2. Os artigos de Cerling (1992) e Sikes (1994) são úteis no tocante ao contexto ambiental dos primeiros hominídeos. Dennell et al. (1988a, b) alegam a existência de ferramentas de pedra no Paquistão datadas de dois milhões de anos.

A arqueologia do Ato 3

O primeiro uso da tecnologia de bifaces foi descrito por Leakey (1971), e Asfaw et al. (1992) fornecem as datas dos primeiros machados de mão. Para uma revisão geral da dispersão dos primeiros humanos na Ásia e na Europa, ver Gamble (1993, 1994). Bar-Yosef (1994a) descreve o sítio de Dmanisi, e Bar-Yosef (1980, 1989, 1994a), Bar-Yosef & Goren-Inbar (1993) e Goren-Inbar (1992) descrevem os primeiros sítios da Ásia Ocidental. Com relação aos primeiros sítios da Ásia Oriental, consultar Schick & Zhuan (1993); um resumo sobre Zhoukoudian é fornecido por Wu & Lin (1983). O debate sobre a primeira colonização da Europa é discutido por Roebroeks & Van Kolfschoten (1994), enquanto os artefatos de datação mais antiga encontrados em Atapuerca são descritos de maneira sucinta por Parés & Pérez-González (1995). Alegações de uma ocupação anterior a um milhão de anos são feitas por Bonifay &

Vandermeersch (1991). Roberts (1986) descreve o sítio de Boxgrove, e Bowen & Sykes (1994) levantam questões referentes à sua datação.

A arqueologia da África entre 1,5 milhão e duzentos mil anos atrás, o período do Paleolítico Inferior, foi sumarizada por Isaac (1982) e Phillipson (1985). De particular importância são os sítios de Olorgesailie no Quênia (Isaac, 1977; Potts 1989, 1994); Isimila na Tanzânia (Howell, 1961); Gadeb na Etiópia (Clark & Kurashina, 1979a, b) e Sterkfontein na África do Sul (Kuman 1994). Com relação a outros sítios desse período, consultar Bar-Yosef (1980, 1994a), para a Ásia Ocidental; Schick & Zhuan (1993), para a Ásia Oriental; e Ayers & Rhee (1984), Bartstra (1982), Sémah et al. (1992), Pope (1985, 1989) e Yi & Clark (1985), para o sudoeste asiático. Os primeiros sítios da Europa são discutidos por Roebroeks et al. (1992) e Gamble (1986). Roe (1981) provê um resumo de sítios na Bretanha, e Villa (1983) faz o mesmo com relação à França, concentrando-se no sítio de Terra Amata. Outros sítios importantes são a caverna de Pontnewydd no País de Gales (Green, 1984); High Lodge na Inglaterra (Ashton et al., 1992) e La Cotte em Jersey (Calloi & Conford, 1986). Svoboda (1987) e Vértes (1975) descrevem sítios onde se observa a ausência de machados de mão.

Com relação ao período entre duzentos mil e cinquenta mil anos atrás, Clark (1982) esboça a arqueologia da África, enquanto Allsworth-Jones (1993) provê uma útil revisão das associações entre espécies humanas e indústrias de ferramentas líticas. Sítios particularmente importantes que contêm sequências estratificadas de material são Haua Fteah na África do Norte (McBurney, 1967), Muguruk no Quênia (McBrearty, 1988), as quedas d'água de Kalambo no Zaire (Clark 1969, 1974), a desembocadura do Rio Klasies na África do Sul (Singer & Wymer, 1982; Thackeray, 1989) e a Caverna Border, também na África do Sul (Beaumont et al., 1978). Revisões sobre esses sítios podem ser encontradas em Bar-Yosef (1988, 1994b) e Jelenik (1982). Trabalhos recentes na importante localidade da caverna de Kebara foram descritos por Bar-Yosef et al. (1992). Com relação à Europa, Gamble (1986) e Roebroeks et al. (1992) dão uma visão geral; destacam-se, pela sua importância, os estudos sobre abrigos em rochas do sul da França de Laville et al. (1980), sítios no norte da França por Tuffreau (1992), sítios no oeste da Itália por Khun (1995) e sítios na região central do Vale Rhine por Conrad (1990). Pouco se sabe sobre a arqueologia da Ásia Oriental nesse período – Schick & Zhuan (1993) revisam os sítios atualmente conhecidos, que em geral são datados de maneira bem pouco precisa.

A utilização de amostras de sedimento marinho para reconstruir os ambientes em transformação desse período foi descrita por Dawson (1992); artigos importantes quanto a isso são os de Shackleton & Opdyke (1973) e Shackleton (1987). Os resultados iniciais da pesquisa de amostras de gelo estão descritos em Alley et al. (1993), Johnsen et al. (1992) e Taylor et al. (1993).

A arqueologia do Ato 4

No tocante ao primeiro uso do ocre vermelho na África do Sul, consultar Knight et al. (1995); com relação aos arpões de osso com idade anterior a noventa mil anos, ler Yellen et al. (1995). Roberts et al. (1990, 1993, 1994) e Allen (1994) descrevem os mais antigos sítios datados da Austrália, e Gamble (1993) e Bowdler (1992) discutem o processo de colonização. Davidson & Noble (1992) discorrem sobre as implicações da colonização no tocante às capacidades culturais, enquanto Bahn (1994) fornece datas para as primeiras manifestações da arte australiana. Bowdler (1992) e Brown (1981) examinam a variação morfológica dos humanos modernos na Austrália, enquanto Flood (1983) descreve a arqueologia dos primeiros australianos. Com relação à colonização da América do Norte, consultar Hoffecker et al. (1993), C. Haynes (1980), G. Haynes (1991), Gamble (1993) e Greenberg et al. (1986). Larichev et al. (1988, 1990, 1992) resumem a evidência da ocupação no norte da Sibéria. Os sítios nas Américas que são significativos quanto às ocupações iniciais incluem: os abrigos em rochas de Meadowcroft (Adovasio et al., 1990), Monte Verde no Chile (Dillehay, 1989; Dillehay & Collins, 1998) e Pedra Furada no Brasil (Guidon et al., 1994; Meltzer et al., 1994). Dillehay et al (1992) reveem a arqueologia mais primitiva da América do Sul.

As mudanças tecnológicas e comportamentais ocorridas na África há quarenta mil anos são discutidas por Smith (1982), Parkington (1986) e Wadley (1993). A nova tecnologia em Hava Fteah foi resumida por Close (1986), enquanto Wendorf et al. (1980) descrevem importantes avanços culturais em Wadi Kubbaniya, como as pedras utilizadas para moer. Os primeiros desenvolvimentos tecnológicos da Ásia Ocidental foram descritos por Bar-Yosef (1988, 1994b), Gilead (1991), Gilead & Bar-Yosef (1993) e Olszewski & Dibble (1994). Com relação à Ásia Oriental, Bednarik & Yuzhu (1991) e Aikens & Higuchi (1982) descrevem os primeiros objetos de arte, e Zhonglong (1992) e Reynolds & Barnes (1984) consideram as mudanças nas ferramentas líticas. Anderson (1990) e Groube et al. (1986) descrevem os primeiros sítios arqueológicos conhecidos no sudeste da África.

Resumos importantes sobre as transformações culturais da Europa de quarenta mil anos atrás podem ser encontrados em Mellars (1973, 1989a; b, 1992), White (1982), Gamble (1986) e Allsworth-Jones (1986). Datações cruciais para a dispersão dos humanos modernos são fornecidas por Hedges et al. (1994), Bischoft et al. (1989) e Cabrera & Bischoff (1989). A mais antiga tecnologia do osso é considerada por Knecht (1993a, b), e a tecnologia das contas por White (1989a, 1993a, b). A primeira arte é descrita por Delluc & Delluc (1978) e Hahn (1993), enquanto Bednarik (1992, 1995) e Marshack (1990) discorrem sobre a existência de uma arte no Ato 3. As interpretações das relações entre os neandertais e os humanos modernos são consideradas por Harold (1989) e Mellars (1989a). A arte da Europa durante o último período de glaciação é descrita por Bahn & Vertut (1988); os avanços tecnológicos e adaptações ao último extremo glacial são descritos por Strauss (1991), Jochim (1983) e Gamble & Soffer (1990). Sobre a pré-história europeia mais tardia, consultar Barton et al. (1992) e Cunliffe (1994).

3
A arquitetura da mente moderna

O que é possível aprender hoje sobre a mente moderna que irá nos ajudar na busca das mentes dos nossos ancestrais?

É mais fácil começar olhando não para o intelecto, mas para o corpo.[1] Se queremos descobrir como as pessoas eram ou se comportavam no passado, podemos ir a um museu e olhar para os fósseis humanos ou as ferramentas líticas expostas. Se for um bom museu, talvez encontremos uma reconstituição; quem sabe, um peludo neandertal agachado na entrada de uma caverna, cozinhando ou afiando uma lança. Mas existe uma maneira muito mais fácil de começar a aprender sobre o passado, mesmo sobre o mais antigo dos ancestrais humanos. Basta simplesmente sentar em uma banheira cheia de água. À medida que o banho esfria, ficamos com "pele de galinha". Isso nos acontece porque nossos ancestrais da Idade da Pedra eram muito mais peludos; ao sentir frio, suas peles se arrepiavam e os pelos ficavam eriçados, sequestrando uma camada de ar quente que os aquecia. Hoje em dia não temos mais grande parte dos pelos do corpo, mas a "pele de galinha" continua existindo. Ela nos dá uma ideia de como éramos muitos milênios atrás.

Na verdade, nossos corpos são o paraíso de um detetive da Idade da Pedra. Observando como um ginasta consegue balançar-se à maneira de um gibão, podemos ver que nossos braços e ombros foram um dia projetados para essa atividade. A incidência de doenças cardíacas nas populações ocidentais modernas é um indicativo de que nossos corpos não foram feitos para consumir uma alimentação rica em gordura.[2] Será que o mesmo acontece com as nossas mentes? Será que a natureza da mente moderna é capaz de revelar a natureza da mente da Idade da Pedra? Nossa maneira atual de pensar pode nos dar uma pista de como pensavam nossos ancestrais há milhares ou mesmo milhões de anos? Ela é capaz disso sim – embora as pistas não sejam tão aparentes como as que têm a ver com a nossa anatomia. De fato, podemos descobrir mais que meras pistas, porque nossa mente moderna possui uma arquitetura construída por milhões de anos de evolução. Podemos refazer a pré-história da mente pela sua arquitetura, primeiro expondo-a e depois analisando-a em detalhes.

Mente-esponja, mente-computador

Trazer à tona a arquitetura da mente é tarefa dos psicólogos. Mas todo o mundo faz isso de vez em quando: somos todos exímios usuários da mente. Constante e compulsivamente, espiamos nosso próprio intelecto e nos perguntamos o que se passa na cabeça de outras pessoas. Às vezes achamos que sabemos, mas essa é uma atividade arriscada, porque podemos começar a nos iludir. Olhem para o mundo e ele vai parecer plano. Olhem para a mente e ela vai parecer... Bem, comecemos analisando o que a mente parece ser de fato. Vamos considerar primeiro algumas das mais férteis e incríveis mentes existentes: as das crianças.

Contemplar o desenvolvimento da minha prole tem sido, de muitas formas, tão útil à minha busca pela pré-história da mente quanto os artigos e livros que li na última década. Certa vez, quando meu filho Nicholas tinha quase três anos de idade, estávamos nos divertindo com seu zoológico de brinquedo e perguntei se ele queria colocar a foca no lago. Seus olhos fixaram-se por um instante no animal e a seguir ele me olhou brevemente, em silêncio. "Sim", respondeu, "mas na verdade é um leão-marinho". Ele estava certo. Eu posso ter confundido os bichos, mas meu filho possuía um conhecimento meticuloso dos seus animaizinhos. Bastava ensiná-lo uma vez e a diferença entre tatus, porcos-da-

-terra e tamanduás ficava logo embutida na sua mente. Assim como a de outras crianças, a mente de Nicholas parecia uma esponja absorvendo conhecimento. Novos fatos e ideias penetrando em um arranjo infinito de poros vazios. E digo mais, jovens mentes em diferentes partes do mundo absorverão coisas diferentes. Elas estarão adquirindo culturas distintas. E as culturas, segundo nos contam os antropólogos, não são apenas listas de fatos sobre o mundo, e sim maneiras específicas de pensar e compreender: a mente-esponja é aquela que absorve os próprios processos de pensamento.[3]

Essa visão da mente como uma esponja vazia pronta para ser embebida permeia tanto nosso pensamento comum quanto o de grande parte do mundo acadêmico. O processo de adquirir conhecimento diz respeito a embeber a esponja, e espremê-la tem a ver com lembrar-se de uma informação. O teste que mede o Quociente de Inteligência (QI) baseia-se na noção de que algumas esponjas são melhores que outras quanto à absorção e à "espremida". A evolução da mente humana parece ser não mais que um aumento gradativo da esponja dentro das nossas cabeças.

Mas essa analogia não nos ajuda a pensar sobre como nosso intelecto resolve problemas, como aprende. Isso é mais do que simplesmente acumular e depois regurgitar fatos; trata-se de comparar e combinar pedaços de informação. Esponjas não conseguem fazer isso, mas os computadores sim. A mente-*computador* é talvez uma ideia mais persuasiva que a de mente-*esponja*. Podemos pensar no intelecto adquirindo dados, processando-os, resolvendo um problema e fazendo que nossos corpos executem o resultado. O cérebro é o *hardware*, a mente é o *software*.[4] Mas quais são os programas utilizados?

Em geral consideramos que nossa mente roda um único e poderoso programa geral, multiuso. Normalmente o chamamos de "aprendizagem" e apenas isso. Sendo assim, uma criança que começa a absorver conhecimento também irá rodar o programa geral de aprendizado. Num certo dia ela começa a captar dados sobre os sons que houve saindo da boca das pessoas e sobre as ações que os sucedem – o programa roda e a criança aprenderá o significado das palavras. Em outro dia, os dados de entrada serão as formas de marcas que ela vê no papel e as imagens dos objetos adjacentes – e então ela aprenderá a ler. Em outra ocasião, os dados de entrada serão sobre números numa página, ou sobre equilibrar-se num objeto com duas rodas, e esse extraordinário programa geral que chamamos "aprendizado" permitirá que a criança entenda matemática ou guie uma bicicleta. O mesmo programa simplesmente continuará rodando, até na fase adulta.

Se a mente é um computador, como deveríamos conceber o intelecto dos nossos ancestrais pré-históricos? É fácil. Diferentes tipos de mentes são como computadores com diferentes quantidades de memória e chips de processamento. Durante a última década, presenciamos um dramático aumento da capacidade e velocidade dos computadores, um fato que quase implora para ser utilizado como analogia da pré-história da mente. Não faz muito tempo, levei meus filhos ao Museu de Ciências em Londres, onde vimos a reconstituição do primeiro computador, a máquina analítica de Charles Babbage. Ela é muito, muito maior e mais lenta que o pequeno computador portátil onde estou escrevendo este livro. Fiquei pensando se a máquina analítica de Babbage e meu computador portátil seriam análogos ao homem de Neandertal e à mente moderna. Ou será que simplesmente diferentes quantidades de memória num PC é uma analogia melhor?

A mente-esponja e a mente-computador: as duas noções são tentadoras. Ambas parecem descrever um pouco como a mente funciona. No entanto, como pode a mente corresponder, ao mesmo tempo, a tantos tipos de coisas diferentes? Parece tão fácil dizer o que a mente deve ser e tão difícil afirmar o que ela realmente é.

Mas as analogias com esponjas e computadores são realmente boas? A mente não é algo que apenas acumula informação e depois a regurgita, tampouco absorve conhecimento indiscriminadamente. Meus filhos – como todas as outras crianças – absorveram milhares de palavras sem esforço, mas essa "sucção" parece deparar com obstáculos quando se trata de tabelas de multiplicação. E também não é verdade que a mente simplesmente resolve problemas como um computador. Ela faz algo diferente: ela cria. Ela pensa em coisas que não existem "lá fora" no mundo. Coisas que *não poderiam* estar no mundo. A mente pensa, cria, imagina. Isso não acontece dentro de um computador. Os computadores simplesmente executam o que um programa mandou fazer, não conseguem ser realmente criativos da maneira que parece ser compulsiva para uma criança de quatro anos.[5] Talvez, ao considerarmos a mente uma esponja ou um programa de computador estamos simplesmente nos unindo ao equivalente psicológico da sociedade da terra plana.

Para ser preciso, o que eu achei provocante quando meu filho declarou que "na verdade é um leão-marinho" não foi o fato de ele estar certo, mas de ele estar fundamentalmente errado. Como pode ter pensado que era um leão-marinho? Não passava de uma pequena peça de plástico laranja. O leão-marinho é molenga e molhado, é gordo e tem cheiro. A peça de plástico era todas essas coisas – mas apenas na sua mente.

As ideias de Thomas Wynn e Jean Piaget

Meu interesse sobre as origens da mente humana não foi despertado por meus filhos, mas sim por um notável artigo que li quando era estudante de graduação. Em 1919, um arqueólogo americano chamado Thomas Wynn publicou um artigo onde alegava que a mente humana já estava pronta há trezentos mil anos.[6] Lembrem-se que isso acontece no Ato 3 da peça sobre nosso passado, antes que os neandertais – e menos ainda os humanos anatomicamente modernos – tivessem aparecido no palco. A evidência na qual Thomas Wynn se baseou foram os refinados e simétricos machados de mão fabricados pelo *Homo erectus* e pelo *Homo sapiens* arcaico durante a primeira cena do Ato 3.

Como ele chegou a tal conclusão? Começou utilizando uma ideia que, por muitos anos, tem causado acaloradas discussões entre os acadêmicos: a de que as fases do desenvolvimento mental na criança refletem as fases da evolução cognitiva dos nossos ancestrais. Utilizando um jargão, dizemos que a "ontogenia recapitula a filogenia".[7] Essa é uma "grande ideia", à qual retornarei mais adiante neste capítulo e também no próximo. Pensem nela como significando que a mente do, por exemplo, *Homo erectus* ou talvez de um chimpanzé atual possa ter semelhança estrutural com a de uma criança pequena, embora obviamente possuirão um conteúdo muito diferente. Para usar essa ideia, Thomas Wynn precisava saber como eram as mentes das crianças; precisava conhecer as fases do desenvolvimento mental. Não é de surpreender que ele tenha se voltado para o trabalho do psicólogo infantil Jean Piaget, de longe a figura mais proeminente naquele momento.

Piaget acreditava firmemente que a mente é como um computador. Segundo suas teorias, ela roda um pequeno conjunto de programas de utilidade geral que controlam a entrada de novas informações e também reestruturam a mente de modo a que ela passe por uma série de fases de desenvolvimento.[8] Ele chamou a última dessas fases – que é alcançada quando a criança tem aproximadamente doze anos – de operatório--formal. Nesse período, a mente é capaz de pensar em objetos e eventos hipotéticos. Esse tipo de pensamento é absolutamente essencial para a produção de um utensílio de pedra como o machado de mão. É preciso formar uma imagem mental da ferramenta acabada antes de começar a tirar lascas do pedaço de pedra original. Cada remoção é subsequente a uma hipótese sobre seu efeito no formato da peça. Por conseguinte, Tom Wynn sentiu-se confiante ao atribuir uma inteligência operatório--formal, e portanto uma mente fundamentalmente moderna, aos criadores do machado de mão.

Para um estudante de arqueologia, essa foi uma conclusão sem precedentes. Ali estava alguém que podia realmente ler a mente de um ancestral humano a partir de ferramentas de pedra descartadas e perdidas na pré-história. Mas a pré-história do intelecto teria de fato acabado tão cedo ao longo da evolução humana? O aparecimento da arte, dos utensílios de osso e da colonização global, isto é, os acontecimentos do Ato 4 da nossa peça não teriam exigido novas bases cognitivas? Parecia no mínimo improvável que isso não tivesse acontecido.

Uma análise do trabalho de Tom Wynn mostrou que ele não havia cometido nenhum erro ao usar as ideias de Piaget. Fabricar um machado de mão que fosse simétrico em três dimensões com certeza parecia envolver os tipos de processos mentais que Piaget alegava serem característicos da inteligência operatório-formal. Talvez as ideias de Piaget é que estivessem erradas. Esse tem sido, de fato, o recado de muitos psicólogos ao longo da última década: a mente *não* opera programas de utilidade geral, tampouco é uma esponja que absorve indiscriminadamente qualquer informação disponível. Os psicólogos introduziram um novo tipo de analogia: a mente é como um canivete suíço. Um canivete suíço? Sim, um desses canivetes bojudos com um monte de equipamentos úteis, como tesouras, serrinhas e pinças. Cada elemento do canivete foi projetado para solucionar um tipo de problema bem específico. Quando fechado, ninguém imagina a existência de tamanha quantidade de lâminas especiais no canivete. Talvez nossas mentes se encontrem além do nosso alcance. Mas se elas forem como um canivete suíço, quantos dispositivos existem? Quantos problemas eles são capazes de resolver? Como foram parar lá? E por acaso essa analogia nos ajuda mais que as outras a compreender a imaginação e o pensamento criativo?

Muitos psicólogos têm abordado essas questões desde 1980. Eles adotaram termos como "módulos, "domínios cognitivos" e "inteligências" para descrever cada um dos dispositivos especializados. Há muita discordância sobre o número e a natureza desses dispositivos, mas ao analisarmos a literatura veremos que esses psicólogos conseguem expor melhor a arquitetura da mente do que nós quando meditamos em vão a seu respeito ao brincar com crianças. Essa arquitetura parece fundamentalmente diferente da sugerida por Piaget. Portanto, agora temos que investigar como a visão da mente-canivete suíço surgiu e como se desenvolveu durante os últimos anos.[9]

A mente segundo Fodor: uma arquitetura de dois níveis

Nosso ponto de partida são dois grandes livros publicados em 1983. Na verdade, o primeiro é um volume pequeno e fino, mas que contém algumas grandes ideias sobre a arquitetura da mente, apresentando-nos algumas indicações sobre seu passado: trata-se de *The Modularity of Mind* [*A modularidade da mente*] de Jerry Fodor.[10]

Fodor é um psicolinguista com ideias muito claras a respeito da mente. Propõe que ela deveria ser dividida em duas grandes partes, que chamamos percepção (ou sistemas de entrada) e cognição (ou sistemas centrais). As respectivas arquiteturas são muito diferentes; sistemas de entrada parecem os dispositivos de um canivete suíço, e Fodor os descreve como uma série de "módulos" discretos e independentes, tal qual a visão, a audição, o toque. Fodor inclui a linguagem entre os sistemas de entrada. Em contrapartida, os sistemas centrais não possuem uma arquitetura, ou talvez ela sempre permaneça fora do nosso alcance. É ali que os misteriosos processos conhecidos como "pensamento", resolução de problemas" e "imaginação" acontecem. É ali que reside a "inteligência".

Fodor argumenta que cada sistema de entrada se baseia em processos cerebrais independentes. Por exemplo, os usados para a audição são totalmente diferentes dos usados para a visão ou a linguagem: são como dispositivos diferentes do canivete suíço, que simplesmente se encontram contidos num mesmo estojo. Essa modularidade dos sistemas de entrada é atestada por numerosas evidências, que incluem uma aparente associação com partes específicas do cérebro, os típicos padrões de desenvolvimento na criança, e também uma tendência a exibir padrões específicos de interrupção. Fodor também enfatiza o fato de os sistemas de entrada operarem muito rapidamente e serem obrigatórios: não podemos deixar de ouvir, ou ver, em face de estímulos apropriados.

Embora poucos viessem a contestar essas características dos sistemas de entrada, outras, também propostas por Fodor, dão mais margem a controvérsias. A primeira é a noção de que um dado sistema de entrada não tem acesso direto à informação que está sendo adquirida por outros sistemas semelhantes. Consequentemente, o que estou vendo neste momento não é influenciado pelo que ouço. Fodor usa o termo "encapsulado" para denotar essa característica particular. Outra característica é que os sistemas de entrada recebem apenas informações limitadas dos sistemas centrais. Esse, para Fodor, é um componente arquitetônico crucial, porque significa que o conhecimento de qualquer indivíduo tem uma influência limitada, e talvez marginal, na maneira como ele percebe o mundo. Um exemplo claro que Fodor usa para ilustrar isso são as ilusões ópticas: elas persistem mesmo quando sabemos que o que estamos vendo não é real.

A ideia de que a cognição influencia apenas marginalmente a percepção vai contra as ideias relativistas das ciências sociais. Lembrem-se de que, quando pensávamos na mente como uma esponja, supúnhamos que a criança absorvia o conhecimento da sua cultura. Para a maioria dos cientistas sociais esse conhecimento também inclui a maneira de perceber o mundo. Fodor diz que isso é incorreto: a natureza da percepção já está embutida na mente ao nascermos. O relativismo lhe desagrada tanto quanto os poderosos barcos a motor feitos de fibra de vidro, o que significa, suponho eu, que lhe desagrada imensamente.[11]

Segundo Fodor, sistemas de entrada são encapsulados, obrigatórios, operam com rapidez e já vêm embutidos. Ele os chama de "estúpidos". Nesse sentido eles contrastam com a cognição, o sistema central "esperto". Fodor argumenta que não conhecemos praticamente nada sobre o funcionamento dos sistemas centrais, exceto que eles possuem uma série de características opostas à dos sistemas de entrada: operam devagar, não são encapsulados e são neutros quanto ao domínio; em outras palavras, os processos de pensamento e resolução de problemas ativam a integração da informação proveniente de todos os sistemas de entrada, além daquela que está sendo gerada internamente. Diferentemente dos sistemas de entrada, os processos dos sistemas centrais não podem ser relacionados com partes específicas do cérebro.

O caráter fundamental da cognição é ela ser holística, o extremo oposto dos sistemas de entrada, que são todos dedicados a lidar com apenas um tipo específico de informação. E isso é o que Fodor (1985, p.4) considera a característica mais intrigante da cognição: "seu não encapsulamento, sua criatividade, seu holismo e sua paixão pelo analógico". Fodor sente-se derrotado pelos sistemas centrais, declarando que é impossível estudá-los. Para ele, "pensamento", "resolução de problemas", imaginação" e "inteligência" são irresolúveis.

Resumindo, Fodor acredita que a mente possui uma arquitetura de dois níveis; o inferior é como um canivete suíço e o superior, como... Bem, não podemos descrevê-lo porque não existe nada igual a ele no mundo.

Num primeiro momento, a combinação dos sistemas de entrada e os centrais parece criar uma arquitetura um tanto estranha, um choque de estilos tenso e pouco atraente. Mas Fodor argumenta que a arquitetura da mente moderna – o processo da evolução humana – de fato concebeu um projeto bem engenhoso. É quase perfeito por permitir nossa adaptação ao mundo que nos rodeia. A percepção foi gerada para detectar o que está certo nesse mundo: em situações de perigo ou oportunidade, uma pessoa precisa reagir rapidamente e sem pensar. Segundo Fodor (1985, p.4), "sem dúvida é importante prestar atenção no eternamente belo e verdadeiro. Mas é mais importante ainda não sermos devorados". Em outros momentos, no entanto, sobrevivemos contemplando a natureza do mundo de maneira lenta e reflexiva, integrando muitos tipos e fontes diferentes de informação. Apenas dessa forma podemos chegar a reconhecer as regularidades e a estrutura do mundo. "A Natureza fez força para manter as duas coisas", argumenta Fodor (1985, p.4), "extrair o melhor do sistema rápido e estúpido, mas também do sistema lento e contemplativo, simplesmente recusando-se a escolher entre um e outro".

A teoria das inteligências múltiplas de Gardner

No mesmo ano em que o livro de Fodor foi editado, outra publicação chegou às prateleiras: *Frame of Mind: The Theory of Multiple Intelligences Estrutura da mente: A teoria das inteligências múltiplas*, de Howard Gardner.[12] De certa forma, essa obra diverge fortemente do trabalho de Fodor. Gardner está muito mais preocupado com questões práticas voltadas ao desenvolvimento de políticas educacionais para escolas do que com questões puramente filosóficas referentes à mente. Ele também recorre a informações de outras áreas que não apenas psicologia e linguística, trazendo dados de disciplinas como a antropologia e os estudos educacionais.

Gardner propõe um tipo de arquitetura da mente bem diferente; elimina a distinção entre os sistemas de entrada e os centrais e, em vez disso, concentra-se na noção de inteligência – que para Fodor é irresolúvel. Questiona que exista uma capacidade intelectual única e generalizada – o tamanho da nossa esponja ou a velocidade do nosso computador – e a substitui por não menos que sete tipos distintos de inteligência. Alega que essas têm suas bases em diferentes partes do cérebro, contendo processos neurológicos dedicados e independentes. Portanto, aqui também temos uma arquitetura do tipo canivete suíço, com cada dispositivo agora sendo chamado de inteligência.

A pré-história da mente

Para identificar as inteligências múltiplas da mente, Gardner utiliza um rigoroso conjunto de critérios. Por exemplo, ele acredita que deveriam existir evidências de um possível isolamento da capacidade central por causa de um dano cerebral, seja perdendo essa capacidade, enquanto todas as outras permanecem inalteradas, seja perdendo todas as outras capacidades mas mantendo a competência na inteligência proposta. Ele também acredita que deveríamos ser capazes de perceber na criança uma nítida história de desenvolvimento para essa inteligência, e que essa deveria desenvolver-se em graus diferentes em indivíduos diferentes. Utilizado esses critérios, Gardner chega às sete inteligências: seus dispositivos para o canivete suíço da mente moderna.

As inteligências de Gardner são a linguística, a musical, a lógico-matemática, a espacial, a corporal-cinestésica, e duas formas de inteligência pessoal, uma voltada para dentro, para perscrutar nossa própria mente, e outra voltada para fora, para compreender outras pessoas. A função de cada inteligência está em grande parte definida pelo seu nome. A lógica-matemática talvez seja a que mais se aproxima do que normalmente queremos dizer ao usar o termo "inteligência", na medida em que se refere, em última instância, ao pensamento lógico e científico. A batizada com o nome um tanto difícil de corporal-cinestésica diz respeito à coordenação dos movimentos corporais, exemplificada nos desportistas e dançarinos. Cada uma dessas inteligências satisfaz os critérios propostos por Gardner. Por exemplo, a linguagem com certeza parece depender de processos cerebrais dedicados e únicos; e todos nós provavelmente conhecemos crianças dotadas de uma extraordinária inteligência musical ou lógico-matemática.

Gardner sugere, portanto, que a arquitetura da mente é constituída por uma série de inteligências relativamente autônomas. Não apenas sugere, como apresenta uma forte argumentação a favor disso. Ao fazê-lo, parece distanciar-se bem radicalmente do tipo de arquitetura proposto por Fodor. As inteligências de Gardner são muito diferentes dos módulos de Fodor. As inteligências têm uma história de desenvolvimento – a natureza de cada uma é fortemente influenciada pelo contexto cultural do indivíduo. As lâminas do canivete suíço de Gardner tratam do pensamento e da resolução de problemas e não apenas da aquisição de informação, como é o caso dos módulos de Fodor. Existe mais uma diferença fundamental. Mas, ironicamente, aproxima muito mais as ideias de Fodor e de Gardner do que parece ser o caso no princípio.

Enquanto os módulos de Fodor são absolutamente independentes entre si, Gardner realça sem parar como a interação entre as várias inteligências é fundamental para o funcionamento da mente. Gardner (1983, p.279) enfatiza que "em circunstâncias normais, elas na verdade interagem, e se fortalecem mutuamente. Uma característica típica do desenvolvimento humano – ele argumenta – é que crianças pequenas têm a capacidade de estabelecer conexões entre domínios. E seu livro está cheio de exemplos sobre inteligências agindo em conjunto para criar os padrões comportamentais e as realizações culturais da humanidade. De fato, é difícil conceber a inteligência musical, por exemplo, não estando intimamente ligada a complexos movimentos corporais derivados da inteligência corporal-cinestésica, ou a inteligência linguística sendo usada independentemente da inteligência pessoal. Portanto, a posição de Gardner (1983, p.279) é de que, apesar da independência dos processos centrais de cada inteligência, "no relacionamento humano normal, tipicamente encontramos conjuntos de inteligências trabalhando juntas e até harmoniosamente, a fim de executar atividades humanas complexas". E os indivíduos mais espertos – ele sugere – são aqueles mais capazes de estabelecer conexões entre domínios, como exemplificado pelo uso de metáforas e analogias.

A palavra "metáfora" logo nos leva de volta ao modo como Fodor descreveu os sistemas centrais: eles têm "uma paixão pelo pensamento analógico". Será que Fodor não via nenhuma modularidade nos sistemas centrais simplesmente porque as inteligências, ou módulos dentro deles, trabalham tão harmoniosamente que nos tornamos incapazes de perceber a própria existência da modularidade?[13]

Interlúdio: Fodor contra Gardner

Vamos fazer uma pausa neste nosso relato sobre as ideias mais recentes da psicologia, para avaliar até onde chegamos a expor a arquitetura da mente. Fodor nos proporcionou uma arquitetura de dois níveis, e o papel de cada um parece ter uma relevância evolutiva: podemos imaginar a mente funcionando somente com os sistemas de entrada, mas não com apenas um sistema central. Insetos e amebas precisam de sistemas de entrada mas não exigem os processos dos sistemas centrais. Portanto, esse último talvez tenha sido adicionado em algum momento da evolução. Gardner criou o modelo do canivete suíço para os processos do pensamento, que (se as inteligências múltiplas puderem de fato trabalhar juntas, e em harmonia) não é substancialmente diferente da maneira como Fodor caracterizou os sistemas centrais. Sendo assim, talvez a mente não seja um único canivete, e sim dois: um para os sistemas de entrada, no qual os dispositivos, ou lâminas, são realmente independentes, e outro no qual os dispositivos funcionam juntos a maior parte do tempo. Mas se isso é verdade, então, em primeiro lugar, por que ter diferentes lâminas para o pensamento. Por que não ter um programa geral de aprendizado/pensamento/resolução de problemas? Ou, em outras palavras, uma inteligência geral? E o que nos garante que Gardner identificou os números e tipos corretos de lâminas no canivete? Ele próprio admite que outra pessoa, analisando a mente, poderia encontrar uma série diferente de inteligências. Para responder a essas perguntas, o melhor seria pensar em quem montou o canivete (os canivetes) da mente – isto é, pensar na arquitetura da mente: os processos evolutivos. Para tal, devemos voltar ao nosso estudo sobre as ideias recentes da psicologia e conhecer um grupo de profissionais dessa disciplina cujas vozes têm ecoado mais alto que todas nos anos 90: os psicólogos evolutivos.

Chegam os psicólogos evolucionistas

Os líderes do grupo de psicólogos evolucionistas são Leda Cosmides e John Tooby, duas pessoas fascinantes com mentes afiadas.[14] Durante o fim dos anos 1980 e começo dos 1990, eles publicaram uma série de artigos que culminou em um trabalho extenso, intitulado "The psicological fondations of culture" ["As bases psicológicas da cultura"] e incluído no livro *The Adapted Mind* [*A mente adaptada*], editado junto com Jerome Barkow em 1992.[15] Ao adotar uma abordagem explicitamente evolucionária, o trabalho deles têm desafiado muitas das noções convencionais sobre a mente – a mente-esponja, a mente do tipo programa de computador de uso geral. Na verdade, foi Leda Cosmides quem eu vi iniciando uma palestra com um canivete suíço nas mãos e declarando que aquilo era a mente.[16] Vou referir-me a Cosmides e Tooby como C&T.

Eles desfilam sob a bandeira da psicologia evolucionista pela simples razão de o grupo argumentar que podemos compreender a natureza da mente moderna apenas se a considerarmos um produto da evolução humana. O ponto de partida dessa argumentação é a mente ser uma estrutura funcional complexa que não poderia ter surgido pelo acaso. Se estamos dispostos a ignorar a possibilidade de uma intervenção divina, o único processo conhecido que pode ter dado origem a tamanha complexidade é a evolução pela seleção natural.[17] Nesse respeito, C&T tratam a mente como tratamos qualquer outro órgão do corpo – é um mecanismo evoluído, construído e ajustado em resposta às pressões seletivas enfrentadas pela nossa espécie durante sua evolução. Mais especificamente, eles argumentam que a mente humana evoluiu sob a força das pressões seletivas enfrentadas pelos nossos ancestrais enquanto viviam como caçadores-coletores nos ambientes do Pleistoceno – os atos e cenas centrais da nossa pré-história. Na medida em que esse modo de vida terminou há apenas uma fração de tempo em termos evolutivos, nossas mentes permaneceram adaptadas à caça e à coleta.

Como consequência disso, C&T argumentam que a mente é um canivete suíço com um grande número de lâminas altamente especializadas; em outras palavras, é composta de módulos mentais múltiplos. Cada uma dessas lâminas/módulos foi projetada pela seleção natural para lidar com um determinado problema adaptativo enfrentado pelos caçadores-coletores durante nosso passado. Conforme Gardner discutiu, a mente possui mais que apenas a capacidade para uma "inteligência geral" – existem múltiplos tipos de inteligências especializadas, ou maneiras de pensar. Assim como no caso das inteligências de Gardner, é possível que cada módulo tenha uma forma própria de memória e de processos de raciocínio.[18] Mas os módulos da mente de C&T são muito diferentes das inteligências de Gardner. Na verdade, aproximam-se mais dos processos de entrada de Fodor: são embutidos na mente ao nascer e são universais entre as pessoas. Enquanto a natureza das inteligências múltiplas de Gardner podia ser influenciada pelo contexto em que nossas mentes jovens se desenvolviam, a mesma coisa não acontece com os módulos de C&T.

Esses módulos apresentam uma característica decisivamente fundamental que ainda não havíamos visto: são "ricos em conteúdo". Dito de outra forma, os módulos não apenas fornecem conjuntos de regras para resolvermos problemas, como também proporcionam muita informação necessária para tal. Esse conhecimento reflete a estrutura do mundo real – ou pelo menos aquela do Pleistoceno em que a mente evoluiu. A informação sobre estrutura do mundo real juntamente com a abundância de regras para a resolução de problemas, cada uma contida no seu módulo mental próprio, já se encontra na mente da criança ao nascer. Alguns módulos são ativados imediatamente – os relacionados ao contato visual com a mãe –, outros precisam de um pouquinho de tempo antes de entrarem em ação, como os módulos para a aquisição da linguagem.

Antes de analisarmos os tipos de módulos que C&T acreditam que existam nas mentes, é importante compreender por que eles consideram que a mente seja como um canivete suíço em vez de uma mente-esponja, ou mente-computador, ou outra coisa. Eles têm três grandes argumentos.

Primeiro, C&T sugerem que, como cada tipo de problema enfrentado pelos nossos ancestrais caçadores-coletores era singular, tentar resolver todos utilizando um único esquema de raciocínio teria levado a muitos erros. Consequentemente, qualquer humano que tivesse módulos mentais especializados e dedicados a tipos específicos de problemas teria evitado erros e encontrado soluções com sucesso. Essa pessoa teria possuído uma vantagem seletiva e seus genes teriam se espalhado na população, codificando a feitura de canivetes suíços nas mentes dos seus descendentes.

Os critérios para escolha de parceiros sexuais pode ilustrar o valor dos módulos mentais. Se um homem está escolhendo com quem fazer sexo, deveria evitar parceiras a quem está ligado biologicamente. Mas se ele está escolhendo alguém com quem compartilhar comida, então não deveria evitar parentes. Alguém que utilizasse uma regra de pensamento que dissesse "sempre ser amigável com parentes" ou então "sempre ignorar parentes" não teria tanto sucesso reprodutivo quanto alguém com um conjunto de regras, cada uma dedicada a um problema particular.

O segundo argumento utilizado por C&T para fundamentar a noção de módulos ricos em conteúdo é o fato de as crianças aprenderem tantas coisas a respeito de tantos assuntos complexos que se torna simplesmente impossível aceitar que isso aconteça, a não ser que suas mentes tenham sido pré-programadas para fazê-lo. Esse argumento foi originalmente conhecido como a "pobreza do estímulo" e utilizado por Noam Chomsky em relação à linguagem. Como é possível – perguntou-se Chomsky – que crianças adquiram as muitas e complexas regras da gramática a partir de uma série limitada de elocuções saindo dos lábios dos pais? Como poderia um programa geral de aprendizado da mente possivelmente deduzir essas regras, memorizá-las e então permitir que uma criança de quatro anos as usasse de maneira quase perfeita? Bem, simplesmente não poderia. Chomsky discute que a mente contém um "dispositivo para aquisição da linguagem" geneticamente fixo e dedicado ao aprendizado da língua, já equipado com um plano geral para regras gramaticais. Fodor e Gradner concordaram com esse ponto de vista, razão pela qual ambos consideraram a linguagem uma característica especializada da mente.

C&T generalizam o argumento da "pobreza do estímulo" para todos os domínios da vida. Como pode uma criança aprender o significado de expressões faciais ou o comportamento de objetos físicos, ou mesmo atribuir crenças e intenções a outras pessoas, a não ser que ela seja ajudada por módulos mentais ricos em conteúdo e dedicados a essas tarefas?

O terceiro argumento é conhecido como o problema do contexto, e lida com a dificuldade de tomar decisões. É o mesmo que Fodor utilizou ao explicar por que existem os sistemas de entrada estúpidos. Imaginem um caçador pré-histórico que de repente depara com um leão. O que ele deveria fazer? Se tivesse apenas um programa geral de aprendizado, o tempo necessário para avaliar as intenções do leão e pesar os prós e contras de correr ou não se mexer poderia muito bem ser excessivamente longo. Conforme notou Fodor, o caçador provavelmente teria sido devorado.

O problema com regras gerais de aprendizado, segundo C&T, é que não existem limites quanto a que informação excluir durante uma tomada de decisão e quais ações alternativas ignorar. Toda e qualquer possibilidade deveria ser examinada. Nossos ancestrais pré-históricos teriam tranquilamente morrido de fome enquanto tentavam decidir onde e o que caçar. Mas se um deles possuísse um módulo mental especializado para tomar decisões sobre caçar, que indicasse os tipos de informação a considerar e como processá-los, ele teria prosperado. Isso sem dúvida teria aumentado seu sucesso reprodutivo, e a comunidade logo estaria povoada de seus descendentes, cada qual com um módulo mental especializado para tomar decisões sobre a caça.[19]

Esses são argumentos poderosos. Se é legítimo pensar na mente como um produto da seleção natural, a defesa do projeto do tipo canivete suíço parece arrasadora. Então, que tipos de lâminas encontraríamos? Isso nos leva talvez ao aspecto mais significativo dos argumentos de C&T: eles sugerem que somos realmente capazes de prever quais dispositivos deveriam existir no canivete. Não precisamos ser como Gardner e depender de palpites e conjecturas. Pelo menos, podemos prever as lâminas se soubermos os tipos de problemas que os nossos caçadores--coletores pré-históricos normalmente tinham que enfrentar e resolver. C&T pensam que eles sabem e sugerem que a mente está cheia de um grande número de módulos. Eles incluem:

> Um para o reconhecimento do rosto, um para as relações espaciais, um para a mecânica de objetos rígidos, um para o uso de ferramentas, um para o medo, um para as trocas sociais, um para a emoção-percepção, um para a motivação associada ao parentesco, um para a distribuição do esforço e recalibração, um para o cuidado das crianças, um para as inferências sociais, um para a amizade, um para a aquisição da gramática, um para a comunicação e pragmática, um para a teoria da mente, e assim por diante! (Tooby & Cosmides, 1992, p.113)

Essa longa e incompleta lista dos módulos possíveis talvez não seja muito diferente da que Gardner estava sugerindo. Porque podemos facilmente agrupar certos módulos dessas listas, como os que se referem à interação social, ou aos objetos físicos. C&T chamaram esses grupos de "faculdades". Como tais, elas parecem semelhantes à noção de inteligência de Gardner. Mas a diferença fundamental é que as inteligências de Gardner são arbitrárias – não mais que seus palpites sobre o que acontece na mente. C&T, por sua vez, preveem quais módulos deveriam existir recorrendo ao fato de a mente ser um produto da evolução durante o Pleistoceno, quando é possível assumir que a seleção natural teve um papel dominante. Além disso, as inteligências de Gardner são moldadas pelo contexto cultural do desenvolvimento. As faculdades de C&T são imunes ao mundo externo. Entretanto, por que tantos módulos? Podemos realmente ter tantos processos psicológicos independentes nas nossas mentes? Pergunto-me se essas ideias são o que Fodor (1987) temia ao advertir sobre a "teoria da modularidade enlouquecida" (p.27).

Interlúdio: caçadores-coletores e professores de Cambridge contra os psicólogos evolutivos

Vamos nos distanciar dos psicólogos e analisar como sobrevive a ideia de uma mente moderna do tipo canivete suíço de caçador-coletor pré-histórico diante da nossa experiência do mundo. "Bem mal" é a resposta.

Para começar, considerem a ideia de que a mente moderna evoluiu como meio de resolver os problemas enfrentados pelos caçadores-coletores da Idade da Pedra nos ambientes do Pleistoceno. Os argumentos lógicos para tal são formidáveis: como poderia ser de outra forma? Mas, nesse caso, como explicar essas coisas que a mente moderna consegue fazer muito bem mas que com certeza nunca foram tentadas pelos caçadores-coletores da Idade da Pedra, como ler livros ou desenvolver a cura para o câncer. Em alguns desses casos talvez usemos módulos que inicialmente evoluíram para tarefas diferentes, porém relacionadas. Poderíamos, então, muito bem cooptar por módulos designados para a aquisição da linguagem falada quando aprendemos a ler e escrever. E talvez sejamos capazes de compreender geometria porque podemos usar o "módulo das relações espaciais" de C&T, não mais para encontrar o caminho numa paisagem, mas para encontrá-lo em volta dos lados de um triângulo.

Outros pensamentos e comportamentos não do tipo caçador coletor podem muito bem utilizar regras de aprendizado gerais, como o aprendizado associativo e o aprendizado por tentativas. Reúno todos sob o título de inteligência geral. Mesmo C&T admitem que algumas regras gerais devem existir dentro da mente. Mas, se seus argumentos forem corretos, essas regras poderiam resolver apenas problemas simples. Qualquer coisa mais difícil exige alguns processos mentais especializados que são dedicados, ou cosselecionados.

Considerem a matemática. Crianças sem dúvida têm mais dificuldade em aprender as regras de álgebra do que as da linguagem, o que certamente sugere que a mente está pré-adaptada para adquirir a língua, mas não a matemática. Talvez, então, aprendemos matemática utilizando as regras da inteligência geral. No entanto, isso conseguiria explicar os casos de crianças e adultos que são brilhantes nessa disciplina?

Pensem no matemático Andrew Wiles. Em junho de 1993, ele anunciou ter desenvolvido a prova do que é conhecido como último teorema de Fermat.[20] Fermat, matemático do século XVII, anotou na margem de um caderno que havia demonstrado não existir uma solução de números inteiros para a equação $X^n + Y^n = Z^n$ quando n é maior que 2 e X, Y e Z são diferentes de zero. Mas ele se esqueceu de deixar-nos a solução propriamente dita, que desde então tornou-se mais um "Santo Graal" da matemática. Wiles alegou ter chegado a essa solução: mais de mil paginas de equações absolutamente ininteligíveis para a maioria das pessoas de todo o mundo. Mas alguém compreendeu-as e disse a Andrew Wiles que ele estava errado! Um ano mais tarde, uma versão revisada foi apresentada e aclamada como uma das maiores realizações da matemática do século XX. Agora, se as mentes estão adaptadas apenas para resolver problemas de caça e coleta, como poderia ter sido elaborada essa prova? Como, realmente, Fermat poderia ter pensado no último teorema, ou mesmo em um primeiro? Fermat e Wiles teriam usado não mais que um processo cognitivo de segunda, gerado pela evolução para outro propósito? Ou talvez uma habilidade de aprendizado geral? Ambas as alternativas parecem improváveis.

Obviamente, não é apenas a habilidade dos humanos modernos de produzir matemática pura que traz essa questão às ideias de C&T sobre a mente. Quando li os trabalhos deles pela primeira vez, ainda era um pesquisador principiante do Trinity Hall, um dos *Colleges* de Cambridge. Uma vez por semana, os docentes se reuniam para jantar na High Table.[21] E lá eu me sentava, recém-saído do doutoramento, rodeado por alguns dos intelectuais mais brilhantes do país. Pessoas como *Sir* Roy Calne, o cirurgião de transplantes (e artista talentoso); o professor John Polkinghorne, que não apenas havia sido professor de física matemática, como também havia sido ordenado padre da Igreja Anglicana; e o eminente linguista *Sir* John Lyons, o diretor do *college*. Em ocasiões especiais, os membros honorários compareciam ao jantar, incluindo o famoso físico Stephen Hawking. Esses cirurgiões, linguistas e físicos teóricos poderiam estar expandindo os limites do conhecimento humano em áreas tão complexas e diversas utilizando mentes adaptadas para não mais que uma existência de caçador-coletor?

Talvez devêssemos analisar caçadores-coletores modernos por um instante e considerar como suas mentes parecem funcionar. Os inuits, os bosquímanos do deserto de Kalahari e os aborígines australianos não são relíquias da Idade da Pedra. São tão modernos quanto vocês ou eu. Eles vivem de uma maneira que simplesmente aconteceu ser a analogia mais próxima do estilo de vida do Pleistoceno. De fato, tendo que dedicar-se à caça ou à coleta de alimentos, esses povos modernos codividem muitos problemas adaptativos com os caçadores-coletores do passado. Entretanto, parece existir uma grande distância entre como eles parecem pensar suas atividades e como deveriam fazê-lo segundo C&T.

Um dos argumentos fundamentais de C&T é que tipos específicos de problemas exigem maneiras específicas de resolvê-los. Uma garota que escolhe frutas baseada nos mesmos esquemas de raciocínio utilizados para escolher um parceiro provavelmente vai acabar com uma forte dor de barriga, porque vai selecionar as que não estão maduras – frutas que parecem ter músculos rijos. Porém, assim que examinamos os caçadores-coletores modernos, temos a impressão de que é precisamente isso que eles fazem; não ficam com dor de barriga por ter comido frutas ainda verdes, mas pensam sobre o mundo natural como se fosse um ser social.

Nurit Bird-Davis viveu com povos que seguem o estilo de vida tradicional dos caçadores-coletores em florestas tropicais, como os mbutis do Zaire. Ela descobriu que todos esses grupos têm uma visão comum do ambiente: concebem a "floresta como um parente", "o ambiente é generoso assim como um parente próximo o é" (Bird-David, 1990). Da mesma forma, os inuits do ártico canadense "tipicamente veem seu mundo como se estivesse imbuído de qualidades humanas, vontades e propósitos".[22] Os caçadores-coletores modernos não vivem em paisagens compostas apenas de animais, plantas, rochas e cavernas. As paisagens estão socialmente organizadas. Entre os aborígines da Austrália, as fontes de água são os locais que seus ancestrais escavaram no chão, as árvores são os lugares onde foram colocados os paus para escavar, e os depósitos de ocre vermelho são os lugares onde esses ancestrais derramaram sangue.[23]

Essa tendência de pensar sobre o mundo natural em termos sociais é talvez mais evidente no uso disseminado do pensamento antropomórfico – atribuir mentes do tipo humano aos animais. Considerem os inuits e o urso polar. Esse animal é muito desejado e é "morto com paixão, esquartejado com cuidado e consumido com deleite".[24] Mas sob certos aspectos, também é tratado como se fosse outro homem caçador. Quando um urso é abatido as restrições aplicadas a atividades que podem ser iniciadas são as mesmas de quando alguém morre no acampamento. O urso polar é considerado um ancestral humano, um parente, um adversário temido e respeitado (ver Figura 2). Na mitologia dos inuits houve um tempo em que homens e ursos polares podiam facilmente transformar-se uns nos outros. Essa ideia – de que no passado os seres humanos e os animais não humanos podiam transformar-se uns nos outros – é realmente uma característica difundida nas mentes dos caçadores-coletores. É a base do pensamento totêmico, cujo estudo é a pedra fundamental da antropologia social.[25]

Em geral, todos os caçadores-coletores modernos parecem fazer o que C&T afirmam que não deveriam fazer: eles pensam no seu mundo

FIGURA 2 – Durante o período da criação mitológica dos inuits, animais e seres humanos viviam juntos e facilmente se metamorfoseavam uns nos outros. Esta figura faz parte de um desenho de Davidialuk Alasuaq e mostra um urso polar vestido no estilo inuit cumprimentando amigavelmente um caçador.

natural como se fosse um ser social. Não utilizam uma "lâmina" diferente para pensar sobre diferentes entidades. Isso foi muito bem resumido pelo antropologo Tim Ingold (1992, p.42), que nos relata:

Para eles [os caçadores-coletores modernos] não existem dois mundos, o das pessoas (a sociedade) e o das coisas (a natureza), mas apenas um mundo – um ambiente – saturado de poderes naturais e abrangendo tanto os seres humanos como os animais e plantas dos quais dependem, e a paisagem em que vivem e se movimentam.

O antropologo social/filósofo Ernest Gellner vai mais além. Escrevendo sobre sociedades não ocidentais "tradicionais", ele conclui que "a mistura e confusão de funções, propósitos e critérios é a condição normal, original, da humanidade".[26]

A impressão mais marcante que se tem das descrições dos caçadores-coletores modernos é uma forte ligação entre todos os domínios das suas vidas, e parece uma noção improvável eles pensarem a respeito desses domínios com esquemas de raciocínio separados. Matar e comer animais aparentemente diz respeito tanto à criação e mediação de relações sociais quanto à obtenção de alimentos.[27] Caçadores-coletores têm que construir choupanas que os protejam nos seus acampamentos, mas o ato de construir um abrigo em determinado local em vez de outro representa uma afirmação social importante.[28] Da mesma forma, tudo o que é usado no corpo serve tanto para manter a pessoa aquecida como para emitir mensagens sociais sobre identidade e sobre como essa pessoa deseja ser tratada.[29] Ao projetar o formato da ponta de uma flecha, os caçadores-coletores consideram as propriedades físicas da matéria-prima, as exigências funcionais da ponta (por exemplo, se ela deve perfurar órgãos vitais ou cortar artérias) e também a maneira como o formato pode emitir mensagens sociais sobre identidade pessoal ou filiação a grupos.[30] Em poucas palavras, qualquer ação de um caçador-coletor moderno não visa a um único problema adaptativo. Ela simultânea e intencionalmente afeta toda uma gama de problemas. Se – e esse é um grande "Se" – os nossos exemplos modernos são realmente uma boa analogia dos caçadores-coletores do Pleistoceno, como poderiam ter existido pressões seletivas que gerassem uma mente do tipo canivete suíço?

Não tive a sorte de poder sentar-me junto aos inuits ou aos bosquímanos do Kalahari enquanto comem, mas sentei-me com professores de Cambridge à High Table, reservada a membros de destaque; não me parece que existam grandes diferenças de comportamento entre uns e outros. Pois, enquanto a comida na Universidade proporcionava nutrição, também estava sendo usada para emitir mensagens sociais. Era cara, excessiva e exótica, especialmente quando convidados eram chamados ao *college*: um consumo notável agindo para vincular o grupo de docentes e estabelecer prestígios. A organização dos lugares no refeitório também tinha uma conotação social, como é o caso com os caçadores-coletores quando se sentam ao redor de uma fogueira: a mesa dos docentes literalmente no pódio, olhando para baixo, em direção aos lugares que os estudantes iriam ocupar. O diretor sentava-se no centro. Lembro-me das muitas franzidas de sobrancelha que recebi dos membros mais antigos ao escolher acidentalmente um lugar não condizente com a minha posição. Lembro-me também dos olhares de desaprovação quando me esquecia de passar o vinho do Porto – olhares parecidos (mas não tão sérios) com os que recebe um caçador jovem que se esquece de dividir sua caça. As togas que os docentes vestem são, é claro, suas roupas tribais, e as diferentes cores e estilos são usados para estabelecer posições sociais. Professores de Cambridge e bosquímanos do Kalahari são a mesma coisa. Ambos possuem a arquitetura da mente moderna – que parece ser algo fundamentalmente diferente de uma coleção de dispositivos especializados, cada um resolvendo um único problema adaptativo.

Agora, não é preciso examinar culturas exóticas para reconhecer que aquilo que C&T dizem sobre a mente vai contra a maneira como as pessoas realmente parecem pensar. Vamos voltar às crianças. Deem um gatinho a uma criança e ela acreditará que o bichano tem uma mente igual à sua: antropomorfizar parece ser compulsivo. Deem uma boneca à criança e ela começará a conversar com o brinquedo, a dar-lhe comida e trocar as fraldas. Esse pedaço de plástico inerte nunca sorri de volta, mas a sua dona parece interagir com ele usando os mesmos processos mentais que coloca em ação quando interage com pessoas reais.

Sentem-se agora junto das crianças e assistam a desenhos animados na televisão. Penetra-se imediatamente em um mundo onde cada regra que a evolução poderia ter imposto às mentes infantis parece estar sendo violada. Vocês verão animais falantes, objetos capazes de mudar de forma e tornar-se vivos, pessoas que voam. Esse mundo surrealista é compreendido sem nenhum esforço pelas mentes jovens. Como é possível, se os psicólogos evolucionistas estiverem certos e a mente da criança for composta de módulos mentais ricos em conteúdo refletindo a estrutura do mundo real? Se é esse o caso, com certeza elas deveriam sentir-se confusas, desnorteadas, aterrorizadas pelos desenhos, não?

Ficamos, pois, com um paradoxo. Os psicólogos evolucionistas apresentam uma forte argumentação a favor da noção da mente como canivete suíço. A mente deveria ser formada por módulos ricos em conteúdo, cada um adaptado à resolução de um certo problema que atingiu os caçadores-coletores do Pleistoceno. Não é possível encontrar falhas no argumento. Eu o acho convincente. Mas assim que pensamos nos professores de Cambridge, nos aborígines da Austrália ou nas crianças, essa ideia parece absurda. A meu ver, é a paixão humana pelo analógico e a metáfora que traz o maior desafio à visão da mente de Cosmides e Tooby. Simplesmente por ser capaz de invocar a analogia entre mente e canivete suíço, Leda Cosmides refuta a alegação que está sendo feita.

Como podemos resolver esse paradoxo? Acho que deveríamos começar analisando novamente as mentes das crianças, mas desta vez com uma pequena ajuda de outro grupo de especialistas: em vez dos evolucionistas, os psicólogos do desenvolvimento.

Desenvolvimento infantil e os quatro domínios do conhecimento intuitivo

As crianças de fato nascem com módulos mentais ricos em contextos que refletem a estrutura do mundo real (do Pleistoceno), segundo gostariam C&T que pensássemos? A resposta dos psicólogos do desenvolvimento é esmagadoramente favorável. Crianças pequenas parecem ter um conhecimento intuitivo do mundo em pelo menos quatro domínios do comportamento: a linguagem, a psicologia, a física e a biologia. E esse saber intuitivo dentro de cada domínio parece estar diretamente relacionado com o estilo de vida da caça e da coleta de muito, muito tempo atrás na nossa pré-história. Já consideramos a linguagem, portanto vamos agora nos voltar para a evidência de outros tipos de conhecimento intuitivo, começando com a psicologia.

A psicologia intuitiva

Quando as crianças chegam aos três anos de idade, passam a atribuir estados mentais a outras pessoas ao tentar explicar suas ações. Em particular, elas entendem que outras pessoas possuem crenças e desejos e que estes têm um papel causal no comportamento. Conforme Andrew Whiten menciona na introdução do livro que editou, *Natural Theories of Mind* (1991), isso foi várias vezes descrito como "psicologia intuitiva", "psicologia da crença-desejo", "psicologia *folk*" e "teoria da mente".[31] Os conceitos básicos de crença e desejo que as crianças utilizam, quaisquer que sejam suas origens culturais, não poderiam ser elaborados a partir da evidência disponível durante os primeiros estágios dos seus desenvolvimentos. Consequentemente, esses conceitos parecem emergir de uma estrutura psicológica inata – um módulo mental rico em conteúdo que cria interpretações obrigatórias do comportamento humano em termos mentalísticos.

O estudo dessa psicologia intuitiva tem sido um dos campos de pesquisa mais dinâmicos sobre desenvolvimento infantil na última década. Um grande interesse tem sido dirigido para o chamado módulo da "teoria da mente", uma habilidade de "ler" a mente de outras pessoas, descrita por exemplo no trabalho de Alan Leslie. Uma das proposições mais interessantes é que a condição de autismo, em que crianças apresentam sérias dificuldades de interagir socialmente, parece surgir de um dano nesse módulo. Crianças autistas não parecem perceber que outras pessoas possam ter pensamento algum nas suas mentes. Simon Baron--Cohen descreveu essa condição como "cegueira mental". No entanto, essas crianças parecem bem normais em outros aspectos do pensamento. É como se uma das lâminas dos seus canivetes suíços mentais tivesse se quebrado, ou tivesse emperrado e não se abrisse. Todas as outras lâminas continuam trabalhando normalmente – ou talvez fiquem aumentadas, como no caso de pessoas com um déficit severo em algumas áreas da atividade mental mas que demostram talentos prodigiosos em outras, os *idiots savants*.[32]

Uma base lógica evolucionista para o módulo da teoria da mente foi proposta há vinte anos por Nicholas Humphrey (1976),[33] que partejou o nascimento da psicologia evolucionista no mundo acadêmico; os integrantes do grupo atual simplesmente se aproximaram como babás durante os anos de jardim de infância da criança. Em um artigo seminal intitulado "The social function of intellect" ["A função social do intelecto"], Nicholas Humphrey argumentou que quando indivíduos vivem em grupo e iniciam uma série de relações mutualistas de cooperação e competição, aqueles que têm a habilidade de prever o comportamento dos outros alcançarão o maior sucesso reprodutivo. Além do mais, os poderes de previdência e compreensão social – que ele denominou inteligência social – são essenciais para se manter a coesão social, de maneira que o conhecimento prático, como o referente à fabricação de utensílios e ao forrageamento, possa ser distribuído. Dito de outra forma, existirão pressões seletivas para as habilidades de ler o conteúdo das mentes dos outros. Utilizamos um truque engenhoso para tal: chama-se consciência. Vamos analisar os pensamentos de Humphrey em maior detalhe no Capítulo 5, quando também começaremos a lidar com a ideia da consciência. Por ora, deveríamos simplesmente notar que é possível identificar pressões seletivas para o módulo da teoria da mente e também encontrar evidências a seu favor na psicologia do desenvolvimento. C&T parecem ter acertado em cheio.

A biologia intuitiva

Da mesma forma, há evidências de uma compreensão intuitiva da biologia. Pesquisas na área do desenvolvimento infantil têm mostrado que as crianças aparentemente já nascem compreendendo uma diferença entre os seres vivos e os objetos inanimados. Crianças com apenas três anos parecem ter uma compulsão para atribuir uma "essência" a tipos diferentes de seres vivos e de reconhecer que uma mudança de aparência não reflete uma mudança de espécie (Atran, 1990, 1994). Por exemplo, Frank Klein mostrou que as crianças são capazes de entender que vestir um pijama de listras num cavalo não o transforma em zebra. Da mesma forma, se um cachorro nasce mudo e com apenas três pernas, mesmo assim continua sendo um cachorro, que é um quadrúpede que late (cf. Keil, 1994; Atran, 1994). Assim como a experiência de crianças pequenas parece insuficiente para explicar como elas adquirem a linguagem, também suas experiências do mundo não chegam a explicar a compreensão que elas têm dos seres vivos.

Todos estamos familiarizados com essa noção de essência da espécie. Por causa dela é que exigimos que pessoas com danos cerebrais severos tenham os mesmos direitos que um professor universitário, ou que pessoas com deficiências físicas tenham os mesmos direitos que um desportista olímpico. Todos são "humanos", não importa quais as habilidades intelectuais ou físicas de cada um. Da mesma forma, muitas pessoas se sentem pouco à vontade com a ideia da engenharia genética, porque frequentemente esta parece estar relacionada com a combinação da essência de duas espécies diferentes.

Outra razão para acreditar em uma biologia intuitiva é o fato de todas as culturas conhecidas compartilharem o mesmo conjunto de noções quanto à classificação do mundo natural, assim como todas as línguas compartilham a mesma estrutura gramatical. Isso foi documentado por Scott Atran (1990) no seu livro *Cognitive Foundations of Natural History* [*As bases cognitivas da história natural*]. Ele descreve como todas as culturas parecem acolher noções sobre (1) espécies biológicas de vertebrados e plantas que florescem; (2) padrões sequenciais de denominações, por exemplo, "carvalho", "carvalho tipo *shingle*", carvalho tipo *spotted shingle*; (3) categorias taxionômicas estabelecidas pela percepção de padrões gerais de regularidade morfológica; (4) agrupamento de conjuntos de "formas vivas" animais que se igualam bem com os das classes zoológicas modernas, como peixes e aves; e (5) agrupamento de conjuntos de "formas vivas" vegetais significativas em termos ecológicos, como "árvore" e "grama", embora estas não tenham equivalência na taxionomia botânica moderna.

A universalidade e a complexidade das classificações hierárquicas do mundo natural adotadas pelas pessoas são explicadas (talvez exclusivamente) com muita parcimônia assumindo-se a existência de um módulo mental compartilhado e rico em conteúdo para a "biologia intuitiva". É simplesmente impossível que as pessoas possam generalizar até o nível das complexas taxionomias universalmente adotadas partindo da limitada evidência a que tiveram acesso durante o desenvolvimento, a não ser que possuam embutido nas suas mentes um plano geral para as estruturas do mundo vivo.

Existem outras similaridades entre o conhecimento biológico e o conhecimento da psicologia e da linguagem. Por exemplo, assim como as pessoas parecem incapazes de deixar de pensar nas ações dos outros em termos de uma psicologia da "crença-desejo", elas também parecem não conseguir deixar de impor uma complexa classificação taxionômica ao mundo, mesmo se esta for de pouca utilidade. O antropologo Brent Berlin mostrou, por exemplo, que entre os maias Tzeltal do México e os aguaranas-jivar do Peru, mais de um terço das plantas que receberam nomes não tem utilidade social ou econômica, nem são pragas ou vegetais tóxicos.[34] Mesmo assim, elas são nomeadas e agrupadas de acordo com características comuns observáveis.

Outra similaridade com noções de crenças e desejos é a facilidade de transmissão da informação biológica. Scott Atran descreveu como a estrutura, o alcance e a profundidade do conhecimento taxionômico são comparáveis entre sociedades diferentes, independentemente do esforço investido na sua transmissão. Os hanunóos das Filipinas, por exemplo, possuem um conhecimento detalhado da sua flora, que com frequência discutem e doutrinam. Vivendo em um ambiente parecido e utilizando uma organização de subsistência semelhante, os zafimanirs de Madagascar também conhecem bem seu mundo botânico. Mas estes transmitem a informação de maneira bem informal, sem instruções ou comentários.

Um componente crítico dessa informação diz respeito não à taxionomia de animais e plantas mas aos seus comportamentos. Existem vários casos de patologias cognitivas em que as pessoas ou perdem uma compreensão intuitiva do comportamento animal ou parecem tê-la aumentada enquanto perdem outros tipos de conhecimento. Um dos melhores exemplos vem do neurologista clínico Oliver Sacks, que relatou o caso de Temple Grandin, uma autista. Ela não consegue decifrar nem mesmo a mais simples troca social entre humanos. No entanto, sua compreensão intuitiva do comportamento animal é desconcertante. Sacks (1995) descreve suas impressões sobre Temple depois de passar um certo tempo na fazenda da moça:

> Fiquei impressionado com a enorme diferença, o abismo, entre a percepção intuitiva instantânea que Temple tinha dos humores e sinais dos animais e sua extraordinária dificuldade em entender seres humanos, seus códigos e sinais, a forma como se conduzem. Não é possível afirmar que ela não tem sentimentos ou sofre basicamente de falta de simpatia. Pelo contrário, sua captação dos humores e sentimentos animais é tão forte que estes quase a dominam, às vezes a assolam. (p.269)[35]

Temos, portanto, boas evidências de que a mente contém um esquema especializado para adquirir conhecimento sobre o mundo natural. Fico particularmente convencido disso quando observo crianças mostrando tamanha facilidade e prazer ao aprender sobre animais nas suas brincadeiras – isso reflete suas biologias intuitivas em ação. Essa biologia poderia ser explicada por pressões seletivas agindo em caçadores-coletores pré-históricos, conforme C&T gostariam que pensássemos? Claramente poderia. Entre todos os modos de vida, o baseado na caça e na coleta requer a mais detalhada compreensão do mundo natural. Isso fica bem evidente ao analisarmos caçadores-coletores modernos; eles são naturalistas exímios e compulsivos, capazes de interpretar a menor das indicações nos seus ambientes e as implicações para a localização e comportamento de animais.[36] Seu sucesso, frequentemente em ambientes marginais, depende muito mais da compreensão naturalista que possuem do que de sua tecnologia, ou quantidade de trabalho investido nas suas vidas. Podemos muito bem imaginar que, no ambiente evolucionista dos humanos modernos, os indivíduos nascidos com módulos mentais ricos em conteúdo e capazes de facilitar a aquisição desse conhecimento teriam tido uma vantagem seletiva considerável.

A física intuitiva

A evidência proveniente da psicologia do desenvolvimento parece conclusiva: a facilidade com que as crianças aprendem sobre linguagem, outras mentes e biologia aparentemente deriva de uma base cognitiva de módulos mentais inatos e ricos em conteúdo; estes parecem ser universalmente partilhados por todos os humanos. Esse achado também se aplica a um quarto domínio cognitivo: a física intuitiva. Desde tenra idade, as crianças entendem que objetos físicos estão sujeitos a um conjunto de regras diferentes das que regem os conceitos mentais e os seres vivos. Parece impossível que elas adquiram esse conhecimento a partir das suas limitadas experiências do mundo.

Isso foi demonstrado pela psicóloga Elizabeth Spelke.[37] Ela empreendeu uma série de experimentos com crianças pequenas para demonstrar um conhecimento intuitivo das propriedades de objetos físicos. Conceitos sobre solidez, gravidade e inércia parecem estar embutidos na mente infantil. Apesar das experiências de vida de uma criança ainda pequena serem dominadas pelas das pessoas, elas, mesmo assim, compreendem que objetos possuem propriedades fundamentalmente diferentes. Objetos não podem, por exemplo, causar "uma ação a distância", como um estranho pode fazê-lo ao entrar numa sala.

Crianças entendem que a maneira apropriada de classificar objetos físicos é bem diferente da exigida por coisas vivas. A noção de essência é totalmente excluída dos seus pensamentos sobre artefatos. Enquanto um cachorro é um cachorro, mesmo que tenha três patas, as crianças percebem que um caixote pode ser algo onde se guardam coisas, ou onde sentar-se, ou então uma mesa ou cama. Diferentemente das coisas vivas, a identidade de um objeto depende do contexto. Ele não tem essência. Não está sujeito nem a classificações hierárquicas nem a ideias sobre crescimento e movimento (cf. Atran, 1990, p.57). De um ponto de vista evolucionista, o benefício de possuir módulos mentais ricos em conteúdo para compreender objetos físicos fica logo evidente. Se nos arriscássemos a usar ideias adequadas aos seres vivos para pensar sobre objetos inertes, a vida seria cheia de erros. Possuindo um conhecimento intuitivo da física pode-se rapidamente recorrer ao conhecimento culturalmente transmitido sobre os objetos necessários ao estilo de vida próprio – talvez as ferramentas de pedra necessárias aos caçadores-coletores pré-históricos – sem ter que aprender primeiro como os objetos físicos diferem das coisas vivas e dos conceitos mentais.

Mentes em desenvolvimento: ascensão e queda da mentalidade do tipo canivete suíço

Nessa luta entre nossa experiência quotidiana do mundo e as ideias acadêmicas dos psicólogos evolucionistas, estas últimas é que parecem ter vencido o segundo *round* sem esforço. Há um acúmulo sem fim de dados da psicologia do desenvolvimento indicando que crianças realmente nascem com uma grande quantidade de informações sobre o mundo já embutidas nas suas mentes. Esse conhecimento parece recair em quatro domínios cognitivos: a linguagem, a psicologia, a biologia e a física. Para cada um deles, é possível imaginar fortes pressões seletivas a favor da evolução de módulos mentais ricos em conteúdo – a favor das lâminas específicas do canivete suíço que parece ser a mente.

A apreciação da mente não pode, contudo, se resumir a isso. Lembrem-se por um instante da maneira como uma criança brinca com uma boneca inerte, conferindo-lhe atributos de um ser vivo. Uma característica mental crucial dessa criança não é o fato de ela simplesmente poder aplicar regras evolutivamente inadequadas, as da psicologia, da biologia e da linguagem, para brincar com seu objeto inerte, mas o fato de ela ser absolutamente compelida a fazer isso. Essa compulsão, e a desenvolta facilidade com que as regras são aplicadas, parece ser tão forte quanto a de adquirir uma linguagem ou uma psicologia da crença-desejo.[38] Essa compulsão também deve refletir uma característica fundamental da arquitetura da sua mente, resultante da evolução.

Vamos agora, portanto, voltar ao ringue, para o terceiro *round* com C&T. E minhas luvas de boxe serão uma dupla de psicólogos do desenvolvimento que analisaram como as mentes das crianças mudam durante seus primeiros anos de vida. Ao examinar suas ideias devemos lembrar-nos da interessante noção, introduzida anteriormente neste capítulo, de que os estágios de desenvolvimento da mente de uma criança devem refletir os estágios da evolução cognitiva nos nossos ancestrais: a noção de que "a ontogenia recapitula a filogenia".

O bebê: da mentalidade generalizada à mentalidade domínio-específica

A evidência conclusiva de módulos mentais ricos em conteúdo que analisamos tem vindo predominantemente de crianças de dois a três anos. E quanto às suas mentes antes e depois desse período?

A psicóloga do desenvolvimento Patricia Greenfield sugeriu que, até a idade de dois ou três anos, a mente da criança não é de forma alguma como um canivete suíço; de fato, é como o programa de aprendizado geral que mencionamos anteriormente neste capítulo.[39] Ela argumenta que as capacidades para a linguagem e para a manipulação de objetos dos bebês dependem dos mesmos processos cognitivos: somente mais tarde é que ocorre a modularização.

Para desenvolver esse argumento, Greenfield enfatiza a semelhança que existe entre a organização hierárquica das crianças ainda bem pequenas ao combinar objetos e a fala. Com respeito aos objetos, elementos são combinados para fazer construções, ao passo que, com relação à linguagem, fonemas são construídos para gerar palavras. Somente depois dos dois anos é que a explosão da linguagem ocorre; antes disso a criança parece adquirir rudimentos da língua usando regras de aprendizado que não se restringem apenas à linguagem. A mente está rodando um programa de computador simples, de aplicação geral – ela possui uma inteligência geral. Greenfield argumenta que, nesse respeito, a mente de uma criança de dois anos é parecida com a de um chimpanzé, a quem esta psicóloga também atribui processos de aprendizado gerais para manipular objetos físicos e símbolos – uma ideia que iremos explorar no Capítulo 5. Entre os humanos, somente depois dos dois anos é que os módulos mentais ricos em conteúdo que abrigam o conhecimento sobre a linguagem, a física, a psicologia e a biologia vencem as regras gerais de aprendizado.

Parece, então, que deparamos com uma estranha metamorfose da mente: do programa de computador passa-se ao canivete suíço. Essa metamorfose é como a do girino que vira sapo, e ponto final; ou como a da taturana, que se transforma em crisálida – implicando que a mudança mais surpreendente ainda está por acontecer? Annette Karmiloff-Smith acredita que seja do segundo tipo, e que o estágio final do desenvolvimento mental é como a emergência de uma borboleta.[40]

A criança: da mentalidade domínio-específica à mentalidade com fluidez cognitiva

No seu livro *Beyond Modularity* [*Além da modularidade*] (1992), Karmiloff-Smith concorda com Greenfield quanto à modularização ser um produto do desenvolvimento. Agora, para Karmiloff-Smith, os módulos que se desenvolvem são até certo ponto variáveis em diferentes contextos culturais – uma ideia que é um anátema para os psicólogos evolucionistas mas que alinha seu trabalho com o de Howard Gardner. Ela aceita totalmente o papel do conhecimento intuitivo sobre a linguagem, a psicologia, a biologia e a física, que foi de fato demonstrado de maneira conclusiva pelo trabalho de pessoas como Noam Chomsky, Alan Leslie, Scott Atran e Elizabeth Spelke, conforme vimos antes. Mas, para Karmiloff-Smith, esses conhecimentos intuitivos simplesmente fornecem o impulso inicial para o desenvolvimento dos domínios cognitivos. Alguns dos domínios/faculdades/inteligências que, ela acredita, se desenvolvem na mente são os que os psicólogos evolucionistas aceitariam, como o da linguagem e o da física. E se constituem da mesma maneira: enquanto C&T agrupam módulos mentais em faculdades, Karmiloff-Smith divide domínios em microdomínios. Portanto, dentro da faculdade/domínio da linguagem, a aquisição dos pronomes seria descrita como módulo ou como microdomínio, dependendo do livro que se esteja lendo.

Um elemento fundamental das ideias de Karmiloff-Smith, entretanto, é que o contexto cultural em que a criança se desenvolve também influi na determinação dos tipos de domínio que emergem. Isso se deve à plasticidade do desenvolvimento cerebral inicial. Karmiloff-Smith (1994, p.695) sugere que "com o tempo, os circuitos cerebrais são progressivamente selecionados para computações domínio-específicas distintas". E, consequentemente, embora os caçadores-coletores do Pleistoceno possam não ter sido grandes matemáticos (suas vidas não exigiram isso), as crianças hoje em dia podem, contudo, desenvolver um domínio cognitivo especializado para a matemática. O impulso inicial para isso pode residir em um dos módulos da física intuitiva ou outro aspecto do conhecimento intuitivo com o qual as crianças nascem. Em condições culturais adequadas, isso pode elaborar-se em um domínio completo do conhecimento matemático, como realmente tem sido explorado pelo psicólogo David Geary.[41] A mente ainda é um canivete suíço; mas os tipos de lâminas presentes podem variar de pessoa para pessoa. Um homem que utiliza um canivete suíço para pescar precisa de um conjunto de lâminas diferentes das necessárias para acampar.

Karmiloff-Smith concorda, portanto, com C&T sobre a mente das crianças pequenas ser um canivete suíço. Para Karmiloff-Smith, contudo, esse é apenas um estágio que precede a emergência da borboleta. Porque ela argumenta que assim que a modularização ocorre, os módulos começam a operar juntos. Ela utiliza um termo muito esquisito para isso: "redescrição representacional" (RR). Mas o que ela quer dizer é bem simples. A consequência da RR é que surgem na mente "representações múltiplas de conhecimentos similares" e, por conseguinte, "o conhecimento se torna aplicável além do propósito especial para o qual é normalmente utilizado, e ligações perceptivas entre domínios podem ser geradas".[42] Ou seja, podem surgir pensamentos que combinem conhecimentos antes "presos" dentro de domínios específicos.

Uma ideia muito parecida foi proposta independentemente pelas psicólogas do desenvolvimento Susan Carey e Elizabeth Spelke. Elas argumentam que a emergência do "mapeamento entre domínios" é uma característica fundamental do desenvolvimento cognitivo, e uma que explica a diversidade cultural: "Embora bebês de todo o mundo compartilhem um conjunto de sistemas iniciais de conhecimento, estes são espontaneamente invalidados ao longo do desenvolvimento e do aprendizado, na medida em que crianças e adultos constroem, exploram e adotam mapeamentos entre sistemas de conhecimento".[43]

Explicando a criatividade

Com essas ideias de Karmiloff-Smith, Carey e Spelke, somos imediatamente levados de volta aos atributos da mente que Jerry Fodor e Howard Gardner consideraram mais marcantes e acreditaram que fossem parte fundamental da sua arquitetura. Lembrem-se de Fodor caracterizando como os traços mais intrigantes da mente "seu não encapsulamento, seu holismo, e sua paixão pelo analógico". Lembrem-se de Gardner descrevendo como "tipicamente encontram-se complexos de inteligência funcionando juntos sem dificuldades, mesmo sem interrupções, a fim de executar atividades humanas complexas". Gardner sugeriu que os mais sábios dos humanos são aqueles mais capazes de criar conexões entre domínios – ou mapeamentos – confirme exemplificado no uso da analogia e da metáfora.

De fato, isso parece ser a essência da criatividade humana. No seu livro *The Creative Mind* [*A mente criativa*] (1990), Margaret Boden investiga como podemos explicar o pensamento criativo e conclui que ele emerge daquilo que ela descreve como a transformação dos espaços conceituais.[44] Agora, para Boden, um espaço conceptual é bem parecido com os domínios cognitivos, inteligências ou faculdades que temos discutido. A transformação de um deles envolve a introdução de novo conhecimento, ou novas maneiras de processar o conhecimento já contido nos domínios. Em seu livro, Boden descreve como Arthur Koestler havia explicado a criatividade humana, em 1964. Koestler havia argumentado que isso surge do "súbito entrelaçamento de duas habilidades ou matrizes de pensamento antes não relacionadas" (apud Boden, 1990). Uma matriz de pensamento lembra, suspeitamente, uma das inteligências de Gardner ou das faculdades de C&T.

A evidência a favor de pensamentos que exigem o conhecimento de vários domínios cognitivos é tão esmagadora, e isso é evidentemente uma característica tão crítica da arquitetura mental, que mesmo alguns psicólogos evolucionistas têm investigado como isso pode ser explorado. São apresentadas duas propostas. A primeira, na verdade, foi apresentada há vinte anos por Paul Rozin, que se junta a Nicholas Humphrey como um dos parteiros da psicologia evolucionista. Rozin desenvolveu ideias muito semelhantes às de C&T.[45] Ele argumentou que os processos da evolução deveriam resultar num grande número de módulos dentro da mente, os quais ele descreve como "adaptações especializadas" (o termo técnico de C&T, criado vinte anos mais tarde, foi "Algoritmos Darwinistas"). Mas a pergunta crucial que ele se fez foi: como pode a flexibilidade comportamental evoluir? C&T sugerem que isso deriva de simplesmente adicionar mais e mais dispositivos especializados ao canivete suíço. Rozim (1976), por sua vez, argumenta que alguma forma de acesso entre módulos/domínios mentais é a característica crítica tanto no desenvolvimento infantil como na evolução "a marca da evolução da inteligência ... é que a capacidade primeiro aparece em um contexto limitado e depois se estende a outros domínios" (p.262). Essa afirmação poderia facilmente trocar de lugar com o que Karmiloff-Smith escreveu quase duas décadas mais tarde: "o conhecimento torna-se aplicável além do propósito especial para o qual é normalmente utilizado".

Todos esses argumentos de Fodor, Gardner, Karmiloff-Smith, Carey, Spelke e Rozin parecem abolir uma arquitetura estritamente modular para a mente moderna completamente desenvolvida. Essa falta de modularidade parece ser essencial para o pensamento criativo. Mas o cientista cognitivo Dan Sperber (1994) argumentou que podemos ter as duas coisas – uma mente moderna estritamente modular mas também muito criativa. Ele raciocinou que, ao longo da evolução, a mente simplesmente desenvolveu um outro módulo, e altamente especializado. Sperber o chama de "módulo da metarrepresentação" (MMR). Esse termo é quase tão estranho quanto a redescrição representacional de Karmiloff-Smith e, na verdade, existe uma similaridade fundamental entre as duas noções: as representações múltiplas do conhecimento dentro da mente humana. Enquanto os outros módulos da mente contêm conceitos e representações de coisas, como os referentes a cachorros, e o que cachorros fazem, Sperger sugere que esse novo módulo abriga apenas "conceitos de conceitos" e "representações de representações".

Sperger explica o que quer dizer usando um exemplo, não sobre cachorros, mas sobre gatos. Em algum lugar recôndito das nossas mentes, temos um conceito de "gato" que está ligado ao nosso conhecimento intuitivo sobre coisas vivas. Na medida em que recebemos uma informação nova sobre gatos, esta inicialmente adentra nossa mente no MMR. A partir dali, qualquer coisa sobre gatos que é compatível com nosso conceito presente de gatos combina-se com este, e pode modificá-lo ligeiramente. Dessa forma, o MMR é como uma agência de coletar e distribuir informação, por onde novas ideias precisam passar antes de encontrar um lar. Entretanto, mesmo depois de terem encontrado seus lares, as informações estão livres para voltar a visitar a agência sempre que tiverem vontade. Algumas ideias novas, como a de que gatos poderiam latir, não tem um lar adequado para onde ir e, consequentemente, permanecem na agência. Agora, nessa agência, todo tipo de travessura pode acontecer. Ideias de módulos distintos, e as que não têm casa para onde ir, podem juntar-se de maneiras peculiares. Por exemplo, um conhecimento sobre cachorros pode misturar-se com um conhecimento sobre objetos físicos e outro sobre crenças e desejos, de maneira que quando uma criança recebe um cachorro de brinquedo – um monte inerte de material estufado – ela o faz comportar-se como cachorro enquanto também lhe atribui crenças, desejos e intenções de humanos.

Como essa agência poderia ter evoluído? Ou, se ela não estiver realmente presente, como a evolução poderia ter escavado buracos entre as paredes dos nossos domínios cognitivos para deixá-los fluir entre domínios ou serem replicados em diferentes partes da mente, conforme Gardner, Karmiloff-Smith e Rozin sugerem? Para encontrar algum tipo de resposta precisamos conhecer a pré-história da mente. Porque esse atravessar de um domínio a outro é, afinal de contas, exatamente o que C&T argumentaram que não deveria acontecer na evolução, na medida em que pode levar a todo tipo de erro comportamental. Eu poderia ir almoçar e ver um cacho de bananas de plástico. Em vez de checar se esses objetos amarelos estão de acordo com o que eu sei sobre coisas comestíveis (isto é, que elas não são feitas de plástico), poderia simplesmente mordê-los. E tudo por causa de alguma travessura na minha agência mental, que deixou que o conhecimento de objetos físicos inertes e o de (outrora) coisas vivas se misturassem.

Voltei do almoço e agora não há mais bananas de plástico à vista. Na verdade, nunca houve o risco de comer uma, na medida em que a mente não parece cometer erros como esses. Podemos criar conceitos extravagantes e não convencionais, mas com frequência (nem sempre) parecemos bem capazes de separá-los do mundo real. Contudo, a habilidade de pensar tais conceitos certamente evoluiu, e os psicólogos não têm respostas a oferecer a respeito. Os únicos psicólogos que têm pensado seriamente sobre questões evolutivas, C&T, não têm explicação para como e por que o enorme número de módulos mentais que, segundo eles acreditam, existem na mente podem levar a essas ideias. Porque eles estão comprometidos com a noção da mente do tipo canivete suíço.

Neste capítulo, discutimos que a mente é mais que apenas um canivete suíço. Pode não ser uma esponja indiscriminada ou um computador com um único programa de aplicações múltiplas, confirme teóricos mais antigos diziam, mas também não é apenas um canivete suíço. É excessivamente criativa e imprevisível para tal. Portanto, talvez as ideias de Karmiloff-Smith, Carey, Spelke e Sperber sobre um tipo de agência de informações podem ser reconciliadas com a de Cosmides e Tooby, se vistas em um contexto evolucionista. A tarefa do próximo capítulo é exatamente propor esse sistema.

Notas

1 A questão de poder ou não se estabelecer uma distinção clara neste ponto tem ocupado os filósofos por muitos anos; o problema mente-corpo é um dos grandes tópicos da filosofia. Dennet (1991) faz uma introdução divertida sobre essa questão e MacDonald (1992) fornece uma revisão das teorias da identidade mente-corpo. Sobre os conceitos de corpo e mente no Mundo Antigo, consultar Hankoff (1980).

2 Nossos corpos estão fisiologicamente adaptados à dieta dos caçadores-coletores do Pleistoceno: animais silvestres, castanhas, frutas e vegetais frescos. O fato de que nossa dieta hoje em dia (e a da maior parte da pré-história mais recente) contrasta com aquela por incluir o consumo de laticínios, cereais, carne gordurosa, açúcares, óleo e álcool, traz consequências profundas para a nossa saúde atual; ataques cardíacos, derrames, câncer e diabetes estão todos relacionados com a nutrição.

3 Tooby & Cosmides (1992) escreveram uma revisão sobre a maneira como a maioria dos cientistas sociais (alegam eles) vê a mente como uma tábua rasa em branco, esperando para ser preenchida pelo contexto cultural do desenvolvimento. Por exemplo, Clifford Geertz (1973), talvez o antropologo social mais influente do século XX, escreveu sobre como a mente é "terrivelmente dependente de mecanismos de controle extragenéticos, externos ao corpo ... para governar o comportamento" (p.44). A isso se alia o que poderia ser interpretado como uma negação da natureza humana: "a humanidade é tão diversa na sua essência quanto na sua expressão" (p. 37).

4 A noção de cérebro como *hardware* e mente como *software* foi expressa pelo arqueólogo Colin Renfrew (1993, p.249): "O *hardware* (diretamente dependente de uma base genética) pode ter mudado pouco ao longo do tempo (dos últimos quarenta mil anos), mas é no *software* ("cultura") que as transformações devem ser compreendidas".

5   A questão dos computadores serem ou não realmente criativos é discutida pela cientista cognitiva Margaret Boden (1990), que simpatiza mais com o caso da criatividade computacional do que eu mesmo. Assim como na produção de computadores inteligentes, o assunto depende da nossa definição de criatividade.

6   A necessidade de reconstruir a cognição dos nossos ancestrais mais antigos esteve implícita no trabalho de Glynn Isaac (por exemplo, 1978, 1981) e foi diretamente abordada em Isaac (1986). Outros arqueólogos especialistas no Paleolítico foram mais críticos sobre a nossa necessidade e capacidade de fazer interpretações cognitivas Por exemplo, Lewis Binford, talvez o arqueólogo do Paleolítico mais influente do século XX, condena as tentativas de estabelecer-se uma "paleopsicologia". Da mesma maneira, porém muito mais recentemente, outro influente arqueólogo do Paleolítico, Clive Gamble (1973), escreve que "as ferramentas de pedra podem revelar ... muito pouco sobre a inteligência ou seu potencial" (p.170). Wynn (1979, 1981, 1989) pensou exatamente o contrário. De início, Thomas Wynn aderiu à ideia de que a inteligência é uma capacidade única e generalizada. No seu trabalho posterior (por exemplo, Wynn 1991, 1993), ele se tornou menos ambicioso no que diz respeito a inferir as capacidades mentais dos primeiros hominídeos, reconhecendo que a inteligência pode ser um fenômeno modular. Consequentemente, ele agora utiliza os atributos morfológicos das primeiras ferramentas líticas para inferir níveis de competência espacial em vez de uma inteligência geral.

7   A noção de que "a ontogenia recapitula a filogenia" foi originalmente proposta por Haeckel, no século XIX, embora suas raízes possam ser encontradas em Aristóteles. Gould (1977) é um livro seminal onde se discute a relação entre filogenia e ontogenia, enquanto Gould (1981) explica como a noção de recapitulação foi utilizada nos séculos XIX e XX para justificar atitudes racistas e sexistas. Com relação a trabalhos mais recentes, vários psicólogos sugerem que a ontogenia da linguagem recapitula sua filogenia, especialmente Parker & Gibson (1979). Embora continuem existindo desentendimentos importantes sobre a recapitulação, as perspectivas ontogenéticas são agora mais frequentes nas discussões sobre a evolução cognitiva. As publicações de Gibson & Ingold (1993) ilustram isso muito bem. Vou retornar à noção de recapitulação no Capítulo 4.

8   Piaget publicou suas ideias em uma longa série de livros, que mostram um certo grau de desenvolvimento ao longo da sua vida. Um bom ponto de partida é o volume de 1971 intitulado *Biologia e conhecimento*. Segundo a argumentação de Piaget, existiram apenas três programas rodando na mente, que ele denomina "assimilação", "acomodação" e "equilibração". O primeiro deles é a maneira pela qual novos conhecimentos são integrados com

os que já estão na mente, enquanto o segundo se refere a como o conhecimento já existente é transformado para acomodar o novo. Estes são, portanto, processos recíprocos trabalhando em tandem. Equilibração foi um termo proposto para descrever a re-estruturação mental que ocorre durante o desenvolvimento. Piaget propôs um modelo de estágios de desenvolvimento onde a reestruturação mental marca o início de cada nova fase. Na sua forma mais simples, a proposição de Piaget envolve quatro estágios: a inteligência sensório-motora (do nascimento até os dois anos), a inteligência pré-operatória (dos dois aos seis/sete anos), a inteligência operatório-concreta (dos seis/sete aos onze anos) e a inteligência operatório-formal (depois dos doze anos, aproximadamente). Durante o estágio sensório-motor, há uma ausência de pensamento internalizado, representacional, que somente emerge com a inteligência pré-operatória e permite o desenvolvimento da linguagem. As duas formas de inteligência operatória envolvem uma série de operações mentais que tornam possível, entre outras coisas, um planejamento a longo prazo das ações. A inteligência operatório-formal está especialmente relacionada com o pensar sobre objetos e eventos hipotéticos.

9 Há muitos mais psicólogos que adotam essa visão da mentalidade do tipo canivete suíço do que estou disposto a discutir no meu texto principal. Por exemplo, enquanto Gardner (1983) "corta o bolo" da inteligência em sete pedaços, Robert Sternberg (1988) o corta em apenas três, que ele denomina as inteligências analítica, criativa e prática. O neuropsicólogo Michael Gazzaniga (1985; Gazzaniga & Lerdoux, 1978) argumenta que a mente é uma coligação de feixes de funções semiindependentes, e Khalfa (1994) escreveu, na introdução do livro intitulado *O que é inteligência?*, que existem "muitos tipos de inteligência, e que não podem ser facilmente comparadas, menos ainda taxadas segundo uma escala comum". O bolo da inteligência também tem sido cortado de várias maneiras durante as últimas duas décadas. Um dos "fatiamentos" criou as memórias atuantes, de curto prazo e de longo prazo. Endel Tulving (1983) corta esse bolo cognitivo em memória do procedimento e memória proposicional, que se aproximam da distinção entre saber sobre habilidades e saber sobre o saber. A memória proposicional foi ainda subdividida nas categorias episódica e semântica. A primeira está envolvida com a gravação e subsequente recuperação de lembranças de acontecimentos e feitos pessoais; a segunda se ocupa do conhecimento do mundo que é independente da identidade e passado do indivíduo.

10 Fodor (1983). Um resumo e discussão crítica do livro de Fodor podem ser encontrados em Fodor (1985).

11 Essa citação de Fodor é tão boa que vale a pena repeti-la: "'Mas veja', você pode perguntar, 'por que se preocupar tanto com módulos? Você tem estabilidade; por que não tira um tempo e vai velejar?'". Essa é uma pergunta

perfeitamente razoável e que tenho me feito com frequência ... Mas ... a ideia de que a cognição impregna a percepção pertence (e, de fato, está historicamente relacionada) à ideia da filosofa da ciência de que as observações próprias são determinadas pelas teorias de cada um; à ideia da antropologia de que os valores próprios estão determinados de maneira abrangente pela cultura de cada um; à ideia da sociologia de que os compromissos epistemológicos próprios, incluindo especialmente a ciência, são determinados de maneira abrangente pelas filiações a classes de cada um; e à ideia da linguística de que a nossa metafísica está determinada em grande medida pela nossa sintaxe. Todas essas ideias implicam um tipo de holismo relativista: porque a percepção é permeada pela cognição, a observação pela teoria, os valores pela cultura, a ciência pelas classes, a metafísica pela linguagem, a crítica racional pelas teorias científicas, pelos valores éticos, pelas visões de mundo metafísicas, ou qualquer coisa que pode acontecer *dentro* do esquema de pressupostos que – como acidente geográfico, histórico ou sociológico – os interlocutores estejam compartilhando. O que você não pode fazer é criticar racionalmente o esquema.

A questão é: detesto o relativismo. Detesto o relativismo mais do que qualquer outra coisa, exceto, talvez, o barco a motor de fibra de vidro. Mais precisamente, penso que o relativismo é muito provavelmente falso. O que ele deixa de ver, para colocar a questão de maneira breve e direta, é a estrutura fixa da natureza humana ... Bem, na psicologia cognitiva, a alegação de que existe uma estrutura fixa da natureza humana tradicionalmente assume a forma de uma insistência sobre a heterogeneidade dos mecanismos cognitivos e a rigidez da arquitetura cognitiva que efetua a encapsulação dos mesmos. Se existem faculdades e módulos, então nem tudo afeta todo o resto; nem tudo tem plasticidade. O que quer que o Tudo seja, pelo menos existe mais que Um disso" (Fodor, 1985, p.5).

12 Gardner (1983). *Estruturas da mente* também foi publicado como uma edição de décimo aniversário em 1993 e acompanhado por uma continuação: *Inteligências múltiplas – A teoria na prática* (Gardner, 1993).

13 Isso foi sugerido por Gallistel & Cheng (1985) ao comentarem sobre as ideias de Fodor.

14 Além de Cosmides & Tooby, outros eminentes psicólogos evolutivos são Steven Pinker (1994), que enfoca a questão da evolução, e o psicólogo David Buss (1994), que pesquisa a seleção de parceiros entre humanos utilizando dados interculturais.

15 A minha discussão sobre o trabalho de Cosmides & Tooby valeu-se de Cosmides (1989), Cosmides & Tooby (1987, 1992, 1994) e Tooby & Cosmides (1989, 1992).

A pré-história da mente

16 Por ocasião da conferência conjunta da Royal Society/British Academy intitulada "A evolução de padrões de comportamento social em primatas e no homem", Londres, 4-6 de abril, 1995.

17 A noção de intervenção divina é talvez mais difícil de resistir ao lidar com a mente do que com quaisquer outras partes do corpo ou pessoa. Por exemplo, ao descrever a evolução de cérebro, o cientista e ganhador de prêmio Nobel *Sir* John Eccles decidiu que era necessário invocar uma criação espiritual sobrenatural para as qualidades da mente humana (cf. Eccles, 1989).

18 Por ocasião do encontro da "Human Behavior and Evolution Society", Santa Bárbara, 28 de junho-1 de julho, 1995, John Tooby argumentou que a memória episódica, conforme a definição de Tulving (1983), relaciona-se fundamentalmente com o módulo da "teoria da mente". Tooby deseja cortar o bolo da memória em muitas fatias finas, com cada módulo tendo seu sistema de memória independente.

19 Kaplan & Hill (1985) fornecem evidência a favor de uma relação entre a habilidade de caçar e o sucesso reprodutivo nos caçadores-coletores modernos.

20 Para um relato da comunicação de uma prova por Andrew Wiles, ler *New Scientist*, v.3, julho de 1993 e 5 novembro de 1994.

21 *High Table*: mesa do refeitório de *colleges* em Oxford e Cambridge, como em outras instituições de ensino da Inglaterra, em geral elevada em relação ao peso, à qual se setam membros do campo docente. (N. R. T.)

22 Riddington (1982, p.471). Também citado em Ingold (1993, p.440).

23 Morphy (1989b) fornece uma discussão sucinta de como a paisagem foi criada pelos Seres Ancestrais durante o tempo dos Sonhos. Conforme ele descreve, o passado ancestral é mais adequadamente visto como uma dimensão do presente; consequentemente, a paisagem não é um mero registro de eventos mitológicos passados mas tem um papel ativo na criação dos próprios eventos.

24 Saladin D'Anglure (1990, p.187). Este trabalho discute o complexo e frequentemente ambíguo conceito que os inuit têm do urso polar. Esse povo traça paralelos entre os humanos e o urso polar em razão da semelhanças comportamentais: o urso fica de pé, constrói abrigos no inverno, movimenta-se por terra e mar e caça focas utilizando táticas parecidas com as dos caçadores humanos. O urso tem um papel central em muitos dos rituais realizados durante o crescimento de um menino inuit e está associado aos poderes sexuais masculinos. Por exemplo, matar o primeiro urso é um sinal de virilidade adulta, e as mulheres estéreis comem os pênis desse animal.

25 Willis (1990) faz uma revisão das definições e interpretações variadas de totemismo na introdução do seu livro sobre o significado humano no mundo

natural. Conforme ele descreve, Lévi-Strauss elevou todo o nível de debate totêmico para um nível de generalidade sobre processos de pensamento universais no homem, com a publicação, em 1962, de dois de seus principais trabalhos: *Le totémisme aujourd'hui* e *La pensée sauvage* [*A mente selvagem*]. Douglas (1990, p.35) caracteriza as ideias de Lévi-Strauss como a prática da humanidade de matutar sobre si própria e seu lugar na natureza.

26 Gellner (1988, p.45) enfatiza que as associações aparentemente absurdas que ocorrem no pensamento e na linguagem de sociedades tradicionais não ocidentais refletem uma cognição sofisticada e complexa, que serve para chegar a muitos fins simultaneamente. "É a *single strandedness*, a divisão de trabalho lógica, a separação de funções", característica da sociedade moderna ocidental, que representa uma anomalia e que pede uma explicação. Ingold (1993) desenvolve um argumento parecido com o de Gellner, ao sugerir que a separação cognitiva entre "natureza", "sociedade" e "tecnologia" é um produto do pensamento ocidental. Os caçadores-coletores modernos não fazem essas distinções e apresentam uma fluidez cognitiva irrestrita. A questão que nem Ingold nem Gellner abordam, e que é central para este livro, é que isso pode não ter sido verdade para os caçadores-coletores pré-modernos.

27 Por exemplo, no caso dos inuit e do urso polar, a que já me referi, o urso está fortemente associado à força masculina. Ao relacionar a si próprios com o urso polar, os inuits do sexo masculino utilizam esse animal como uma ferramenta ideológica poderosa para consolidar sua dominação sobre a mulher. Saladin D'Anglure (1990).

28 Whitelaw (1991) tem realizado um detalhado estudo intercultural sobre o uso do espaço nos acampamentos de caçadores-coletores, demonstrando como o leiaute da comunidade mapeia as relações de parentesco, e como o espaço é um meio ativo de interação social. Citando-o: "a organização espacial é usada por diferentes indivíduos e em diferentes culturas para gerar, amplificar, facilitar, manipular e controlar a interação e organização social" (ibidem, p.181).

29 Citando o antropólogo social Andrew Strathern: "o que as pessoas vestem, e o que elas fazem ao corpo e com o corpo em geral, é uma parte importante do fluxo de informação – estabelecendo, modificando e comentando sobre categorias sociais de destaque, como a idade, o sexo, e a posição social (*status*)" (citado em White, 1992, p.539-40). Da mesma maneira, Turner declara que "a superfície do corpo ... torna-se o palco simbólico onde o drama da socialização é encenado, e os adornos pessoais ... tornam-se a linguagem pela qual isso é expresso" (citado em White, 1992, p.539).

30 As ferramentas dos humanos modernos são projetadas de maneira a realizar eficazmente as suas funções (por exemplo, Oswalt, 1976; Torrence,

1983; Bleed, 1986; Churchill, 1993). Porém, ao mesmo tempo, elas são utilizadas para conduzir relações sociais. Polly Wiessner (1983) documentou isso nas flechas dos san, do deserto do Kalahari. Se, por um lado, elas são armas de caça muito eficientes, por outro, os formatos das cabeças das flechas informam sobre o grupo ao qual um indivíduo pertence. Pelo seu uso na caça do elã, um animal de importância central na mitologia dos san, as flechas passaram a ter também um conteúdo simbólico.

31 Whiten & Perner (1991). Ver também Gopnik & Wellman (1994), Whiten (1991) e Wellman (1991).

32 Sobre a relação entre o autismo e a limitação do módulo da teoria da mente, consultar Leslie (1991, 1994), Frith (1989) e Baron-Cohen (1995). Esses trabalhos descrevem como outros aspectos da cognição podem não estar afetados. Algumas crianças autistas parecem ter prodigiosos talentos nos campos da arte, da música e da matemática. Um relato disso pode ser encontrado em Sacks (1995), particularmente o ensaio contido no livro *Prodígios*. Um caso notável sobre um *idiot savant* é descrito por Smith & Tsimpli (1995). Trata-se de um homem chamado Christopher, que, aos 35 anos, possui um QI entre 40 e 70 (a média no homem é 100); é incapaz de passar nos testes elaborados para crianças de cinco anos e tem que viver sob cuidados especiais, porque não é capaz de tomar conta de si mesmo. Entretanto, Cristopher consegue falar quinze idiomas além do inglês, sua língua materna.

33 Suas ideias também foram elaboradas em Humphrey (1984, 1993).

34 Cf. Berlin (1992; Berlin et al., 1973) e Atran (1994).

35 Outros exemplos estão descritos em Atran (1990).

36 Mithen (1990, p.52-88) apresenta uma revisão sobre os métodos usados pelos caçadores-coletores modernos para obter informações sobre o ambiente em que vivem, e sobre como essas informações são usadas nas decisões. Os seguintes relatos etnográficos, que incluem exemplos do imenso e detalhado conhecimento naturalista dos caçadores-coletores modernos, fundamental para seus modos de vida, são particularmente úteis: !Kung (Lee, 1976, 1979; Lee & DeVore, 1976; Marshall, 1976; Blurton-Jones & Konner, 1976), G/Wi (Silberbauer, 1981), Valley Bisa (Marks, 1976), Ache (Hill & Hawkes, 1983), Mistassini Cree (Tanner, 1979; Winterhalder, 1981), Koyukon (Nelson, 1983), Kutchin (Nelson, 1973), Ten'a (Sullivan, 1942), Nunamiut (Gubser, 1965; Binford, 1978), os insulanos de Groote Eylanndt (Levitt, 1981), Gidjingali (Meehan, 1982), Tiwi (Goodale, 1971) e os índios canadenses (Jennes, 1977).

37 Spelke (1991; Spelke et al., 1992). Ver também Pinker (1994, p.423-24).

38 Kennedy (1992) argumenta que as pessoas têm uma propensão à antropomorfização compulsiva. A ideia de que os animais estão conscientes e têm

propósitos parece ter sido colocada dentro de nós pela natureza. Ele não discute o que parece ser uma compulsão semelhante nas crianças, que atribuem mentes a objetos inanimados.

39 Greenfield (1991). Ver também Lock (1993). Existe, no entanto, um desacordo considerável quanto a essa questão, e os sistemas do conhecimento intuitivo podem estar presentes e atuando na mente desde o nascimento.

40 Karmiloff-Smith (1992). Um resumo do livro e discussão crítica das ideias podem ser encontrados em Karmiloff-Smith (1994).

41 Geary (1995) utiliza o termo "habilidades biológicas primárias", em vez de conhecimento intuitivo, para referir-se às que estão transformadas em circuitos permanentes do nosso cérebro como consequência da nossa história evolucionista. Ele argumenta que o impulso para o desenvolvimento do conhecimento matemático é a capacidade pan-humana de contar. Isso fornece uma série de "esboços de princípios", que guiam o comportamento de contar antes que as crianças tenham aprendido a usar as palavras que decrevem os números.

42 Karmiloff-Smith (1994, p.701, 706). É importante ressaltar que a proposta de desenvolvimento mental de Karmiloff-Smith não é um simples modelo de estágios. Ela acredita que existem dois processos distintos e paralelos ocorrendo simultaneamente: "o da modularização progressiva e o da explicitação progressiva das representações do conhecimento (1994, p.733).

43 Carey & Spelke (1994, p.184). As similaridades e diferenças precisas entre as ideias de Carey & Spelke e Karmiloff-Smith ainda devem ser exploradas. Carey & Spelke fazem comparações interessantes entre a mudança conceitual na história da ciência e a que ocorre durante o desenvolvimento infantil, discursando sobre as semelhanças na maneira como crianças e cientistas constroem mapas por meio de diferentes domínios do conhecimento.

44 Boden (1990). Um resumo e discussão crítica das ideias de Boden podem ser encontrados em Boden (1994).

45 Cf. Rozin (1976); Rozin & Schull (1988).

4
Uma nova proposta para a evolução da mente

Os "GUIAS" da nossa excursão pela mente moderna, do capítulo anterior, estavam interessados em como ela funciona hoje e no seu desenvolvimento durante a infância. Mas minha curiosidade está voltada para a sua história evolucionista. Treinado como arqueólogo, dificilmente consigo não tentar identificar algum estágio evolutivo toda vez que deparo com uma estrutura complexa – seja ela um edifício de pedra ou o intelecto moderno. Vou lhes dar uma ideia de como devemos abordar a mente, com um breve relato da minha própria experiência em escavações arqueológicas.

Quando estudante, passei as férias de verão trabalhando na reconstituição de uma obra medieval, a Abadia Beneditina de San Vincenzo em Molise, Itália.[1] Eu supervisionava a investigação de um edifício particularmente complexo, chamado "Igreja sul". Isso significava ter que expor, catalogar e interpretar uma enorme série de paredes, pisos e tumbas: os restos de um extraordinário palimpsesto de edificações. De que maneira as paredes e outros remanescentes poderiam revelar os segredos da história do edifício – suas fases arquitetônicas e datas? Grande parte da arqueologia implica ter que meticulosamente raspar camada por camada do passado. Também exige estudar as complicadas interseções de certas paredes com outras, deduzir qual veio primeiro e qual foi feita depois. Essas paredes devem então ser datadas tendo como referência os diferentes tipos de cerâmica encontrados nos depósitos dos pisos adjacentes. Todas essas técnicas de detecção arqueológica são finalmente agrupadas para recriar da melhor maneira possível as fases arquitetônicas do edifício. No caso da Igreja sul, chegamos à conclusão de que havia existido cinco fases ou períodos, passando pelos primeiros mil anos da era cristã (1000 d.C.) e culminando numa elaborada construção de vários andares, que abrigava muitas das preciosas relíquias da abadia. Durante as transições de uma fase à outra, muros haviam sido demolidos e construídos, novos pisos haviam sido colocados, portas haviam sido bloqueadas e novos andares acrescentados.

Quando analiso as evidências sobre a mente humana fornecidas pela psicologia, vistas no capítulo anterior, lembro-me do nosso trabalho na Igreja sul, em San Vincenzo – ou, de fato, penso em qualquer igreja ou catedral moderna. A tarefa deste capítulo é a mesma que tivemos que enfrentar depois de juntar os dados das escavações da abadia medieval: identificar uma série de fases da sua arquitetura.

Neste breve capítulo, vou propor uma história evolutiva da mente baseada em três fases arquitetônicas. Isso criará um sistema básico para o resto da minha investigação – os dados arqueológicos explorados em capítulos posteriores servirão para avaliar, refinar, desenvolver e datar esse sistema. Na ausência dele, seríamos apenas inundados por informações, sem ter noção do que procurar ou do possível significado de um achado. Para poder propor as três fases, vou recorrer a teorias esboçadas no capítulo anterior. Também vou lançar mão de uma das ideias mais importantes da biologia e considerada relevante para o estudo da evolução, desde os tempos de Aristóteles, mesmo tendo perdido sua posição de destaque nas últimas duas décadas: a teoria da recapitulação, ou seja, a ideia de que "a ontogenia recapitula a filogenia".

Apresentei-a de maneira sucinta no Capítulo 3. Essencialmente, ela propõe que a sequência de estágios do desenvolvimento por que passa o membro jovem de uma espécie – a ontogenia – reflete a sequência de formas adultas dos seus ancestrais – a filogenia. Ernest Haeckel expôs essa ideia na sua lei biogenética de 1866: "a ontogenia é uma curta e rápida recapitulação da filogenia" (apud Gould, 1997, p.76). Haeckel pensava que o desenvolvimento havia acelerado durante a evolução e, consequentemente, as formas ancestrais adultas haviam sido passadas para trás, "comprimidas" dentro dos estágios juvenis dos descendentes.

Stephen Jay Gould, no seu livro intitulado *Ontogeny and Phylogeny* [*Ontogenia e filogenia*] (1977), traça a origem e a história dessa ideia. Ele explica que os paralelos entre desenvolvimento e evolução permeiam o mundo biológico e que, para muitos cientistas do século XIX e começo do XX, a recapitulação pareceu ser a chave da compreensão do passado. Gould (1997, p.116) cita um texto de 1928, do biólogo E. Conklin: "a recapitulação prometeu revelar não apenas a ascendência animal do homem e sua linhagem de descendentes, como também o método de origem das suas faculdades mentais, sociais e éticas". Jean Piaget, o psicólogo do desenvolvimento mais influente entre os anos 1960 e 1970, simpatizava com a ideia dos paralelos entre ontogenia e filogenia, embora não tenha adotado uma posição explícita sobre a recapitulação. Porém, como mencionei no capítulo anterior, ao basear-se nas fases de desenvolvimento mental propostas por Piaget, o arqueólogo Thomas Wynn foi atraído para a noção de recapitulação como modo de inferir a inteligência dos nossos ancestrais. De fato, a psicóloga Kathleen Gibson recentemente escreveu que "as perspectivas ontogênicas tornaram-se a regra, em vez da exceção, entre vários pesquisadores sérios da evolução cognitiva e linguística".[2]

Atualmente, os biólogos têm uma visão mais liberal da relação entre ontogenia e filogenia do que a adotada por Haeckel. Segundo Stephen Jay Gould nos explica, enquanto existem evidências de um desenvolvimento acelerado para algumas características, exatamente como propôs Haeckel (evidências, portanto, da compressão das formas adultas ancestrais nos estágios juvenis dos descendentes), também há indicações do contrário: a desaceleração do desenvolvimento de outras características, fazendo que alguns traços juvenis dos ancestrais apareçam nos descendentes adultos. Isso é conhecido por neotenia, e acredita-se que ela seja tão comum quanto a recapitulação. Sua ilustração mais impressionante é a maneira como os chimpanzés jovens se parecem com os humanos adultos – uma semelhança que não mais se observa nos chimpanzés mais velhos. Consequentemente, se a noção da recapitulação tem algum mérito, iremos encontrá-lo no estudo de órgãos individuais e não no organismo como um todo.

Gould dedica grande parte do seu livro à neotenia, demonstrando sua importância crítica para a compreensão da evolução humana. Mas, como bem argumentaram Kathleen Gibson e o psicolinguista Andrew Lock, embora a neotenia possa ajudar a elucidar o desenvolvimento morfológico dos humanos modernos, isso não explica o desenvolvimento da inteligência e do conhecimento (cf. Lock, 1993). Estes não permanecem infantis durante o crescimento, como é o caso do formato do crânio. Portanto, se existem paralelos entre o desenvolvimento e a evolução da mente, o roteiro mais provável é a recapitulação, e não a neotenia.[3]

Vou hesitantemente adotar a noção da recapitulação e propor uma série de fases arquitetônicas para a evolução da mente. Sou cauteloso por duas razões. Primeiro, como descreve Gould em *The Mismeasure of Man* (1981) a ideia da recapitulação "forneceu um critério irresistível" (p.115) para os cientistas do fim do século XIX e começo do XX classificarem os grupos humanos em superiores e inferiores. Proporcionou uma base pseudocientífica para o racismo e as ideias sexistas. Assim sendo, embora esse caso reflita uma má interpretação e mau uso da recapitulação, devemos sempre usar essa noção com muita prudência. A segunda razão da minha hesitação é que não tenho nenhuma convicção teórica de que necessariamente ocorra a recapitulação da evolução da mente durante o desenvolvimento. Se ela acontecer, estou certo de que provavelmente ficará evidente em alguns paralelos mais amplos em vez de em alguma correspondência estrita entre estágios filogenéticos e ontogenéticos.

Correta ou não, a recapitulação da mente permite estabelecer a estrutura das fases arquitetônicas hipotéticas de que preciso para poder continuar minha pesquisa.[4] De fato, ignorar a ideia da recapitulação seria como perder uma oportunidade e quase beirar a negligência acadêmica. Afinal, já possuo informações sobre o desenvolvimento da mente na criança, descritas no capítulo anterior, e no fim da investigação pretendo ter dados sobre a evolução da mente extraídos do material arqueológico e dos registros fósseis. Por conseguinte, ao adotar a ideia da recapitulação, surge uma possibilidade fascinante: existirá uma correspondência

A pré-história da mente

entre os estágios de desenvolvimento das mentes da criança atuais e a evolução das mentes dos ancestrais humanos?

Nos capítulos anteriores consideramos o trabalho de vários psicólogos do desenvolvimento, especialmente Patrícia Greenfield, Annette Karmiloff-Smith, Susan Carey e Elizabeth Spelke. É recorrendo em grande parte a essas contribuições que vou propor as fases arquitetônicas da evolução da mente. Digo em grande parte porque acredito que os trabalhos de todos os psicólogos considerados nesse capítulo também contribuíram com indicações que na verdade justificam a derivação das fases propostas dos estudos sobre desenvolvimento infantil.

A evolução da mente em três fases

Neste momento, vou simplesmente descrever as três grandes fases arquitetônicas da evolução da mente; elas servirão de sistema básico para interpretar dados arqueológicos e fósseis em capítulos posteriores, antes mesmo de elaborar sobre esses dados no resto deste capítulo.

- Fase 1. Mentes regidas por um domínio de inteligência geral – uma série de regras sobre aprendizado geral e tomadas de decisão.
- Fase 2. Mentes onde a inteligência geral foi suplementada por várias inteligências especializadas, cada uma devotada a um domínio específico do comportamento e funcionando isoladamente.
- Fase 3. Mentes onde as múltiplas inteligências especializadas parecem trabalhar juntas, havendo um fluxo de conhecimento e de ideias entre os domínios comportamentais.

A correspondência entre essas fases e os processos de desenvolvimento descritos no capítulo precedente deveriam ser evidentes. A primeira delas é análoga ao domínio do aprendizado geral identificado como crítico na criança pequena; a segunda é análoga à modularização da mente pelo desenvolvimento de pensamentos e conhecimentos domínio-específicos; e a terceira é análoga ao que Kermiloff-Smith chama de "redescrição representacional" e Carey e Spelke descrevem como "mapeamento através dos domínios" – quando o conhecimento passa a estar disponível para uso em domínios múltiplos de atividade".[5]

Essas três grandes fases são apenas a sugestão de um sistema hipotético que visa orientar a minha investigação daqui para a frente. Quero passar o resto deste capítulo detalhando-o. Ainda há outras pistas a serem obtidas das observações de psicólogos que discutimos no capítulo anterior.

Também é importante esclarecer a relação entre desenvolvimento e evolução. Como bem enfatizou Stephen Jay Gould em *Ontogeny and Phylogeny*, quando falamos sobre evolução, normalmente nos referimos apenas às formas adultas de espécies anteriores. Mas, assim como qualquer indivíduo atualmente, os australopitecinos ou membros da primeira espécie *Homo* também passaram por um período de desenvolvimento em que suas mentes (deles ou delas) possivelmente sofreram uma série de mudanças substanciais. Portanto, não é nada difícil confundir desenvolvimento e evolução da mentalidade. Vou tentar esclarecer essa relação fazendo uma analogia entre a mente e uma catedral.

A mente como catedral

Podemos imaginar que a mente é uma catedral em construção enquanto cada pessoa se transforma de criança em adulto. Uma catedral edificada segundo um plano arquitetônico codificado na bagagem genética herdada dos pais, e que sofre a influência do meio particular onde cada um se desenvolve. Na medida em que todos diferimos na herança genética e/ou ambiente de desenvolvimento, todos temos uma mente única. Mas, sendo membros da mesma espécie, existem semelhanças consideráveis nos planos herdados e na mente que desenvolvemos.

O mesmo se aplica aos nossos ancestrais. Entretanto, a arquitetura tem sido constantemente ajustada pela evolução. Transformações aleatórias foram introduzidas pelas mutações genéticas. Grande parte dessas mudanças não afetou a mente. Algumas tiveram efeitos negativos: os planos arquitetônicos "danificados" não sobreviveram por muito tempo no *pool* de genes, porque os indivíduos portadores dessas mentes não se sobressaíram aos outros na competição por recursos naturais e por parceiros. Algumas outras mutações acabaram sendo benéficas,

A pré-história da mente

transformando indivíduos em melhores competidores e permitindo que eles passassem os planos "melhorados" à geração seguinte. É claro que, enquanto essas mutações aconteciam, o ambiente também se transformava. Nossos ancestrais constantemente enfrentaram novos problemas, exigindo novos processos de pensamento para encontrar soluções – diferentes tipos de edifícios se adaptam melhor a determinados tipos de ambiente.

Sob o efeito conjunto das mutações genéticas aleatórias, da hereditariedade, do sucesso reprodutivo diferencial e das constantes mudanças ambientais, a série de planos arquitetônicos evoluiu. Em outras palavras, foi moldada pela seleção natural.[6] Esses planos podem ter sido continuamente ajustados, mas nenhum chegou a ser totalmente refeito. A evolução não tem a opção de voltar à prancheta e começar do zero; ela somente pode modificar o que já está lá. É por causa disso, naturalmente, que podemos apenas entender a mente moderna se conhecermos a sua pré-história. É por essa razão que a ontogenia talvez contenha pistas sobre a filogenia. É isso que nos permite olhar para a catedral da mente moderna e encontrar indícios da sua arquitetura passada.

Também sabemos que, embora duas catedrais possam ter tido o mesmo plano arquitetônico, não necessariamente tiveram a mesma aparência, por causa dos ambientes singulares em que foram construídas. Diferentes tipos de pedras, relevos topográficos e trabalhadores teriam estado presentes. Olhando para a catedral acabada, é impossível separar a influência do ambiente de construção daquela do plano arquitetônico e dizer que uma determinada característica se deve a uma e não à outra. Da mesma forma, ao tentar compreender a natureza da mente moderna, é impossível separar o ambiente de desenvolvimento dos efeitos dos genes.

No capítulo precedente, falamos sobre várias catedrais modernas diferentes – as mentes das crianças pequenas e as dos adultos, as mentes dos professores de Cambridge e as dos bosquímanos do deserto de Kalahari, as mentes de matemáticos brilhantes e as dos que sofrem de patologias cognitivas, como o autismo. Fomos guiados por vários psicólogos, cada um tentando identificar as características significativas que as mentes modernas têm em comum, cada um porém enfatizando coisas diferentes. Na minha opinião, todos negligenciaram um tanto quanto as junções arquitetônicas e a maneira como o projeto e a função das construções mudam ao longo das suas histórias. Esse, obviamente, não era um assunto que os preocupasse: seus interesses estavam voltados para como a mente moderna funciona atualmente. Mas o meu interesse é a história da arquitetura da mentalidade; portanto, vamos voltar àquelas três fases que descrevi nos parágrafos anteriores e elaborá-las enquanto continuo com a minha analogia entre mente e catedral (ver Quadro da p.109).

Fase 1– Mentes regidas por uma nave central de inteligência geral

As mentes da Fase 1 proposta têm apenas uma única nave, onde todos os serviços religiosos – ou seja, os processos de pensamento – acontecem. A informação é passada para essa nave por uma série de módulos de entrada – versões mais antigas que aquelas descritas por Jerry Fodor para a mente moderna. A nave não contém os complexos sistemas centrais delineados por Fodor. É uma nave de inteligência geral, da qual apenas remanescentes persistem na mente moderna. Duas de nossas guias – Patrícia Greenfield e Annette Karmiloff-Smith – encontraram indícios desse tipo de inteligência em crianças pequenas. John Tooby e Leda Cosmides, outros dois guias, admitiram que traços dela poderiam existir em algum lugar da mente atual, mas não estavam interessados em investigá-los, por acreditar que a inteligência geral é de importância secundária para a mente moderna. É claro que se eu tivesse escolhido outro guia – Jean Piaget – teríamos enxergado praticamente apenas essa nave em todas as mentes visitadas. A inteligência geral teria constituído uma série de regras sobre aprendizado geral e tomadas de decisão cuja característica essencial é o fato de poderem ser usadas para modificar o comportamento à luz da experiência em qualquer domínio comportamental. Mas elas apenas conseguem produzir comportamentos relativamente simples – a velocidade de aprendizado seria baixa, os erros seriam frequentes e os padrões de comportamentos complexos não seriam adquiridos.

A pré-história da mente

A mente vista como uma catedral

Nota: Estas ilustrações são esquemáticas, metafóricas. Não implicam a caracterização espacial de processos cognitivos em determinados lugares do cérebro.

Fase 3: Dois planos arquitetônicos possíveis para as mentes da fase 3. Os desenhos representam as mentes de povos vivendo da caça e da coleta. Para outros, com modos de vida distintos, é possível que outras inteligências especializadas irão desenvolver-se, embora a social e a linguística provavelmente sejam universais.

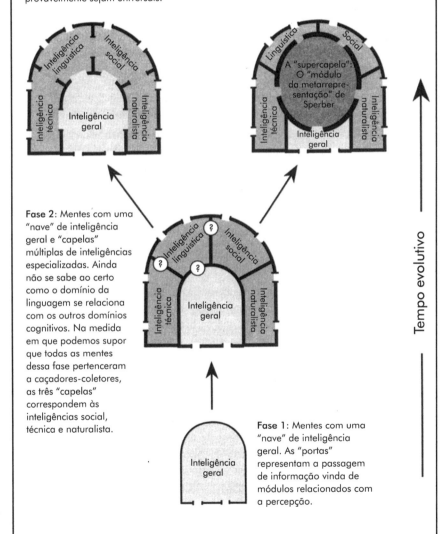

Fase 2: Mentes com uma "nave" de inteligência geral e "capelas" múltiplas de inteligências especializadas. Ainda não se sabe ao certo como o domínio da linguagem se relaciona com os outros domínios cognitivos. Na medida em que podemos supor que todas as mentes dessa fase pertenceram a caçadores-coletores, as três "capelas" correspondem às inteligências social, técnica e naturalista.

Fase 1: Mentes com uma "nave" de inteligência geral. As "portas" representam a passagem de informação vinda de módulos relacionados com a percepção.

Tempo evolutivo

Fase 2 – Mentes em que foram construídas capelas isoladas de inteligências especializadas

As mentes da Fase 2 que proponho distinguem-se pela construção de uma série de "capelas" de inteligências especializadas pela denominação de Howard Gardner, também conhecidas por domínios ou faculdades cognitivas seguindo-se as descrições de Leda Cosmides e John Tooby. Assim como o maior número de capelas laterais das catedrais romanescas do século XII reflete a complexidade crescente dos rituais religiosos daquela época, as nossas capelas refletem a complexidade cada vez maior da atividade mental.

A nave da inteligência geral permanece como característica essencial do projeto arquitetônico, mas as atividades de pensamento que ali se desenvolvem agora são ofuscadas por outras mais elaboradas, que acontecem dentro de cada uma das capelas. Grupos de módulos mentais estreitamente relacionados e associados a um determinado domínio do comportamento são encontrados dentro de cada inteligência especializada. Alguns desses módulos podem, na verdade, ter existido na Fase 1, onde estariam dispersos na nave em vez de agrupados na devida, e isolada, inteligência especializada.

Cada inteligência especializada toma conta de um domínio comportamental específico e é essencial para o funcionamento da mente como um todo. O conhecimento relativo a um domínio está contido na sua capela e não pode ser encontrado em nenhum outro lugar. O aprendizado dentro desses domínios agora é rápido e implica um número mínimo de erros. Padrões de comportamento complexos passam a ser adquiridos e facilmente modificáveis em razão de novas experiências referentes ao domínio comportamental específico. Na Fase 2 temos, então, mentes com inteligências especializadas múltiplas – ou capelas. Quantas existiram e quais os domínios comportamentais que representaram?

Sabemos que os planos arquitetônicos dessas mentes evoluíram, e elas próprias se desenvolveram, enquanto os homens viviam como caçadores-coletores. E no capítulo anterior vimos que a mente moderna ainda possui módulos que nos proporcionam um conhecimento intuitivo da biologia, da física e da psicologia. Eles provavelmente são as bases

A pré-história da mente

sobreviventes das capelas/inteligências que um dia foram construídas nas mentes da Fase 2. Por conseguinte, é provável que tenham existido pelo menos três capelas/inteligências dominantes nesse período:

1 Os vestígios de uma psicologia intuitiva implicam uma capela de *inteligência social* utilizada para interagir com outros indivíduos, incluindo módulos para "ler a mente".

2 Da mesma forma, os vestígios de uma biologia intuitiva na mente moderna sugerem que um dia chegou a existir a capela da *inteligência naturalista* – um grupo de módulos voltados para a compreensão do mundo natural, essencial para a vida de um caçador-coletor.

3 A física intuitiva talvez seja a base remanescente de uma capela da *inteligência técnica* que chegou a existir nas mentes de alguns dos nossos primeiros ancestrais, abrigando os módulos para o fabrico e manipulação de utensílios de pedra e madeira, incluindo aqueles utilizados para atirá-los.[7]

Uma característica crucial do projeto dessas capelas são as paredes grossas, quase impossíveis de ser penetradas pelos sons que provêm de qualquer outro lugar da catedral. Não existem vias de acesso entre as capelas. Em outras palavras, os conhecimentos de domínios comportamentais diferentes não podem ser combinados. Além do mais, os módulos usados para pensar dentro de cada inteligência são em grande parte restritos a ela. Podem existir exceções: em algumas ocasiões, os módulos podem, na verdade, ser usados em um domínio comportamental incorreto – por exemplo, o que evoluiu para a interação social sendo utilizado para interagir com animais –, mas quando isso acontece eles não funcionam eficientemente. Podemos imaginar isso como se fossem os sons de uma capela sendo ouvidos de maneira abafada e indistinta nos outros lugares da catedral.

Nessa Fase 2 da evolução cognitiva, as mentes usam as capelas para gerar pensamentos complexos sobre a fabricação de utensílios, a história natural e a interação social. Mas quando é preciso um único pensamento que poderia beneficiar-se dos conhecimentos ou módulos de mais de uma capela – como os pensamentos sobre projetar uma ferramenta para caçar um animal específico –, a mente tem que depender da inteligência geral. Por conseguinte, pensamentos e comportamentos nas "interfaces entre domínios" pareceriam mais simples que aqueles dentro de um único domínio. Contudo, a nave continua sendo uma parte essencial da construção, porque sem ela a estrutura simplesmente desmoronaria.

Talvez exista uma quarta capela dentro da catedral dessa fase: a da *inteligência linguística*. Como vimos no capítulo precedente, também é formada por um grupo de módulos mentais. Mas ela poderia, em algum momento, ter sido isolada das outras inteligências da mente? Contrariamente às outras, não tem uma função por si mesma – as pessoas não falam sobre gramática for falar. E vimos anteriormente que Jerry Fodor qualificou a linguagem como um sistema de entrada e não uma característica dos sistemas centrais. Assim sendo, por agora, mesmo aceitando que talvez tenha existido uma capela da inteligência linguística, não podemos especificar sua relação arquitetônica com a inteligência geral e com as outras inteligências especializadas. Isso terá que esperar até obtermos evidências adicionais, mais adiante no livro.

O capítulo precedente forneceu-nos muitas indicações sobre a existência dessa fase evolutiva da mente moderna, e que em parte refletem minha escolha dos guias. Uma das principais vem do estudo do desenvolvimento infantil. Annette Karmiloff-Smith descreve como, depois de terem passado por um período em que o pensamento é dominado pela inteligência geral, as crianças desenvolvem os processos de pensamento "domínio-específicos". Por causa dos ambientes extremamente diversificados em que as crianças se desenvolvem hoje em dia, os tipos e números de domínios são bem variados – não são os necessariamente adequados a um estilo de vida de caçador-coletor. São, entretanto, construídos sobre, ou, segundo o termo utilizado por Karmiloff-Smith, "impulsionados" pelas bases remanescentes das inteligências especializadas da Fase 2.

Fase 3 – Mentes onde as capelas foram interligadas, criando uma "fluidez cognitiva"

As mentes da Fase 3 possuem uma nova característica arquitetônica em comum: acessos diretos entre as capelas. Assim sendo, agora é possível integrar o conhecimento que antes ficava preso dentro de diferentes capelas. Não se sabe ao certo como é que se chegou a isso. Alguns dos nossos guias descreveram como podiam visualizar o conhecimento passando pelos domínios/inteligências, como se estivesse fluindo por entre portas e janelas construídas nas paredes das capelas. Mas outro de nossos guias, Dan Sperber, acreditou que poderia ver uma "supercapela" – um módulo da metarrepresentação – onde o conhecimento das inteligências especializadas é replicado de maneira análoga à argumentada por Karmiloff-Smith sobre o conhecimento em diferentes partes da mente durante o desenvolvimento. Obviamente, precisamos de mais evidências antes de poder descrever o projeto arquitetônico específico das mentes da Fase 3. Tudo o que sabemos, neste momento, é que a combinação dos pensamentos e conhecimentos de diferentes inteligências especializadas é possível, e que isso tem consequências significativas para a natureza da mente.

Assim como na Fase 1, um "serviço único" de pensamento pode ser conduzido. Mas os serviços únicos da Fase 3 recorrem a e harmonizam aqueles que antes se encontravam isolados e que foram praticados, talvez durante milênios, dentro de cada uma das capelas da Fase 2. Por exemplo, Howard Gardner enfatiza como, na mente moderna, complexos de inteligências funcionam juntos de maneira suave e sem interrupções; Paul Rozin, Annette Karmiloff-Smith, Susan Carey e Elizabeth Spelke escreveram sobre a importância do conhecimento ser usado em domínios múltiplos do pensamento. Além do mais, o serviço único agora possui uma complexidade antes inexistente, porque ele é o que Jerry Fodor descreveu como sistema central da mente.

A experiência adquirida em um domínio comportamental agora pode influenciar a de outro. Na verdade, não existem mais domínios comportamentais distintos. E surgem absolutamente novas formas de pensar, questões sobre as quais pensar e maneiras de se comportar. A mente adquire não apenas a habilidade, mas uma verdadeira paixão por metáforas e analogias.

As diferenças entre as mentes da Fase 2 e as da Fase 3 são análogas às que existem entre as catedrais romanescas de pedra e as góticas que as sucederam. Na arquitetura gótica, som e luz que emanam de diferentes partes da catedral podem fluir livremente pelo edifício, sem o impedimento das paredes grossas e pesadas e as abóbadas baixas da arquitetura romanesca. No projeto gótico, som, espaço e luz interagem para produzir uma sensação de espaço quase ilimitado. Da mesma forma, na Fase 3 da arquitetura mental, pensamento e conhecimento gerados pelas inteligências especializadas podem agora fluir livremente pela mente – ou talvez apenas em volta da supercapela. Conforme reconhecido por Arthur Koestler e Margaret Boden, quando os pensamentos gerados em diferentes domínios podem associar-se, o resultado é uma capacidade de imaginação quase ilimitada. Portanto, deveríamos dizer que as mentes da Fase 3 possuíam "fluidez cognitiva".

Por que os ajustes da evolução levaram à habilidade de combinar pensamentos e conhecimento das inteligências especializadas e, na verdade, por que estas foram criadas em primeiro lugar são questões ainda não esclarecidas. Mas isso não importa neste estágio da nossa investigação. Tudo de que precisamos no momento é uma história arquitetônica básica.

Como deveríamos datar as suas diferentes fases? Quando, durante a evolução humana, os planos arquitetônicos passaram a codificar informações para a construção de apenas uma nave central? Quando foram construídas as capelas pela primeira vez? A edificação foi simultânea ou introduzida pouco a pouco, de forma a estabelecer uma mudança gradual entre as construções da Fase 1 e as da Fase 2? De que maneira a inteligência linguística se encaixou nisso? Quando foi criado pela primeira vez o acesso direto entre capelas? Como se obteve esse acesso? Pela construção de uma supercapela ou, simplesmente, de uma série de portas e janelas?

Essas perguntas parecem as que um arqueólogo especialista em Idade Média possivelmente faria ao elaborar um programa de escavações para refinar a história de uma arquitetura. São as perguntas que precisamos responder quando formos analisar a evidência arqueológica e os registros fósseis da evolução da mente, em capítulos posteriores. Mas um bom arqueólogo nunca se apressa em cavar buracos. Primeiro ele (ou ela) analisa a paisagem, à procura de alguma construção de um período anterior, não transformada por edificações subsequentes que pudessem destruir o projeto original. De fato, alguns anos depois de participar dos trabalhos arqueológicos de San Vincenzo, pude acompanhar o diretor dessas escavações até o sul da Albânia, onde encontramos construções monásticas intactas datadas do século IX. Haviam sido feitas segundo planos arquitetônicos semelhantes aos das edificações de San Vincenzo, que penosamente reconstruímos a partir de algumas poucas paredes e fundações.

Assim, teremos que permanecer no mundo moderno por mais um capítulo. Mas as paisagens que agora devemos explorar não são mais ocupadas por igrejas e abadias e sim por chimpanzés. Temos que tentar expor a arquitetura da mente desses animais, porque possivelmente contém características também presentes na do ancestral comum de seis milhões de anos atrás. Nesse sentido, podemos agora levantar a cortina do Ato 1 da nossa pré-história.

Notas

1 A escavação e as etapas do trabalho da Igreja sul estão descritas em Hodges & Mithen (1993)

2 Gibson (editorial, p.276, em Gibson & Ingold 1993).

3 Conforme declarou o psicólogo Daniel Povinelli (1993) sobre a evolução da teoria da mente, "a comparação da ontogenia com capacidades psicológicas deveria fazer que os psicólogos evolucionistas pudessem reconstruir a ordem em que determinadas características dos atributos de estados mentais evoluíram" (p.506). Esse é precisamente meu objetivo neste capítulo – embora minha intenção seja fazer isso em relação à mente em geral.

4 Lock (1993) argumenta que o uso da informação ontogenética para desenvolver sequências hipotéticas de eventos evolutivos a serem testadas com outros dados é um método de pesquisa adequado.

5 Devo enfatizar aqui que Karmiloff-Smith não separa a modularização progressiva da mente e a "redescrição representacional" em dois processos consecutivos; ela argumenta que eles ocorrem em paralelo. Entretanto, uma defasagem temporal está subentendida, na medida em que o conhecimento tem que passar a fazer parte de um módulo especializado antes de se tornar explicitamente representado e aplicável entre domínios.

6 É improvável que a seleção natural tenha feito todo o modelamento sozinha. Existiram outros processos evolutivos em ação, como a deriva genética e o efeito do fundador, que também podem ter tido um papel importante nos contínuos reajustes. A importância relativa da seleção natural é objeto de consideráveis debates entre os biólogos evolutivos.

7 O significado do ato de arremessar para a evolução da mente foi explorado por Calvin (1983, 1993).

5
Símios, macacos e a mente do elo perdido

O Ato 1 da nossa pré-história começa há seis milhões de anos. Como vimos no Capítulo 2, não há nada no palco, e nosso ator, o elo perdido, também está ausente. Não há ossos ou artefatos para inspecionar, os quais poderiam nos indicar algo sobre os comportamentos e atividades mentais do passado. Como, então, vamos reconstruir a mente desse ancestral distante? Em qual fase arquitetônica deveríamos enquadrar sua mente? A Fase 1, com não mais que uma inteligência geral? Ou talvez a Fase 2, com um ou mais domínios cognitivos trabalhando em paralelo, mas sem conexão entre eles ou com a inteligência geral? Essas questões são desafios que exigem uma resposta.

Nossa única esperança é dar uma olhada no grande símio de quem nossos antepassados divergiram na árvore genealógica de seis milhões de anos atrás: o chimpanzé.

No mundo da ciência, o uso da analogia entre o chimpanzé e nosso ancestral humano mais antigo tem uma longa história.[1] Essa analogia pressupõe que, durante os últimos seis milhões de anos, a evolução cognitiva na linhagem dos símios tem sido mínima. Podemos ter certeza de que realmente não ocorreu uma evolução significativa quanto ao poder de processamento cerebral, porque um cérebro de aproximadamente 450 cm^3 não é substancialmente menor que o dos australopitecinos, e parece ser de tamanho razoável para o elo perdido. Da mesma maneira, se retrocedermos no tempo, desde *H. erectus, H. habilis,* até *A. afarensis* e *A. ramidus,* vemos que a anatomia assume características cada vez mais simiescas – fica cada vez mais parecida com a dos chimpanzés atuais. E ao analisarmos o legado arqueológico que esses primatas deixaram, veremos que é praticamente indistinguível do registro dos nossos primeiros ancestrais, porque quase não existe. Limita-se a não mais que algumas poucas lascas de pedra (produzidas sem querer ao martelar castanhas) virtualmente idênticas às criadas por processos naturais. Esse tipo de lasca provavelmente perdeu-se nos detritos da natureza.

Assim sendo, vamos seguir a convenção e supor que a mente do chimpanzé é uma boa aproximação da mente do elo perdido. O que nos revela o comportamento dos chimpanzés sobre sua arquitetura mental? Comecemos por algo que chegou a ser considerado exclusivamente humano – a fabricação e uso de instrumentos – e vamos nos perguntar se esses animais possuem uma capela de inteligência técnica.

Inteligência técnica – chimpanzés, os fabricantes de instrumentos?

Cinquenta anos atrás, pensava-se geralmente que os humanos eram a única espécie a fazer e utilizar ferramentas, uma visão resumida no epíteto "O homem, um fabricante de instrumentos". Mais tarde, no fim da década de 1950, Jane Goodall começou a estudar chimpanzés selvagens em Gombe, na Tanzânia, e logo descreveu como esses animais arrancavam as folhas de pequenos ramos e os utilizavam para catar formigas ou como "caniços de pescar cupins", introduzindo-os nos cupinzeiros.[2] Desde então, outros pesquisadores, entre eles Bill McGrew e Christophe e Hedwige Boesch, têm estudado amplamente a feitura de instrumentos por chimpanzés. Hoje em dia sabemos que eles usam uma grande gama de objetos para realizar diversas tarefas.[3] Os gravetos, além de utilizados para pegar insetos, também servem para pegar mel, remover a semente de castanhas quebradas, retirar pedaços de cérebro de dentro de crânios e extrair o material dos globos oculares. Chimpanzés amassam folhas e criam uma espécie de esponja para pegar formigas ou água; também usam folhas para limpar as cavidades dos crânios das presas ou para limpar-se. Utilizam-nas até como pratos – onde coletam suas próprias fezes, que então inspecionam à procura de alimentos não digeridos. Nas florestas da África Ocidental, eles usam martelos e bigornas para quebrar castanhas (ver Figura 3). Resumindo, esses primatas parecem competentes na fabricação e manipulação de objetos físicos. Isso implica que eles possuem processos cognitivos especializados dedicados a essas tarefas? Será que existe uma capela da inteligência técnica na arquitetura de suas mentes? Ou será que simplesmente dependem dos processos de inteligência geral para fazer e usar os instrumentos – por exemplo, aprender pela experiência?

Como primeira tentativa para responder à questão, poderíamos considerar qual o grau de complexidade do comportamento do chimpanzé no tocante a instrumentos: quanto mais intricado for, maior a probabilidade de que tenha emergido de processos cognitivos especializados. Bill McGrew (1992), autor do mais completo estudo sobre o material cultural desses primatas, acredita firmemente que o uso que fazem de instrumentos é consideravelmente complexo. De fato, em um famoso[4] artigo escrito em 1987, ele comparou diretamente a série de utensílios dos chimpanzés à dos aborígines da Tasmânia, concluindo que ambas pertenciam ao mesmo nível de complexidade. Para tal, McGrew quantificou complexidade medindo "tecnounidades", que são simples-

FIGURA 3 – Chimpanzé utilizando martelo e bigorna de pedra para abrir uma castanha.

mente componentes individuais de uma ferramenta, não importando de que material ela é feita ou como é empregada. Por exemplo, uma enxada usada por, digamos, um camponês, e que inclui um cabo, uma lâmina e uma junta, possui três tecnounidades, enquanto a série de robôs computadorizados operados por um operário da indústria automobilística tem talvez três milhões de tecnounidades.

Quando McGrew comparou as tecnounidades dos instrumentos dos aborígines da Tasmânia com as dos chimpanzés da Tanzânia, descobriu que os valores médios por objeto não diferiam significativamente. Todos os artefatos desses animais e a dos humanos na sua grande maioria continham um único componente. O exemplo mais complexo dos aborígines, uma pele curtida com iscas, tinha apenas quatro tecnounidades. Os outros objetos, ou seja, as lanças, os projéteis de pedra, as cordas, as peles curtidas e as cestas, pareciam ser diretamente comparáveis na sua complexidade tecnounitária aos gravetos e esponjas de folha dos chimpanzés. Sendo assim, se a mente moderna, no caso a dos aborígines da Tasmânia, possui uma física intuitiva, então também deveríamos atribuí-la à mente dos chimpanzés.

A conclusão de McGrew, entretanto, não é particularmente útil. As ferramentas do camponês talvez tenham vários milhões de tecnounidades a menos que as do operário da indústria automobilística, mas podem exigir habilidade e conhecimento muito maiores para serem usadas eficientemente. Uma vez instalados os computadores e os robôs, basta apertar um botão e fabricar um carro, mas para cultivar a terra é preciso manipular a enxada com destreza.

Contar tecnounidades para medir complexidade também parece não ajudar muito quando consideramos a maneira como os instrumentos são feitos. É preciso outro objeto para produzir um pau com a ponta afiada. Talvez apenas uma lasca, que, mesmo assim, precisa ser achada, ou melhor, extraída de um núcleo de pedra. O graveto de pescar cupins pode ser obtido simplesmente arrancando-se as folhas e mordendo o galho para acertar o comprimento. Quando os aborígines fabricam artefatos, suas ações são específicas para esse fim: não existe nada comparável a obter lascas de um núcleo de pedra ou talhar um pedaço de pau em outros domínios do comportamento humano. Para produzir seus pauzinhos, os chimpanzés simplesmente utilizam o mesmo conjunto de ações empregado para comer: remover pequenos ramos de arbustos, arrancar suas folhas, cortá-los em pedaços menores mordendo-os.[5]

Na sua comparação entre aborígines e chimpanzés, McGrew também abordou a questão da complexidade da manufatura em si, e novamente argumentou que as semelhanças excedem as diferenças. Mas considero algumas das suas citações pouco convincentes. Por exemplo, os aborígines habitualmente usam o princípio da "replicação" na fabricação de instrumentos. Trata-se da combinação de vários elementos idênticos, como no caso de um feixe de grama amarrada. McGrew argumenta que os chimpanzés também utilizam esse princípio – mas o único exemplo que pôde encontrar foi o da "esponja", um amassado de folhas essencialmente iguais.

Os aborígines também usam habitualmente a "conjunção", ou seja, a união de duas ou mais tecnounidades. Mas apenas um caso chegou a ser observado entre os chimpanzés. Foi no dia 16 de janeiro de 1991, quando Testuro Matsuzawa (1991) viu Kai, uma velha fêmea, pegar duas pedras para partir castanhas, usando uma como martelo e a outra como bigorna. Para equilibrar a bigorna, ela fez um calço com outra pedra. Até que outros exemplos sejam relatados, não estou convencido de que o caso de Kai é evidência suficiente para afirmar que chimpanzés usam a conjunção ao produzir seus instrumentos – uma marca presente em praticamente toda ferramenta manufaturada por humanos.

A essa altura, o essencial do meu argumento deveria ter ficado claro: não podemos atribuir aos chimpanzés processos cognitivos especializados e dedicados à manipulação e transformação de objetos físicos, isto é, não podemos atribuir-lhes uma inteligência técnica. A distribuição de instrumentos entre diferentes grupos de chimpanzés é uma confirmação adicional disso, embora tenha sido usada para argumentar exatamente o contrário. No tocante ao uso, parece que existem tradições culturais entre esses primatas.[6] Somente os da floresta de Tai, na África Ocidental, extraem a medula de ossos com gravetos; os de Mahale, na Tanzânia, não usam gravetos para caçar formigas, apesar de se alimentarem desses insetos. Da mesma forma, os da floresta de Tai não "pescam" formigas, embora as comam. Ao contrário dos chimpanzés de Gombe, os de Mahale e Tai não usam utensílios para sua higiene pessoal.

Essas diferenças não podem ser explicadas apenas por argumentos genéticos ou ecológicos: o uso de instrumentos pelos chimpanzés parece basear-se em grande parte na tradição. Esse achado foi como a pedra de toque para os que vêm tentando minimizar as diferenças entre chimpanzés e humanos. Porque parece indicar que eles são como nós: possuem cultura. Mas minha interpretação é um pouco diferente. As tradições culturais humanas raramente influenciam ferramentas simples usadas para realizar tarefas simples, especialmente quando elas aumentam de maneira marcante a eficiência da realização (como no caso de utilizar pauzinhos para "pescar" cupins). Por exemplo, todos os grupos humanos usam facas. As tradições culturais da nossa espécie referem-se geralmente a maneiras diferentes de fazer a mesma coisa, não se referem à realização ou não realização da tarefa em si. Citando um exemplo trivial, os franceses costumavam usar boinas e os ingleses chapéus-coco, mas ambos usavam chapéus. As tradições dos chimpanzés sobre o uso de instrumentos parecem ser fundamentalmente diferentes das tradições culturais do homem. O fato de os chimpanzés de Tai não utilizarem gravetos para pegar cupins provavelmente se deve a que nenhum membro desse grupo alguma vez chegou a pensar em fazer isso, ou descobriu isso acidentalmente, ou chegou a aprender de algum outro membro antes que este tivesse esquecido como fazê-lo ou morresse levando consigo o segredo. Isso não é comportamento cultural; é apenas não ter muito jeito para pensar sobre a feitura e utilização de objetos físicos. É a ausência da inteligência técnica.

Essa conclusão é reforçada ao analisarmos o padrão de aprendizado do uso de instrumentos. Lembrem-se de que a física intuitiva e a inteligência técnica da mente humana facilitam um aprendizado rápido e eficiente do mundo dos objetos. E se chimpanzés forem vistos tendo dificuldades em aprender as mais simples manipulações de um objeto, talvez isso indique que suas mentes não possuem o conhecimento intuitivo. E é precisamente o que observamos.

Geralmente pensamos que chimpanzés aprendem muito rápido – que são uma espécie animal onde a arte de imitar é superdesenvolvida. De fato, em inglês, o verbo *"to ape"* (*ape* significando símio) é com frequência usado como sinônimo de "imitar". Mas isso está longe de ser correto: eles parecem não se sair nada bem na reprodução de comportamentos. Na verdade, alguns primatologistas argumentam que são incapazes de imitar – simplesmente passam a se interessar por certos objetos e então o aprendizado se dá por tentativas.[7] Dessa forma, se um chimpanzé vê outro enfiando gravetos em um buraco e lambendo os cupins da sua superfície, e assim passa a fazer a mesma coisa, é pouco plausível que esteja imitando seu colega quanto a compreender o propósito da ação e os meios de realizá-la. É mais provável que os gravetos e os buracos simplesmente chamaram sua atenção. Talvez seja por isso que não foram detectados avanços tecnológicos nos últimos trinta anos de análise dos chimpanzés utilizando instrumentos: cada geração desses primatas parece ter que penar para chegar ao nível técnico alcançado pela geração anterior.

Infelizmente, não existem estudos sistemáticos sobre como chimpanzés adquirem técnicas do tipo pescar cupins ou catar formigas, embora existam vários relatos de animais jovens "brincando" com gravetos depois de observar as mães realizando essas tarefas.[8] Christophe Boesch (1991 e 1993), por sua vez, estudou detalhadamente a aquisição da técnica de quebrar castanhas utilizada pelos chimpanzés da floresta de Tai, na África Ocidental. Para vocês, para mim e para a maioria das crianças essa é uma técnica fácil. Coloca-se uma castanha sobre uma bigorna e bate-se nela com um martelo. Entretanto, chimpanzés mais jovens parecem ter grandes dificuldades em aprender isso. Somente adquirem a habilidade ao tornar-se adultos, e precisam de quatro anos de prática antes de chegar a obter algum benefício. Os chimpanzés jovens parecem gastar um bom tempo batendo diretamente nas bigornas com os martelos, sem antes colocar nenhuma castanha entre as duas superfícies, ou então depositam castanhas em bigornas sem martelos.

Eis aqui um resumo da evidência sobre a fabricação e uso de instrumentos por chimpanzés. As ferramentas são muito simples, produzidas por meio de ações físicas comuns a outros domínios do comportamento e empregadas para realizar uma série limitada de tarefas. Os chimpanzés não parecem ser muito capazes de pensar em novos usos e não adotam prontamente os métodos de utilização característicos do seu grupo. Esses atributos não constituem, portanto, o tipo de repertório comportamental que esperaríamos encontrar se a mente do chimpanzé possuísse uma inteligência técnica, devotada à manipulação e transformação de objetos físicos. Parecem mais atributos associados a uma inteligência geral, e não especificamente projetados para a fabricação e uso de instrumentos.

A inteligência naturalista: mapas mentais e o comportamento de caçador

O uso de instrumentos por chimpanzés está relacionado especialmente com a obtenção de alimento. Assim sendo, devemos agora pensar em forrageamento e perguntar-nos se a mente desse primata possui uma inteligência naturalista, compreendida como uma série de processos cognitivos dedicados a adquirir e processar informações sobre recursos naturais, tais como plantas, animais e matérias-primas.

Os chimpanzés com certeza parecem ser forrageadores competentes, porque apresentam movimentos intencionais dirigidos a certas áreas ricas em alimentos. Essa conduta provavelmente deriva de uma noção detalhada da distribuição de recursos – um mapa mental continuamente atualizado – e também de um conhecimento dos ciclos de amadurecimento de muitas plantas. Algumas das descrições mais completas do comportamento de forrageamento dos chimpanzés são creditadas a Richard Wrangham (1977). Ele estudou os animais/símios que habitam a região de Gombe, na Tanzânia, e concluiu que eles conhecem intimamente seu ambiente, sendo excelentes botânicos e capazes de discriminar sutis diferenças visuais entre espécies ou tipos de plantas distintas. Utilizando a noção de botânica e o mapa mental, foram capazes de dirigir-se diretamente para áreas com plantas maduras abundantes.

Wrangham, contudo, não obteve evidências de que os chimpanzés podiam encontrar áreas ricas em comida das quais não tivessem um conhecimento prévio. Para chegar a isso, teriam precisado do desenvolvimento de hipóteses sobre a distribuição de fontes de alimentos – ou seja, um uso perceptivo e complexo do conhecimento para criar uma nova ideia do mundo, que é uma das marcas da inteligência especializada. Os chimpanzés aparentemente dependem apenas de perceber o ambiente e lembrar de informações suficientes ao longo de suas jornadas diárias.

A existência de mapas mentais nos chimpanzés foi demonstrada testando-se rigorosamente suas habilidades de encontrar objetos escondidos em cercados e de lembrar sua localização (cf. Menzel, 1973, 1978). O estudo mais interessante, contudo, foi desenvolvido por Christophe Boesch & Hedwige Boesch (1984a), que analisaram o transporte de martelos e castanhas até bigornas na floresta de Tai, na África Ocidental. Monitorando o movimento das pedras-martelo, pesando-as e medindo o espaço entre árvores, os Boesch inferiram que chimpanzés possuem uma maneira espontânea de calcular a distância entre duas localidades da floresta – uma maneira tão precisa quanto as próprias cordas de medir dos pesquisadores, mesmo na presença de obstáculos como árvores caídas e rios. Boesch & Boesch alegam que os chimpanzés, quando decidem para onde ir, são capazes de abstrair e comparar distâncias entre conjuntos de locais pareados, identificar qual a mais curta e incluir a influência do peso do martelo a ser carregado. Essa façanha mental é ainda mais impressionante se considerarmos que mapas mentais precisam ser continuamente atualizados para registrar não apenas o movimento dos martelos, mas também a atividade de outros chimpanzés quebradores de castanhas. Aliás, parece que uma das causas de tomadas de decisão não otimizadas é a não concretização da expectativa de encontrar uma pedra-martelo em determinado lugar, porque outros indivíduos a haviam retirado de lá.

Muito provavelmente, o mapa mental bem desenvolvido dos chimpanzés de Tai vem da necessidade de explorar áreas irregulares sob condições de pouca visibilidade. Isso foi realmente proposto como uma explicação geral para a evolução da inteligência entre primatas[9] – antes que ela fosse visualizada como um canivete suíço com diferentes lâminas específicas.

As observações de Wrangham e de Boesch & Boesch nos deixam numa situação um tanto equívoca quanto à possibilidade de um domínio especializado de inteligência naturalista. Alguns de seus elementos parecem estar presentes: o interesse e a habilidade de construir um grande banco de dados com as informações sobre a natureza, e seu processamento para tomar decisões sobre forrageamento. Isso, no entanto, efetivamente não passa de memorização; não parece haver um uso criativo ou perceptivo do conhecimento. E devemos nos lembrar de que muitos animais, especialmente pássaros, constroem mapas mentais bem elaborados da distribuição de recursos.[10] Temos que buscar outras evidências sobre a interação do chimpanzé com o mundo natural, que podemos encontrar ao levar em conta um tipo de forrageamento um pouco mais desafiador: a caça.

Boesch & Boesch (1989) publicaram um estudo detalhado do comportamento de caça dos chimpanzés de Tai, que compararam aos de Gombe e Mahale. Os de Tai parecem ser caçadores competentes; em mais de 50% dos eventos de caça, intenções nítidas desse tipo de atividade ficavam evidentes no grupo antes que qualquer presa pudesse ser avistada ou ouvida. Em contrapartida, todas as caçadas dos chimpanzés de Gombe e Mahale parecem ser oportunistas.

Os grupos de Tai concentram-se num único tipo de presa, os macacos colobinos, enquanto os de Gambe e Mahale regularmente caçam porcos selvagens, gamos e pequenos antílopes. Para explicar a diferença, basta apenas recorrer à ecologia, na medida em que esses antílopes são raros na floresta de Tai e os porcos selvagens vivem em grupos relativamente grandes e são difíceis de caçar.

No que diz respeito ao sucesso, a frequência de caçadas bem-sucedidas é consideravelmente maior entre os chimpanzés de Tai. Isso parece refletir o hábito de caçar em grupos grandes, nos quais o grau de cooperação é bastante elevado. Quando os chimpanzés de Gombe caçam em grupo, tendem a perseguir a presa em várias direções, o que serve para confundi-la. Em contrapartida, os de Tai dispersam-se, ficando com frequência fora da vista uns dos outros, mas todos concentrando-se na mesma vítima. À medida que a caçada progride, eles se juntam ao encurralar a presa.

Por que os chimpanzés de Tai apresentam um maior grau de intencionalidade e cooperação durante as atividades de caça? Boesch & Boesch argumentam que isso reflete o desafio de caçar em um ambiente de floresta densa, onde a visibilidade limita-se a aproximadamente 20 metros (65 pés). Existe, no entanto, um argumento alternativo. Na floresta de Tai, os chimpanzés dependem de sons para localizar as presas. Os Boesch citam vários exemplos disso, como a mudança de direção do grupo ao ouvir os grunhidos dos porcos selvagens. Em ambientes mais abertos, como os de Gambe e Mahale, o chimpanzé tem que depender de igual número, se não maior, de pistas visuais, como a imagem da própria presa ou suas pegadas no chão. Entretanto, para essa espécie, o uso da indicação visual pode ser inerentemente mais difícil. É o que ocorre com os macacos *vervet*, aparentemente incapazes de perceber a implicação de perigo iminente ao enxergar sinais de proximidade dos seus predadores, como o rastro de uma cobra píton, ou a carcaça de uma presa recentemente caçada por um leopardo.[11] Se os chimpanzés também não forem muito bons em inferências a partir de indicações visuais – como parece ser o caso[12] –, então caçar em ambientes relativamente abertos talvez seja mais difícil que caçar em ambientes onde os sinais acústicos são dominantes.

Desconfio de que a atividade de caça dos chimpanzés de Tai é menos complexa do que parece ser, e uma curiosa narrativa dos Boesch serve como pequena prova disso. Trata-se da ocasião em que um grupo de animais mais jovens havia caçado um antílope bem novo e brincava com ele. Uma jovem fêmea juntou-se à sessão, e a presa acabou sendo morta em razão dos comportamentos mais violentos. No entanto, durante todo esse tempo, os machos não demonstraram nenhum interesse e a carcaça do animal acabou sendo abandonada, sem ser comida. Isso parece um tanto estranho ao considerar a nítida excitação dos machos sempre que um macaco colobino era morto. Seria difícil imaginar um caçador humano ignorando uma caça oportunista como essa; não é o tipo de comportamento esperado quando existe um domínio especializado de inteligência naturalista.

Resumindo, é difícil de avaliar a base cognitiva da interação do chimpanzé com o mundo natural. Por um lado, temos a aquisição de grandes quantidades de informação, e seu processamento para tomar decisões de forrageamento eficientes. Por outro, parece haver uma evidente falta de uso criativo desse conhecimento; o comportamento de forrageamento aparentemente se caracteriza por uma inflexibilidade considerável. E há sérias dúvidas quanto aos chimpanzés serem competentes em "decifrar" a grande quantidade de pistas visuais fornecidas pelo ambiente. A conclusão mais razoável é atribuir a esses primatas uma mente com alguns microdomínios que possibilitem a construção de mapas mentais, mas não uma inteligência naturalista totalmente desenvolvida.

Inteligência social: comportamento maquiavélico e o papel da consciência

Vamos considerar agora a base cognitiva da interação social. Em 1988, uma notável coleção de artigos foi publicada no livro intitulado *Machiavellian Intelligence*: Social Expertise and the Evolution of the Intellect in Monkeys, Apes and Humans [*A inteligência maquiavélica*: competência social e a evolução do intelecto nos macacos, nos símios e no homem] (Byrne & Whiten, 1988). Editados por Dick Byrne & Andrew Whiten, alguns dos artigos haviam sido originalmente publicados mais de trinta anos antes. Todos contribuíram para um grande argumento: que existe algo muito especial sobre os processos cognitivos usados na interação social. Eles conduzem ao comportamento social, fundamentalmente mais complexo que o encontrado em qualquer outro domínio de atividade. Na realidade, os autores sustentavam que macacos e símios possuem um domínio discreto de inteligência social, constituído por um grupo de módulos mentais. O termo "maquiavélico" pareceu uma boa escolha na medida em que a astúcia, a dissimulação e a formação de alianças e amizades estão difundidos na vida social de muitos primatas.

Um dos artigos principais republicados nesse volume foi "The social function of Intellec", de Nicholas Humphrey, ao qual me referi brevemente no Capítulo 3. Ele expôs os problemas que a vida em grupo impõe aos primatas e a necessidade de processos cognitivos especializados para competir com sucesso dentro do meio social. Continuando o argumento, Byrne & White (1988) descreveram a intricada rede social em que vivem os chimpanzés, e muitos outros primatas. Esses animais precisam:

> Equilibrar uma variada gama de opções de competição e cooperação. Indivíduos podem competir não apenas por companheiros, mas (por exemplo) por recursos naturais, posição ocupada no grupo (que pode afetar tanto a atividade de alimentar-se como também de evitar predadores), aliados, parceiros no *grooming*, companheiros de brincadeiras e acesso

aos membros mais jovens, e podem cooperar não apenas no tocante ao acasalamento, mas (por exemplo) ao asseio e apoio nos encontros agnósticos. (Editorial, p.4)

Isso parece muito mais difícil que arrancar algumas folhas de um graveto para fazer um pauzinho de pegar cupins, ou então construir um mapa mental da distribuição de plantas.

Uma das melhores narrativas da intricada rede social dos chimpanzés é de autoria de Franz de Waal (1982), que descreveu maravilhosamente suas observações sobre a política desses animais enquanto estudava uma colônia do Zoológico de Burger, em Arhem. Ele nos presenteia com uma história de ambição, manipulação social, privilégios sexuais e tomadas de poder que deixariam sem graça qualquer aspirante a político – e foi tudo realizado por chimpanzés (maquiavélicos). Por exemplo, De Waal descreve a guerra pelo poder entre os dois machos mais velhos, Yeroen e Luit, que durou dois meses. Começa com Yeroen como o macho dominante e continua por uma série de encontros agressivos, blefes e gestos de reconciliação, até chegar ao isolamento social e ao eventual destronamento de Yeroen. Para conseguir isso, Luit diligentemente conquistou o apoio das fêmeas do grupo, que no início aprovavam Yeroen. Luit ignorava as fêmeas na presença de Yeroen, mas lhes dava muita atenção e brincava com seus filhotes quando esse macho não estava por perto. E antes de qualquer tentativa de intimidar Yeroen, Luit sistematicamente cuidou do *grooming* de cada fêmea, como que tentando obter seu apoio. O sucesso final de Luit resultou da aliança com outro macho, Nikkie. Durante os conflitos com Yeroen, Luit dependia de Nikkie para espantar as fêmeas partidárias do seu adversário. Nikkie, por sua vez, tinha muito a ganhar com isso. Ele começou ocupando uma posição social muito baixa no grupo, sendo ignorado pelas fêmeas, mas, quando Luit chegou a líder, passou ao segundo cargo de comando na hierarquia, acima das fêmeas e de Yeroen. Tão logo se tornou vitorioso, as atitudes sociais de Luit mudaram: em vez de ser a fonte de conflitos, transformou-se em campeão da paz e da estabilidade. Sempre que as fêmeas brigavam ele punha um fim nas contendas, sem tomar partido, e batia em qualquer uma que continuasse discordando. Em outras ocasiões, Luit impedia um conflito escalonado dentro do grupo ao apoiar o participante mais fraco. Punha Nikkie para correr, por exemplo, quando ele atacava Amber, uma das fêmeas. Depois de alguns meses como o macho dominante, Luit perdeu sua posição para Nikkie. E isso somente foi possível quando Nikkie formou uma poderosa aliança com ninguém menos que Yeroen.

As duas peças centrais da inteligência social são: possuir um extenso conhecimento social sobre outros indivíduos (ou seja: saber quem são os aliados e os amigos) e a habilidade de inferir os estados mentais desses indivíduos. Quando observamos chimpanzés ludibriando outros membros do grupo, podemos estar certos de que todos estão se dando bem. Dick Byrne & Andrew Whiten citam muitos exemplos de símios agindo de maneira simulada.[13] Vou mencionar três. Gorilas fêmeas foram vistas maquinando cuidadosamente situações onde ficariam junto a um macho jovem e isoladas do resto do grupo, especialmente do macho dominante. Elas então copulavam com esse macho suprimindo os sons que normalmente produziriam durante o acasalamento. Os chimpanzés machos são tão sagazes quanto essas gorilas. Ao cortejar fêmeas na presença de um competidor de posição mais elevada, foram vistos colocando uma das mão sobre o pênis em ereção, de tal maneira que pudesse ser visto pela fêmea mas não pelo outro macho. A dissimulação é tão útil para roubar comida como o é para roubar sexo. Byrne & Whiten também narraram o incidente de um chimpanzé de posição importante saindo de uma área onde outro indivíduo havia escondido alimentos; deixou o local como se não suspeitasse de nada, mas depois ficou espreitando por trás de uma árvore, até que a comida ficasse exposta. E então a roubou.

David Premack explorou a natureza da "teoria da mente" dos chimpanzés por meio de experimentos em laboratório.[14] Num deles, uma chimpanzé chamada Sarah permitia que um de seus instrutores pegasse comida enquanto ela acionava o botão de controle da porta de um armário, onde os alimentos eram colocados. Por trás da porta, o armário havia sido dividido em dois; uma metade continha itens bons, do tipo bolos, e a outra continha itens ruins, objetos de borracha, como cobras e até mesmo um recipiente com fezes, sobre o qual o instrutor havia deixado claro para Sarah, por meio de gestos, que sentia uma total repugnância.

Durante o experimento, o instrutor entrava no quarto, Sarah apertava o botão que abria a porta e ele então escolhia algo do lado das comidas boas. Isso foi repetido muitas vezes. A seguir, Sarah pôde observar um "intruso", uma pessoa desconhecida, abrir a porta do armário e trocar os itens bons e os ruins de lugar. Quando o instrutor entrou no quarto, a chimpanzé sabia da troca mas também devia estar ciente de que o instrutor não sabia nada a respeito. Se a porta fosse aberta, ele com certeza colocaria a mão em um lugar muito inapropriado. E no entanto Sarah apertou o botão como de costume.

Premack utiliza esse experimento para argumentar que a teoria da mente do chimpanzé é menos sofisticada que a dos humanos – porque Sarah foi aparentemente incapaz de manter na sua mente a representação do conhecimento próprio e a representação do conhecimento do instrutor, que era diferente do seu. Premack discute que atribuir um conhecimento diferente do nosso a outro indivíduo está fora das capacidades mentais do chimpanzé. Entretanto, não é exatamente isso o que eles fazem ao agir de maneira dissimulada? O chimpanzé travesso com o pênis ereto com certeza mantém na sua mente, simultaneamente, representações do conhecimento sobre a excitação sexual própria, a do macho dominante e a das fêmeas. Desconfio de que Sarah foi incapaz de fazer isso porque o instrutor não era outro membro da sua espécie. Ler a mente de outros chimpanzés pode ser difícil, mas factível; atravessar as fronteiras entre espécies e ler o estado mental de um ser humano pode simplesmente ser impossível para esses primatas.

Isso nos leva de volta à noção – discutida no Capítulo 3 – de que o módulo da teoria da mente dentro do domínio da inteligência social provavelmente evoluiu para facilitar a interação com membros do próprio grupo. A essência da teoria da mente é que ela permite que um indivíduo faça predições sobre o comportamento de outro. A vida social diz respeito a construir e testar hipóteses – ao contrário das tomadas de decisão dos chimpanzés durante o forrageamento, que envolvem simplesmente memorização. Nicholas Humphrey argumenta que essa é a função biológica da consciência.[15] Na realidade, exploramos nossa mente e a usamos como o melhor modelo disponível para a mente de outro indivíduo. Refletimos sobre como nos sentiríamos e nos comportaríamos em um determinado contexto e assumimos que outra pessoa faria a mesma coisa. Esse é um argumento poderoso para a evolução da consciência reflexiva: é elegante, faz sentido e está em conformidade com tudo o que sabemos sobre evolução. Convence-me que os chimpanzés têm uma percepção consciente das suas próprias mentes. Mas se Humphrey estiver correto, a consciência se estende apenas aos pensamentos sobre interação social. Se ela é um truque para prever o comportamento dos outros, não existe uma razão evolucionária para os chimpanzés terem uma percepção consciente dos seus (limitados) pensamentos sobre produção de utensílios e forrageamento. Entretanto, a nossa percepção consciente parece incluir os pensamentos referentes a todos os domínios de atividade. Veremos o que acontece à medida que essa pré-história da mente revelar que a expansão da percepção consciente tem um papel muito decisivo na criação da mente moderna.

Nossa próxima tarefa é analisar os "Dr. Doolittles", aqueles que tentaram falar com animais.

Uma capacidade linguística?
Falando com os chimpanzés

Os chimpanzés não conseguem falar conosco porque não têm um aparelho vocal adequado. Mas será que eles possuem uma base cognitiva para a linguagem? Caso fosse factível "conectar" um chimpanzé com um par de cordas vocais, será que ele teria o que dizer? Bem, fazer isso é impossível, mas a melhor alternativa tem sido ensinar a esses primatas a linguagem de sinais.

Nos anos 1960, Beatrice Gardner e seu marido e colega de pesquisa Allen Gardner treinaram um chimpanzé chamado Washoe a usar a linguagem de sinais (cf. Gardner et al., 1989). Washoe vivia em um *trailer* ao lado da casa dos Gardner, os quais sempre usavam esses sinais para comunicar-se entre eles na presença do animal e com o próprio chimpanzé. Washoe aprendeu a sinalizar de volta. Passados três anos, já havia aprendido pelo menos 85 sinais e era capaz de "conversar" com humanos e solicitar coisas. "Faz coçar, faz faz coçar" não chega a ser o pedido mais profundo e articulado, embora possa ter sido o mais sincero.

A frase mais famosa de Washoe como estrela do mundo dos chimpanzés foi produzida quando ele viu um cisne e rapidamente sinalizou pássaro e depois água. O incidente impressionou porque o cisne realmente é uma ave aquática.

Nessa mesma década, David Premack iniciou uma série de experimentos linguísticos com Sarah, de quem acabamos de falar (cf. Premack & Premack, 1972). Ele utilizou pedaços de plásticos de formatos e cores diferentes, cada qual representado por objetos diferentes. Trabalhando com esse material, ele argumentou que Sarah podia ser levada a compreender conceitos abstratos como "igual", "diferente", "a cor de" e "o nome de".

No início dos anos 1970, um extenso programa de pesquisa foi iniciado por Sue Savage-Rumbaugh & Duane Rumbaugh (1993) no Centro de Pesquisas Linguísticas de Yerkes, nos Estados Unidos. Eles colocaram símbolos no teclado de um computador que representavam palavras. Com base nos resultados, alegaram que os chimpanzés podiam classificar objetos segundo uma categoria semântica, como "fruta" ou "ferramenta". Mais que tudo, afirmaram ter demonstrado experimentalmente uma correspondência entre o que os chimpanzés pretendem dizer e o que realmente dizem. Segundo eles, o uso de símbolos nesses animais não se restringe a uma série de truques ou rotinas condicionadas mas envolve compreender o significado de elocuções, assim como o fazem os humanos.

A validade desses experimentos e resultados não deixou de ser contestada. Na Universidade de Columbia, Herbert Terrace (1979; Terrace et al., 1979) realizou um estudo sobre a capacidade "linguística" de um chimpanzé chamado Nim Chimpsky e concluiu que as afirmações dos Gardner, de Premack e do grupo dos Rumbaugh eram incorretas. Terrace argumentou que todos eles haviam inadvertidamente exagerado as habilidades linguísticas dos seus estudantes primatas ao adotarem uma metodologia restrita, que não excluía o aprendizado associativo simples ou mesmo a sinalização aleatória. Levados pelo desejo acadêmico de descobrir evidências de uma habilidade linguística, eles haviam exagerado na interpretação dos dados; qualquer movimento que possivelmente pudesse ser um sinal era registrado como tal. Nesse caso, a "ave aquática" de Washoe teria sido apenas uma associação aleatória de duas palavras, que por acaso formaram uma combinação significativa no contexto em que foram emitidas?

Em 1979, Terrace e seus colaboradores publicaram um artigo científico que colocou a seguinte questão: um símio é capaz de criar uma sentença? A resposta do grupo foi simples: não. Em uma série de publicações do começo dos anos 1990, Sue Savage-Rumbaugh e colaboradores deram a resposta oposta. Sim – argumentaram – chimpanzés podem criar sentenças. Ou pelo menos a nova estrela do mundo "chimpanzesco" pode – é um chimpanzé pigmeu ou *bonobo* chamado Kanzi.[16]

Kanzi não foi ensinado a usar símbolos da mesma maneira que os símios anteriores o foram. Ele simplesmente era encorajado a utilizá-los dentro de um ambiente de aprendizado tão próximo da situação natural quanto possível. Para tal, Kanzi e seus irmãos foram criados numa floresta de 55 acres; grande parte da comunicação relacionava-se com atividades normais dessa espécie, como procurar comida.

O processo de aprendizado de Kanzi envolvia compreender uma palavra falada e seu referente, e depois aprender o símbolo correspondente no teclado de computador. Aos seis anos de idade Kanzi podia identificar 150 símbolos diferentes ao ouvir as palavras faladas. Também podia compreender o significado de frases quando palavras diferentes eram emitidas em sequência para fazer pedidos até então não utilizados. Aos oito anos de idade, as habilidades linguísticas de Kanzi foram formalmente comparadas com as de uma garotinha de dois anos chamada Alia. Ela era a filha de um dos instrutores de Kanzi, e havia crescido em um ambiente parecido. Suas habilidades linguísticas foram consideradas extremamente próximas.

Sue Savage-Rumbaugh e seus colaboradores haviam enfatizado muito a suposta habilidade de Kanzi de usar regras de gramática. Ele parecia adotar algumas das regras gramaticais usadas pelos seus instrutores. Por exemplo, aparentemente existia uma ordenação progressiva de palavras em frases com duas palavras que não se aproximava de uma combinação aleatória, e sim da ordem utilizada em inglês, em que a palavra da ação precede a palavra do objeto. Assim, Kanzi tornou-se mais propenso a dizer "morder bola" e "esconder amendoim" e um tanto menos propenso a dizer "bola morder" e "amendoim esconder".

Eles também alegam que Kanzi "inventou" suas próprias regras gramaticais. Por exemplo, ele fazia combinações de duas palavras que descrevem uma ação. Uma análise estatística dessas elocuções demonstrou que certas palavras, como "perseguir", "fazer cócegas" e "esconder" tendiam a ficar na primeira posição, e as outras, como "tapa" e "morder", na segunda. Savage-Rumbaugh e colaboradores argumentaram que essa ordenação reflete a sequência em que os eventos acontecem: a primeira palavra tende a ser um convite para brincar, enquanto a segunda descreve o conteúdo da brincadeira. Nesses exemplos, Kanzi combina palavras com regras gramaticais. Ele cria sentenças.

Mas não são sentenças muito boas. Na verdade, são horríveis, seja comparando-as às de William Shakespeare ou às de uma criança de três anos de idade. Savage-Rumbaugh e colaboradores reconhecem que a extensão do vocabulário e o uso de regras gramaticais por parte de Kanzi não é tão avançado quanto o da criança com que foi comparado. Mas não reconhecem o enorme abismo que na verdade existe, e que foi enfatizado pelo linguista Steven Pinker (1994, p.151). Aos três anos de idade, uma criança normalmente une dez palavras pelo uso de regras gramaticais complexas. Aos seis anos, ela terá um vocabulário de cerca de três mil palavras. Crianças constantemente fazem comentários sobre o mundo ao seu redor e sobre o que os outros dizem. Quase toda a amostra das elocuções de Kanzi corresponde a pedidos de coisas; comentários sobre o mundo são extremamente raros.

De fato, o inteiro padrão de aquisição de linguagem é tão diferente entre símios e humanos que fica difícil imaginar como a linguagem símia poderia alguma vez ter sido considerada algo maior que uma analogia bem pobre da linguagem humana. Os sons de pássaros canoros parecem ser uma analogia bem mais forte. Segundo descreveu Peter Marler (1970) em certa ocasião, existem vários pontos de similaridade importantes entre a maneira das crianças adquirirem a linguagem e a maneira dos pássaros jovens adquirirem os cantos da sua espécie. Ambos aprendem o padrão correto de vocalização dos adultos. Ambos apresentam um período crítico durante o qual o aprendizado da linguagem/canto é difícil. Os "subcantos" dos pássaros jovens parece ser análogos ao balbuciar das crianças. Existe também uma semelhança quanto às estruturas mentais que possibilitam o aprendizado. Tanto nos pássaros como no homem, elas estão localizadas no córtex cerebral, enquanto nos primatas as vocalizações são controladas por outras partes do cérebro, como o bulbo cerebral.[17]

As semelhanças entre aquisição da linguagem nas crianças e a dos cantos nos pássaros jovens são tão impressionantes quanto as diferenças que existem em relação à aquisição da "linguagem" nos chimpanzés. O canto tem um papel muito mais importante na vida das aves que a vocalização na vida dos primatas não humanos; é possivelmente tão importante quanto a linguagem para o homem. Portanto, talvez devêssemos esperar que pássaros e seres humanos tenham processos cognitivos especializados projetados para a rápida aquisição de linguagens/cantos complexos, características que podem se encontrar menos desenvolvidas, talvez até ausentes, entre os humanos não primatas. A evolução convergente quis que esses módulos dos cantos de pássaros e da linguagem humana fossem fortemente análogos. Talvez não seja surpreendente que o linguista não humano mais impressionante é um papagaio africano chamado Alex, e não um primata.[18]

A descrição da linguísitica de chimpanzés como "espetáculos de animais extremamente treinados", de autoria de Steven Pinker, talvez seja dura demais. Mas ao analisar os experimentos de aquisição da linguagem nesses primatas, não me parece que observamos a liberação de alguma habilidade linguística latente, bloqueada dentro das suas mentes pela ausência de cordas vocais. Simplesmente vemos chimpanzés espertos em ação, utilizando aspectos da inteligência geral tais como um aprendizado associativo para compreender as ligações entre um conjunto de sinais e seus referentes, e como combinar esses sinais para ganhar recompensas. Utilizar uma regra de aprendizado geral para adquirir uma linguagem pode restringir o chimpanzé a isso quando ele está aprendendo o vocabulário ou a gramática: essa restrição parece semelhante à linguagem de uma criança de dois anos. E lembrem-se de que, como visto no capítulo anterior, até os dois anos as crianças também podem estar utilizando regras de aprendizado gerais no tocante à linguagem – a explosão linguística ocorre somente depois dessa idade, quando módulos linguísticos especializados entram em ação. Mas nada disso acontece na mente do chimpanzé. Não existe uma inteligência linguística.

Muros de tijolo ou janelas abertas?
O pensamento nas interfaces entre domínios
da mente do chimpanzé

Tentamos estabelecer os processos cognitivos subjacentes ao uso de instrumentos, ao forrageamento, ao comportamento social e à aquisição da "linguagem" pelos chimpanzés. Como anda progredindo o plano arquitetônico desses animais?

Parece que existem três características principais (ver Figura 4). A primeira é a inteligência geral, que inclui módulos para o aprendizado por tentativas, e o aprendizado associativo. São utilizadas para realizar uma grande variedade de tarefas: tomar decisões sobre forrageamento, aprender a usar ferramentas, passar a compreender significados simbólicos. Não deveríamos minimizar a importância dessa inteligência geral: chimpanzés são, sem dúvida, animais espertos. Em segundo lugar, existe um domínio especializado da inteligência social. Isso possibilita que a complexidade da interação do chimpanzé com o mundo social supere em um grau de magnitude a do mundo não social, envolvendo aspectos, como a formulação de hipóteses, que evidentemente não estão presentes no comportamento de forrageamento e uso de instrumentos. Em terceiro lugar, existe um pequeno conjunto de módulos mentais envolvidos com a construção de um banco de dados da distribuição de recursos, uma inteligência naturalista.

Essa série de características proposta para a arquitetura mental do chimpanzé pode ser identificada ao analisarmos isoladamente a produção de instrumentos, o forrageamento, o comportamento linguístico e o comportamento social. E pode ser reforçada ao analisarmos as interfaces.

Considerem a fabricação de instrumentos e o forrageamento – parece haver uma fluidez tão grande entre uma e outra atividade que tentar criar uma interface entre elas é impossível. Os chimpanzés de Tai parecem ser muito competentes na escolha de pedras-martelo que tenham um peso aproximadamente certo para quebrar um tipo específico de castanhas apanhadas (cf. Boesch & Boesch, 1983). Da mesma forma, eles fabricam pauzinhos do tamanho certo para cada atividade em andamento: os pequenos para retirar a medula de ossos ou a semente da castanha

FIGURA 4 – A mente do chimpanzé.

partida, os mais longos e finos para pescar cupins ou obter mel (cf. Boesch & Boesch, 1989). Os chimpanzés de Gombe selecionam as hastes e folhas de grama do tamanho adequado para pescar cupins, e as mordem para otimizar seus comprimentos ou melhorar a rigidez das pontas. Bill McGrew descreveu como Kate, um chimpanzé reintroduzido ao meio natural em Gâmbia, utilizou quatro ferramentas em sucessão para tirar mel de uma colmeia dentro de uma árvore oca.[19] Cada uma delas parecia ser muito bem escolhida para o estágio particular em que Kate se encontrava durante essa delicada operação.

Em geral, os chimpanzés parecem ser bons tanto no fazer como no escolher instrumentos que sejam perfeitos para um trabalho em andamento. Isso é realmente o que devemos esperar se a fabricação de instrumentos e o forrageamento utilizarem o mesmo processo mental, a inteligência geral.

Considerem agora a interface entre a fabricação de instrumentos e o comportamento social. Nesse caso, a situação parece ser exatamente a oposta, caracterizada por uma falta de jeito e uma aparente perda de muitas oportunidades. Pensem nas interações sociais entre mães e seus filhos juvenis no contexto de utilizar martelos e bigornas para quebrar castanhas na floresta de Tai (cf. Boesch, 1991, 1993). Tendo em vista o valor nutritivo das castanhas e a dificuldade de quebrá-las, não é surpreendente que as mães ajudem seus filhos a adquirir a habilidade. Podem deixar o martelo na bigorna, ou as castanhas perto da bigorna. Além do mais, o ensino ativo foi aparentemente observado. Os Boesch mencionam duas ocasiões em que mães observavam seus filhos tendo problemas em abrir castanhas e passaram a indicar como resolver a questão. Em um caso, demonstrou como posicionar corretamente a castanha na bigorna antes de golpeá-la, enquanto no outro, mostrou a um filhote a maneira certa de segurar uma pedra-martelo, e ele pareceu imediatamente repetir a ação com certo sucesso.

O que é notável, entretanto, é que esse ensino ativo ou mesmo o encorajamento passivo sejam tão raros. Os dois episódios descritos pelos Boesch constituem menos de 0,2% das quase mil intervenções maternas no aprendizado de quebrar castanhas, que foram registradas durante 4.137 minutos de observação. Por que não acontecem com mais frequência? O tempo e o esforço gastos pelos membros juvenis na quebra de castanhas são consideráveis, assim como o benefício nutricional, uma vez adquirida a habilidade. Vimos que há evidência sobre os chimpanzés serem capazes de imaginar o que se passa na mente de outro membro da sua espécie; sendo assim, a mãe não deveria ser capaz de compreender os problemas que sua prole enfrenta ao tentar usar instrumentos? Faria muito sentido, do ponto de vista evolucionista, que as mães instruíssem mais seus filhos. Mas elas não o fazem. Soa como uma oportunidade perdida. Ao que parece, essa capacidade de imaginar os pensamentos de outro indivíduo não se estende aos pensamentos sobre fabricação de instrumentos, mas se restringe àqueles exclusivos do domínio social.

Os chimpanzés também não usam material cultural nas suas estratégias sociais. Vimos que possuem uma natureza maquiavélica: a dissimulação, a esperteza e a ambição prevalecem. Os chimpanzés *parecem* utilizar qualquer meio possível para conquistar uma vantagem social – mas na verdade não o fazem, porque não usam material cultural para esse fim. Nenhum chimpanzé foi visto alguma vez gastando ou usando itens materiais para mandar mensagens sociais sobre *status* e aspiração. Imaginem se nossos políticos agissem com a mesma moderação nas suas posturas competitivas: nada de ternos ou antigas amizades influentes. O material cultural é crucial para as travessuras sociais maquiavélicas dos humanos modernos, mas curiosamente não faz parte das dos chimpanzés. Se a posição social é tão importante para esses primatas, por que não utilizam instrumentos para mantê-la? Por que não mostram a cabeça de um pequeno macaco abatido, ou usam folhas para exagerar o tamanho do próprio peito? A inabilidade dos chimpanzés para agirem dessa forma lembra mais outra oportunidade perdida nessa desajeitada interface cognitiva entre comportamento social e uso de utensílios.

Parece existir um muro entre o comportamento social e o comportamento relativo a instrumentos – a relação entre eles não possui a fluidez que existe entre o forrageamento e o uso de instrumentos. Podemos explicar essa barreira pela diferença dos processos cognitivos usados por chimpanzés para interagir com objetos físicos (inteligência geral) e os usados na interação social (inteligência social). Resumindo, chimpanzés parecem ser incapazes de integrar os pensamentos sobre fabricação de instrumentos com os relacionados à interação social. Podem ser capazes de ler a mente uns dos outros, mas não quando a mente está "pensando" sobre o uso de ferramentas. Suspeito de que isso ocorra porque eles não possuem uma percepção mental do próprio conhecimento e uma cognição da fabricação e uso de instrumentos. Estas não fazem parte da sua percepção consciente.

A presença de uma barreira entre a inteligência geral e a social não significa dizer que não exista alguma relação entre o comportamento social e o relacionado à produção de utensílios. Claramente existe, porque os padrões de comportamento social fornecem os meios de manter instrumentos dentro de um grupo. Segundo observado pelos Boesch, provavelmente não é uma coincidência o fato de os chimpanzés de Tai apresentarem os padrões mais complexos de uso de instrumentos e os graus de complexidade social mais elevados em comparação aos outros grupos (cf. Boesch & Boesch, 1989). A partilha de alimento entre mães e filhos jovens talvez seja essencial para que estes tenham tempo e energia para investir no aprendizado da técnica de quebrar castanhas. A intensidade da vida social nos grupos de chimpanzés também é fundamental para manter as tradições sobre o uso, que exigem a observação constante de outros indivíduos, e portanto oportunidades não solicitadas de estímulo ao uso de instrumentos. A questão crucial é que a frequência relativamente alta do uso de instrumentos nos chimpanzés que vivem em grupos socialmente complexos é apenas um *reflexo* passivo dessa complexidade social; os instrumentos não têm um papel ativo nas suas estratégias sociais.

Acredito que a mesma relação vale entre o comportamento social e o de forrageamento, especialmente os padrões de caça. Existem realmente "tradições" no que diz respeito à exploração animal que não parecem ter uma explicação ecológica. Há certas preferências "culinárias" extraordinárias: "Os chimpanzés de Tai deixam a anca ou as costelas para o fim, regularmente dividem o cérebro e sempre cospem os restos de folhas mastigadas. Em contrapartida, os chimpanzés de Gombe guardam o cérebro para o fim, e raramente o dividem, cospem os restos de folhas, chupam o sangue da presa e comem com grande deleite o conteúdo do intestino grosso" (cf. Boesch & Boesch, 1989, p.569). As diferenças de esquartejamento são interessantes. Os chimpanzés de Tai costumam retirar as entranhas das presas, enquanto os de Gambe quebram a cabeça do animal abatido batendo-a contra troncos de árvore ou pedras, ou esquartejam o corpo puxando os membros. Tal como as tradições sobre instrumentos, essas preferências parecem ter um papel passivo na interação social; em nada se assemelham às tradições culinárias e de esquartejamento dos grupos humanos, que têm um papel ativo na definição da identidade social.

Falando de maneira mais geral, a exploração de recursos não parece ter implicações sociais diretas. A partilha de alimentos entre chimpanzés é um roubo tolerado em vez de um fornecimento de provisões a indivíduos para desenvolver obrigações sociais, como acontece no caso do homem. Mesmo entre os chimpanzés de Tai, a partilha de alimentos é, essencialmente, um reflexo passivo da estrutura social e não um meio ativo de manipular relações sociais. A aparente eficácia desses chimpanzés na caça é uma consequência do grande tamanho do grupo, de um alto grau de partilha entre mãe e filho juvenil e de uma abundância de pistas acústicas e não uma indicação da inteligência naturalista.

Uma evidência adicional proposta para substanciar a arquitetura mental dos chimpanzés é o que acontece com esses animais quando são mantidos em cativeiro e ficam sob a influência de humanos socialmente complexos, competentes com instrumentos e linguisticamente talentosos. Não observamos nenhuma mudança fundamental na complexidade do comportamento social do chimpanzé. As estratégias sociais que eles adotam em cativeiro são essencialmente as que adotam no meio selvagem. Mas vejam o que acontece com suas capacidades de fazer e utilizar ferramentas. Elas se tornam altamente elaboradas, com chimpanzés chegando a aprender como destacar lascas de núcleos de pedra. Na verdade, muitos primatas transformam-se repentinamente em competentes usuários de ferramentas, desde que recebam o estímulo adequado. E o mesmo acontece com suas "habilidades linguísticas" – a capacidade de usar símbolos aflora. Lembrem-se de que nos dois capítulos anteriores dissemos que um dos atributos fundamentais da inteligência especializada construída sobre o conhecimento intuitivo é que as habilidades comportamentais precisam de um estímulo mínimo do meio social e natural para desenvolver-se. Se os chimpanzés tivessem uma "inteligência técnica", esperaríamos que suas realizações com instrumentos fossem marginalmente melhores no laboratório que no meio selvagem; entretanto, se eles são simplesmente chimpanzés espertos por possuírem uma inteligência geral, quanto mais houver encorajamento e estímulo, maior será a chance de se tornarem bons usuários de utensílios e da linguagem. Isso parece ser exatamente o que observamos. O comportamento social, por sua vez, já está edificado sobre uma base de processos cognitivos especializados e não é influenciado de maneira significativa por uma intensidade aumentada de interações sociais durante o cativeiro.

As origens da inteligência social

Vou agora resumir o que debatemos neste capítulo. Nosso propósito era interpretar a ação do Ato 1 dessa pré-história, mas o teatro estava escuro e sem nenhum ator no palco. Para compensar isso, discutimos o comportamento do chimpanzé, assumindo que sua mente possui uma arquitetura parecida com a do ancestral comum de seis milhões de anos atrás.

Observamos o chimpanzé fabricando e utilizando instrumentos, aprendendo a usar símbolos no laboratório, forrageando, caçando e se ocupando de complexas estratégias sociais. Nossa interpretação dessa série de comportamentos é que a mente do chimpanzé contém uma inteligência geral poderosa, um domínio especializado de inteligência social e um certo número de módulos mentais empregados para construir um extenso banco de dados sobre a distribuição de recursos naturais. Se voltarmos à analogia da mente como catedral e à história proposta da sua arquitetura, é possível sugerir que a mente do ancestral de seis milhões de anos de idade encontra-se na interface entre as fases arquitetônicas 1 e 2. Sabemos agora que a construção das capelas não foi simultânea; a primeira a ser edificada foi a da inteligência social.

Quando apareceu pela primeira vez um domínio especializado de inteligência social? A resposta exige voltar nossa atenção para outro ancestral comum, um ancestral que é nosso, dos chimpanzés e dos macacos. Ao que parece, ele viveu em torno de 35 milhões de anos atrás e provavelmente tinha uma mente parecida com a dos macacos atuais (cf. Byrne, 1995).

No livro publicado em 1990 e intitulado *How Monkeys See the World* [*Como os macacos vêem o mundo*], Robert Seyfarth & Dorothy Cheney recorreram a anos de observações e trabalhos de campo para "espiar" a mente dos macacos. Depararam com uma inteligência geral menos poderosa que a dos chimpanzés; é uma inteligência que não leva os macacos a utilizarem instrumentos no meio selvagem, embora permita que eles aprendam a manipulá-los quando suficientemente estimulados no contexto do laboratório. Seyfarth & Cheney também encontraram evidências de um domínio especializado de inteligência social que, assim como nos chimpanzés, está isolado da inteligência geral. Os macacos aparentemente são capazes de resolver de maneira mais eficiente os problemas do mundo social que os do mundo não social, mesmo que esses problemas pareçam essencialmente os mesmos. Por exemplo, conseguem classificar a posição social de membros da sua espécie mas são incapazes de graduar as quantidades de água contidas numa série de vasilhames. E são animais ávidos por conhecimento social, mas indiferentes no que se refere ao mundo não social (cf. Cheney & Seyfarth, 1988, 1990). Entretanto, a inteligência social dos macacos parece ser menos complexa e abrangente que a dos chimpanzés. Macacos não demonstram uma capacidade de descobrir *o que* outro companheiro está pensando ou, na verdade, que os outros simplesmente pensam: são animais que não possuem um módulo da mente. Se colocarmos um deles na frente do espelho, logo ficará bravo ao ver "o outro macaco" que repentinamente entrou no quarto: ao contrário do que ocorre com gorilas e chimpanzés, macacos não conseguem reconhecer a si próprios e não têm um conceito do *eu*.[20]

Vamos considerar agora um terceiro ancestral comum. Temos que retroceder ainda mais no tempo e concentrar-nos no ancestral comum dos humanos, dos símios, dos macacos e dos lêmures. Ele viveu num período tão remoto quanto 55 milhões de anos atrás e provavelmente possuía uma mente parecida com a dos lêmures de hoje em dia. Dick Byrne & Andrew Whiten sugeriram que sua mente continha uma inteligência geral mas nenhum processo cognitivo especializado para o comportamento social (cf. Byrne & Whiten, 1992). A interação dos lêmures com seu mundo social não parece ser mais complexa que sua relação com o meio não social.

Resumindo, o domínio especializado da inteligência social apareceu pela primeira vez na história da evolução humana em período posterior a 55 milhões de anos atrás. Sua complexidade aumentou gradualmente com a adição de outros módulos mentais, como o da teoria da mente, entre 35 e seis milhões de anos atrás. À medida que o domínio da inteligência social se tornou mais complexo, a mesma coisa aconteceu com a capacidade de inteligência geral. E os módulos mentais surgiram inicialmente relacionados com a atividade de forrageamento, permitindo à mente construir grandes bancos de dados sobre a distribuição de recursos.

A pré-história da mente

O Ato 2 da nossa pré-história está quase por começar. Nosso roteiro nos disse que haverá atores no palco e que uma vela será acesa para podermos ver o que fazem. O tempo passou rapidamente. Estamos agora há quatro milhões e meio de anos. Será que algo novo foi construído na catedral da mente?

Notas

1 McGrew (1992) e Falk (1992) são exemplos da utilização de chimpanzés como analogia dos primeiros ancestrais humanos. Byrne (1995, p.27-30) explica por que os métodos da cladística são uma abordagem melhor para reconstruir o comportamento e a cognição dos nossos ancestrais.

2 O trabalho de Goodall encontra-se resumido nos seus livros (1986, 1990).

3 Vinte anos depois de Goodall identificar pela primeira vez o uso de instrumentos por chimpanzés, Christophe & Hedwige Boesch (1983, 1984a, 1984b, 1990, 1993), na África Ocidental, ampliaram o repertório construído em observações em relação a isso, ao descreverem como os chimpanzés da floresta de Tai utilizam bigornas e martelos para quebrar castanhas. Bill McGrew e colaboradores também empreenderam um grande número de estudos sobre a tecnologia dos chimpanzés, que culminaram no livro intitulado *Chimpanzee Material Culture*, publicado em 1992. Com a inclusão das pesquisas realizadas por outros primatólogos, como Sugiyama (1993) e Matsuzawa (1991), criou-se um extenso banco de dados sobre a utilização de instrumentos por chimpanzés, que, conforme McGrew argumenta, traz implicações consideráveis para a evolução humana – embora o que sejam exatamente essas implicações permaneça controvertido.

4 No texto original, a construção (*"in"*) *famous* usada pelo autor permite, em inglês, um trocadilho entre as palavras "famoso" e "infame". (N. T.)

5 Boesch & Boesch (1993) explicaram que apenas sete tipos de ações são utilizados para produzir o repertório de utensílios dos chimpanzés: 1. destacar um ramo ou galho cheio de folhas de uma planta, para usá-lo como vareta; 2. cortar a vareta usando os dentes ou as mãos, com o propósito de obter um comprimento específico; 3. remover a casca ou as folhas de uma vareta com os dentes ou as mãos; 4. afiar uma extremidade da vareta com os dentes; 5. modificar o comprimento de uma vareta já utilizada, com os

dentes ou as mãos; 6. quebrar um galho ou uma pedra em dois, batendo-as com força contra uma superfície dura para fazer um martelo; 7. usar o peso do corpo sobre um galho e puxá-lo para quebrá-lo em dois e fazer um martelo. Não há descrições de lascamento intencional de pedras. Entre os chimpanzés de Tai, as primeiras quatro ações são frequentemente utilizadas em sucessão, ao passo que 83% das modificações de varetas observadas envolvem as três primeiras.

6   Nishida (1987), Boesch & Boesch (1990) e McGrew (1992).

7   O processo de aprendizado social tem sido o tema de muitos debates na literatura recente sobre primatas; por exemplo, Clayton (1978), Galef (1988, 1990), Whiten (1989), Visalberghi & Fragaszy (1990), Tomasello et al. (1987, 1993), Tomasello (1990) e Byrne (1995). Além da imitação, o aprendizado social poderia envolver os processos de ressaltar o estímulo e facilitar a resposta. Ressaltar o estímulo é o processo pelo qual o interesse de um animal por um objeto pode ser estimulado simplesmente pela atividade de outro animal. O aprendizado propriamente dito do uso do objeto como instrumento pode então ocorrer por tentativa e erro. Um outro processo de aprendizado social é a facilitação da resposta, no qual a presença de um membro da mesma espécie realizando uma ação aumenta a probabilidade de o animal observador fazer o mesmo. Há uma diferença crítica entre isso e a imitação, na medida em que essa última normalmente pressupõe que a ação é novidade, enquanto a facilitação da resposta evoca ações já existentes no repertório comportamental do animal. Muitos primatólogos atualmente acreditam que os macacos nunca imitam, e alguns estendem isso aos chimpanzés, especialmente em situações que ocorrem no ambiente selvagem. Mesmo que os chimpanzés sejam capazes de imitar, o fazem muito menos que os humanos. Entretanto, esses tipos de aprendizado social provavelmente constituem os processos fundamentais de difusão do uso de instrumentos entre as populações de chimpanzés.

8   Por exempo, McGrew (1992, p.186-7), Byrne (1995, p.86-8).

9   Katherine Milton (1988) propôs que os grandes desafios ambientais são enfrentados pelos primatas que dependem de frutas, porque esse recurso é o mais disperso em termos espaciais e temporais. Esses primatas têm que resolver o problema de lembrar as localizações de árvores frutíferas, e explorar as frutas nos tempos certos durante o ciclo de amadurecimento. Isso, argumenta Milton, poderia ter criado uma pressão seletiva para uma inteligência maior, e ela sugere que realmente existe uma correlação entre o tamanho do cérebro e a dieta nos primatas. Da mesma maneira, Kathleen Gibson (1986, 1990) enfatizou que a "procura de alimento baseada na coleta onívora" teria criado uma pressão seletiva agindo na cognição. Com isso ela se refere à prática de remover alimento de vários tipos de matrizes – as

castanhas de dentro das cascas, as formigas de dentro do formigueiro, os ovos de dentro das cascas. Esses alimentos, que estão revestidos por um invólucro não comestível, tipicamente contêm um alto teor de energia e proteínas e frequentemente podem ser encontrados durante a estação da seca, quando outros recursos podem tornar-se escassos. Entretanto, esses mesmos alimentos são difíceis de explorar, exigindo adaptações anatômicas muito especializadas ou a utilização de instrumentos e uma inteligência capaz de conceber recursos alimentares "escondidos".

Robin Dunbar (1992) mostrou, desde então, que as correlações entre tamanho de cérebro e padrões de forrageamento provavelmente são falsas, enquanto McGrew (1992) descartou a ideia de que existe uma clara relação entre o uso de instrumentos e o tamanho do cérebro. Além do mais, Cheney & Seyfarth (1990) ressaltaram que, ao analisarmos o comportamento animal em geral e não apenas o de primatas, a dieta, o forrageamento e o tamanho do cérebro variam enormemente e não apresentam correlações nítidas. Também mencionam a dificuldade de estabelecer uma distinção entre pressões ecológicas e pressões sociais. Os primatas utilizam estratégias sociais para lidar com a complexidade ambiental. A provisão de alimentos com uma distribuição irregular, em mosaicos, gera pressões seletivas para uma maior cooperação durante o forrageamento e também para habilidades de detectar trapaceiros durante a partilha da comida, e de comunicar informações sobre a localização de recursos. O tamanho do grupo entre primatas, por exemplo, que Dunbar (1988) utiliza como medida de complexidade social, correlaciona-se fortemente com a ameaça de predadores e a disponibilidade de alimentos.

10 Considerem, por exemplo, um pequeno pássaro chamado "quebra-nozes de Clark". Esse pequeno animal possui um cérebro com menos de 10 g de peso, mas a cada inverno ele esconde mais de trinta mil itens para a provisão de inverno. Não apenas esconde, como normalmente encontra pelo menos metade das castanhas guardadas. Estudos em laboratório mostraram que esse pássaro possui uma memória espacial prodigiosa, muito superior à dos humanos (cf. Mackintosh, 1994).

11 Cheney & Seyfarth (1990) iniciaram uma longa série de experimentos para analisar o tipos de pistas que os macacos *vervet* poderiam usar para inferir informações, dando ênfase àquelas que imaginavam ser importantes para esses animais. Por exemplo, uma das espécies que os macacos *vervet* temem é a humana, representada pelos membros do povo maasai, que pastoreiam vacas e cabras. Toda vez que um grupo de maasai se aproxima, esses macacos em geral emitem um grito de alarme humano e depois fogem. Macacos *vervet* seriam capazes de utilizar a aproximação de vacas para inferir a aproximação dos maasai? Cheney e Seyfarth utilizaram alto-falantes escondidos para amplificar os sons gravados de vacas mugindo e observaram uma reação

positiva. Embora as vacas não representem uma ameaça para os macacos, estes reagiram aos seus mugidos como se estivesses ouvindo os próprios maasai, indicando que possuem uma associação mental entre essas duas espécies. Eles reagiram de maneira semelhante ao ouvir sinos tocando, outro som associado à chegada dos maasai. Por conseguinte, os macacos *vervet* tiveram a capacidade de utilizar as pistas auditivas e associações mentais secundárias para inferir o perigo iminente.

Quando as pistas secundárias são, entretanto, visuais e não auditivas, eles parecem ser muito menos "inteligentes". Por exemplo, não respondem às nítidas nuvens de poeira formadas pela aproximação dos maasai e seu gado, e apenas fogem quando os homens e as vacas ficam à vista. A dificuldade desses macacos em lidar com pistas visuais foi pesquisada por meio de uma série de experimentos, utilizando-se gazelas empalhadas colocadas sobre uma árvore para simular a caça de um leopardo. Os leopardos são um dos maiores predadores de macacos e normalmente se mantêm nas proximidades das suas presas recentemente abatidas. A gazela empalhada foi colocada na árvore durante a noite, de maneira a ficar bem visível para os macacos na manhã seguinte. Entretanto, eles simplesmente a ignoraram e continuaram com suas atividades normais, como se nem sequer estivessem lá.

Os macacos também não parecem ser capazes de compreender as implicações de rastros frescos de pítons. Essa espécie de cobra também é um dos principais predadores de macacos, e deixa trilhas distintas na areia. Cheney e Seyfarth observaram que, ao se aproximarem desses rastros, os macacos não apresentaram nenhum aumento de vigilância ou nenhum outro comportamento. De fato, eles viram macacos seguindo os rastros até alguns arbustos e ficando em estado de choque ao depararem com uma píton!

12 É provável que os humanos sejam os únicos primatas capazes de fazer inferências a partir de pistas visuais distantes dos seus referentes – por exemplo, marcas de pegadas (Davidson & Noble, 1989; Hewes 1986, 1989).

13 Byrne & Whiten (1991, 1992), Byrne (1995, p.124-40). Heyes (1993) fornece uma importante revisão crítica de estudos como os que se valem de dados anedóticos por Byrne & Whiten, que dão a entender a demonstração de uma "teoria da mente" nos primatas não humanos.

14 Cf. Premack & Woodruff (1978), Premack (1988).

15 Humphrey descreve suas ideias em dois pequenos livros muito agradáveis de ler (Humphrey 1984, 1993 – originalmente publicado em 1986). No seu trabalho mais recente (Humphrey 1992), ele lida com a consciência como uma sensação bruta, em vez do que ele descreve como as faculdades mentais de segunda ordem "pensamentos sobre sentimentos" e "pensamentos sobre pensamentos. É esse tipo de consciência, entretanto, que continua sendo meu objeto de interesse ao lidar com a evolução da mente humana.

A pré-história da mente

16 Greenfield & Savage-Rumbaugh (1990), Savage-Rumbaugh & Rumbaugh (1993). Sue Savage-Rumbaugh argumenta que o tamanho pequeno e outras características morfológicas dos bonobos os transformam em modelo mais adequado que os chimpanzés para o ancestral comum dos pongídeos e os hominídeos. Kanzi nasceu em cativeiro em 1980, de Matata, que havia sido pega em ambiente selvagem. Matata nunca se saiu bem nas tarefas linguísticas, embora suas habilidades sociais fossem excelentes.

17 O córtex cerebral é a camada externa dos hemisférios cerebrais denominada "massa cinzenta"; compreende uma camada de células nervosas e suas interconexões, que se dispõem em um série de dobras e sulcos. Os chamados vocais dos primatas, ao contrário, são controlados por processos neurais do tronco cerebral (a parte do cérebro que conecta os hemisférios à medula) e por sistemas límbicos (as vias de condução e redes de estímulos nervosos dentro dos lobos temporais dos hemisférios cerebrais) (Marler 1970).

18 Alex é um papagaio cinza da África com habilidades cognitivas que parecem ser análogas (embora não homólogas) às dos primatas e humanos. Alex foi um bom espécime para investigar as semelhanças cognitivas entre espécies desde que aprendeu a ler e, portanto, uma das grandes limitações na pequisa da mente dos primatas pode agora ser parcialmente superada. Pepperberg (1990) fornece uma revisão dos seus estudos sobre Alex e as suas implicações.

19 O episódio de Kate utilizando ferramentas foi descrito por Brewer & McGrew (1990). Ela usou primeiro usou um formão mais grosseiro de depois outro mais fino para fazer um entalhe no ninho. Uma vareta de ponta afiada foi então utilizada para furar a parede do ninho e, finalmente, uma vareta mais longa e flexível serviu para retirar o mel. No todo, Kate parece ter usado uma série de instrumentos em sequência, cada um adequado para uma tarefa específica. McGrew considera justificada a descrição do conjunto desses instrumentos como um *kit*.

20 Se, por um lado, os macacos parecem incapazes de reconhecer a si próprios no espelho; por outro, eles são capazes de aprender a usar espelhos, por exemplo, para ver se outro macaco está por perto (Byrne 1995).

6
A mente do primeiro
fabricante de instrumentos

A primeira cena do Ato 2 começa quatro milhões e meio de anos atrás e inclui três atores, *A. ramidus*, *A. anamensis* e *A. afarensis*. Conforme mencionei no Capítulo 2, podemos aprender algo sobre os comportamentos dessas espécies a partir dos poucos fragmentos fósseis que ficaram preservados, mas não temos evidência direta das suas produções de ferramentas – se é que elas realmente aconteceram – e das atividades forrageiras. No início da cena 2, há dois milhões e meio de anos, um bando de atores corre para o palco: o grupo começa com os últimos australopitecinos; logo depois, por volta de dois milhões de anos atrás, chegam os primeiros membros da linhagem *Homo*. Seus fragmentos fósseis apresentam avanços significativos na anatomia e, consequentemente, no comportamento, como o aparecimento de um bipedismo mais eficiente – o andar habitual em pé, um evento ao qual vou retornar em outra parte do livro. Além disso, podemos ver nossos ancestrais enveredando por dois caminhos evolutivos diferentes. Os australopitecinos seguiram a via da robustez cada vez maior, como máquinas especializadas de triturar vegetais, enquanto o *Homo* partiu para uma rota mais cerebral, de aumento crescente do tamanho do cérebro. O tema deste capítulo é a mente do primeiro *Homo*.

É muito provável que os primeiros *Homo* tenham incluído várias espécies, mas por ora vou englobar todas citando uma única delas –

H. habilis. Embora os restos fósseis de *H. habilis* sejam escassos, são mais numerosos que os dos australopitecinos gráceis de antes de dois milhões de anos atrás, e, sendo assim, temos mais oportunidades de inferir seus comportamentos e atividades mentais. Além do mais, agora contamos com a evidência direta do forrageamento e fabricação de instrumentos, na forma de montes espalhados de artefatos de pedra e restos da sua manufatura, assim como também fragmentos de ossos da fauna explorada. Entretanto, apenas em alguns casos podemos atribuir esses testemunhos arqueológicos a *H. habilis* com segurança. Muitos dos artefatos de pedra talvez tenham sido produzidos pelos australopitecinos, que também podem ter sido os responsáveis pelos fragmentos de ossos de animais. Mas, neste capítulo, vou me ater ao pensamento convencional ao supor que a maioria dos testemunhos arqueológicos realmente provém da atividade do *H. habilis*. Meu propósito é reconstruir a mente desse ancestral. Devo começar com a evidência mais forte, as ferramentas olduvaienses, e perguntar se existia um domínio especializado de inteligência técnica.

Inteligência técnica: os primeiros instrumentos de pedra marcam um avanço cognitivo?

Os artefatos olduvaienses levam esse nome por terem sido encontrados aflorando de sedimentos no sítio da garganta de Olduvai, na África Oriental. Objetos semelhantes foram descobertos em muitas outras localidades da África Oriental e do Sul. São feitos principalmente de basalto e quartzito[1] e variam muito no formato e tamanho. Alguns correspondem a lascas removidas de blocos, outros são os próprios blocos restantes, também chamados núcleos. Em alguns casos, lascas menores foram destacadas das lascas principais. Esses artefatos poderiam indicar um processo cognitivo especializado, ausente na mente do ancestral comum de seis milhões de anos atrás? A evolução criou uma inteligência técnica nos quatro milhões de anos que se passaram desde o tempo desse antecessor?

Devemos começar perguntando o quanto esses artefatos líticos diferem dos instrumentos feitos de partes de plantas usadas pelos chimpanzés.

Por definição, são bem diversos: sua matéria-prima é a pedra. Estabelecida essa consideração, alguns arqueólogos dão a questão por encerrada, classificando a tecnologia olduvaiense e a do chimpanzé como essencialmente equivalentes de todos os outros aspectos (Wynn & McGrew, 1989). Mas essa visão deixou de levar em conta duas diferenças importantes, que têm implicações consideráveis para os processos mentais subjacentes à manufatura de instrumentos. Primeiro, embora a função dos artefatos de Olduvai não tenha sido esclarecida, praticamente não há dúvidas de que alguns deles foram criados para poder gerar outros artefatos – como a produção de uma lasca para afiar a ponta de um pau.[2] Isso é algo que não foi observado entre os chimpanzés. A fabricação de um instrumento para produzir um segundo implica guardar na própria mente as qualidades de dois tipos contrastantes de matéria-prima, como a pedra e a madeira, e a compreensão do possível efeito de uma sobre a outra.

A segunda diferença é que, quando o chimpanzé faz uma varinha de pescar cupins, os pedaços que precisam ser removidos do graveto são determinados em grande medida pela natureza do material e seu próprio uso futuro – não é possível inserir o graveto dentro do buraco de um cupinzeiro se as folhas ainda estiverem presentes, e é evidente que elas têm que ser arrancadas. Mas o *H. habilis* enfrentou uma tarefa um pouco mais complicada ao remover lascas de um bloco de pedra. O simples bater na pedra de modo aleatório provavelmente não vai surtir um bom efeito, ou então vai fragmentá-la em muitos pedaços pequenos. Para destacar os tipos de lascas encontradas no sítio da Garganta de Olduvai, é preciso identificar ângulos agudos nos blocos, selecionar as chamadas plataformas de golpear e ter um bom golpe de vista – mão forte para bater no lugar correto, na direção certa e com a força apropriada[3] (ver Figura 5). O *H. habilis* trabalhava os blocos de pedra de maneira fundamentalmente diferente da dos chimpanzés manipulando suas matérias-primas. Era realmente capaz de localizar ângulos interessantes e ajustar a força e a direção dos golpes.

Em 1989, Tom Wynn e Bill McGrew, com quem já nos encontramos nesta pré-história, sugeriram que um chimpanzé seria capaz de fazer instrumentos de pedra do tipo olduvaiense. Atualmente isso já foi testado e o veredito é "não" – ou, pelo menos, a estrela linguística do mundo

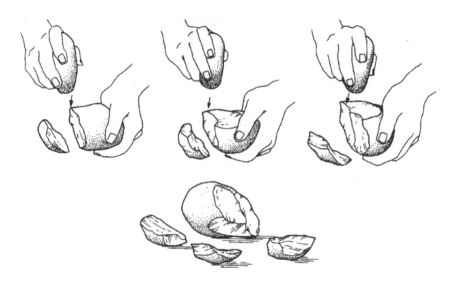

FIGURA 5 – A manufatura de um artefato olduvaiense simples, do tipo cutelo ou talhadeira (*chopper*), e as lascas resultantes.

"chimpanzesco", Kanzi, não consegue. E se ele não tem essa capacidade, é improvável que outros da sua espécie a tenham. Nicholas Toth (o maior especialista em tecnologia olduvaiense) e seus colaboradores induziram Kanzi a querer ferramentas cortantes com bordas afiadas, tentando o animal com presentes guardados dentro de uma caixa que havia sido amarrada com barbante. Os princípios da fabricação de lascas foram mostrados a Kanzi, que a seguir recebeu as pedras a serem utilizadas em possíveis tentativas. O chimpanzé realmente aprendeu a produzir as lascas, cortar o barbante com elas e ganhar a recompensa. Mas não foi considerado um fabricante moderno de instrumentos olduvaienses por Nicholas Toth, porque nunca desenvolveu o conceito de procurar ângulos agudos, utilizou marcas de lascas como plataformas de golpear ou controlou a quantidade de força ao bater. Essa incapacidade não reflete uma falta de habilidades manuais, porque Kanzi aprendeu a fazer coisas do tipo amarrar cadarços de sapatos e desabotoar botões. E, embora não seja impossível, parece pouco provável que esse chimpanzé acabe aprendendo como destacar lascas à maneira olduvaiense praticando um pouco mais.[4]

Ora, se Kanzi não consegue produzir artefatos do tipo olduvaiense, qual é a implicação disso para as mentes daqueles que podiam, há dois

A pré-história da mente

milhões de anos? Existem duas alternativas. A primeira é que uma inteligência geral mais potente havia evoluído e tornado possível o aprendizado gradual das técnicas da indústria olduvaiense, presumivelmente por meio de muitas tentativas e um grande número de erros. A segunda é terem surgido processos cognitivos especializados e dedicados à manipulação e transformação de blocos de pedra – uma física intuitiva na mente do *H. habilis*. Talvez até uma inteligência técnica.

Se esse é o caso, então nosso melhor palpite é que ela apareceu no curto intervalo de tempo entre as cenas 1 e 2 deste Ato 2 da pré-história. Lembrem-se de que bem no fim da primeira cena, entre três e dois milhões de anos atrás, havia objetos espalhados pelo palco, embora não pudéssemos ver nenhum ator utilizando-os. Pois bem, esses objetos são os utensílios da tradição industrial de Omo, que precede a olduvaiense. Encontradas apenas em um número reduzido de localidades da África Oriental, notadamente Omo e o sítio de Lokalalei na Turkana ocidental,[5] essas "ferramentas" são pouco mais que blocos quebrados, e para serem produzidas exigem muito menos habilidade técnica do que as olduvaienses. Portanto, talvez estejamos presenciando uma necessidade maior de lascas de pedra no repertório comportamental dos antepassados de *H. habilis* antes de dois milhões de anos atrás, que então forneceram as pressões seletivas para os mecanismos cognitivos especializados que vemos expressos na tecnologia olduvaiense.

Deveríamos, no entanto, agir com cautela ao tratar dessas questões, porque embora os artefatos olduvaiense pareçam estar fora das capacidades cognitivas dos chimpanzés, eles são extremamente simples segundo os padrões humanos. Como demonstrado por Nicholas Toth, o propósito dos fabricantes de artefatos da indústria de Olduvai parece ter sido simplesmente a obtenção de lascas com bordas afiadas, e blocos que pudessem ser agarrados com a mão enquanto tivessem suficiente tamanho e massa para realizar tarefas como quebrar ossos e obter a medula. Nos anos 1970, os arqueólogos gastaram muito tempo organizando os artefatos olduvaienses em diferentes "tipos", como os poliédricos, os esferoides e os "choppers". Esses objetos podem facilmente ser considerados equivalentes aos nossos "tipos" atuais, por exemplo, martelos, serras ou chaves de fenda. Mas sabemos hoje que essa foi uma classificação excessivamente elaborada. Os artefatos olduvaienses na verdade apresentam um padrão contínuo de variabilidade. A forma do artefato pode ser explicada simplesmente pela característica do bloco original, o número de lascas destacadas e a sequência em que elas foram obtidas. Não encontramos evidência de uma imposição intencional da forma.[6] Deveríamos notar, também, que embora trabalhar uma pedra exija um esforço técnico maior que arrancar folhas de um graveto, os fabricantes olduvaienses, ao utilizar especialmente o basalto e o quartzito, parecem ter sido incapazes de lidar com rochas mais difíceis de tratar, como o sílex córneo.[7] Para chegar a isso teremos que esperar até o próximo ato da nossa pré-história.

Chegamos, portanto, a um final um tanto ambíguo. Por um lado, a fabricação dos artefatos olduvaienses exige uma compreensão da dinâmica de fraturas que está fora do alcance da mente dos chimpanzés. Por outro, a estase da tecnologia olduvaiense, a ausência de um formato imposto e a preferência por matérias-primas mais fáceis de trabalhar nos impedem de atribuir ao *H. habilis* uma inteligência técnica que supere a de alguns microdomínios.

Inteligência naturalista: a emergência do carnivorismo?

Os instrumentos olduvaienses de pedra devem ter sido usados para diversos fins; entretanto, sua principal função provavelmente foi o esquartejamento de carcaças de animais. É bem plausível que seus fabricantes empregassem as lascas afiadas para cortar peles expessas e tendões ou remover pedaços de carne, e os pesados blocos para dissociar juntas ou quebrar ossos e ter acesso à medula.[8] Isso nos conduz, portanto, a um segundo aspecto do modo de vida do *H. habilis,* sobre o qual é razoável pressupor a evolução de processos cognitivos especializados: a interação com o mundo natural. Nos capítulos anteriores, vimos que os chimpanzés são capazes de desenvolver mentalmente um extenso banco de dados sobre a distribuição de recursos. Atribuo isso à presença de módulos mentais dedicados a essa tarefa. Mas a ausência de contrução de hipóteses e de um uso criativo do conhecimento sobre a localização das fontes de alimento sugere que não é justificável conferir a esses primatas um domínio da inteligência naturalista. Temos evidências de que ela havia evoluído no tempo do *H. habilis*?

Para responder à pergunta, devemos voltar nossa atenção para uma grande diferença comportamental que seguramente existe entre os chimpanzés e o ancestral – *H. habilis* consumia grandes quantidades de carne. Sabemos disso porque muitos sítios arqueológicos de dois a um milhão e meio de anos de idade contêm inúmeros fragmentos de ossos de animais associados aos artefatos de pedra. Normalmente supõe-se que esses grandes acúmulos resultaram do consumo de alimentos – Mary Leakey descreve tais sítios como "solos vivos".

Durante os anos 1980, esses fragmentos de ossos foram objeto de grande interesse, gerando um acirrado e longo debate sobre como deveriam ser interpretados. Estamos nos referindo aos achados de sítios como HAS em Koobi Fora, um amontoado de artefatos de pedra e vestígios de fauna de 1,6 milhão de anos atrás onde prevalecem ossos de hipopótamo.[9] Ou então os de FLK 22, na Garganta de Olduvai, onde 40.172 fragmentos ósseos e 2.647 artefatos de pedra foram descobertos e estudados em detalhe – aliás, essa é uma das localidades mais intensamente pesquisadas de qualquer período ou região do mundo.[10] O problema com esses pedaços de osso é que geralmente são muito pequenos, e com frequência não se sabe ao certo qual parte do esqueleto representam e menos ainda a que animal pertenceram. Entretanto, toda vez que se consegue identificar a fauna consumida, fica claro que o *H. habilis* explorou uma grande variedade de espécies, incluíndo zebras, antílopes e gnus.

Os debates sobre os modos de vida do *H. habilis* foram iniciados pelas publicações do já falecido Glynn Isaac.[11] Ele propôs que esses grandes conjuntos de artefatos e ossos correspondiam a moradias-base, lugares onde membros do *H. habilis* partilhavam alimentos e dividiam-se no cuidado da prole. A repartição da comida era uma característica crítica. Isaac sugeriu que o grande número de fragmentos ósseos nesses sítios implica que membros do *H. habilis* estavam transportando alimentos de diferentes zonas ecológicas da paisagem para um lugar central. A partilha da comida serviu de base para uma pirâmide de inferências – alguns a chamariam uma pilha de cartas de baralho – que culminava na dependência infantil prolongada e na comunicação linguística (ver Figura 6). O modelo da moradia-base foi publicado no fim dos anos 1970 e transformado em um ramo da arqueologia do Paleolítico, que passou das meras descrições de artefatos de pedra e palpites subjetivos para uma indagação do que os achados poderiam representar.[12] Durante alguns anos, foi amplamente aceito. Então, em 1981, Lewis Binford (1981) publicou um dos livros de arqueologia mais significativos dos últimos trinta anos: *Bones: Ancient Men and Modern Myths* [*Ossos: homens do passado e mitos modernos*] que revolucionou mais ainda o estudo dos primeiros sítios arqueológicos.

Durante os anos 1980, Lewis Binford foi o grande pugilista peso-pesado da arqueologia. Enfrentou todos os oponentes no que diz respeito a como os ossos e objetos do registro arqueológico deveriam ser interpretados. A força do seu debate vinha do que sabia a respeito da formação desse registro – os processos de deterioração e mudança que afetam os itens deixados para trás ao longo de milênios por caçadores-coletores, até o momento em que são descobertos por um arqueólogo. Binford havia adquirido esse conhecimento vivendo com caçadores-coletores modernos no Ártico e no deserto australiano, registrando meticulosamente suas atividades, o que eles descartavam, e como tudo isso pareceria a um arqueólogo.

Binford sustentava que não havia evidência de um translado e consumo de grandes quantidades de carne. Em vez disso, ele sugeriu que os membros do *H. habilis* obtinham apenas pequenos bocados de carne, quando muito. Não eram sequer rapinadores, mas "rapinadores marginais". Não faziam mais que obter pequenas sobras na base da hierarquia dos carnívoros da savana africana, trilhando seus caminhos até as carcaças depois que os leões, as hienas e os abutres haviam se alimentado (ver Figuras 7 e 8). Basta remover as grandes embalagens de carne e as moradias-base e a pirâmide de inferências de Isaac desmorona.

Logo após o primeiro ataque violento de Binford contra o modelo de Isaac, em 1981, iniciou-se um longo debate, no qual frequentemente os estudantes de Isaac, mais que ele próprio, defendiam a ideia de que o *H. habilis* era um caçador ou rapinador de carcaças recém-abatidas; ou seja, que ele utilizava grandes quantidades de carne na sua dieta.[13] Novos

A pré-história da mente

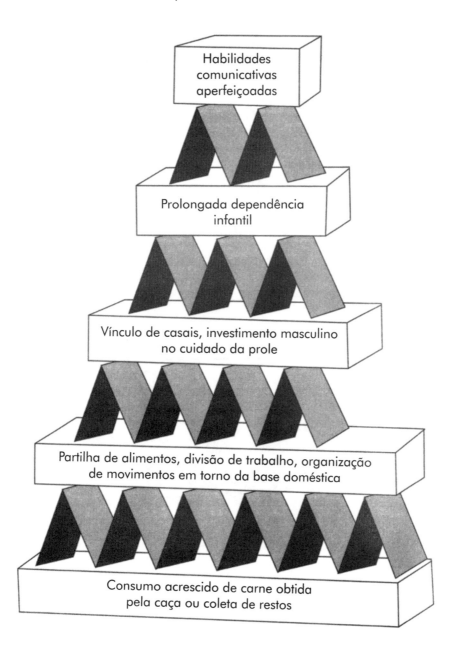

FIGURA 6 – A hipótese de Glynn Isaac sobre a base doméstica e partilha de comida pode ser expressa como um castelo de cartas. Se é falsa a conclusão de Isaac de que o *Homo* primitivo estava consumindo uma grande quantidade de carne, então também caem por terra todas as suas outras ideias a respeito do comportamento social e cognição.

FIGURAS 7 e 8 – Comparação dos modelos de Glynn Isaac e Lewis Binford para os modos de vida dos primeiros *Homo*. Na Figura superior podemos observá-los vivendo em grandes grupos sociais e usando locais específicos na paisagem como moradias-base para a partilha de alimentos. Nesses locais centrais, o comportamento cooperativo relativo à divisão de trabalho é planejado. Na Figura inferior, observamos a interpretação da mesma evidência disponível por Lewis Binford; nesse caso, indivíduos isolados ou no máximo grupos pequenos praticam a rapinagem de pequenos bocados de carne e medula das carcaças, chegando até elas depois que outros predadores e rapinadores se alimentaram.

modelos foram propostos, suplementando as hipóteses da moradia-base e da rapinagem marginal. O próprio Binford transformou o tema da rapinagem marginal em um modelo de forrageamento "direcionado", em que os translados dos forrageadores restringiam-se a uma série de pontos fixos na paisagem, como árvores utilizadas para obter sombra.[14] Richard Potts sugeriu que os membros do *H. habilis* estavam utilizando locais estratégicos como esconderijos para blocos de pedra não trabalhados ou artefatos, a fim de minimizar o tempo que teria sido gasto procurando uma pedra depois de localizar uma carcaça.[15] Robert Blumenschine sugeriu que os membros do *H. habilis* concentravam suas atividades em matas próximas a fontes de água porque isso fornecia um nicho de rapinagem não explorado por outras espécies.[16]

Apesar, entretanto, das inúmeras pesquisas realizadas, ainda sabemos pouco sobre os padrões de subsistência do *H. habilis*, não havendo consenso sobre a extensão da caça e da rapinagem, o uso de locais centrais ou bases e o forrageamento "direcionado". Dois fatores explicam essa falta de consenso. Primeiro, o registro arqueológico provavelmente não está preservado o suficiente para permitir inferências sobre os estilos de vida do *H. habilis* no que diz respeito às atividades cotidianas.[17] Segundo – e mais otimisticamente –, é bem provável que o modo de vida do *H. habilis* caracterizou-se pela diversidade, a flexibilidade na escolha entre caçar e forragear, entre partilhar a comida e alimentar-se à medida que a oportunidade surgisse, um ajuste às circunstâncias ecológicas específicas do momento. O *H. habilis* provavelmente tinha um comportamento flexível, era um forrageador não especializado. O unico tipo de exploração de animais ausente dos conjuntos olduvaienses é a rapinagem "filona", marginal.[18]

É certamente muito provável que a carne fosse regularmente consumida pelo *H. habilis*.[19] Além dos ossos de animais (que às vezes revelam indícios de descarnamento – as marcas de cortes feitas pelos instrumentos de pedra dos sítios arqueológicos), o cérebro relativamente grande do *H. habilis* implica o consumo de uma dieta de alta qualidade, medida como calorias ingeridas por unidade de alimento. O cérebro é um órgão muito dispendioso em termos energéticos. Segundo os antropólogos Leslie Aiello e Peter Wheeler, para compensar a quantidade de energia consumida por um cérebro de tamanho maior, as exigências de outras partes do corpo devem diminuir e dessa forma garantir um metabolismo basal estável.[20] Eles argumentam que essa parte tem que ser o trato intestinal. À medida que o cérebro aumenta, o trato intestinal precisa ficar menor de tamanho – e a única maneira de fazer isso é melhorando a qualidade da dieta, por exemplo consumindo grandes quantidades de carne em vez de material vegetal. Portanto, o fato do *H. habilis* apresentar um cérebro significativamente maior que o dos australopitecinos sugere que a carne havia passado a constituir uma parte substancial da sua dieta – independentemente do desafio intelectual de encontrar carcaças de animais ter fornecido ou não uma pressão seletiva para o aumento do tamanho cerebral. Na verdade, segundo discutiremos a seguir, a necessidade de viver em grupos maiores provavelmente foi uma pressão seletiva muito mais importante em relação a isso.

Ser flexível quanto ao consumo da carne implica uma complexidade cognitiva. Isso, por sua vez, implicaria a existência de uma inteligência especializada naturalista? Quais seriam as capacidades cognitivas que a ingestão habitual de carne teria exigido da mente do *H. habilis*?

Levando em conta a prevalência de marcas de dentes e mordidas nos ossos de sítios arqueológicos mais antigos, vários carnívoros e rapinadores devem ter competido por carcaças de animais, e muitos desses competidores devem ter representado uma ameaça para o *H. habilis*. Compreender o comportamento das espécies carnívoras e sua distribuição deve ter sido, portanto, crucial para os primeiros *Homo*: os competidores carnívoros podem ter representado tanto um perigo quanto a indicação de possíveis oportunidades de rapinagem. Vendo as coisas desse ângulo, parece improvável que o *H. habilis* pudesse ter explorado o nicho das carcaças sem ter dominado a arte de utilizar pistas visuais inanimadas, como marcas de pegadas e rastros de animais. Ao contrário dos macacos, dos grandes símios e do ancestral comum de seis milhões de anos, os membros do *H. habilis* provavelmente eram capazes de decifrar os sinais visuais que indicavam a proximidade de um carnívoro.

Falando em termos mais gerais, a mudança para a dieta rica em carne pode ter exigido uma habilidade de prever a localização de recursos mais sofisticada que a necessária aos australopitecinos, que eram predominantemente vegetarianos. Em ambientes cheios de predadores, uma procura aleatória de presas ou carcaças ou mesmo das pistas visuais que indicariam a localização das carcaças parece pouco factível. Ao contrário do alimento vegetal, as presas se movimentam e as carcaças podem desaparecer muito rapidamente, consumidas por carnívoros que vão desde as hienas até os abutres.[21] O simples armazenamento de informações sobre recursos e os mapas mentais da sua distribuição (como é o caso dos chimpanzés e a localização de plantas e pedras-martelo, discutido anteriormente) seria insuficiente. Os membros do *H. habilis* provavelmente devem ter precisado de mais um artifício cognitivo – a habilidade de utilizar seu conhecimento naturalista para desenvolver hipóteses sobre a localização de carcaças e animais.

As descobertas de blocos de pedras em lugares afastados das fontes de matéria-prima e as séries incompletas de estilhaço de lascamento em sítios arqueológicos são consideradas evidência de que o *H. habilis* podia prever a distribuição de recursos. Elas refletem o transporte de blocos não trabalhados e artefatos de pedra através da paisagem. Esses artefatos não eram carregados por longas distâncias – dez quilômetros parece ter sido a extensão máxima, e as distâncias mais comuns encontram-se bem abaixo disso.[22] Na verdade, o padrão dominante continua sendo a utilização da matéria-prima nos seus locais de origem. Entretanto, o fato de alguns objetos serem transportados, possivelmente para criar esconderijos, indica que o *H. habilis* fazia um mapa mental da distribuição de matérias-primas e podia antecipar o uso futuro de artefatos nas suas atividades de subsistência.[23] Ao que parece, existem três diferenças importantes entre o translado de artefatos pelo *H. habilis* e o das pedras--martelo dos chimpanzés da floresta de Tai. Primeiro, o do *H. habilis* envolve uma escala espacial muito maior. Segundo, os chimpanzés levam as pedras até locais fixos (as árvores produtoras de nozes), ao passo que as carcaças até onde os artefatos do *H. habilis* eram levados mudavam constantemente de lugar. Terceiro, é muito provável que o *H. habilis* carregasse o alimento a ser processado até os artefatos (e não vice-versa) e, além do mais, os artefatos eram frequentemente transportados de lugares diferentes até um terceiro local.

Pelo que vimos até agora nesta seção, a evidência do registro arqueológico fala a favor de um desenvolvimento considerável de módulos mentais para a interação com o mundo natural. Mas existem algumas evidências do contrário que geram uma certa precaução quanto a inferir a evolução de uma inteligência naturalista. Para começar, grande parte das atividades do *H. habilis* parece estar restrita a uma gama menor de ambientes que a dos humanos do registro arqueológico depois de 1,8 milhão de anos. Pensando em termos espaciais mais gerais, parece improvável que qualquer *Homo* anterior ao *H. erectus* tenha imigrado para fora do seu ambiente evolucionista africano.[24] Mesmo na própria região da África Oriental, a atividade do *H. habilis* concentrou-se numa pequena gama de microambientes que contrasta com a enorme variedade de ambientes explorados pelo *H. erectus*, e mais ainda com a dos humanos modernos. Ao que parece, as atividades do *H. habilis* ficaram essencialmente "atreladas" às margens das fontes de água permanentes.[25]

Essa condição de dependência das características naturais parece estar refletida no "empilhamento" de sítios arqueológicos da Garganta de Olduvai. Por exemplo, FLK Norte-I e MNK Principal II correspondem a distribuições verticais de artefatos através de várias camadas estratigráficas.[26] Isso faz pensar que os hominídeos voltaram repetidamente a tais locais apesar de uma mudança razoável na fauna, no clima e na paisagem. A diversidade da fauna nos sítios arqueológicos, em relação a tamanho corporal e preferência por hábitats, sugere que os membros do *H. habilis* exploravam intensamente uma variedade de microambientes procurando partes de animais. O fato de essas serem repetidamente transportadas para o mesmo tipo de contexto ambiental implica uma ausência de flexibilidade comportamental que indicaria uma inteligência naturalista totalmente desenvolvida.[27]

Vou resumir a evidência de que dispomos em relação à mente do *H. habilis* sobre a interação com o mundo natural. Podemos começar tendo como base uma habilidade para construir grandes bancos mentais de dados sobre as características e distribuição de recursos, na medida em que isso foi encontrado na mente do ancestral comum de acordo com nossa análise do capítulo anterior. Essa base agora parece ter sido suplementada pelas habilidades de desenvolver hipóteses sobre a localização de recursos e de utilizar pistas visuais inanimadas. Entretanto, os membros do *H. habilis* permaneceram confinados a uma gama restrita de cenários ambientais e "amarrados" a certas características naturais para a realização de boa parte das atividades. Parece que nossa conclusão deve ser parecida com aquela a que chegamos sobre a inteligência técnica: a evolução ocupou-se de estabelecer alicerces suplementares para a inteligência naturalista, mas as paredes ainda se encontram inacabadas e a inteligência geral continua a ter um papel dominante nos pensamentos sobre o mundo natural.

Uma inteligência social florescente: segurança na vida em grupo

No último capítulo, vimos como o ancestral comum dos humanos modernos e dos chimpanzés já possuía um domínio discreto de inteligência social há seis milhões de anos. Como teria mudado (se é que houve mudança) a natureza da inteligência social no tempo do *H. habilis*?

Para abordar essa questão devemos começar com uma breve digressão sobre os problemas de viver em grupo, as novelas e o tamanho do cérebro. Em geral, quanto maior o número de pessoas com quem vivemos mais complicada a vida se torna: criam-se mais escolhas de parceiros com quem dividir a comida ou fazer sexo, e cada um desses parceiros vai estabelecer um número cada vez maior de relações diversificadas com outros membros do grupo. Certamente é um desafio considerável ter que ficar atento a quem é amigo de quem, quem são os inimigos, quem guarda rancor ou tem desejos, e com quem estabelecer uma amizade sem magoar outros amigos. Todos nós, de alguma forma, já passamos por isso. Na verdade, parece que gostamos das manobras sociais que se tornam essenciais à medida que o grupo aumenta, especialmente se somos espectadores. Por que as novelas são tão populares? Quando um novo personagem é incluído no elenco, observamos o caos que se cria nas relações sociais preexistentes. Geralmente alguém fica como coração partido, enquanto outra pessoa ganha uma dor de cabeça.

Não é surpreendente, portanto, que existissem espécies vivas de primatas nas quais se observasse uma forte correlação entre o tamanho do grupo e o tamanho do cérebro – espécies que em geral são terrestres, vivem em grandes bandos e também tendem a apresentar cérebros mais avantajados. Elas precisam de um processamento cerebral potente para conseguir lidar com o número crescente de relações sociais que surgem à medida que o grupo se expande. Essa foi uma descoberta do antropólogo Robin Dunbar, e ele consequentemente argumentou que o tamanho do cérebro é uma medida direta da inteligência social entre os primatas vivos.[28] Dick Byrne concorda com isso ao mostrar uma forte correlação positiva entre o tamanho do cérebro e a frequência da dissimulação nas estratégias sociais – quanto mais complexo for o cenário social, mais indireto você terá que ser para fazer mais amizades sem acumular inimigos.[29]

Agora, uma questão crítica para a reconstrução da pré-história da mente é se essas relações valem para primatas extintos, como os australopitecinos e os *H. habilis*. Uma razão para isso não valer talvez seja porque, como vimos, a mente do *H. habilis* continha um número muito maior de módulos para a fabricação de intrumentos e interação com a natureza do que qualquer primata vivo, os quais devem ter utilizado um poder de processamento considerável. Contudo, esses domínios deviam existir em um estado ainda incipiente há dois milhões de anos. Assim, as relações entre tamanho do cérebro e tamanho do grupo de primatas vivos talvez se apliquem também ao *H. habilis*.

Robin Dunbar utilizou o volume craniano de exemplares fósseis de *H. habilis* para estimar o tamanho cerebral. Jogando os resultados obtidos em uma equação matemática, que havia derivado dos dados sobre a extensão do cérebro e tamanho do grupo de primatas vivos, ele estimou que os australopitecinos teriam vivido em bandos com um tamanho médio de 67 indivíduos, e que um membro de *H. habilis* com volume cerebral máximo teria tido em torno de 82 companheiros iguais a ele. Isso é comparável com o tamanho de grupo de sessenta indivíduos previsto para chimpanzés. Os tamanhos de grupo são algo que Dunbar denomina "grupos cognitivos", isto é, o número de indivíduos de quem temos informações sociais em oposição a "indivíduos com quem poderíamos viver todos os dias".

Existem evidências circunstanciais de que o *H. habilis* teria vivido em grupos maiores que os dos seus antecessores. Se utilizarmos o conhecimento sobre primatas não extintos, veremos que parecem existir duas situações em que esses animais optam por viver em bandos maiores e arcam com os desafios sociais.[30] Uma delas envolve o grande perigo da ação de predadores. Nesses casos é melhor ficar com os amigos, porque, estando juntos, todos podem ser capazes de se defender de um ataque; se isso falhar, sempre existe a chance de o atacante devorar um de seus amigos, e não você. Sabemos atualmente que nossos primeiros ancestrais eram vítimas de predadores – temos crânios perfurados por dentes de leopardos para provar isso.[31] Também sabemos que suas predileções por bocadinhos de carne retirados de carcaças devem tê-los jogado contra as hienas. Medindo apenas 1,5 m (abaixo de 5 pés), pesando no máximo 50 kg (110 libras) (Jones et al., 1992) e tendo pouco mais que alguns pedaços de pedra para atirar, os membros de *H. habilis* não deviam estar particularmente bem equipados para um combate direto com as hienas. Portanto, a vida em grupo parece ter sido uma necessidade para o *H. habilis*.

A outra condição ecológica que favorece a vida comunitária é a comida vir em "grandes embalagens" distribuídas de forma irregular pela paisagem. Encontrá-las não é fácil, mas, quando se chega até uma, grandes quantidades de alimento ficam garantidas. Sendo assim, geralmente vale a pena viver em grandes bandos, procurar alimentos individualmente ou em pares, e depois partilhar a comida com os outros companheiros. No dia seguinte, talvez um outro indivíduo seja o felizardo que chegou a encontrar o que comer. Essa sequência de eventos provavelmente se aplica ao *H. habilis* procurando carcaças na savana da África Oriental há dois milhões de anos. De fato, o arqueólogo Mark Lake (1995) demonstrou a plausibilidade dessa ideia por simulação computacional, ao construir um modelo no qual o *H. habilis* vai em busca de carcaças e ao analisar o sucesso de diferentes indivíduos definidos como introvertidos solitários ou socialmente extrovertidos. Os gregários loquazes sistematicamente ganham o prêmio da mal-cheirosa carcaça em decomposição.

Temos em mãos, portanto, bons critérios ecológicos para acreditar que o *H. habilis* teria escolhido viver em grupos relativamente grandes, e que seu tamanho de cérebro característico implica a posse de uma inteligência social para realizar isso. Em outras palavras, o tamanho expandido do cérebro do *H. habilis* sugere que o domínio da inteligência social havia se tornado ainda mais poderoso e complexo. Quais teriam sido os novos elementos? Podemos apenas especular, mas uma possibilidade é que o *H. habilis* seria capaz de lidar com mais "ordens de intencionalidade" que ancestrais do tipo chimpanzé.

"Ordem de intencionalidade" é uma expressão que o filósofo Daniel Dennett (1988) introduziu para ajudar-nos a pensar sobre como funciona a inteligência social. Se eu acredito que você sabe algo, então sou capaz de lidar com uma ordem de intencionalidade. Se acredito que você acredita que eu sei algo, então estou lidando com duas ordens de intencionalidade. Se acredito que você acredita que minha mulher acredita que eu sei algo, estou lidando com três ordens de intencionalidade. Nós, os humanos modernos, regularmente enfrentamos três ordens de intencionalidade – ou pelo menos fazemos isso se acreditamos em novelas, que em geral giram em torno de crenças sobre o que alguns acreditam que outros acreditam, e que frequentemente acabam sendo enganos a respeito de alguém. Nosso limite parece ser cinco ordens de intencionalidade. Daniel Dennett (1988) demonstrou isso de maneira brilhante ao dizer: "você se pergunta se eu percebo como é difícil, para você, ter certeza de que você compreende se eu pretendo dizer que você reconhece que eu quero acreditar que você quer que eu explique que a maioria de nós somente é capaz de lidar com cerca de cinco ou seis ordens de intencionalidade, na melhor das hipóteses" (p.185-6). Na melhor das hipóteses, o limite para os chimpanzés provavelmente são duas ordens de intencionalidade. Talvez as novas características arquitetônicas na capela de inteligência social aumentaram o limite até três ou quatro na mente dos primeiros *Homo*.

Linguagem incipiente. Investigando moldes de cérebros e o *grooming* social

No segmento anterior, sugeri que os *H. habilis* eram "gregários loquazes". Qualquer tipo de animal pode se tornar loquaz no sentido metafórico, quando quer ameaçar os outros ou exibir-se para o sexo oposto. Os pavões são loquazes com suas caudas abertas em leque, assim como os gorilas quando batem no peito, ou os esgana-gatos quando seus estômagos ficam vermelhos. Os *H. habilis* com certeza eram loquazes nesse sentido, mostrando-se ao sexo oposto ou impondo autoridade dentro de um grupo. Mas seriam literalmente loquazes? Possuíam uma capacidade para a linguagem?

No último capítulo, teremos a oportunidade de falar com chimpanzés, seja por gestos seja com o teclado de computadores. Neste momento, porém, dispomos apenas de fósseis de ossos e utensílios de pedra para interrogar. Uma análise mais detalhada dos utensílios não vai nos ajudar em nada. A linguagem é uma capacidade cognitiva modularizada, que depende de processos neurais únicos e dedicados. Em contrapartida, como vimos no Capítulo 3, a manipulação de objetos e as vocalizações das crianças antes do desenvolvimento da linguagem derivam (assim como no caso dos chimpanzés) de uma "inteligência geral" e não de módulos linguísticos. Quando observamos uma criança construindo um objeto hierarquicamente estruturado, podemos inferir que ela também produz vocalizações hierarquicamente estruturadas, embora possamos observar apenas os objetos. Mas uma linguagem totalmente desenvolvida depende de módulos mentais linguagem-específicos; não é possível inferir a existência destes na mente do *H. habilis* baseando-nos no caráter dos objetos físicos que ele produziu.[32]

É possível inferir uma capacidade linguística apenas pelo formato do cérebro? Os processos neurais responsáveis pela capacidade linguística parecem estar concentrados em áreas específicas do cérebro, especialmente no hemisfério esquerdo. Ali, duas regiões são consideradas particularmente importantes: a área de Broca e a área de Wernicke[33] (ver Figura 9). Pessoas que sofreram danos cerebrais em uma dessas duas regiões perderam algumas de suas capacidades linguísticas. Traumatismos na área de Broca parecem afetar especialmente o uso da gramática, enquanto os que ocorrem na área de Wernicke influenciam a compreensão. Danos no tecido conjuntivo entre essas duas áreas, ou no tecido que as conecta com o resto do cérebro, também podem causar sérias dificuldades linguísticas. Entretanto, as relações entre partes específicas do cérebro e características de linguagem são complexas e pouco compreendidas; tudo o que podemos dizer sem cometer erros é que existem certas áreas do cérebro que são importantes para a linguagem.

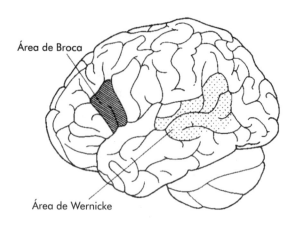

FIGURA 9 – Vista lateral do cérebro mostrando as localizações das áreas de Broca e de Wernicke. Considera-se que essas áreas estão associadas com a produção e compreensão da linguagem

Como é o cérebro do *H. habilis*? Notamos o desenvolvimento das áreas de Broca e de Wernicke? O máximo que podemos fazer para obter uma resposta é analisar moldes do espaço interno de crânios fossilizados,[34] esperando que suas saliências e reentrâncias reflitam as saliências e reentrâncias do cérebro do *H. habilis*. Eu diria que, no mínimo, isso é um tanto arriscado. Lembrem-se de que esses fósseis ficaram enterrados no solo por até dois milhões de anos, transformando-se frequentemente em fósseis sob o enorme peso de camadas de sedimentos. As saliências e reentrâncias dos moldes podem refletir tanto as pressões e tensões dos processos de fossilização quanto uma estrutura cerebral.

O crânio fóssil de um espécime de *H. habilis* descoberto em Koobi Fora, denominado KNM-ER 1470 e com dois milhões de anos de idade, encontra-se particularmente bem preservado. Foi analisado por Phillip Tobias, uma das maiores autoridades em evolução do cérebro. Segundo ele, é possível discernir um desenvolvimento significativo da área de Broca nesse exemplar, o que foi confirmado pelo trabalho de outro grande especialista, Dean Falk. Em contrapartida, não há indícios de uma área de Broca em formação nos cérebros dos australopitecinos.[35]

Além do formato, o próprio tamanho cerebral também pode fornecer indícios sobre a presença de uma inteligência linguística. As duas pessoas que estudaram essa questão em detalhes chegaram a conclusões um tanto opostas.

O neurocientista Terrence Deacon argumentou que a expansão cerebral dos primeiros membros da linhagem *Homo* envolveu o aumento desproporcionado de uma região conhecida por cortex pré-frontal.[36] Valendo-se de extensos estudos sobre os circuitos neurais envolvidos nas vocalizações de primatas e na linguagem humana, Deacon argumentou que o aumento relativo do córtex pré-frontal teria levado a uma reorganização de conexões no cérebro, o que, por sua vez, teria favorecido um desenvolvimento da capacidade linguística – entretanto, ainda não sabemos se essa capacidade estava desenvolvida o suficiente para corresponder ao que chamamos de *linguagem* dois milhões de anos atrás.

O antropólogo Robin Dunbar analisou o tamanho do cérebro de *H. habilis* de um prisma totalmente diferente.[37] Lembrem-se de que já nos referimos ao seu trabalho ao falar sobre as relações entre tamanho cerebral e tamanho do grupo – viver em grupos maiores exige mais poder de processamento cerebral para dar conta de um número crescente de relações sociais em constante mudança. Ao viver em grupos, os primatas têm que trocar informações entre si, e a principal maneira de fazer isso é catando as pulgas e os piolhos do corpo do outro – uma atividade que em inglês chama-se *grooming*. Quem selecionamos para ser submetido ao tratamento, quanto tempo ele vai durar e quem permitimos que fique como observador são escolhas que funcionam tanto para enviar mensagens sociais como para eliminar parasitas. No grupo de chimpanzés do Zoológico de Burger, mencionado no capítulo anterior, o *grooming* entre machos chegou a um máximo quando suas relações encontravam-se instáveis. A duração das sessões entre machos foi nove vezes mais longa nos períodos em que uma das fêmeas do grupo estava no estro; De Waals sugere que o *grooming* equivale a uma "barganha sexual".

Dunbar observou que o tempo que os primatas dedicam ao *grooming* aumenta à medida aumenta que o tamanho do grupo, não porque o número de piolhos seja maior, mas porque é preciso investir cada vez mais tempo na comunicação social. Entretanto, a operação cata-piolho toma tempo, e há outras coisas a fazer, como procurar comida para alimentar-se. Dunbar calcula que o máximo que um primata pode dedicar ao *grooming* de terceiros é 30% do seu tempo hábil. Ultrapassado esse limite, o primata em questão pode ser um mestre das relações sociais mas estar com muita fome e sem energia suficiente para explorar tal conhecimento para vantagem própria.

Sendo assim, o que pode ser feito quando o tamanho do grupo é tão grande que, mesmo dedicando 30% do próprio tempo ao *grooming*, fica-se sem saber de muitas relações sociais importantes estabelecidas dentro do grupo? Bem, talvez outro meio de transferir informações poderia ser utilizado – ou, em termos evolucionistas, poderia ser selecionado. Dunbar sugere que esse outro meio é a linguagem. Ele argumenta que a linguagem evoluiu para fornecer um modo de trocar informações dentro de grupos grandes e socialmente complexos, de início suplementando o *grooming*, e mais tarde substituindo-o. A linguagem pode fazer isso porque é um meio muito mais eficiente de tranferir informação. Um chimpanzé ambidestro é capaz de se dedicar ao *grooming* de dois companheiros ao mesmo tempo, mas um humano articulado pode falar à vontade com quem quer que esteja ouvindo.

No próximo capítulo, vamos explorar mais detalhadamente a teoria da origem social da linguagem. Neste momento, entretanto, devemos nos perguntar se o *H. habilis* podia ter chegado a transferir suficiente informação social apenas com o *grooming*. Dunbar jogou suas estimativas das dimensões dos grupos de *H. habilis* na equação para tamanho de grupo e duração do *grooming* que havia derivado estudando primatas vivos. Ele descobriu que os *H. habilis* chegaram logo abaixo do limiar dos 30%, com um tempo de *grooming* social estimado em 23%. Com um valor percentual tão alto, é provável que os indivíduos capazes de reduzir a duração do *grooming* inferindo informações das vocalizações dos outros, ou aqueles capazes de começar a inserir informações sociais nas suas próprias vocalizações, poderiam ter ganho alguma vantagem seletiva.

A antropologa Leslie Aiello sugere que essas vocalizações podem ter sido análogas ao tagarelar observado entre os babuínos atuais do gênero *Gelada*, e funcionaram para passar adiante sentimentos de satisfação mútua e bem-estar (cf. Aiello, 1996a). Talvez eles também tenham sido equivalentes ao ronronar de um gato sendo acariciado. Esses *oohs*, *aahs* e *ais* representam comunicações sociais: "faça um pouco mais disso, um pouco menos daquilo". Dunbar até argumentou que, nos nossos momentos mais íntimos, voltamos às antigas formas de comunicação – o *grooming* físico –, embora agora não existam mais os corpos peludos e (espera-se) os piolhos e pulgas.

Abrindo uma fresta na porta da catedral

Algumas catedrais e igrejas oferecem maior facilidade de acesso do que outras. Uma das igrejas que visitei recentemente fica na pequena cidade de Angles, na França. As portas principais encontravam-se trancadas e tivemos que procurar uma pequena entrada lateral. Lá dentro, tudo era tão escuro no começo que mal enxergávamos ao nosso redor. Visitar essa construção foi como visitar a mente do *H. habilis*. Com um registro fóssil tão mal preservado e sem poder contar com espécies vivas para fazer analogias, tem sido muito difícil descobrir uma via de acesso a essa mente. As ferramentas de pedra olduvaienses talvez tenham forçado uma abertura na porta da catedral. Mas espiar através dela tem sido como esses primeiros momentos na igreja de Angles – tudo parece muito escuro e sombrio; é difícil distinguir o desenho arquitetônico básico, e menos ainda perceber qualquer um de seus detalhes.

Quando meus olhos se acostumaram com a penumbra dentro da igreja de Angles, fiquei impressionado com a singeleza da construção: apenas uma nave simples, com paredes de pedras sem adornos e bancos de madeira não trabalhada. Algumas velas ardiam em uma pequena capela. Por alguma razão, esperava encontrar algo mais elaborado – uma arquitetura mais complexa, com decorações rebuscadas. Sinto a mesma coisa sobre o que consegui perceber da mente do *H. habilis*. O primeiro aparecimento de utensílios de pedra parece ser um acontecimento tão importante na pré-história do homem – de fato, é o ponto de partida da disciplina Arqueologia – que esperamos vê-lo sinalizando algum grande evento cognitivo. Mas a mente do *H. habilis*, há dois milhões de anos, parece não ter sido mais que uma versão mais complicada da mente do ancestral comum de seis milhões de anos atrás, sem alterações fundamentais no projeto (ver Figura 10). Vou resumir rapidamente o que vimos na mente de *H. habilis*.

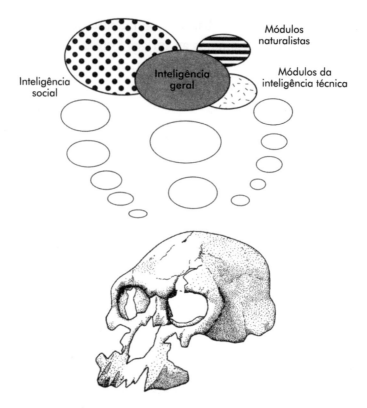

FIGURA 10 – A mente dos primeiros *Homo*. O desenho representa o crânio de um exemplar de *H. habilis* conhecido por KNM-ER 1470. Foi descoberto em 1972 em Koobi Fora, no Quênia, e é datado de 1,9 milhão de anos.

Nosso ancestral socialmente precoce

O comportamento do *H. habilis* relativo à manufatura de instrumentos e ao forrageamento é certamente mais complexo que o dos chimpanzés e, supomos, que o do ancestral comum. Tanto a produção de ferramentas como a exploração de carcaças de animais provavelmente exigiram processos cognitivos especializados, de um tipo não presente na mente do chimpanzé. O *H. habilis* parece ter sido capaz de compreender a dinâmica de fratura de pedras e construir hipóteses sobre a distribuição de recursos; essas habilidades parecem extrapolar a capacidade da inteligência geral que domina a fabricação de instrumentos e as atividades forrageiras dos chimpanzés. Entretanto, os processos cognitivos especializados do *H. habilis* não parecem estar inseridos em alguma matriz de processos especializados, distintos mas pertinentes ao mesmo domínio de atividades. A inteligência geral aparentemente continuou a ter um papel importante no condicionamento dos comportamentos sobre feitura de instrumentos e forrageamento do *H. habilis*. Por conseguinte, a produção de artefatos de pedra e a exploração de carcaças de animais parecem estar perfeitamente integradas. Parecem ser parte de uma mesma corrente de atividades, assim como reconhecemos que fosse o caso com a feitura de instrumentos e o forrageamento nos chimpanzés.

A inteligência social do *H. habilis* tornou-se mais complexa e potente que a da mente do chimpanzé, mas permaneceu tão isolada dos pensamentos sobre fazer instrumentos e forragear quanto a da mente desses primatas. Não há evidência de que o *H. habilis* utilizava instrumentos nas estratégias sociais. Conforme mencionado antes, a forma dos artefatos olduvaienses parece refletir não mais que o tipo de bloco original e o número de lascas destacadas. Não existe uma imposição de informações sociais ao objeto, como é frequente entre os humanos modernos. Da mesma maneira, os sítios arqueológicos estudados não contêm exemplos de estruturas espaciais que possam refletir um uso social do espaço. O material cultural não era utilizado em estratégias sociais, embora tenhamos que concluir que essas estratégias eram mais complexas e maquiavélicas do que as observadas entre os chimpanzés atuais.

A complexidade social aumentada, contudo, provavelmente influenciou de maneira passiva o comportamento técnico e forrageador do *H. habilis*. Segundo vimos no capítulo anterior, a complexidade do uso de instrumentos e do comportamento de caçador entre os chimpanzés de Tai, em comparação aos de Gombe, pode ser atribuída em parte a tamanhos de grupo maiores e relações sociais mais intensas. Estas geram maiores oportunidades de aprendizado social e transmissão cultural de padrões comportamentais. Dessa perspectiva, grande parte dessa complexidade aumentada da manufatura de instrumentos e exploração de carcaças que vemos no *H. habilis*, ao compará-lo ao ancestral comum, poderia ser explicada simplesmente como um derivado do aumento na complexidade social. O uso frequente do termo "partilha de alimentos" ao discutir o comportamento dos primeiros *Homo* provavelmente é enganoso. É mais adequado ver esse comportamento como um "furto tolerado". Quanto à peça de teatro sobre o nosso passado, o aumento do poder e da complexidade na inteligência social parece ser a característica importante que melhor pode explicar a ação da segunda cena do Ato 2.

Resumindo, os planos arquitetônicos herdados pelo *H. habilis* codificaram a construção de uma catedral mental que parece ter tido o mesmo projeto básico que o da codificada na mente do ancestral comum de seis milhões de anos. A nave era maior, a capela da inteligência social era mais elaborada, as paredes das capelas das inteligências técnica e naturalistas estavam mais altas e incorporavam mais módulos. Mas essas capelas permaneciam incompletas.

Notas

1 Ao discutir a tecnologia olduvaiense, é mais apropriado usar o termo "artefato" em vez de "ferramenta". Quando os arqueólogos descobrem essas lascas e núcleos, não fica claro se elas são peças descartadas durante a manufatura (como as folhas de um galho ao fazer-se uma vareta de pescar cupins), ou peças mantidas para alguma finalidade. Não fica claro nem mesmo se os próprios atores tinham alguma noção do limite entre "descarte" e "utensílios". Assim sendo, os arqueólogos, sendo criaturas cautelosas, usam um termo neutro – artefatos. Potts (1988, Tabela 8.6) fornece dados sobre a frequência de uso de matérias-primas por peso e número de artefatos em quatro sítios do Leito I de Olduvai: DK, FLKNN-3, FLK "Zinj" e FLK Norte-6. Em FLK "Zinj", 90,2% dos artefatos são feitos de quartzito, embora, sendo pequenos, representem apenas 27,6% do peso total do conjunto. Artefatos feitos de basalto vesicular, por sua vez, constituem apenas 4,7% do número de artefatos, porém 44,7% do peso total. DK se destaca por apresentar uma frequência relativamente alta de nefelinito (uma espécie de lava) em termos de número de artefatos (22,7%) e peso (12,6%). O sílex córneo, o gneiss e o feldspato nunca chegam a representar mais que 0,2% de um conjunto, tanto em termos numéricos como em peso, exceto em FLK Norte-6, onde 0,6% dos artefatos são feitos de sílex córneo.

A pré-história da mente

2 Vestígios de "polimento" de trabalhos em madeira foram encontrados nas bordas de artefatos de 1,5 milhão de anos em Koobi Fora (Keeley & Toth, 1981). As possíveis funções dos artefatos olduvaienses foram discutidas por Schick & Toth (1993, p.150-86).

3 Schick & Toth (1993, p.118-22) resumem as técnicas de manufatura dos instrumentos líticos olduvaienses.

4 Toth et al. (1993). O delineamento básico do experimento consistiu em colocar um objeto desejado dentro de uma caixa com tampa transparente, que podia ser aberta apenas cortando-se uma corda. Foi mostrado a Kanzi como produzir lascas a partir de um nódulo e utilizá-las para esse propósito. No começo, Kanzi somente recebia lascas para cortar a corda, mas depois ele passou a receber os nódulos e tinha que produzir as lascas sozinho. Durante esses experimentos, Kanzi fez uso de duas técnicas básicas de produção de lascas: bater duas pedras uma contra a outra como se fossem martelos, e atirar as pedras para espatifá-las. Em ambos os casos observou--se um certo avanço, mas os artefatos resultantes foram consistentemente diferentes dos produzidos na indústria olduvaiense. Toth & Schick (1993, p.351) comentam que o argumento de que chimpanzés têm limitações para modificar instrumentos de pedra à maneira olduvaiense por uma ausência de habilidades motoras parece improvável, na medida em que esses animais são capazes de amarrar cadarços e desabotoar camisas. Westergaard (1995) descreve as habilidades dos macacos capuchinos de remover lascas de pedras, que parecem semelhantes às de Kanzi e diferentes das dos hominídeos olduvaienses.

5 A idade de Lokalalei (Gajh 5) é ligeiramente menor que 2,36 ± 0,004 milhão de anos e foi escavada em 1991. Os artefatos parecem ter sido recém-produzidos e foram feitos de uma lava de granulosidade média, que apresenta uma boa fratura concoidal. Essas peças e também o contexto geológico do sítio e os ossos da fauna associada foram descritos por Kibunjia (1994).

6 Toth (1985) realizou centenas de estudos de replicação para investigar isso. Ele demonstra como, na região de Koobi Fora, a variação da forma dos artefatos de um lado a outro da paisagem pode ser explicada pela variação das características e disponibilidade das matérias-primas. Ver também Potts (1988, p.235-7).

7 Isso pode ser visto em Sterkfontein, onde uma introdução de novos tipos de matéria-prima ocorre com os acheulenses, em uma sequência estratificada de conjuntos (Kuman, 1994).

8 As marcas de corte em ossos de animais (Bunn, 1981; Potts & Shipman, 1981) e padrões de desgaste em instrumentos de pedra (Keeley & Toth, 1981) são uma evidência direta do uso de ferramentas líticas para o processamento de carcaças. A evidência indireta é fornecida pela associação regular

entre artefatos de pedra e ossos de animais nos sítios arqueológicos e a eficácia de artefatos líticos no processamento de carcaças sob condições experimentais (Schick & Toth, 1993).

9 O sítio HAS encontra-se em sedimentos de 1,6 milhão de anos atrás na região de Koobi Fora. Entre os ossos de hipopótamos foram encontradas 119 pedras lascadas e um seixo que havia sido utilizado como martelo (Isaac, 1978).

10 Potts (1988) resume a arqueologia do sítio FLK 2 e dos outros sítios do Leito 1 da Garganta de Olduvai.

11 Isaac foi um dos arqueólogos especializados no Paleolítico mais importantes do século XX, em razão dos avanços que trouxe à descoberta e escavação de novos sítios, aos métodos analíticos e à teoria. Morreu tragicamente em 1983, no auge da sua carreira, como catedrático em Harward. Sua contribuição à disciplina pode ser apreciada na coletânea de artigos editada por sua esposa (B. Isaac, 1989).

12 O modelo das moradias-base de Isaac foi muito bem exposto no seu artigo de 1978, do *Scientific American*, intitulado "A partilha de alimentos entre os hominídeos proto-humanos". Potts (1988) fornece um excelente resumo e crítica do modelo.

13 O debate sobre a prevalência da caça, da rapinagem primária (isto é, a rapinagem da carcaça de uma presa morta recentemente, que fornece uma quantidade de carne equivalente à de um animal caçado) ou da rapinagem marginal em parte surgiu, e em parte foi incentivada, pelo incrível desenvolvimento dos métodos utilizados pelos arqueólogos para interpretar seus materiais, especialmente ossos de animais. A nova metodologia incluiu a análise microscópica de marcas de mordidas, dentes e cortes em ossos, a análise da correspondência de partes do corpo e inferências sobre a extensão do desgaste ósseo. Todos esses avanços dependeram de programas de estudos etnoarqueológicos e atualísticos referentes ao processo de formação dos sítios. Esses debates foram limitados, no entanto, pela falta de consenso dos participantes sobre o conteúdo dos registros arqueológicos, sem falar das interpretações. Um dos temas foram as implicações das marcas de instrumentos líticos nos ossos, em termos da sua relação temporal com marcas de mordidas de carnívoros, sua frequência e o tipo de esquartejamento que indicavam. A correspondência de partes do corpo de animais também foi intensamente discutida, na medida em que pode fornecer um meio de diferenciar entre a rapinagem marginal e a caça. Apenas no caso da caça esperar-se-ia encontrar os ossos portadores de maior quantidade de carne em um sítio, embora no caso da rapinagem marginal, quando o hominídeo tinha acesso a uma carcaça recém-morta, os restos de ossos possam apresentar o mesmo padrão. Os artigos mais importantes nessa disputa incluem: Binford (1984b, 1985, 1986, 1988), Binford et al.

A pré-história da mente

(1988), Bunn (1981, 1983a, b, 1994), Bunn & Kroll (1986), Isaac (1983a, b), Kroll (1994), Kroll & Isaac (1984), Oliver (1994), Potts & Shipman (1981) e Shipman (1983, 1986).

14 Isso foi descrito em detalhes por Binford (1984a).

15 A hipótese "do esconderijo de nódulos de pedra ou artefatos" está descrita em Potts (1988). Uma minimização do tempo investido em buscar lascas afiadas a serem utilizadas para penetrar e/ou esquartejar uma carcaça teria sido essencial, pelo grande perigo de predadores enfrentado pelos hominídeos (Ver nota 23).

16 Isso foi em grande parte baseado em estudos de atualística, identificando os nichos de rapinagem mais prováveis para o primeiros hominídeos (Blumenschine, 1986, 1987; Blumenschine et al., 1994).

17 Stern (1993, 1994) enfatizou as dificuldades da arqueologia da paisagem na África Oriental. Ela descreve a relação inversa entre a área de uma paisagem antiga sendo amostrada, a quantidade de dados arqueológicos disponíveis para análise e a quantidade de tempo representada pelos dejetos e sedimentos correspondentes (Stern, 1994, p.89). Para dar um exemplo disso, ela menciona os sítios arqueológicos do componente inferior de Okote em Koobi Fora, para o qual a resolução mais fina é 65 ± 5 k.a.a. Consequentemente, observações em escala etnográfica das interações entre indivíduos e seu ambiente através da paisagem apenas podem ser feitas ignorando-se essa dimensão temporal dos dados.

18 Potts (1988, p.308). A provável diversidade dos modos de vida dos hominídeos foi comentada por Potts (1994) e por Blumenschine et al. (1994), e estes últimos sugerem que a variabilidade da ecologia hominídea teria sido gerada em grande parte pela variabilidade da competição por tecidos de animais entre os carnívoros.

19 A principal dificuldade com as interpretações desse material é que a exploração das carcaças é praticamente a única evidência que temos de uma subsistência hominídea. Pouco sabemos da importância relativa da carne na dieta dos hominídeos em relação aos alimentos derivados de plantas. As pesquisas sobre a provável contribuição do alimento vegetal à dieta hominídea correspondem a estudos atualísticos nos ambientes africanos modernos, onde se consideram a disponibilidade de alimentos vegetais e os custos e benefícios da sua exploração (por exemplo, Hatley & Kappelman, 1980; Sept, 1994).

20 Aiello & Wheeler (1995). Eles encontram uma correlação entre o tamanho do trato intestinal e o tamanho do cérebro nos primatas em geral. Órgãos como o coração e o fígado não podem sofrer uma redução de tamanho para compensar as exigências metabólicas, na medida em que estão fisiologicamente impedidos. Os cérebros relativamente grandes dos australopitecinos,

quando comparados aos dos primatas não humanos, sugerem que eles consumiam uma variedade de alimentos vegetais de alta qualidade, como os tubérculos.

21 Consultar Blumenschine (1986). Isto foi investigado por Lake (1995) utilizando sofisticados modelamentos por simulação computacional.

22 Vários arqueólogos enfatizaram a importância do transporte de pedras. A identificação disso em Olduwai se tornou possível graças aos estudos geológicos de Hay (1976), que localizaram as fontes de matéria-prima. Para Issac (1978), o transporte de pedras constituiu mais uma razão para elaborar a hipótese das moradias-base. Binford (1989) argumentou que eram os instrumentos de núcleos a serem principalmente carregados através da paisagem, e que estes normalmente não são encontrados junto com os restos da manufatura. Toth (1985) revisou a metodologia utilizada para inferir o transporte de artefatos baseada em conjuntos replicados e nas frequências de diferentes tipos de artefatos em conjuntos íntegros, como foi feito em FxJj 50. A restrita escala espacial dessas atividades de transporte é indicada pelos sítios de FxJj e FeJi na Turkana Oriental, que foram ocupados cerca de 1,8 m.a. e encontram-se a apenas 25 quilômetros de distância um do outro. Os remanescentes líticos nesses sítios são constituídos apenas de matérias-primas disponíveis localmente, a lava em FxJj e o quartzo em FeJj (Rogers et al., 1994, p.151).

23 Richard Potts sugere que uma razão para o transporte de nódulos de pedras e artefatos foi a criação de esconderijos. Esses locais teriam permitido um acesso rápido a artefatos líticos/matérias-primas quando surgisse a necessidade de explorar uma carcaça. A utilização eficiente do tempo pode ter sido essencial à sobrevivência em um ambiente cheio de predadores. Esta continua sendo uma das explicações mais plausíveis para o acúmulo de artefatos, especialmente nódulos não trabalhados, e de restos de animais em pontos específicos da paisagem. Entretanto, a questão de os hominídeos terem criado esses esconderijos intencionalmente, ou acidentalmente, durante o esquartejamento de outra carcaça continua não resolvida. Se foram criados de propósito, então isso serve como evidência adicional de que havia uma previsão e planejamento das distribuições futuras de recursos. A hipótese dos esconderijos de núcleos de pedra ou artefatos líticos foi descrita em detalhes no livro de Pott (1988), no qual ele demonstra o benefício funcional de criar esses esconderijos em modelos computacionais simples (ver nota 15).

24 Existem dois exemplos de uma possível evidência de dispersão para fora da África por um hominídeo anterior ao *Homo erectus*. Primeiro, os alegados artefatos de Riwat, no Paquistão, datados de dois m.a. (Dennell et al., 1988a, b). Suspeito que esses sejam "artefatos" naturais, embora Dennell

defenda que foram produzidos pelos primeiros *Homo*. Segundo, os fragmentos dentários de hominídeos da caverna de Longgupo, na China (Wanpo et al., 1995). Esses espécimens foram datados de 1,9 m.a. e possivelmente pertencem aos primeiros *H. erectus*. Entretanto, parecem conter algumas características primitivas e resta a possibilidade de que correspondam ao *H. ergaster* (uma espécie que estou incluindo dentro da categoria ampla do *H. habilis* e que muito provavelmente é um ancestral direto do *H. erectus*). Se esse for o caso, implica que o *H. ergaster* pode ter se dispersado para fora da África (e o *H. erectus* evoluído dentro da África) para depois retornar à Europa e África. Mas não há consenso sobre a identificação taxonômica desses restos de hominídeos; de fato, alguns até duvidam que eram realmente hominídeos. As diversas interpretações estão discutidas em Wood & Turner (1995) e Culotta (1995).

25 Jack Harris e colaboradores tentaram comparar sistematicamente o uso da terra antes e depois de 1,6 m.a. na região oriental do lago Turkana (Rogers et al., 1994). Eles compararam a distribuição de acampamentos em três intervalos de tempo sucessivos, 2,3 m.a., 1,9-1,8 m.a. e 1,7-1,5 m.a., e atribuíram a localização mais diversa de sítios arqueológicos no terceiro destes a uma maior gama de comportamentos em *H. erectus*. Concluíram que somente depois dessa data passaram a ser utilizados tipos de situações ambientais mais variados e a ocorrer uma dissociação entre características da paisagem, como fontes de matérias-primas ou árvores com sombra, e certas atividades. No período anterior a 1,6 m.a., os sítios arqueológicos estavam "presos" às bordas de fontes de água permanentes, onde pedras arredondadas podiam ser encontradas no cascalho. Depois dessa data, os sítios foram encontrados em terrenos de alagamento próximos de rios, a uma certa distância das fontes de água permanentes e de matérias-primas. Os primeiros hominídeos parecem ter sofrido maiores limitações em razão da distribuição de recursos naturais do que os primeiros humanos. Richard Potts (1994) chegou a uma conclusão semelhante ao comparar a arqueologia do Leito I de Olduvai (1,8-1,7 m.a.) com a do Componente I em Olorgesailie (0,9 m.a.).

26 Consultar Leakey (1971) e Potts (1988, 1994). Por exemplo, a principal ocupação MNK no Leito II de Olduvai apresenta seis camadas arqueológicas principais em 1,5 metro (5 pés) de sedimento. Binford (1987a) argumentou que sítios como esse na verdade não divergem, em termos de comportamentos do passado, da densa concentrações de artefatos e fragmentos de osso encontrados em níveis verticais discretos, como em FLK "Zinj". O contraste simplesmente reflete a velocidade de acumulação dos sedimentos e, consequentemente, irá formar-se um palimpsesto ou uma distribuição de artefatos verticalmente difusa. Mesmo quando não temos esse empilhamento de sítios através de camadas sedimentares profundas, a evidência do desgaste de ossos indica que os conjuntos de

"sedimentos vivos" acumularam-se ao longo de vários anos (Potts, 1986; Behrensmeyer, 1978).

27 Essa foi a característica básica da fauna associada que levou Isaac a desenvolver a hipótese das moradias-base, porque implica o translado de partes de animais entre microambientes. Plummer & Bishop (1994) sugeriram que a variabilidade morfológica em bovinos metapoidais do Leito I de Olduvai indicam que os hominídeos olduvaienses estavam utilizando hábitats variando dos abertos aos fechados, e possivelmente toda essa gama na zona marginal do lago. Blumenschine (1986, 1987) sugeriu que a mata ao lado do rio teria constituído uma excelente região para a rapinagem. Sikes (1994) utilizou a composição de isótopos estáveis dos paleossóis de sítios dos primeiros hominídeos para estimar a razão original entre a vegetação de gramíneas (C_4) e de florestas (C_3), descobrindo que esta última é a dominante. Ela concluiu que os hominídeos do Plio-Pleistoceno na África Oriental podem ter preferido hábitats florestados relativamente fechados, que podem ter oferecido sombra, alimento e refúgio contra predadores. Em termos mais gerais, Cerling (1992) argumentou que os campos abertos com biomassa de C_4 superior a 90% não se desenvolveram na África Oriental até cerca de 1,0 m.a. Contudo, a diversidade de espécies animais na fauna associada de sítios arqueológicos indica que os primeiros *Homo* forrageavam em uma variedade de ambientes, incluindo condições de savana aberta.

28 Testar a existência de uma relação entre tamanho de cérebro e complexidade social não é de forma alguma fácil. A dificuldade consiste no fato de o tamanho cerebral ser extremamente difícil de medir de uma maneira que tenha sentido para comparações entre espécies (por exemplo, ver Jerison, 1973; Clutton-Brock & Harvey, 1980; Deacon, 1990; Dunbar, 1992). Se, por um lado, animais maiores possuem cérebros maiores para lidar com o aumento das exigências sensoriais e motoras, por outro, o tamanho do cérebro não aumenta de maneira linear em relação ao tamanho do corpo. Também é preciso levar em conta diferenças na dieta alimentar. Um primata que dependa do consumo de folhas precisa ter um trato intestinal longo e, consequentemente, um corpo grande, embora isso não exija um aumento da capacidade cerebral. Em contrapartida, primatas que se alimentam de frutas tendem a apresentar corpos menores e um trato intestinal reduzido. Essas complexidades levaram à utilização de várias medidas diferentes de tamanho cerebral em estudos comparativos. Tais investigações baseiam-se em medições de escalas alométricas, que levam em conta os efeitos do tamanho do corpo e geram correlações entre tamanho cerebral e corporal. Tendo à disposição essas correlações para primatas ou mamíferos em geral, é possível inspecionar os residuais das linhas de regressão para cada espécie. Residuais grandes e positivos caracterizam espécies com um tamanho de cérebro relativamente grande em relação ao que se esperaria pelo seu tamanho corporal.

Entre os primatas, os strepsirríneos (lêmures) apresentam o cérebro que se esperaria encontrar em um animal desse tamanho, enquanto os macacos e os grandes símios apresentam tamanhos de cérebro quase duas vezes maiores que os previstos. O tamanho de cérebro dos humanos é substancialmente maior que o esperado.

Entre as medidas de tamanho cerebral utilizadas, a razão entre o volume do neocórtex e o volume do resto do cérebro parece ser uma das mais resistentes a discussões críticas nessa área. Robin Dunbar investigou a correlação entre a razão do neocórtex e fatores que se relacionam com os comportamentos de forrageamento e mobilidade em primatas não humanos, particularmente a área coberta, a duração das jornadas diurnas e a quantidade de frutas na dieta (Dunbar 1992). Uma correlação quanto a isso sugeriria que a complexidade ambiental teria sido a pressão seletiva para o aumento cerebral (utilizado como medida indireta de inteligência). Entretanto, não foi encontrada nenhuma correlação. Em contrapartida, a razão do neocórtex se correlacionou com o tamanho médio do grupo em primatas. O tamanho do grupo pode refletir a complexidade social, assim como reflete o número de animais e exigências individuais que devem ser monitoradas e levadas em conta ao tomar decisões comportamentais. Esse foi, portanto, um teste explícito da hipótese maquiavélica, com um resultado positivo.

29 Como medida da complexidade social, Byrne utilizou o grau de falsidade tática. Valendo-se de relatos sobre a falsidade tática em uma série de espécies primatas, ele também encontrou uma forte correlação positiva entre sua frequência e a razão do neocórtex. Isso dá sustentação à ideia de que o ambiente social agiu como pressão seletiva por um aumento do cérebro durante a evolução hominóide (Byrne, 1995; ver também Byrne & Whiten, 1985, 1991, 1992).

30 Com relação a estudos sobre o tamanho de grupos, ver Clutton-Brock & Harvey (1977), Van Schaik (1983), Foley (1987), Wrangham (1987), Dunbar (1988), Chapman (1990) e Isbell et al. (1991). A importância relativa do risco de predadores e da distribuição de recursos em mosaico para o tamanho de grupo foi submetida a poucos testes bem definidos, por causa dos problemas inerentes à medição dessas variáveis (Wrangham, 1987). Qualquer tamanho de grupo pode ter derivado de uma gama de fatores ecológicos, evolucionistas e históricos (Wrangham, 1987; Dunbar 1988). Além disso, a ideia de que "tamanho de grupo" é uma variável social útil pode ser questionada. Pesquisas mais proveitosas podem ser realizadas considerando-se tipos específicos de grupos, como os relacionados à alimentação ou à reprodução, e levando em consideração as diferentes estratégias sociais empregadas por cada sexo (Cheney et al., 1987). Entretanto, em razão da resolução do registro arqueológico, os historiadores da pré-história parecem ser forçados a considerar o tamanho de grupo como uma variável social grosseira.

31 Por exemplo, o crânio de Swartkrans, conhecido como SK45 e pertencente a uma criança australopitecina, apresenta dois orifícios que provavelmente foram feitos por caninos inferiores de um leopardo enquanto o animal segurava a criança entre suas mandíbulas (Brain, 1981). Brain sugere que os primeiros hominídeos teriam sido caçados por uma série de grandes carnívoros. Também foi sugerido que um espécime juvenil de australopitecino, representado pelo crânio de Taung, foi a presa de uma águia que se lançou em vôo picado para roubá-lo de sua mãe, como hoje em dia águias são vistas fazendo com macacos (*New Scientist, v.9, p.7, set. 1995*).

32 Dibble (1989) revê as várias tentativas de inferir capacidades linguísticas a partir de artefatos líticos.

33 O significado das áreas de Broca e de Wernicke para a linguagem foi discutido em várias publicações recentes, que tratam da evolução do cérebro e da linguagem (por exemplo, Corballis, 1991, 1992; Donald, 1991; Falk, 1983, 1990, 1992; Pinker, 1994), mas ainda persiste certa confusão sobre suas funções. Após uma longa descrição sobre os possíveis papéis dessas regiões cerebrais com respeito à linguagem, Steven Pinker (1994, p.311) recentemente concluiu que "para ser sincero, ninguém realmente sabe para que servem as áreas de Broca e de Wernicke".

34 Estes são denominados endomoldes. Alguns são gerados naturalmente à medida que as caixas cerebrais ficam cheias de sedimentos de grão fino, que se transformam em pedra durante a decomposição das caixas e imortalizam os contornos da parede interna destas. Outros são produzidos artificialmente usando moldes de látex.

35 Cf. Tobias (1987, p.741), Falk (1983).

36 O trabalho de Deacon (1992) foi baseado na tentativa de compreender como a evolução poderia avançar da comunicação vocal dos grandes símios para a linguagem dos humanos modernos, quando elas parecem ser geradas em diferente partes do cérebro. Os gritos dos primatas têm como fonte as áreas subcorticais, enquanto a linguagem humana depende de atividades dentro do neocórtex (ver Capítulo 5, nota 17). Deacon argumenta que, em vez de a linguagem exigir circuitos totalmente novos, ela pode ser explicada por mudanças nas proporções relativas de circuitos em diferentes partes do cérebro, na medida em que estas não aumentam de maneira igual durante o processo de encefalização.

37 Aiello & Dunbar (1993), Dunbar (1991, 1992, 1993).

7
As inteligências múltiplas da mente dos humanos arcaicos

O Ato 3, que se estende de 1,8 milhão a cem mil anos atrás, é o período mais enigmático da nossa pré-história. A qualidade do registro arqueológico é bem melhor que a do Ato 2 e com frequência permite fazer reconstruções precisas e detalhadas do comportamento passado. Mas, ao estudarmos esse comportamento, ele muitas vezes se revela estranho, fundamentalmente diferente de tudo o que aconteceu antes e o que acaba acontecendo depois, no Ato 4, durante o rápido avanço em direção ao presente.

Embora ainda haja muito o que aprender sobre nosso ancestral do Ato 2, analisado no capítulo anterior, podemos aceitar, entretanto, que seus estilos de vida eram adaptações finamente sintonizadas com as matas e savanas africanas de 4,5 a 1,8 milhão de anos. Na medida em que esses estilos são tão diferentes dos nossos, a maneira de estudá-los parece óbvia: tendo reconstruído o comportamento dos primeiros *Homo*, por exemplo, tentamos compreendê-lo como se fôssemos ecólogos lidando com o repertório comportamental de qualquer outra espécie de primatas. Também podemos nos sentir confiantes quanto à maneira como deveríamos abordar a *performance* do Ato 4, especialmente nas cenas 2 e 3, que se desenrolam depois de sessenta mil anos. Nesse período, o ritmo acelerado das mudanças culturais parece familiar, porque é exatamente o que enfrentamos na nossa curta vida. Além do mais, para a maioria das cenas, temos um único tipo improvisando o roteiro – nós mesmos, os *H. sapiens sapiens*. Assim, ao explicar o comportamento humano no Ato 4, tentamos ser mais antropologos que ecólogos.

Na terra-de-ninguém do Ato 3, nem o ecólogo nem o antropólogo conseguem pisar com segurança. Na verdade, isso também se aplica a grande parte da cena 1 do Ato 4, especialmente quando analisamos os últimos neandertais. Durante esses dois períodos, algumas características comportamentais parecem tão familiares que facilmente poderíamos atribuir a mente moderna aos atores em questão; entretanto, de outros aspectos, seus comportamentos parecem tão diferentes quanto os dos primeiros *Homo* na savana africana. O Ato 3 é certamente uma fase cheia de enigmas – vamos deparar com oito deles neste capítulo. Cada ator parece ser como o homem que Charles Colton deve ter imaginado ao escrever, no começo do século XIX: "O Homem é a personificação de um paradoxo, um emaranhado de contradições".[1] A função dos dois próximos capítulos é desembaraçar esse emaranhado para ver o tipo de mente que ele contém.

Vamos começar recapitulando os pontos importantes do Ato 3.

O início é empolgante: aparece o *H. erectus*, há 1,8 milhão de anos, seguido pela visão de novos tipos de instrumentos líticos, os machados de mão, há 1,4 milhão de anos. Durante toda a duração desse ato observamos como o *H. erectus* se diversifica e evolui em direção a uma série de novos ancestrais humanos. Embora o tamanho do cérebro aparentemente tenha permanecido estável entre 1,8 e 0,5 milhão de anos – enquanto o *H. erectus* e seus descendentes mais imediatos colonizavam o Velho Mundo –, o período chega ao fim passando por nova expansão cerebral (semelhante ao surto de dois milhões de anos atrás), que termina há aproximadamente duzentos mil anos com um cérebro equivalente ao dos humanos modernos atuais. Os novos atores de cérebro grande do tempo subsequente a quinhentos mil anos são classificados como *H. sapiens* arcaicos na África e na China; já na Europa, os poucos restos fósseis disponíveis recebem o nome de *H. heidelbergensis*. Essa última espécie parece ter dado origem ao *H. neanderthalensis* – o homem de Neandertal – encontrado na Europa e no Oriente Médio depois de aproximadamente 150 mil anos, e que sobreviveu na Europa até 30 mil anos atrás. Neste capítulo, vou agrupar todos esses atores e referir-me a eles como os "Humanos arcaicos", para distingui-los dos *H. sapiens sapiens* que aparecem no começo do Ato 4 e a quem vou chamar de os "Humanos Modernos".

Enquanto esses acontecimentos evolutivos sobrevinham, o cenário era submetido a uma agitada série de transformações. É um período dominado por sucessivas mudanças ambientais em escala global, quando o planeta passou por pelo menos oito grandes ciclos de glaciação-interglaciação. Se olhamos para a Europa, observamos que as paisagens repetidamente transformam-se de tundras cobertas de gelo em densas florestas, e vice-versa; isso é acompanhado de alterações na fauna. Mesmo dentro de uma mesma fase ocorreram muitas flutuações climáticas menores – algumas durando anos, outras um único ano, quando o clima tornou-se anormalmente frio ou quente, úmido ou seco.

Assim sendo, no que diz respeito à anatomia humana e ao clima, o Ato 3 está cheio de ação. Contudo, os objetos de cena utilizados pelos atores não parecem seguir esse ritmo de mudanças. Depois do aparecimento do machado de mão, há 1,4 milhão de anos, observamos uma única grande inovação há 250 mil anos – uma nova técnica de produção chamada Método de Levallois. Afora isso, quase não encontramos outras mudanças no material cultural. De fato, muitos dos objetos de cena não parecem ser tão diferentes dos utilizados pelo *H. habilis* na savana africana, durante o Ato 2. No todo, o registro arqueológico que cobre o período entre 1,4 milhão e cem mil anos atrás parece girar em torno de um número quase ilimitado de variações menores dentro de uma modesta série de temas técnicos e econômicos.

Por volta do começo do Ato 3, mais de quatro milhões de anos se passaram desde o tempo do ancestral comum. Isso nos levou até uma mente com duas características dominantes: um grande número de módulos mentais dedicados exclusivamente às interações sociais, que pode ser definido como uma inteligência social discreta, e uma série de regras gerais sobre aprendizado e resolução de problemas, utilizadas independentemente dos domínios cognitivos e às quais nos referimos como a inteligência geral. As duas inteligências são suplementadas por alguns módulos mentais dedicados à compreensão dos objetos físicos, embora o número existente pareça ser relativamente pequeno. Temos agora que analisar o que acontece com essa mente durante o próximo ato da pré-história.

Conforme acabei de indicar, existem vários tipos de ancestrais comuns nesse período, e cada um deve ter tido uma arquitetura mental ligeiramente diferente. Digo "ligeiramente" porque vou partir da premissa de que as semelhanças arquitetônicas em questão são mais significativas que as diferenças. Meu propósito neste capítulo é tentar reconstruir a arquitetura de uma mente genérica do humano arcaico, valendo-me livremente dos dados sobre os diferentes tipos de humanos arcaicos deste ato. Na verdade, vou avançar até o começo do Ato 4 ao analisar o comportamento dos últimos neandertais, que não parece ser diferente do observado no Ato 3 e pode ser reconstruído com mais detalhes. Somente no fim do capítulo pretendo fazer algumas distinções entre as arquiteturas mentais do *H. erectus* e do *H. neanderthalensis*, expondo dessa forma a evolução da mente no decorrer do Ato 3.

O Ato 3 está cheio de paradoxos comportamentais, para não dizer contradições. A aparente semelhança entre os humanos arcaicos e os humanos modernos sob certos aspectos e as extraordinárias diferenças sob outros vão ser um tema sempre presente neste capítulo. Acredito que esses enigmas e paradoxos na verdade constituem a chave para a reconstrução da arquitetura mental dos humanos arcaicos. Para podermos continuar, devemos levar em conta a evidência de cada um dos quatro domínios cognitivos que defini no Capítulo 4 – as inteligências técnica, naturalista, social e linguística – e também considerar como elas interagiam, se de fato houve interação. Assim sendo, permitam-me começar mais uma vez com a inteligência técnica e a evidência derivada dos instrumentos de pedra.

Inteligência técnica: impondo simetria e forma

Em primeiro lugar, temos que reconhecer que houve um considerável aumento da habilidade técnica, se comparada à do *H. habilis* no Ato 2. O artefato típico dos humanos arcaicos foi o machado de mão. Mesmo uma breve inspeção desses objetos já revela uma série de diferenças significativas em relação aos utensílios produzidos pela tradição olduvaiense. Eles frequentemente mostram um alto grau de simetria, às vezes presente em três dimensões ao mesmo tempo, e indicam que o fabricante estava impondo um formato ao objeto em vez de apenas criar extremidades pontudas, como o lascador olduvaiense.

Para atingir a simetria e a forma, foram necessárias sequências de lascamento mais longas. Elas podem ser avaliadas pelo retoque de estilhas de lascamento de sítios como Boxgrove, no sudeste da França, onde machados de mão foram produzidos há quinhentos mil anos.[2] Para fabricar esse tipo de instrumento, o formato, a qualidade e a dinâmica de fratura potencial do bloco original devem ser escolhidos com muito cuidado. A manufatura envolve desbastar o bloco delineando o machado e a seguir criar o formato final, em geral utilizando um martelo "menos duro", feito de osso ou de madeira (ver Figura 11). As lascas são removidas dos dois lados do objeto alternadamente, razão pela qual a técnica é muitas vezes descrita como lascamento bifacial e os artefatos como bifaces. Um martelo menos pesado permite destacar lascas com escoriações mais superficiais e criar um instrumento relativamente fino. Antes da remoção de cada lasca, a borda do artefato pode ser previamente desgastada por alguns momentos, ou ter lascas bem pequenas removidas, e então ser definitivamente golpeada.

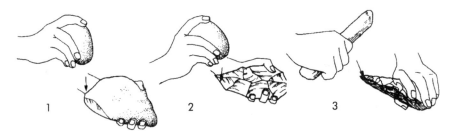

FIGURA 11 – A produção de um machado de mão simétrico envolve três estágios principais. Começando com uma lasca grande ou com um módulo (1), um martelo de pedra é usado para conseguir o formato básico, destacando-se as lascas do lados alternados do artefato (2). O machado é acabado usando-se um martelo "macio" de osso, armação ou madeira, para remover lascas finas (3) e obter a forma final do objeto.

A dificuldade de conseguir um machado de mão simétrico e com um determinado formato foi enfatizada por Jaques Pelegrin, que acumulou muitos anos de experiência tentando reproduzir esses objetos. Ele explicou que o propósito do talhador não é obter uma extremidade afiada, e sim extrair do bloco de pedra um artefato com forma predeterminada, independentemente do formato inicial. O planejamento é essencial para alcançar a simetria, e deve ser contínuo durante a produção do objeto. O talhador tem que considerar tanto o que deseja como o que é possível, e chegar a ambos os fins golpeando com determinada força pontos específicos do artefato. Cada bloco trabalhado apresentará características e desafios únicos. Por conseguinte, para produzir formas padronizadas, o fabricante (ou a fabricante) tem que explorar e adaptar seu conhecimento sobre manufatura de instrumentos em vez de apenas seguir mecanicamente uma série de regras fixas.[3] Esse último ponto é particularmente importante, na medida em que muitos conjuntos de machados de mão de um único sítio arqueológico são consideravelmente parecidos quanto ao formato e tamanho. Se a uniformidade dos produtos finais não é consequência direta da uniformidade dos blocos originais, e assumindo como improvável que todos os blocos tivessem o mesmo formato, aqui temos um magnífico exemplo de imposição de uma forma preestabelecida.[4]

Muitos dos comentários sobre a dificuldade técnica de obter um machado de mão, que citei nos parágrafos anteriores, também valem para a aplicação do Método Levallois – a técnica de lascamento arquetípica dos neandertais. Na verdade, esse método pode envolver habilidades técnicas até maiores que as necessárias para fazer machados de mão.[5] Essencialmente, consiste na remoção de uma lasca cujo tamanho e formato são estabelecidos de antemão pelo preparo do núcleo, o qual, por sua vez, é criado com duas superfícies distintas. Uma é abobadada e apresenta escoriações para guiar a remoção de lascas; a outra é a plataforma de golpeamento. Para um destacamento bem-sucedido, o ângulo entre essas duas superfícies e o ângulo usado para golpear o núcleo e a força utilizada têm que ser rigorosamente corretos. Caso contrário, a lasca destacada pode despencar pela lateral do núcleo ou desviar para um lado ou outro.

Um arqueólogo e lascador moderno recentemente comentou que "mesmo hoje, são poucos os estudiosos da tecnologia lítica que chegam a alcançar o nível de perícia dos neandertais ao produzir núcleos e lascas Levallois de boa qualidade; e o número de lascadores contemporâneos que dominou a técnica de fabricar boas pontas Levallois provavelmente é menor que vinte" (Hayden, 1993, p.118). Ele também comenta que a produção de uma lâmina a partir de um núcleo prismático – característico do período do Paleolítico Superior que começa quarenta mil anos atrás, no Ato 4 – é "incomparavelmente mais fácil" que a manufatura de uma ponta Levallois (ver Figura 12). A tecnologia lítica neandertal do Oriente Médio ilustra a sofisticação do Método Levallois. Considere-se, por exemplo, o difícil processo usado para produzir pontas Levallois na caverna de Kebara, entre 64 e 48 mil anos atrás.[6] Depois da remoção do córtex do núcleo, lascas eram destacadas para criar um perfil convexo nas direções longitudinal e transversal. A seguir, um tipo especial de plataforma de

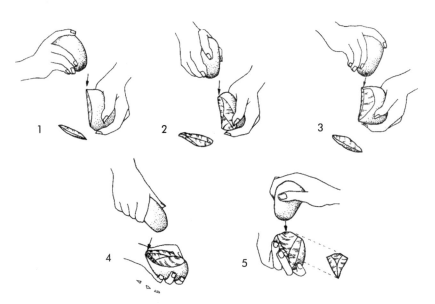

FIGURA 12 – Para fazer uma ponta Levallois, é preciso remover lascas da superfície de um núcleo, para criar uma série de arestas sobre uma superfície abobadada (1-3), que então irão guiar a remoção da lasca pontuda final. Uma plataforma de golpeamento é preparada perpendicularmente à superfície abobadada do núcleo (4) e a ponta Levallois é removida com um único golpe (5).

golpeamento era criada, denominada *chapeau de gendarme* (quepe de guarda). Trata-se de uma projeção central alinhada com o eixo do formato de "Y" na borda principal do dorso do núcleo, criada durante a preparação inicial. Essa combinação serve para guiar a remoção de uma lasca e dessa maneira obter a ponta simétrica desejada. Os neandertais de Kebara extraíam várias lascas de Levallois de cada núcleo antes de restaurar sua convexidade, para então remover uma nova sequência de pontas. As pontas eram frequentemente utilizadas da maneira como ficava ao serem destacadas do núcleo; maiores retoques não eram necessários.

Assim como no caso dos machados de mão, é fundamental perceber que as lascas de Levallois não podem ser obtidas seguindo-se mecanicamente um conjunto de regras. Cada bloco de pedra original apresenta propriedades únicas que impõem um "caminho" único de manufatura. Nathan Schlanger descreveu isso ao investigar as ações realizadas há 250 mil anos pelo humano arcaico que produziu o "Núcleo de Marjories", um núcleo Levallois do sítio de Maastricht-Belvédère, na Holanda, que apresenta muitas lascas retocadas.[7] Schlanger enfatiza como o lascador (ou lascadora) deve ter usado pistas visuais e táteis do núcleo para monitorar a forma em transição e ajustar continuamente seus planos em relação ao desenvolvimento do núcleo.[8]

A inteligência técnica dos humanos arcaicos também está evidenciada na variedade de matérias-primas trabalhadas. Alguns dos machados de mão mais antigos indicam uma habilidade de trabalhar materiais com padrões de fratura menos previsíveis que os olduvaienses. Considere-se, por exemplo, a coleção de artefatos de Sterkfontein, na África do Sul, que inclui machados de mão e encontra-se estratificada imediatamente acima da olduvaiense.[9] Ali observamos a introdução de uma nova matéria prima, a diabase, e um uso muito melhor dos tipos de rochas difíceis, como o quartzito e o sílex córneo. De fato, por todo o Velho Mundo encontramos métodos de lascamento bifacial e Levallois sendo aplicados com sucesso em materiais relativamente intratáveis.[10]

Além do mais, em algumas localidades, pode-se observar uma nítida preferência pela manufatura de certos artefatos a partir de determinados tipos de materiais. Por exemplo, no sítio de Gesher Benot, em Israel, com mais de quinhentos mil anos de idade, o basalto era especialmente usado para fazer machados de mão, enquanto a pedra calcária era selecionada para os *"choppers"*. Da mesma forma, no sítio de Terra Amata, no sudoeste da França, uma das primeiras ocupações da Europa, a pedra calcária era usada para os *choppers* e bifaces, enquanto a pederneira e o quartzo eram destinados a instrumentos menores.[11]

Tentando entender o conservadorismo tecnológico

Analisamos a evidência de uma inteligência técnica avançada entre os humanos arcaicos. Considerando que eles entendiam de dinâmica de fratura de pedras e praticavam esse conhecimento gerando artefatos baseados em uma série de moldes mentais preconcebidos, há pouca dúvida quanto a possuírem habilidades equivalentes à dos humanos modernos do Ato 4. Entretanto, ao levar em conta outros dos seus aspectos tecnológicos, encontramos tipos de comportamento que contrastam de forma marcante com os dos antepassados modernos. Existem, de fato, quatro enigmas da tecnologia humana arcaica.

Enigma 1 – Por que os humanos arcaicos não utilizaram o osso, o chifre e o marfim como matérias-primas?

Embora existam evidências de que esses ancestrais utilizavam pedaços de osso não trabalhados nas suas atividades – por exemplo, como martelos durante a manufatura dos machados de mão – eles não produziram artefatos esculpidos em osso, chifre ou marfim. Poucas peças de osso apresentam ranhuras na sua superfície ou mesmo lascas retiradas das bordas, mas em geral é difícil diferenciar essas marcas das mordidas de carnívoros. Nada disso, entretanto, exige nem sequer remotamente a habilidade técnica evidenciada nas ferramentas de pedra. Se os humanos arcaicos tivessem trabalhado materiais como o marfim e o osso, certamente encontraríamos alguns dos resultados nos enormes conjuntos de ossos descobertos junto a artefatos líticos neandertais, em sítios como Combe Grenal, na França, e Tabun, no Oriente Médio. Essas duas localidades apresentam longas sequências de horizontes de ocupação com milhares de instrumentos líticos e ossos de animais.

Consequentemente, a ausência de artefatos talhados em osso não pode ser explicada recorrendo-se ao argumento da má preservação. Tampouco podemos explicá-la invocando restrições anatômicas no que diz respeito à destreza manual dos humanos arcaicos. Embora a anatomia da mão dos neandertais difira um pouco da do *H. sapiens sapiens*,[12] o nível de sofisticação neandertal na manipulação de artefatos de pedra durante a manufatura parece equivaler-se ao dos humanos modernos. Além do mais, os humanos arcaicos produziram utensílios de madeira, como os bastões afiados de Clacton, na Grã-Bretanha, e Lehringen, na Alemanha, e também a "tábua polida" de Gesher Benot, em Israel, cuja feitura exigiu movimentos motores semelhantes aos necessários para trabalhar ossos. Finalmente, não podemos explicar a ausência de artefatos de osso, chifre ou marfim apenas sugerindo que eles teriam sido pouco úteis para os humanos arcaicos. Esses materiais apresentam a propriedade física de suportar impactos sem fraturar-se, o que lhes confere vantagens em relação à pedra na fabricação de projéteis para caçar ungulados de grande porte[13] – uma atividade que, como veremos, foi central para os modos de vida dos humanos arcaicos. Então, por que eles ignoraram essas matérias-primas?

Enigma 2 – Por que os humanos arcaicos não fabricaram instrumentos projetados para fins específicos?

A análise microscópica das bordas de instrumentos de osso demostrou que os artefatos de pedra dos humanos arcaicos eram tipicamente utilizados para uma variedade de tarefas. Além do mais, não parece existir uma relação entre a forma das ferramentas e sua função provável.[14] Os machados de mão ou as lascas simples parecem ter sido utilizados como instrumentos de uso geral – por exemplo, para trabalhar a madeira, picar material vegetal, cortar peles de animais e destacar pedaços de carne. O caráter geral dos instrumentos do homem arcaico é particularmente evidente nas pontas de lanças. Estas praticamente não demonstram uma variabilidade de forma ou tamanho por todo o Velho Mundo, embora diferentes tipos de animais fossem caçados. Como veremos no Capítulo 9, os humanos modernos do Paleolítico Superior – de quarenta a dez mil anos – criaram uma enorme diversidade de lanças e pontas de projéteis que indicam a criação de tipos específicos de armas para caçar tipos específicos de presas.[15] Os humanos arcaicos não parecem ter feito isso. Na verdade, os primeiros humanos modernos da primeira cena do Ato 4 também não.

Enigma 3 – Por que os humanos arcaicos não fabricaram instrumentos com vários componentes?

Não há nada que sugira que o *H. erectus* adicionava cabos aos artefatos líticos. Os neandertais parecem ter sido os primeiros a fazer isso, com as pontas de pedra manufaturadas segundo o Método Levallois. As pontas encontradas em cavernas do Oriente Médio apresentam padrões de quebra e desgaste condizentes com a introdução de cabos e uso como lanças.[16] A adição de um cabo envolve fazer uma haste, certificar-se de que a extremidade é do tamanho e formato adequados, adquirir material para fazer a amarra e a resina, e a seguir usar isso para conseguir uma fixação segura. É algo que consome tempo, mas revoluciona a eficiência das armas de caça. A evidência dos padrões de fratura das pontas Levallois do Oriente Médio nos mostra claramente que os humanos arcaicos dominaram essa técnica. O estranho, entretanto, é que tenham restado tão poucos exemplares de ferramentas com cabos, e com tão poucos componentes. Se uma lasca pode ser fixada, por que não criar artefatos com componentes múltiplos que, em vista da sua prevalência entre caçadores coletores de períodos posteriores, parecem ter sido consideravelmente mais eficientes? Se os humanos arcaicos dominaram a arte de combinar diferentes tipos de matéria-prima para fazer artefatos compostos, por que estancaram nesses instrumentos simples? É improvável que o instrumento mais complexo dos neandertais tenha incluído mais que duas ou três partes.

Enigma 4 – Por que os instrumentos de pedra dos humanos arcaicos apresentam uma variação temporal e espacial tão limitada?

Talvez o aspecto mais surpreendente da tecnologia lítica dos humanos arcaicos seja sua limitada variabilidade. No Capítulo 2, citei o comentário do arqueólogo Glynn Isaac sobre a "mistura dos mesmos ingredientes essenciais" da tecnologia dos humanos arcaicos por mais de um milhão de anos de "mudanças menores, sem direção". Outros arqueólogos de destaque também enfatizaram o aspecto intrigante dessa tecnologia. Por exemplo, Lewis Binford (1989) escreveu sobre a existência de conjuntos de machados de mão

> de muitos ambientes distintos na África, Europa Ocidental, o Oriente Médio e a Índia, mas, exceto por possíveis variações secundárias que podem ser explicadas em termos de tipos de matéria-prima disponível para a produção e distribuição dos artefatos ... nenhuma diferenciação padronizada co-varia de maneira convincente com ambientes extremamente diferentes (p.28).

A análise estatística em grande escala do formato de machados de mão tem dado apoio a esses pontos de vista.[17] Ao investigar o período de duzentos mil anos atrás, Richard Klein (1989), uma das autoridades em comportamento do *H. sapiens* arcaico da África do Sul, também descreveu como os conjuntos de ferramentas desses ancestrais mal podem ser distinguidos das ferramenta dos neandertais que viviam na Europa e Oriente Médio. Por que o grau de variabilidade tecnológica não correspondeu à ambiental? Por que uma inovação tão limitada?

Uma possível solução para os enigmas é que os humanos arcaicos simplesmente não precisavam de instrumentos feitos de material orgânico além da madeira, ou de instrumentos com várias partes ou funções especializadas. Entretanto, logo notamos que essa explicação não procede: a interação entre esses ancestrais e seu ambiente natural nos indica que muitos deles viveram sob considerável estresse adaptativo – que teria sido aliviado por essas inovações. Dessa forma, antes de esclarecer os enigmas, temos que considerar a natureza dessa interação com o meio e, ao fazê-lo, examinar um segundo domínio da mente humana arcaica: a inteligência naturalista.

Inteligência naturalista: ampliando as mentes, ampliando os territórios

A inteligência naturalista é um amálgama de pelo menos três subdomínios do pensamento: o dos animais, o das plantas e o da geografia da

A pré-história da mente

paisagem, como a distribuição de fontes de água e cavernas. No todo, refere-se a compreender a geografia da paisagem, o ritmo das estações e os hábitos das presas em potencial. Refere-se a observações do mundo natural no presente para prever o futuro: o significado da formação de nuvens, de pegadas de animais, da chegada e partida de pássaros durante a primavera e o outono.

Os humanos arcaicos naturalistas eram, *por excelência*, como os caçadores-coletores modernos? Nos capítulos anteriores, chegamos a uma situação um tanto ambígua quanto aos primeiros membros da linhagem *Homo*. Concluímos que seu sucesso como caçadores, coletores e rapinadores nas savanas da África Oriental implicava possuir as habilidades de usar pistas "naturalistas", como pegadas de animais, e de desenvolver hipóteses sobre a distribuição de recursos. Ambas provavelmente ultrapassaram de longe as do ancestral comum de seis milhões de anos, que consideramos no Capítulo 5. Mesmo assim, caracterizamos tais habilidades como um pequeno aglomerado de microdomínios, pequeno demais em número e alcance para merecer o título de inteligência naturalista.

A indicação mais óbvia de que deveríamos agora estar prontos para outorgar esse título a um componente da mente do humano arcaico é a colonização de paisagens fora da África. Voltemos ao Capítulo 2 e veremos que o *H. erectus* ou seus descendentes haviam começado a povoar o sudeste da Ásia e talvez a China há cerca de 1,8 milhão de anos, a Ásia Ocidental há cerca de um milhão de anos e a Europa talvez por volta de 0,78 milhão de anos e certamente há 0,5 milhão de anos.

Esses novos ambientes variavam muito entre si mas eram consideravelmente mais sazonais que as baixas latitudes da África. Assim como os primeiros *Homo* haviam dominado ambientes de savana das baixas latitudes, os humanos arcaicos tinham a capacidade de lidar com uma gama mais ampla de novos ambientes, especialmente os das altas latitudes, com suas paisagens, recursos e climas diferentes. A inteligência técnica aumentada, já discutida, e os desenvolvimentos na organização social e na linguagem, que vamos considerar a seguir, podem muito bem ter facilitado a exploração de novos ambientes; no entanto, em última análise, os humanos arcaicos teriam sido obrigados a entender os hábitos de novos tipos de presas, a distribuição de plantas diferentes e um novo conjunto de pistas ambientais. Consequentemente, sua presença desde a Caverna de Pontnewydd, ao norte do País de Gales, no canto extremo do nordeste do Velho Mundo, até o cabo da África do Sul implica a existência de uma inteligência naturalista sofisticada.

Os humanos arcaicos, no entanto, não habitaram várias regiões do Velho Mundo nem chegaram até a Australásia ou as Américas. Clive Gamble (1993), uma das maiores autoridades em comportamento dos humanos arcaicos, reavaliou há pouco tempo a evidência da colonização global e concluiu que eles eram incapazes de lidar com ambientes muito secos e muito frios. Esses parecem ter sido desafios excessivos, mesmo possuindo-se uma inteligência naturalista bem desenvolvida e a capacidade de produzir instrumentos como machados de mão.

Ainda não se sabe ao certo de que maneiras os humanos arcaicos exploraram esses ambientes diversos, especialmente na cena 1 do Ato 3. Raramente encontramos ossos de animais provenientes das suas caçadas e rapinagens, e os que existem estão mal preservados.[18] Mas a evidência de que dispomos sugere que eles eram forrageadores ecléticos e flexíveis e associavam a coleta de planta a caça e a rapinagem. Na cena 2 do Ato 3 e a cena 1 do Ato 4, o período entre duzentos mil e cerca de sessenta mil anos atrás, a interação dos humanos arcaicos com o mundo natural fica um pouco mais clara. Portanto, vamos agora investigar a inteligência naturalista dos humanos arcaicos considerando um ator em particular e uma parte específica do Velho Mundo: os neandertais da Europa Ocidental.

Os neandertais: sobrevivendo contra as chances

Assim como as ferramentas de pedra dos neandertais são notáveis, também é extraordinário que eles tenham sobrevivido com sucesso nas desafiantes paisagens glaciais da Europa. As exigências da vida nessas latitudes altas, onde predominava a tundra aberta, não podem ser subestimadas.

Os restos de fauna encontrados em cavernas e sítios ao ar livre indicam uma variedade de comunidades animais; as herbívoras incluíam mamutes, rinocerontes peludos, bisões, veados e cavalos, renas, o íbex e a cabra montês. As carnívoras abrangiam espécies que hoje em dia somente encontramos em ambientes bem diferentes, como os ursos de cavernas, as hienas, os leões e os lobos.[19] Em geral, as comunidades animais de então parecem ter sido muito mais diversificadas que qualquer uma do mundo moderno.

Uma caça tão variada poderia dar a impressão inicial de que os neandertais habitavam o Jardim do Éden. Muito pelo contrário, conseguir os elementos básicos à sobrevivência – comida, abrigo, calor – deve ter sido um enorme desafio. Os recursos de animais e plantas podem ter sido variados, mas não é provável que fossem abundantes. Cada animal estaria fazendo parte de uma complexa rede alimentar, com flutuações numéricas frequentes e imprevisíveis. As também frequentes mudanças ambientais, causadas pelo avanço ou retração das placas de gelo ou mesmo por alguns anos de climas relativamente quentes ou frios, teriam gerado alterações constantes na composição e ligações das redes alimentares. Mesmo no período de um ano, a disponibilidade de plantas e da caça teria passado por variações sazonais consideráveis, com uma notável deterioração durante os meses de inverno.[20]

Os problemas que os neandertais enfrentaram nesses ambientes ficaram mais exacerbados pela sua tecnologia, ou melhor, por uma falta dela. Conforme já discuti, eles parecem ter dominado complexas sequências de produção de ferramentas de pedra; entretanto, apesar dessa competência técnica, a gama de instrumentos conhecida é notadamente estreita e parece ter contribuído de maneira limitada para a sobrevivência nas paisagens cobertas de gelo.

É importante apreciar, neste ponto da argumentação, a tecnologia que caçadores-coletores modernos, como os inuits (esquimós), utilizam para sobreviver nesses tipos de ambiente. Eles dependem tanto de uma tecnologia altamente complexa como de um conhecimento detalhado do mundo natural e uma ampla série de alianças entre grupos.[21] Possuem ferramentas com vários componentes e diversas instalações complexas, como as utilizadas para estocar alimentos e enfrentar períodos de escassez.[22] Utilizam uma vasta gama de matérias-primas para fabricar seus instrumentos, especialmente o osso e o marfim. Muitos dos instrumentos servem para tarefas bem específicas (ver quadro na p.201). Conforme observei antes, não temos evidência de que os neandertais, ou na verdade qualquer humano arcaico, possuíssem esse tipo de tecnologia. O fato de os humanos modernos dependerem de uma tecnologia complexa e variada para explorar paisagens geladas torna a proeza tecnologicamente simples dos neandertais particularmente impressionante – uma proeza que durou mais de duzentos mil anos.

Que a vida não era nada fácil para os neandertais, isso está demonstrado nos óbitos precoces: 70%-80% dos indivíduos já havia morrido aos quarenta anos. Os neandertais não apenas viviam no limite do Velho Mundo, mas da própria vida. Grande parte sofria de fraturas por esforços e de doenças degenerativas. Na verdade, eles apresentavam os tipos de danos físicos encontrados atualmente entre vaqueiros de rodeios.[23] Seria difícil imaginar outro grupo de pessoas precisando tanto de uma série de ferramentas variadas, ou específicas para certas tarefas.

Como, então, conseguiram sobreviver? Na medida em que as condições ambientais não devem ter favorecido a coleta de quantidades substanciais de plantas, os neandertais provavelmente dependeram da exploração da caça, especialmente nos duros meses de inverno. As coleções de ossos de animais das ocupações neandertais nas cavernas da Europa Ocidental tipicamente espelham muitas espécies diferentes, mas são dominadas por herbívoros de grande porte, como o veado, a rena, o cavalo e o bisão. Esses ossos têm causado intensos debates no que diz respeito a significarem a prática da rapinagem oportunista ou a caçada planejada.[24]

As coleções mais importantes provêm da Caverna de Combe Grenal, no sudoeste da França. Foram estudadas por Phillip Chase, que analisou os tipos de ossos presentes, examinando se algum dia haviam fornecido grandes quantidades de carnes ou apenas pequenos bocados retirados de carcaças rapinadas. Ele também estudou a localização de marcas de corte deixadas nos ossos por instrumentos líticos, que podem indicar a maneira como os animais eram esquartejados e, portanto, a maneira como eram obtidos. Chase concluiu que os neandertais de Combe Grenal eram caçadores competentes de renas e veados. O método pelo qual bovídeos e cavalos eram explorados é mais duvidoso, e é

A complexidade dos instrumentos dos caçadores-coletores inuit

Os instrumentos mais complexos que os humanos arcaicos parecem ter fabricado são lanças curtas de enfiar, criadas com uma ponta de pedra presa a um cabo de madeira. Entretanto, os inuits, caçadores-coletores modernos, rotineiramente fazem e utilizam ferramentas com muitos componentes e que são "dedicadas" à matança de tipos específicos de animais em circunstâncias específicas. O antropólogo Wendell Oswalt realizou um estudo da tecnologia inuit e mostrou que os instrumentos para matar mamíferos terrestres, como o caribu, que se parece com as renas caçadas pelos neandertais, tipicamente comportam várias peças e são feitos de várias matérias-primas, como as pontas de pedra, o cabo anterior feito de armação e o cabo de madeira. É provável que os artefatos de osso dos sítios mais antigos do Paleolítico Superior, depois de quarenta mil anos, derivaram de ferramentas de complexidade equivalente. Os instrumentos mais elaborados utilizados pelos inuits destinavam-se à caça de animais marinhos, como o arpão de caçar focas, empregado pelos caçadores Angmagsalik da Groenlândia. Este era carregado na lateral de um caiaque e atirado quando uma foca aparecia. Wendell Oswalt (973, 137-8) descreve suas partes componentes:

Reconstrução de uma ponta Levallois com cabo, segundo a fabricação dos neandertais

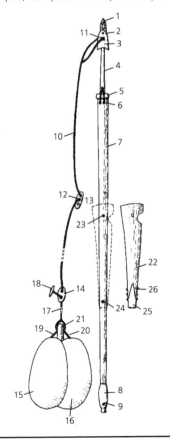

A ponta de pedra (1) era fixada ao trabalho de osso (2) com um grampo (3), e a parte distal do cabo anterior de marfim (4) ficava presa em um orifício na base da cabeça do arpão. A extremidade proximal do cabo anterior era inserida em um orifício no topo da luva de osso (5) e fixada por tiras (6), que passavam por um furo do cabo anterior e dois furos no cabo de madeira (7). Na base desse cabo de madeira havia um contrapeso de osso (8) segurado por dois grampos (9). A linha (10) ficava presa à cabeça do arpão por meio de orifícios (11) e se estendia através de dois furos de um gancho de osso (12). Um terceiro furo no gancho era fixado sobre um grampo de osso (13) encaixado no cabo. A linha continuava até outro grampo (14), ao qual ficava presa a extremidade final. As boias (15, 16) eram presas por uma única linha (17) que terminava em um pino (18). Essas boias duplas consistiam de peles de foca cheias de ar e presas pelo meio, presumivelmente por uma tira, e apresentava tiras que fechavam a abertura em cada uma (19, 20). Uma porção de madeira (21), que servia para juntar as boias na frente, ficava enganchada na superfície ventral para poder ser fixada sobre a tira da parte traseira do caiaque ... O arpão era atirado por uma prancha de lançamento (22), e ficava pronta para ser lançada encaixando-se dois grampos de osso (23, 24) no cabo e na prancha de lançamento por meio de furos complementares. Essa prancha consistia de uma peça de madeira com uma inserção de osso na sua parte distal (25), mantida no lugar por uma série de grampos de osso (26).

provável que tenha sido uma mistura de caça e rapinagem.[25] Outros sítios arqueológicos em cavernas, como a Grotta di Sant'Agostino no oeste da Itália, também geraram evidências conclusivas de que os neandertais eram caçadores, nesses casos de veados e gamos.[26] Durante as caçadas, provavelmente utilizavam lanças curtas de espetar, o que exigia que se aproximassem bastante das presas, talvez induzindo-as a encalhar em pântanos ou rios.[27]

Os neandertais também rapinavam animais que haviam sido abatidos por outros predadores ou que haviam morrido naturalmente, conforme demonstrado no sítio de Guattari, no oeste da Itália (cf. Stiner, 1991). Clive Gamble (1987) enfatizou a provável importância da rapinagem durante os meses de inverno, quando a caça seria escassa, e os neandertais podem ter dependido de localizar e então degelar carcaças congeladas, um nicho alimentar não aberto a outros predadores. De fato, é muito provável que a caça e a rapinagem fossem táticas alternadas, selecionadas conforme as circunstâncias.

Vimos, portanto, que os neandertais sobreviveram na Europa explorando uma mistura de caça e rapinagem. Os humanos arcaicos do Levante (neandertais) e os da África do Sul (*H. sapiens* arcaico) utilizavam uma combinação semelhante de táticas de subsistência, adaptada às suas características específicas de recursos.[28] Como poderiam os humanos arcaicos ter alcançado padrões de subsistência tão eficazes, especialmente nas duras paisagens geladas da Europa, em vista do seu limitado repertório tecnológico?

Parecem existir três respostas. A primeira é que eles viviam em grupos grandes, que mitigavam os perigos de uma falha no suprimento alimentar a qualquer membro individual ou subgrupo de forrageadores. Iremos considerar a evidência disso a seguir. Uma segunda razão é que eles trabalhavam duro. A curta expectativa de vida dos neandertais reflete em parte vidas de grande esforço físico.[29] Seus membros inferiores eram especialmente robustos, o que, juntamente com outras características anatômicas pós-craniais e uma grande frequência de fraturas por esforço, indica que os neandertais se dedicavam habitualmente a caminhadas longas envolvendo força e resistência.[30] É provável que seus salientes narizes de amplas narinas tenham

A pré-história da mente

servido, em parte, para eliminar o excesso de calor corporal durante longos períodos de atividade.

Mas simplesmente ter um monte de amigos e trabalhar duro não teria sido suficiente. A próxima, e mais importante, das três resposta para explicar essa sobrevivência desafiada por uma tecnologia restrita deve estar contida dentro das mentes neandertais. A evidência circunstancial é conclusiva: eles (e outros humanos arcaicos) devem ter tido uma compreensão sofisticada do ambiente e dos animais nele contidos: possuíam uma inteligência naturalista avançada.

A inteligência naturalista teria sido essencial para construir mapas mentais do ambiente – numa escala geográfica muito mais ampla que a dos chimpanzés discutidos no Capítulo 5. Uma das características cruciais desses mapas teria sido a localização de abrigos em rochas e cavernas, necessários para obter proteção e calor. As roupas dos neandertais provavelmente eram pouco sofisticadas, pela ausência de uma tecnologia da costura – agulhas de costurar são encontradas pela primeira vez há dezoito mil anos, bem adiante no Ato 4.[31] A evidência de uma ocupação de cavernas por neandertais com frequência é marcada pela presença de extensas camadas de cinzas e indícios de queimas. Esses locais foram tradicionalmente interpretados como "moradias-base"; 'outra interpretação recente' porém é de que podem ter sido utilizadas principalmente como "câmaras de descongelamento" de carcaças (cf. Gamble, 1994). Qualquer que seja a função das cavernas, tanto os mapas mentais das suas localizações, e da posição de abrigos em rochas, como uma habilidade de inferir a presença de carnívoros residentes teriam sido essenciais para a sobrevivência neandertal.

Essa importância fundamental da inteligência naturalista provavelmente se estendia à caça. A necessidade de aproximar-se bem das presas para utilizar as lanças de espetar curtas de maneira eficiente teria exigido um conhecimento do comportamento animal e de meios de atrair a caça até situações desvantajosas; o planejamento é essencial para uma boa caçada, e é essencial para um planejamento eficiente saber como os animais se comportam. Os neandertais somente poderiam ter sido bons caçadores de grandes animais se dominassem o uso de pistas visuais do tipo pegadas e fezes, e conhecessem profundamente os hábitos das suas presas. A rapinagem bem-sucedida também teria dependido da inteligência naturalista, nesse caso talvez até mais do que para os primeiros *Homo* nas savanas africanas. Prever a localização de carcaças em vez de procurá-las aleatoriamente teria sido uma necessidade. Isso exigiria não apenas entender de animais (incluindo os sistemas de caça de predadores, cujas presas poderiam ser rapinadas), mas também de fenômenos físicos que levassem à movimentação, soterramento e exposição de carcaças.

Resumindo, uma inteligência naturalista bem desenvolvida parece ter sido essencial aos estilos de vida dos humanos arcaicos, pelo que se infere dos registros arqueológicos. E com certeza deve ter sido uma inteligência naturalista tão sofisticada quanto a dos caçadores-coletores modernos, que levam a vantagem de usar instrumentos extremamente complicados e feitos de várias peças. Realmente, não tendo essas ferramentas complexas à mão, os humanos arcaicos provavelmente dependeram mais da inteligência naturalista do que o fazem os humanos modernos. Eles literalmente devem ter "dado tratos à bola" ao lidar com os perigos da caça e da coleta em paisagens cobertas de gelo.

Mesmo essa inteligência plenamente desenvolvida, entretanto, não deve ter sido suficiente quando os ambientes do norte da Europa tornaram-se particularmente hostis, durante a oitava ou nona das eras glaciais do Pleistoceno. Nessas épocas, os neandertais empregaram outra estratégia de sobrevivência: foram embora. Eles também parecem ter sido incapazes de lidar com as densas florestas do norte europeu há 125 mil anos, um período de aquecimento climático comprimido entre dois períodos de ambientes frios com tundras e placas de gelo expandidas.[32] Deveríamos igualmente notar que, embora os humanos arcaicos fossem caçadores eficientes de grandes animais, não parecem ter explorado de modo sistemático a caça pequena, aves e peixes. Mesmo as caçadas de presas grandes parecem ter se limitado ao abate de espécimes individuais, ou talvez de pequenos grupos. Somente os caçadores-coletores comportamentalmente modernos do início do Ato 4 introduzem a morte sistemática e em massa dos animais. Assim como a manufatura dos seus instrumentos, os humanos arcaicos dão a impressão de ser muito modernos, de certos aspectos, e parecem lembrar ancestrais humanos muito distantes, de outros.

A pré-história da mente

Resolvendo o enigma da tecnologia dos humanos arcaicos

Tendo estabelecido que os neandertais – escolhidos como representantes dos humanos arcaicos – possuíam tanto uma inteligência técnica, expressa nos seus instrumentos líticos, como uma inteligência naturalista, expressa nas atividades relativas à caça ou, na verdade, em simplesmente sobreviver na Europa durante a idade do gelo, devemos retornar ao nosso quarto enigma sobre a tecnologia dos humanos arcaicos. Conforme ficará evidente, existe, creio eu, uma solução simples para esses enigmas: uma barreira entre a inteligência técnica e a naturalista dentro das suas mentes – como uma espessa parede dividindo duas capelas em uma catedral medieval. Vamos considerar os enigmas, um de cada vez.

O primeiro foi a ausência de artefatos feitos de osso, armações ou marfim. Isso apenas tem explicação reconhecendo-se que os humanos arcaicos não podiam pensar em utilizar esses materiais para fazer ferramentas, porque haviam sido um dia parte de animais – e pensamentos sobre animais ocorriam no domínio da inteligência naturalista. O pulo conceitual necessário para pensar sobre partes de animais utilizando processos cognitivos que haviam evoluído no domínio dos objetos físicos, inertes, parece ter sido grande demais para os humanos arcaicos.

Os poucos exemplos de ossos ligeiramente arranhados e lascados deixados por esses ancestrais nos indicam que essa barreira cognitiva foi ocasionalmente superada? Talvez sim, porque o fato de terem sido lascados sugere que haviam sido mentalizados como pedras. Por exemplo, Paola Villa descreveu uma peça de osso de elefante com pelo menos 130 mil anos de idade, do sítio de Castel di Guido, na Itália, que apresenta uma série de marcas onde havia sido golpeada como se fosse um núcleo de pedra. Villa interpreta a peça como uma tentativa de fazer um machado de mão de osso.[33] Os arranhões e lascamentos, entretanto, podem simplesmente refletir o uso da inteligência geral – que nunca podia gerar artefatos de nenhuma complexidade, ou desenvolver métodos de trabalho adequados a essas matérias-primas. De fato, a inteligência geral provavelmente supriu os processos cognitivos para a manipulação da madeira.

O segundo enigma – a ausência de artefatos dedicados a atividades específicas – também parece ser explicado pela presença de uma barreira cognitiva que impedisse a integração do conhecimento sobre comportamento animal como relativo à fabricação de instrumentos. Conforme vimos antes, os humanos arcaicos dependiam de ferramentas rudimentares – eles não projetaram instrumentos específicos para determinadas tarefas. Fazer isso teria exigido uma integração das inteligências técnica e naturalista. Por exemplo, se pensamos num projétil para matar um certo tipo de animal (digamos, um veado) em uma situação particular, devemos então considerar a anatomia desse animal, seus padrões de movimento e espessura da pele, enquanto simultaneamente refletimos sobre matérias-primas e como trabalhá-las. Vimos que os humanos arcaicos podiam pensar de forma complexa sobre essas coisas, mas não parecem ter sido capazes de pensar simultaneamente. Quando certa atividade era exigida na interface entre o domínio da manufatura de ferramentas e o da caça, a inteligência geral entrava em ação e gerava uma simplicidade comportamental.

Isso também explica o terceiro enigma: a ausência de ferramentas com vários componentes. Entre os caçadores-coletores modernos, elas são criadas sobretudo visando tipos específicos de presas. Os instrumentos mais complexos, por exemplo, são encontrados em grupos como os inuits e são utilizados para caçar mamíferos marinhos (ver comentário anterior) (cf. Oswalt, 1973, 1976). Cada um dos componentes é projetado para resolver um determinado problema relativo a localização, matança e recuperação do animal. Não havendo a possibilidade de pensar em animais e ferramentas dessa maneira integrada, parece improvável que ferramentas com mais que poucas peças fossem alguma vez produzidas.

Poderíamos recorrer a esse mesmo impedimento cognitivo para explicar a quarta característica intrigante da tecnologia dos humanos arcaicos: seu incrível conservadorismo através do tempo e do espaço. Há pouca dúvida quanto ao comportamento dos humanos arcaicos ter variado através das regiões habitadas do Velho Mundo, enquanto eles deparavam com diferentes tipos de recursos, competiam com diferentes tipos de carnívoros e lidavam com diferentes regimes climáticos. Tinham uma inteligência naturalista avançada que os capacitava a adaptar-se a novos recursos. Se os chimpanzés das florestas de Gombe e de Tai possuem padrões de alimentação tão diferentes, conforme vimos no Capítulo 5, não deveríamos esperar menos que isso dos humanos arcaicos. No entanto, quando analisada nessa escala, sua tecnologia apresenta uma variação mínima. A feitura dos instrumentos de pedra simplesmente não parece estar de todo integrada com o comportamento de subsistência, e a razão deve ser a falta de acesso entre pensamentos sobre ferramentas e pensamentos naturalistas. Na posição de arqueólogos, ficamos com um milhão de anos de monotonia técnica que *mascara* um milhão de anos de comportamentos social e economicamente flexíveis.

Com isso não quero argumentar que não havia relação nenhuma entre os tipos de ambientes explorados pelos humanos arcaicos e os tipos de ferramentas que eles fabricavam. Ambientes diferentes forneciam tipos diferentes de materiais. Se havia apenas nódulos pequenos à disposição, ou se a pedra era de má qualidade, os humanos arcaicos sofriam limitações quanto aos tipos de artefatos líticos que podiam ser feitos. Além do mais, o acesso às matérias-primas era influenciado pela maneira de as pessoas se movimentarem na paisagem, a extensão da vegetação e a altura da neve. Quando o acesso parece ter sido limitado, como na França, em razão de as camadas de neve particularmente espessas, ou no centro-oeste da Itália, quando a rapinagem envolvendo grandes distâncias resultou em visitas infrequentes às fontes de matéria-prima, vemos os humanos arcaicos usando os materiais de maneira mais conservadora. Vemos, por exemplo, o afiamento repetido dos artefatos ou a adoção de métodos de lascamento capazes de retirar uma quantidade relativamente grande de lascas de um único nódulo de pedra.[34] Mas essa variabilidade tecnológica não passa de um *reflexo passivo* de ambientes do passado e da maneira de serem explorados, exigindo apenas uma inteligência geral para tomar decisões simples de custo/benefício sobre o uso de matérias-primas.[35]

Vamos agora considerar a inteligência social.

Inteligência social: expandindo mentes, expandindo redes sociais

A inteligência social dos humanos arcaicos é o domínio cognitivo mais fácil e também o mais difícil de ser avaliado. A parte fácil é que podemos simplesmente afirmar que o *H. erectus*, os neandertais e outros humanos arcaicos devem ter possuído uma inteligência social complexa, em razão de ela existir nos primatas não humanos e nos primeiros *Homo*, conforme vimos nos Capítulos 5 e 6. Se os chimpanzés têm uma teoria da mente e se dedicam a táticas sociais maquiavélicas, cheias de astúcia, há pouco que duvidar quanto aos humanos arcaicos terem sido pelo menos socialmente inteligentes. Podemos, de fato, encontrar evidência substancial para a existência de um domínio de inteligência social dentro da mente dos humanos arcaicos – talvez um tão complexo quanto o dos humanos modernos. A comprovação não vem das ferramentas e ossos de animais que eles deixaram para trás, mas da sua anatomia e dos ambientes em que viveram.

O testemunho mais significativo é o volume cerebral dos humanos arcaicos, e as implicações disso para o tamanho médio dos grupos sociais – que, conforme discuti no capítulo anterior, foi uma medida indicativa do grau de inteligência social. Lembre-se de como o antropologo biólogo Robin Dunbar demonstrou uma forte correlação entre o tamanho do cérebro e o tamanho médio dos grupos de primatas não humanos ainda vivos.[36] Utilizando estimativas do tamanho do cérebro dos humanos arcaicos, e extrapolando a partir dessa relação, Leslie Aiello & Robin Dubar prevêem que o *H. erectus* teria vivido em grupos com um tamanho médio de 111, *H. sapiens* em grupos de 131, e os neandertais em grupos de 144, não significativamente diferentes do grupo dos humanos modernos, com um tamanho aproximado de 150.[37] Essas não são previsões dos bandos de convívio diário dos humanos arcaicos, e sim do número de indivíduos sobre os quais cada pessoa tinha um conhecimento social. Há vários problemas com esse estudo que me deixam cauteloso quanto a números específicos. Aiello & Dunbar, por exemplo, ignoram o comportamento complexo dos humanos arcaicos relativo a técnicas e atividades forrageiras, que deve ter ocupado certo poder de processamento cerebral e contribuído para a expansão do cérebro. Entretanto, Dunbar fornece evidência confirmatória dessas previsões em relação ao tamanho dos grupos de humanos modernos em sociedades de caçadores-coletores recentemente documentadas.[38] Em razão dessas inferências, temos boas razões para esperar que os humanos arcaicos, especialmente os que viveram depois de duzentos mil anos atrás, fossem tão inteligentes quanto os humanos modernos.

Viver em bandos grandes – embora não tão grandes quanto os que Dunbar sugere – pareceria ecologicamente sensato para os humanos arcaicos. Em muitas regiões do mundo, eles provavelmente enfrentaram o perigo de carnívoros – um risco mitigado pela vida em grupo, conforme vimos no capítulo anterior. Mesmo assim, conhecemos vários casos em que humanos arcaicos parecem ter sido as vítimas devoradas.[39] O caráter da fonte alimentar também teria encorajado a formação de grandes bandos. A comida provavelmente vinha em "grandes embalagens" na maioria das vezes, na forma de carcaças de animais das caçadas ou da rapinagem. Isso teria sido especialmente verdade no ambiente glacial do tipo tundra da Europa. Uma "embalagem grande" teria alimentado muitas bocas, encorajando dessa forma os humanos arcaicos a viverem em grandes grupos.[40] Além disso, as chances de um único indivíduo ou de um grupo pequeno de indivíduos encontrar e matar um animal teriam sido mínimas.[41]

Enquanto, na maioria das circunstâncias, a vida em grandes grupos sociais teria sido a estratégia social adequada, em alguns ambientes os humanos arcaicos devem ter descoberto que era mais vantajoso viver em bandos relativamente pequenos. Há muitos desestímulos para a vida em grupo, como a competição por recursos e os encontros agressivos entre membros, cuja frequência deve ter aumentado com o tamanho do bando.[42] É bem provável que os humanos arcaicos formassem grupos muito menores enquanto vivessem em ambientes relativamente cobertos de árvores, como durante os interlúdios de aquecimento climático entre avanços das placas de gelo. A vegetação densa provê um meio de evadir-se e escapar de predadores em potencial, e os recursos vegetais são distribuídos mais regularmente e aprovisionam comida em embalagens menores que as carcaças de animais. Por conseguinte, deveríamos esperar que os humanos arcaicos mudassem continuamente o tamanho dos seus grupos conforme as condições ambientais. Isso exigiria um ajuste das relações sociais entre indivíduos. A capacidade para tamanha flexibilidade social está no cerne da inteligência social.

Os restos de esqueletos dos humanos arcaicos podem fornecer mais um relance das complexas relações sociais. Os neandertais nitidamente cuidavam dos doentes e dos idosos – aqueles que pouco podiam contribuir, quando muito, para o bem-estar do grupo. Um exemplo clássico disso é o neandertal da Caverna de Shanidar, no Iraque, que parece ter vivido vários anos apesar de ter sofrido ferimentos na cabeça, de ter o lado direito do corpo esmagado (talvez em virtude de uma queda de rocha da caverna) e ser cego do olho esquerdo. É de todo improvável que ele tivesse se movimentado para muito longe, e no entanto viveu alguns anos com esses ferimentos, sem dúvida assistido por outros membros dos seu grupo social.[43]

Inteligência social: a evidência contraditória da arqueologia

A evidência anatômica e ambiental que tenho discutido até agora substancia a ideia de que os humanos arcaicos frequentemente viviam em grandes bandos e possuíam um nível avançado de inteligência social. Entretanto, assim que nos voltamos para a evidência arqueológica, encontramos alguns enigmas a mais. Se aceitarmos – como devemos aceitar – que o tamanho do cérebro dos humanos arcaicos implica um alto grau de inteligência social gerando táticas sociais maquiavélicas, adotadas por indivíduos que com frequência viviam em grupos grandes, então há outros quatro aspectos do registro arqueológico que são realmente muito estranhos:

Enigma 5 – Por que os acampamentos dos humanos arcaicos implicam grupos universalmente pequenos?

Os arqueólogos tentam inferir o tamanho de bandos e a organização social a partir das dimensões de sítios arqueológicos e da distribuição de artefatos e características nesses locais.[44] Essa não é uma tarefa fácil quando se lida com os sítios do Ato 3: a má preservação do material presente e a extensão limitada de numerosas escavações tornam muito difícil avaliar a área original de uma ocupação. Contudo, as principais autoridades em registro arqueológico dos humanos arcaicos concordaram unanimemente que esses dados indicam uma vida em grupos muito pequenos em comparação com os dos humanos modernos. Por exemplo, Lewis Binford (1989, p.33) descreve grupos de neandertais como "uniformemente pequenos", enquanto Paul Mellars (1989a, p.358) sugere que "as comunidades ... eram geralmente pequenas ... e em grande parte desprovidas de qualquer estrutura social clara, ou definição de papéis sociais ou econômicos do indivíduo". Randal White (1993a, p.352) descreveu a organização social neandertal como "internamente não diferenciada, ou pouco diferenciada". Da mesma forma, Olga Soffer (1994, p.113), a principal autoridade em arqueologia das planícies da Rússia Central, discute que os neandertais viviam em "grupos de tamanho pequeno" e que existia uma "ausência de diferenciação social". Conforme é evidente, há um significativo contraste entre pontos de vista sobre tamanho de bandos dos humanos arcaicos baseados em registros arqueológicos e os que antropologos-biólogos como Robin Dunbar inferiram da análise do volume cerebral desse antepassados.

Enigma 6 – Por que a distribuição de artefatos em sítios arqueológicos sugere uma interação social limitada?

Não é apenas no tamanho dos sítios de ocupação que os humanos arcaicos diferem muito dos humanos modernos. Eles também apresentam diferentes distribuições de artefatos e fragmentos ósseos. Em vez de formarem arranjos padronizados, como ao redor dos locais de acender fogueiras ou de cabanas, artefatos e ossos são encontrados no que parecem ser pilhas aleatoriamente distribuídas de restos de atividades de lascamento e esquartejamento.[45] É como se cada indivíduo ou pequeno aglomerado de indivíduos estivesse agindo sem desejar observar ou interagir com outros membros do grupo – exatamente o oposto do que se espera de uma inteligência social elevada. De fato, Clive Gamble interpreta a ausência de uma estrutura espacial como o reflexo de um padrão comportamental episódico – uma cultura de minutos.[46] Entretanto, uma característica essencial da inteligência social avançada que pode ser inferida do volume cerebral dos humanos arcaicos é o longo tempo de aprofundamento das relações sociais.

Enigma 7 – Por que a ausência de objetos de decoração pessoal?

Uma característica típica dos humanos modernos, sejam eles caçadores-coletores pré-históricos ou homens de negócios do século XX, é o fato de eles utilizarem material cultural para transmitir informações sociais. Conforme já mencionei, essa é uma parte essencial do nosso complexo comportamento social – não é possível imaginar como suficiente informação social poderia circular entre membros de grandes grupos sociais sem a ajuda de material cultural. Entretanto, não temos evidências de que os humanos arcaicos fizessem isso: nada de contas, pingentes, colares ou pinturas em paredes. Existem algumas poucas peças de osso que supostamente foram perfuradas por neandertais, mas é provável que os furos tenham sido feitos por caninos de animais carnívoros. Também existem algumas poucas peças de ocre vermelho descobertas em sítios de humanos arcaicos da África do Sul, que podem significar o uso de pinturas corporais.[47] Se esse for o caso, então a ausência de qualquer artefato que servisse para enfeitar o corpo durante mais de 1,5 milhão de anos de pré-história torna-se mais estranha ainda.

Enigma 8 – Por que não existem evidências de enterros ritualizados entre os humanos arcaicos?

Esse é um enigma porque, embora existam evidências claras de que os neandertais sepultassem seus mortos em covas, não há indicações de que os enterros fossem acompanhados de rituais ao redor dos túmulos, nem que objetos fossem colocados junto aos mortos dentro das covas/ túmulos, como é característico dos humanos modernos. Enterros isolados de neandertais foram descobertos em várias cavernas, como as de Teshik Tash, La Ferrassie e Kebara. Já se cogitou que um "enterro com flores" fora praticado na caverna de Shanidar, pois o alto índice de pólen no solo pareceu indicar que o corpo de um neandertal falecido havia sido coberto por uma guirlanda de flores. Acredita-se atualmente, porém, que o pólen tenha sido levado pelo vento para dentro da caverna, ou foi carreado até o local pelas botas de trabalhadores.[48]

O significado desses enterros neandertais continua pouco claro. Talvez simplesmente revelem o descarte higiênico de corpos, para não atrair carnívoros rapinadores. Contudo, o ato de enterrar em si e a consequente existência de um túmulo dentro de uma caverna podem refletir a importância de ancestrais nas relações sociais em andamento. E é isso que torna tão intrigante a ausência de rituais ou de objetos depositados nos túmulos.

Resolvendo o enigma da inteligência social

Em resumo, a evidência a favor de uma inteligência social dos humanos arcaicos nos apresenta um paradoxo. O tamanho do cérebro desses ancestrais e a evidência do meio parecem mostrar, de maneira conclusiva, que havia um nível avançado de inteligência social; a evidência arqueológica mostra exatamente o inverso – ela implica que os humanos arcaicos viviam em grupos pequenos, socialmente não estruturados ou então com uma estrutura social reduzida. A solução desse paradoxo é bem simples: os arqueólogos estão cometendo um grande erro ao interpretar os dados. Estão assumindo que a mente dos humanos arcaicos era exatamente como a moderna – que existia uma fluidez cognitiva entre as inteligências social, técnica e naturalista. Somente podemos compreender o significado do registro arqueológico, e resolver os enigmas que encontramos, admitindo que essas inteligências estavam isoladas umas das outras. Assim como havia uma barreira cognitiva entre a inteligência técnica e a naturalista, também existia outra entre essas duas inteligências e a social.

Isso oferece uma solução rápida para a questão de o caráter dos sítios de humanos arcaicos aparentemente sugerir um comportamento social simples, enquanto o tamanho dos seus cérebros implica uma inteligência social sofisticada. Se a inteligência técnica não estava integrada à social, não há razão para esperar que a atividade social e a atividade técnica ocorressem no mesmo lugar na paisagem. Sabemos que essa convergência se aplica aos humanos modernos, sintetizada na manufatura ou reparo de ferramentas enquanto pessoas se acomodavam ao redor de uma fogueira, entretidas em conversações. Por causa dessa intimidade entre as atividades técnica e social, a distribuição de artefatos dos humanos modernos provavelmente pode refletir o tamanho dos grupos e sua estrutura social. Mas os montes espalhados de artefatos deixados pelos humanos arcaicos não têm essas implicações. Eles mostram não mais que o lugar onde instrumentos eram feitos e usados: o comportamento social complexo e os grandes agregados sociais dos humanos arcaicos aconteciam em outro lugar na paisagem, talvez a não mais que alguns metros de distância – e são arqueologicamente invisíveis hoje (ver Figuras 13 e 14). De maneira semelhante, o retalhamento de animais e a partilha da comida são tanto uma atividade social como uma atividade econômica para os caçadores-coletores atuais, e, consequentemente, a distribuição dos restos do esquartejamento fornece indícios do comportamento social. Mas, não tendo existido ligação entre as inteligências social e naturalista, os ossos de animais dos sítios de humanos arcaicos não informarão nada sobre seu comportamento social.

A divisão da comida, contudo, deve ter prevalecido na sociedade humana arcaica, porque as fontes de alimento com frequência teriam vindo em grandes embalagens – as carcaças de animais. Além do mais, o tamanho relativamente grande do cérebro, particularmente o dos neandertais e do *H. sapiens*, sugere que as mães em período de amamentação teriam precisado de uma dieta de alta qualidade para suprir as demandas alimentares dos bebês. O fornecimento de carne às mães parece ser um cenário muito provável – é difícil imaginar como uma mulher neandertal no nono mês de gravidez, ou com um bebê de colo, teria sobrevivido sem que outras mães ou talvez seu parceiro sexual lhe providenciassem o que comer. Entretanto, a articulação da comida dentro da relação social poderia ter sido administrada pela inteligência geral.

Conforme veremos no próximo capítulo, o provimento de comida às mães grávidas ou em amamentação pode ser o contexto comportamental para uma pressão seletiva que favoreceria a integração das inteligências social e naturalista. Mas isso acontece mais tarde na evolução humana. A inteligência geral é que parece ter lidado com a obtenção e partilha da comida entre os humanos arcaicos, em vista da falta de padrões de distribuição de artefatos e ossos nos sítios arqueológicos desses ante-

A pré-história da mente

FIGURA 13 e 14 – Comparação entre o comportamento espacial dos humanos arcaicos e o dos modernos. Na figura superior, observamos os humanos arcaicos dedicando-se a atividades como a interação social, a fabricação de instrumentos de pedra e o esquartejamento de carcaças em locais espacialmente discretos. Entre os humanos modernos do Paleolítico Superior, para os quais os limites entre diferentes tipos de atividades eram muito menos nítidos, cada atividade era empreendida dentro de uma mesma área espacial. O resultado, para os arqueólogos, são dois tipos de registro arqueológico bem diferentes.

passados. Suspeito, portanto, que as regras formalizadas de partilha da comida que encontramos em muitos grupos de caçadores-coletores modernos não existiam entre os humanos arcaicos. Com frequência trata-se de regras rigorosas, que definem qual parte da carcaça deveria destinar-se a qual parente.[49] A própria carcaça é interpretada como um mapa de relações sociais dentro do grupo – a distribuição da carne serve como meio de reforçar essas relações. A partilha de alimentos entre os humanos arcaicos provavelmente foi uma questão bem mais simples. Da mesma maneira, duvido de que acontecessem banquetes do tipo visto nos cerimoniais competitivos (*potlatches*) dos índios da costa noroeste da América do Norte, ou na festa dos porcos entre os habitantes das terras altas da Nova Guiné. Nesse banquetes ritualizados, a comida é utilizada como meio de interação social mais do que para aplacar a fome.

A inteligência geral provavelmente foi também suficiente para criar ligações interativas entre o ambiente social e o natural, necessárias à coordenação das caçadas em grupos. Parece improvável que tanto a caça como a rapinagem pudessem ter sido bem-sucedidas sem algum grau de colaboração social, seja durante as atividades como tais seja quanto a dividir informações. Mas devemos ter cuidado para não exagerar a extensão da cooperação social exigida nesse caso – a caçada em grupo e a divisão de informações são vistas em diferentes tipos de animais, incluídos leões e chimpanzés, conforme descrevi no Capítulo 5.

A evidência mais convincente de que houve uma barreira cognitiva entre a inteligência social e a técnica é a ausência de quaisquer artefatos utilizados para enfeitar o corpo, como contas e pingentes. O tipo de pensamento envolvido na produção de enfeites equivale ao exigido para fazer armas de caça especializadas, conforme já descrevi. É preciso ter em mente os propósitos desses objetos – como o de comunicar a posição social ou a filiação a grupos – ao realizar as próprias ações técnicas. Se a inteligência social e a técnica estiverem isoladas uma da outra, a oportunidade de fazer tais artefatos não existe. Em virtude dessa barreira cognitiva, qualquer decoração corporal dos humanos arcaicos teria que ter sido empreendida apenas pela inteligência geral. Isso, por sua vez, teria significado que a ornamentação emitia somente mensagens sociais muito simples, ou talvez apenas chamava a atenção para partes do corpo. De fato, é esse tipo de

A pré-história da mente

comportamento que provavelmente explica a escassez das peças de ocre vermelho nos sítios arqueológicos dos humanos arcaicos.

Sintetizando, a relação entre a inteligência técnica e a social dos humanos arcaicos parece refletir aquela entre a inteligência técnica e a naturalista. Assim como os instrumentos não eram feitos para formas específicas de interação com a natureza, também não o eram para padrões específicos de interação social. Assim como a limitada diversidade tecnológica é um mau revelador da multiplicidade de comportamentos relativos à caça e à coleta de alimentos, a limitada variação de tamanho dos acampamentos também reflete mal a variabilidade e complexidade social.

Uma similaridade adicional, entretanto, é que os modelos de comportamento social passados podem estar *refletidos passivamente* na tecnologia dos humanos arcaicos. Por exemplo, é evidente que os representantes europeus de cem mil anos atrás, que viviam em pequenos bandos no meio de ambientes com árvores, não faziam artefatos complexos como machados de mão e não possuíam tradições fortes de fabricação de instrumentos. Um bom exemplo disso são os grupos responsáveis pelas ferramentas classificadas como a indústria clactoniense, no sudeste da Inglaterra, datada de antes de 250 mil anos atrás, entre as quais se observa a ausência de machados de mão. Entretanto, aqueles que provavelmente viveram em ambientes do tipo tundra, em bandos grandes, possuíam tradições sólidas, como sugerem os formatos dos machados de mão aparentemente copiados de geração a geração. Os humanos arcaicos que viveram no sudeste da Inglaterra antes e depois dos produtores de instrumentos clactonienses utilizaram a mesma matéria-prima para fazer machados refinados. Os fabricantes clactonienses simplesmente tinham menos colegas para observar e faziam isso com menos frequência. Por conseguinte, havia pouco estímulo para que a física intuitiva dentro de suas mentes se desenvolvesse numa inteligência técnica, como aconteceu com os que viveram em grandes grupos sociais nas tundras abertas.[50]

Uma linguagem social

Há três características nos crânios fósseis dos humanos arcaicos que podem ser utilizadas para tecer inferências sobre suas capacidades linguísticas; o tamanho do cérebro, a estrutura neural deduzida do formato do cérebro e a natureza do trato vocal.

Com respeito ao tamanho do cérebro, o ponto mais importante é também o mais simples: o volume cerebral da maioria dos *H. erectus*, e de todos os *H. sapiens* arcaicos e os neandertais, está na faixa de tamanhos dos humanos modernos. Aliás, o volume cerebral médio dos neandertais é um tanto maior que o dos humanos anatomicamente modernos.[51] Relembremos que no capítulo anterior introduzi as ideias de Robin Dunbar associando o tamanho do cérebro com o tamanho do grupo, e o tamanho do grupo com a extensão do *grooming* entre indivíduos, necessário para manter a coesão social. Ele sugeriu que o percentual de tempo máximo que um primata pode dedicar ao *grooming* sem interferir com outras atividades (como forragear) é de aproximadamente 30%. No tempo do *H. sapiens* arcaico, cerca de 250 mil anos atrás, o tempo de *grooming* havia aumentado para quase 40%. Leslie Aiello & Robin Dunbar argumentam que, para aliviar isso, o uso de uma linguagem com conteúdo social significativo teria sido essencial.[52]

Fundamentando-se nessa evidência, Aiello & Dunbar concluíram que a base da capacidade para a linguagem aparece cedo na evolução do gênero *Homo*, pelo menos por volta de 250 mil anos atrás. Uma característica crucial da argumentação desses autores é que o tema da linguagem mais inicial foi a interação social; trata-se com efeito de uma "linguagem social". Assim, um tamanho de grupo cada vez maior/inteligência social e a capacidade para a linguagem teriam coevoluído. A evidência a favor disso pode ser realmente encontrada na estrutura do cérebro. O córtex pré-frontal não é apenas responsável por muitos aspectos da linguagem, mas é também a área do cérebro onde reside a habilidade de refletir sobre os estados mentais próprios e os dos outros (cf. Aiello, 1996a), que, conforme argumentei, é um fato central da inteligência social. Segundo Aiello & Dunbar, o caráter geral da linguagem como a conhecemos hoje, e suas características simbólicas, evoluiu mais tarde – embora nos seus estudos não fique claro o quanto mais tarde. Pensando de maneira bem mais intuitiva, é realmente difícil imaginar como um humano arcaico poderia ter tido um tamanho de cérebro equivalente ao nosso atual e não possuído uma capacidade linguística.

Uma evidência adicional a favor da capacidade linguística pode ser encontrada analisando o formato do cérebro dos humanos arcaicos, reconstruído a partir das saliências na superfície interna dos seus crânios. No Capítulo 6, vimos que o *H. habilis* aparentemente possuía uma área de Broca bem desenvolvida, e essa é a região do cérebro convencionalmente associada à fala. O crânio de um representante do *H. erectus* denominado KNM-WT 15000 (cf. Begun & Walker, 1993) também apresenta uma área de Broca aumentada; este exemplar corresponde a um menino de doze anos particularmente bem preservado, datado de 1,6 milhão de anos atrás e descoberto na localidade de Turkana oriental, no Quênia. Com respeito aos humanos arcaicos mais recentes, os paleoneurologistas argumentam que o formato dos seus cérebros é praticamente idêntico ao dos humanos modernos. Ralph Holloway, em especial, sustenta que tanto a área de Broca quanto a área de Wernicke podem ser identificadas nos moldes de cérebros neandertais, e que ambas têm uma aparência não diferente da encontrada nos cérebros dos humanos modernos.[53]

Uma terceira fonte de evidência a favor da capacidade linguística é a natureza do trato vocal dos humanos arcaicos. Tem havido uma longa história de tentativas de reconstrução do trato vocal, especialmente para os neandertais.[54] Na medida em que ele é composto mais que tudo de tecido mole – a laringe e a faringe –, é preciso ter como base as relações consistentes entre a organização das partes moles e as regiões do crânio que podem sobreviver em um contexto arqueológico. As reconstruções mais recentes indicam que o trato vocal dos neandertais não teria diferido significativamente do encontrado nos humanos modernos: os neandertais teriam tido essencialmente poderes modernos de vocalização e fala.

Isso é corroborado pela descoberta de um osso hioide, que sobreviveu em um esqueleto neandertal enterrado na caverna de Kebara, em Israel, e cuja idade foi estimada em seis mil anos.[55] O osso hioide fornece informações detalhadas sobre a estrutura do trato vocal. Seus movimentos afetam a posição e o movimento da laringe, à qual ele se prende. O que foi descoberto em Kebara, deitado em uma posição inalterada com relação à mandíbula e à vértebra cervical, é praticamente idêntico ao de um humano moderno no que se refere a formato, fixação muscular e aparente posicionamento. Isso implica a morfologia do trato vocal desse neandertal não ser significativamente diferente da dos humanos modernos. Se a capacidade linguística estava presente, não parece haver razão para que toda a gama de sons humanos não pudesse ser pronunciada.

É claro que o "se" dessa última afirmação é um "se" bastante amplo. Em termos exclusivamente lógicos, entretanto, seria um tanto estranho que os neandertais tivessem as estruturas vocais mas não a capacidade cognitiva para a fala. A estrutura do trato vocal humano difere notadamente da de outros animais já que compreende um sistema de tubo único e não duplo. Como resultado disso, os humanos podem engasgar de maneira fatal quando uma porção de alimento se aloja na faringe. A desvantagem seletiva disso é compensada pelos benefícios de uma vasta gama de vocalizações – e, portanto, de uma fala articulada – que podem ser produzidas com essa estrutura particular (cf. Lieberman, 1984). Seria realmente estranho do ponto de vista evolutivo se os neandertais ficassem expostos à possibilidade de engasgar mas não fossem capazes de reclamar da comida.

Toda a evidência fóssil que revisei de maneira sucinta é ambígua e aberta a diferentes interpretações. Entretanto, durante os últimos anos, o argumento de que tanto o *H. sapiens* arcaico como os neandertais possuíam a capacidade cerebral, a estrutura neural e o aparelho vocal para uma forma avançada de vocalização, que deveria ser chamada linguagem, é convincente.

Se os humanos começaram a utilizar a linguagem para falar sobre relações sociais, será que também começaram a utilizá-la para falar sobre a fabricação de instrumentos, a coleta de plantas e a caça antes do fim do Ato 3? Dito de outra forma, a linguagem teria sido transformada para conter as funções gerais que nos são familiares hoje em dia – um meio de comunicar informações independentemente do domínio comportamental? Realmente, seria possível argumentar que teria sido excessivamente difícil ter aprendido, digamos, o método Levallois para a produção de lascas sem instruções verbais. Ou que a cooperação deduzida da caça e da rapinagem teria sido alcançada sem falar sobre os movimentos das presas. Contrariando esses argumentos, poderíamos ressaltar que o *H. erectus*, o primeiro dos humanos arcaicos, parece ter sido um fabricante de utensílios e forrageador competente mesmo que suas capacidades linguísticas (dele/dela) tenham sido provavelmente limitadas. Além disso, se a linguagem foi usada nos domínios de comportamento técnico e naturalista com tanta frequência e eficácia como no domínio social, esperaríamos uma maior integração entre comportamentos nesses domínios. A comunicação pela linguagem falada é, afinal de contas, o meio pelo qual Dan Sperberg propôs que o módulo metarrepresentacional evoluiria, conforme descrito no Capítulo 3.

Consequentemente, simpatizo com a sugestão de Robin Dunbar, de que a linguagem evoluiu em primeiro lugar para lidar com a informação social, e acredito que ela permaneceu exclusivamente uma "linguagem social" durante todo o Ato 3.

A mente humana arcaica

Já analisamos os quatro domínios cognitivos especializados da mente humana arcaica e a natureza das conexões entre eles. O resultado disso está ilustrado na Figura 15. É o que poderia ser descrito como uma mente genérica, porque a construí recorrendo livremente a evidências de tipos diferentes de humanos arcaicos; a qualidade dos testemunhos, entretanto, levou-me a enfocar mais que tudo a mente neandertal, que acaba se encaixando melhor no diagrama da ilustração (p.223). Os dados arqueológicos são por demais escassos ou ambíguos para podermos lidar com cada tipo de humano arcaico em separado e identificar a variabilidade cognitiva que sem dúvida existiu entre eles. Há, contudo, alguns indicadores do que essas diferenças podem ter sido.

O tamanho do cérebro aumentou de maneira significativa no Ato 3, desde um volume de 750-1.250 cm^3 nos primeiros *H. erectus* até os 1.200-1.750 cm^3 dos neandertais. Não foi um aumento gradual: o cérebro parece ter alcançado um platô entre 1,8 milhão e quinhentos mil anos atrás e então ter aumentado rapidamente de tamanho em associação com o aparecimento do *H. sapiens* arcaico e o homem de Neandertal. Em vista dos argumentos que desenvolvi e revisei neste capítulo, deveríamos supor que essa expansão refletiria um aumento da inteligência social e da capacidade linguística. Realmente, meu palpite é que ela reflete a mudança para uma forma de linguagem com um léxico amplo e uma complexa série de regras gramaticais, a qual, no entanto, permaneceu uma "linguagem social".

Assim, embora a capacidade de vocalização do *H. erectus* possa ter sido consideravelmente maior que a de qualquer primata vivo, continua sendo simples demais para poder ser chamada de linguagem. Conforme Leslie Aiello notou, a anatomia do esqueleto mais completo do *H. erectus*, KNM-WT 15000, sugere que faltava o controle muscular necessário para uma regulação fina da respiração durante a fala (cf. Aiello, 1996b). Talvez devêssemos imaginar o *H. erectus* como alguém capaz de produzir uma grande variedade de sons no contexto das interações sociais, que se referiam a sentimentos de satisfação, raiva ou desejo e mediavam as relações entre indivíduos. Porém, comparada à dos humanos modernos, essa variedade sonora e seus significados teriam sido limitados, isentos das regras gramaticais que permitem emitir um número infinito de elocuções a partir de um número finito de sons. Talvez versões superelaboradas de gatos ronronando sejam a melhor analogia.

Também é possível argumentar que o método Levallois, cujo aparecimento se dá por volta do fim do período de expansão cerebral (250 mil anos atrás), exige mais do ponto de vista técnico e cognitivo que o lascamento bifacial usado para fazer machados de mão. Consequentemente, a emergência do novo método pode revelar um aumento da inteligência técnica. Duvido um pouco disso, no entanto, e suspeito que ela seja o reflexo de interações sociais mais intensas, que permitiram a transmissão passiva e não intencional de uma quantidade maior de conhecimentos técnicos. Também está claro que as latitudes altas da Europa foram ocupadas um tanto mais tarde que as da Ásia, talvez até um milhão de anos depois que o *H. erectus* deixou a África pela primeira vez. Essa entrada tardia na Europa é surpreendente, e poderíamos nos perguntar se os ambientes europeus do Pleistoceno apresentavam algumas características com as quais os primeiros humanos arcaicos não conseguiam lidar, por estarem além das suas capacidades cognitivas – como, talvez, o grau de variação sazonal. É possível argumentar, então, embora não seja uma argumentação forte, que houve um certo aumento da inteligência naturalista no decorrer do Ato 3. Mas a diferença fundamental entre a mente do *H. erectus* e a do *H. neanderthalensis* reside na extensão da inteligência linguística (ver Figura 16).

A pré-história da mente

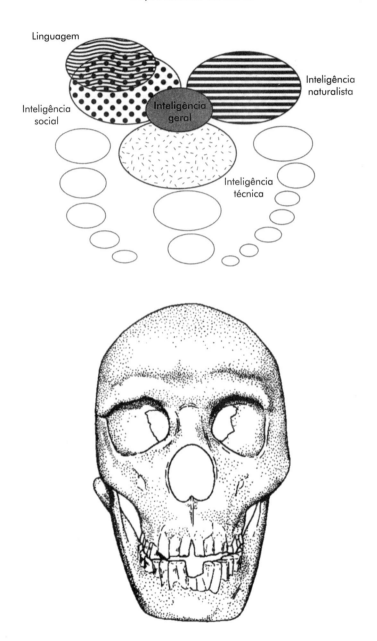

FIGURA 15 – A mente neandertal. O desenho representa o crânio de um neandertal conhecido como Shanidar I, que sofreu um número considerável de danos físicos e provavelmente fosse cego do olho esquerdo. O modelo da mente também se aplica o *H. sapiens* arcaico do período subsequente a duzentos mil anos atrás.

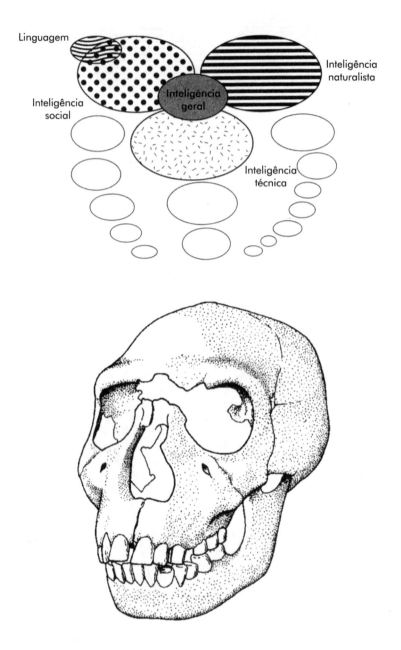

FIGURA 16 – A mente do *H. erectus*. Este desenho representa o crânio nomeado KNM-WT 15000, também conhecido como o menino de Nariokotome. Foi descoberto no Quênia em 1984 e data de aproximadamente 1,6 milhão de anos.

Concluindo, podemos afirmar com segurança que, apesar de diferenças linguísticas, todos os humanos arcaicos partilhavam a mesma mente básica: uma mentalidade do tipo canivete suíço. Possuíam inteligências múltiplas, cada qual dedicada a um domínio comportamental específico, e havia pouca interação entre elas. Podemos realmente imaginar a mente humana arcaica como uma catedral abrigando várias capelas isoladas, dentro das quais se realizavam serviços de pensamento únicos, que mal podiam ser ouvidos em outro lugar do edifício. Chegamos à Fase 2 da história arquitetônica proposta no Capítulo 4. Os humanos arcaicos parecem ter sido muito semelhantes a nós sob alguns aspectos, porque possuíam esses domínios cognitivos especializados; mas também parecem muito diferentes porque lhes faltava um ingrediente vital da mente moderna: a fluidez cognitiva.

Notas

1 Charles Caleb Colton, *Lacon* (1820), v.I. n.408.

2 Gowlett (1984). Em Boxgrove, os dejetos da manufatura de machados ovalados foram escavados em contextos ainda intocados e renovados, de tal maneira que é possível reconstruir cada golpe do martelo do lascador. Aqui, as finas e rasas lascas de acabamento de um lado a outro do artefato indicam que os lascadores usaram pelo menos dois tipos diferentes de martelo – os duros, feitos de pedra, e os macios, feitos de osso. De fato, esses martelos de osso foram recentemente descobertos em Boxgrove, com lascas diminutas de pedra dura ainda cravadas nas extremidades de golpeamento (Bergman & Roberts, 1988; Roberts, 1994).

3 Pelegrin (1993). Seguindo regras mecanicamente, muitos animais não humanos, especialmente os insetos sociais, criaram "artefatos" de complexidade e simetria consideráveis, exemplificados pela colmeia. Esses "artefatos" foram comparados a machados de mão para sugerir que os humanos arcaicos não eram tão espertos, no final de contas. Entretanto, não é uma boa comparação, porque o lascamento é um processo de redução mais que de construção, e exige uma mudança constante de planos em razão da imprevisibilidade das fraturas.

4 Um grande número de conjuntos de machados de mão contém peças muito similares. Uma das coleções mais impressionantes quanto a isso é a de

Wolvercote Channel, perto de Oxford (Tyldesley, 1986). Elas mostram uma simetria quase perfeita, obtida em parte pela remoção de lascas diminutas que parecem ter, se muito, um valor funcional limitado. Muitos desses artefatos são réplicas quase perfeitas uns dos outros, tanto no tamanho como na forma.

5 Nossa compreensão do método Levallois avançou consideravelmente durante os últimos anos, pela extensa renovação do *debitage* e experimentos de replicação (por exemplo, Boëda, 1988, 1990; Roebroeks, 1988). Inizan et al. (1992) sugerem que este pode ser o método de lascamento que mais exige do lascador.

6 A ponta Levallois é definida como um artefato produzido pelo método Levallois e que apresenta uma "morfologia simétrica, uma extremidade distal nitidamente pontuda, com um padrão de marcas dorsal em forma de Y virado ao contrário e criado por três ou no máximo quatro remoções, independentemente da direção delas" (Bar-Yosef & Meignen, 1992, p.175).

7 Schlanger (1996). Maastricht-Belvédère contém vários aglomerados discretos de restos de lascamento. O "núcleo de Marjorie" consiste de 41 lascas renovadas de um total de 145 que, acredita-se, originam-se do mesmo núcleo. Nenhuma das lascas renovadas foi retocada ou usada, e nove delas foram classificadas como lascas Levallois. Aparentemente, o núcleo foi transportado até o sítio em estado semitrabalhado, porque não há lascas na parte externa do nódulo de pedra dura.

8 A inteligência técnica dos humanos arcaicos também pode ser apreciada nos tipos de artefatos e métodos de produção que agora se encontram difundidos por todo o Velho Mundo. Por exemplo, *H. sapiens* arcaico da África subsaariana fabricava utensílios bifaciais longos, que são descritos como bifaces de Lumpeban. Estes com frequência são notáveis pelo tamanho, pela simetria e pelo fato de que alguns exemplares são feitos de rochas extremamente intratáveis. Um exemplar de Muguruk, na região ocidental do Quênia, tem 276 mm (10 ½ polegadas) de comprimento, com uma espessura máxima de apenas 35 mm (1 ½ polegadas). Esses artefatos eram feitos por lascamento bifacial utilzando-se machados duros e machados macios (McBrearty, 1988). Também deveríamos notar, neste ponto, que, em algumas raras ocasiões, os humanos arcaicos dedicaram-se a uma tecnologia de lâminas muito semelhante à do Paleolítico Superior, como no início do Ato 4. Conjuntos que incluem lâminas feitos por humanos arcaicos são descritos por Ronen (1992), que os caracteriza como PPS (pré-Paleolítico Superior). Conrad (1990) discute os conjuntos de lâminas feitos por neandertais durante o último interglacial do noroeste da Europa. Entretanto, pelo menos nesse último caso, existe uma diferença marcante entre o tipo de lâminas sendo produzidas nesses conjuntos e as do Paleolítico Superior. Por exemplo, os humanos arcaicos

não estavam criando núcleos de lanças prismáticos mas removendo lâminas de uma variedade de direções.

Na indústria de Howieson's Poort da África do Sul, que data de 75 mil anos, as lâminas eram transformadas em pequenos artefatos em forma de meia-lua, descritos como micrólitos. Parkington (1990) revê as datações de Howieson's Poort e junta evidências de numerosos sítios da África do Sul para argumentar que alguns dos conjuntos dessa localidade poderiam ter idades tão recentes quanto quarenta mil anos. Essa opinião foi sustentada por datações obtidas por ESR (Electron Spin Resonance), as quais sugerem que os artefatos de Howieson's Poort da foz do Rio Klasies têm entre quarenta mil e sessenta mil anos de idade, e os da caverna Border entre 45 mil e 75 mil anos de idade. Um dos problemas é que a indústria de Howieson's Poort não é um fenômeno unitário, e pode ter surgido em diferentes sítios entre cem e quarenta mil anos. Parkington nota que apenas em três sítios da África do Sul os artefatos de Howieson's Poort estão abaixo dos conjuntos de lascas/lâminas da Idade da Pedra intermediária. Em outros, as camadas sobrepostas são de conjuntos em transição próximos da Idade da Pedra tardia, contendo números crescentes de núcleos com pequenas lâminas. Além do caso dessa indústria – que pode, na verdade, pertencer ao Ato 4 –, os micrólitos estão limitado aos *kits* de ferramentas dos humanos modernos que começam a aparecer por volta do fim do último período glacial, muitos milhares de anos antes do início do Ato 4.

9 Kuman (1994). Ver também Clarke (1988).

10 Por exemplo, durante a Idade da Pedra intermediária na África, uma gama de materiais relativamente intratáveis foi trabalhada, contrastando em grande medida com o material usado em períodos anteriores (Clark, 1982).

11 Goren-Inbar (1992), Belfer-Cohen & Goren-Inbar (1994) e Villa (1983).

12 Os dedos das mãos dos neandertais indicam uma habilidade de agarrar com o dedão e o indicador um tanto menos precisa que a dos humanos modernos (Jones et al., 1992). Dennell (1983, p.81-3) sugere que os humanos arcaicos não tinham habilidades motoras para trabalhar o osso, as armações e o marfim. Isso parece improvável em vista da necessidade dessas ações para fabricar os poucos artefatos de madeira do registro arqueológico, e a diversidade de ações motoras usadas para realizar tarefas como o esquartejamento de carcaças ou o processamento de plantas.

13 Knecht (1993a) demonstrou a eficácia dos materiais orgânicos como projéteis em uma série de estudos experimentais, enquanto Straus (1990a) compara os materiais líticos e os orgânicos quanto a serem adequados para a manufatura dos projéteis, no contexto do Paleolítico Superior tardio. Os artefatos de madeira feitos pelos humanos arcaicos são descritos por Oakley et al. (1977) e Belitzky et al. (1991).

14 Infelizmente, existem poucos estudos de microdesgaste dos primeiros artefatos pré-históricos, em grande parte em virtude de as matérias-primas não serem apropriadas para essas análises. Avaliações de microdesgaste dos machados de mão africanos, nas quais se demonstra que essas ferramentas eram do tipo multiuso, foram realizadas por Keeley & Toth (1981); resultados semelhantes foram obtidos nas pesquisas sobre os artefatos acheulenses e clactonianos da Inglaterra (Keeley, 1980). O uso experimental de artefatos replicados (por exemplo, Jones, 1980, 1981) também substancia a noção de que os primeiros artefatos eram de uso geral em vez de ferramentas especializadas. Anderson-Gerfund (1990) e Béyries (1988) obtiveram resultados semelhantes com os artefatos musterienses.

15 Kuhn (1993) discute a estreita gama de variabilidades nos pontos musterienses, enquanto a relação entre armas do Paleolítico Superior e tipos específicos de presas são demonstrados por Peterkin (1993) e Clark et al. (1986). Straus (1990a, 1993) examina a especialização de armas durante o Paleolítico Superior, que é considerada no Capítulo 9.

16 Shea (1988, 1989; Lieberman & Shea, 1994) demonstrou padrões de quebra, por microfraturamento de *debitage* e desgaste abrasivo em artefatos com pontas. A análise de desgastes também foi aplicada aos artefatos musterienses da Europa Ocidental, mas não há evidências claras de seu uso como pontas de lanças (Anderson-Gerfund, 1990; Béyries, 1988).

17 Um estudo mostrou que, ao comparar estatisticamente mais de mil machados de mão de dezessete sítios da Europa, África, Índia e o Oriente Médio, apenas os originários de uma dessas regiões parece ter apresentado um formato distinto (Wynn & Tierson, 1990). Na medida em que essa amostra inclui sítios de atitudes altas e baixas com diferentes tipos de animais sendo explorados, e que é levado em conta que os alimentos vegetais provavelmente tinham diferentes graus de importância na dieta dos humanos arcaicos, a única conclusão a que se pode chegar é que a morfologia dos machados de mão pouco tem a ver com a variabilidade do ambiente natural e os comportamentos associados à subsistência.

18 Muitos dos conjuntos de faunas do Pleistoceno Médio, como o dominado por elefantes em Torralba (Espanha), os de Zhoukoudian (China) e os de Olorgesailie (África), foram inicialmente interpretados como uma indicação da caça de grandes animais (por exemplo: Howell, 1965; Isaac, 1978; Shipman et al., 1981). Binford, durante os anos 80, reinterpretou muitos desses como sendo o produto da rapinagem hominídea (Binford, 1985, 1987b; Binford & Ho, 1985; Binford & Stone, 1986; Binford & Todd, 1982). Entretanto, um grande número desses conjuntos podem simplesmente estar excessivamente alterados e mal preservados para permitir que se façam inferências sobre o comportamento passado (Villa, 1983, 1990, 1991; Stopp, 1988).

A pré-história da mente

19 Ver resumos em Gamble (1986) e Stringer & Gamble (1993). Para estudos mais detalhados sobre a fauna do Pleistoceno, consultar Stuart (1982). Em geral, considera-se que uma grande diversidade de espécies reflita uma diferença real entre as comunidades animais do Pleistoceno e as do mundo moderno. Entretanto, devemos lembrar que os conjuntos de faunas do Pleistoceno, via de regra, não têm uma boa resolução cronológica e invariavelmente são palimpsestos. Os dados recentes de amostras de gelo nos indicam que ocorreram muitas flutuações ambientais de curta duração, porém marcantes, durante as quais certas espécies podem ter temporariamente aumentado as áreas ocupadas; consequentemente, a ideia de que as comunidades (em oposição a conjuntos) tão variadas eram uma característica do Pleistoceno pode ser infundada.

20 Outra característica ambiental que pode ter sido mais um desafio para os neandertais foi o fato de a vegetação do Pleistoceno demonstrar um grau de zonação notadamente menor que o atual; as comunidades de plantas de então apresentavam uma distribuição fragmentada. Hoje em dia encontramos tipos de vegetação distintos, como as matas, os pastos e a tundra, presentes em faixas largas, dentro das quais encontramos uma típica variedade de espécies animais. Antes do fim do último período glacial, há dez mil anos, os tipos de vegetação aparentemente encontravam-se muito mais mesclados (Guthrie, 1984, 1990). Evidências disso provêm do pólen e, o que é mais importante, da notável diversidade da caça encontrada nas paisagens do Pleistoceno. Gunthrie explica esse contraste dos padrões de vegetação pelos solos mais ricos, pelas estações de crescimento mais longas e por um maior grau de variabilidade entre estações de crescimento. Isso teria reduzido a previsibilidade das espécies de caça, tornando sua exploração ainda mais difícil do que atualmente é nos ambientes de latitude alta.
Uma dificuldade adicional enfrentada pelos neandertais carnívoros durante essas flutuações e imprevisibilidades ambientais deve ter sido a provável competição com outros carnívoros por água e abrigos. Isso transparece na mescla de atividades humanas e de carnívoros frequentemente representada nos mesmo conjuntos de fauna (Straus, 1982). Gamble (1986, 1989) tenta monitorar a variação na pressão competitiva entre carnívoros e humanos na Europa durante o Pleistoceno, e sugere que isso pode explicar, em parte, a variação no tempo de sobrevivência dos esqueletos e túmulos neandertais.

21 Com respeito à tecnologia dos inuit, ver Oswalt (1973). Sobre caçadores-coletores atuais, em geral, consultar Oswalt (1976). Torrence (1983) demonstrou que a complexidade tecnológica está relacionada com a latitude, e interpreta isso como indicativo de um estresse temporal. Portanto, grupos como os inuit têm que garantir que as tentativas de matança são bem-sucedidas pelas oportunidades limitadas de uma segunda chance. Além disso,

é provável que a exploração de mamíferos aquáticos exija uma tecnologia particularmente complexa, porque o animal precisa ser não apenas morto, mas também recuperado. Uma discussão muito útil sobre a tecnologia de arma e métodos de caça entre os caçadores-coletores atuais é fornecida por Churchill (1993).

22 Soffer (1989b) revê as diferentes tecnologias de armazenamento dos caçadores-coletores. Em termos permanentes, elas incluem o uso de vários tipos de poços, casas de armazenamento e outros dispositivos; em relação a provimentos portáteis, a secagem da carne é útil porém trabalhosa. O armazenamento social também é possível no que se refere a acumular obrigações recíprocas, e provavelmente inclui o uso de artefatos para simbolizar dívidas. Por fim, outro armazenamento provavelmente utilizado pelos neandertais envolvia o próprio corpo, na forma de reservas aumentadas de gordura.

23 Trinkaus (1995) fornece um estudo completo dos padrões de mortalidade neandertal. Dois fatores podem colocar em questão os níveis aparentemente altos de mortalidade. Primeiro, a amostra é retirada de um lado a outro do velho mundo e junta neandertais de muitas dezenas de milhares de anos – consequentemente, pode não refletir uma população verdadeira. Segundo, a amostra inevitavelmente compõe-se de espécimes originários de cavernas. Caso indivíduos de idades diversas tenham morrido em diferentes partes da paisagem, a amostragem de apenas um tipo de contexto pode levar a conclusões tendenciosas. Uma comparação entre os danos físicos dos neandertais e os de cavaleiros de rodeios é feita por Berger (*National Geographic*, 189, p.27, 1996).

24 Chase (1986) revisa os conjuntos de animais do Paleolítico Médio. Parte do problema com a interpretação das faunas de cavernas é o fato de os produtos da atividade humana estarem com frequência misturados aos de hienas, ursos e outros carnívoros. Muitas vezes é difícil fazer uma distinção entre os dois. Grande parte do debate sobre essas interpretações foi estimulada por Binford (1985), o qual sugere que os neandertais eram essencialmente rapinadores. Mellars (1989a) e Stringer & Gamble (1993) fazem uma revisão das interpretações dos conjuntos de fauna importantes.

25 Chase (1986, 1989). Os padrões de representação de partes do corpo (predominantemente ossos que suportam uma maior quantidade de carne) no sítio, e a presença de marcas de corte nas partes do esqueleto de onde filetes teriam sido retirados, são exatamente o oposto do que se esperaria da rapinagem oportunista próxima da base de uma hierarquia de predadores. Restos de bovídeos e de cavalos apresentam frequências relativamente altas de partes da carcaça menos úteis (que poderiam ter sido deixadas por carnívoros nos locais de matança), embora marcas de esquartejamento ainda es-

A pré-história da mente

tejam presentes em ossos de membros (Chase 1986). Levine (1983) mostrou que os restos de cavalos apresentam um perfil de mortalidade catastrófico (isto é, animais de diferentes idades estão representados nas mesmas proporções que nos rebanhos vivos), e é mais provável que isso seja um produto da caça e não da rapinagem.

26 A fauna de Grotta di Sant'Agostino foi analisada por Mary Stiner (Stiner & Kuhn, 1992).

27 Evidências das caçadas de neandertais também provêm de sítios abertos, em oposição às ocupações em cavernas. Tanto em Mauran, nos Pirineus, como em La Borde, no vale de Lot, os substanciais conjuntos de animais são dominados por bovídeos. Em Mauran, há restos de pelo menos 108 bovídeos, constituindo mais que 90% do conjunto. O sítio está localizado na base de uma escarpa íngreme de beira de rio, e pode refletir caçadas por "queda de penhascos" (Girard & David, 1982; Mellars, 1989a). Não há datas absolutas para o sítio; Straus (1990b) questionou a datação que o classifica como pertencente ao Paleolítico Médio, observando que isso foi essencialmente resultado de um raciocínio circular e que o conjunto lítico não exclui uma idade do início do Paleolítico Superior. Ele também comenta que o conjunto da fauna provavelmente formou-se durante um tempo longo, e, consequentemente, as matanças em massa de bovídeos que a queda de penhascos implica podem não ter ocorrido. La Borde, ao que parece, está adequadamente datada em 120 mil AP (Stringer & Gamble, 1993, p.163). Se os neandertais tivessem sido rapinadores oportunistas, esperaríamos que esses sítios tivessem uma distribuição mais uniforme das espécies caçadas. Outro possível caso de caça por queda de alturas é La Cotte em Jersey, um sítio de caverna localizado na base de um penhasco que foi datado de 180 mil anos (Scott, 1980; Callow & Cornford, 1986). Mellars (1989a) argumenta que sítios como La Cotte implicam que a caça por queda de penhascos dos neandertais equivalia à matança maciça de bisões registrada nos sítios dos Paleoíndios da América do Norte. Gamble (Stringer & Gamble, 1993, p.162) também interpreta La Cotte como o reflexo da caça especializada, porém sugere que poderia igualmente espelhar "pessoas desesperadas guiado perigosamente" em vez de caçadas cuidadosamente controladas e planejadas. As pilhas de ossos de mamutes e rinocerontes dentro dessa caverna foram interpretadas como partes de carcaças carregadas até lá depois de os animais terem sido forçados a pular do penhasco e morrido.

28 Conforme penetramos nas latitudes mais baixas, os desafios ambientais que os humanos arcaicos tiveram que enfrentar podem ter diminuído mas continuaram sendo substanciais. Os conjuntos de animais das cavernas do Levante indicam que as faunas diversificadas eram uma característica comum do Pleistoceno,

assim como também a competição entre humanos e carnívoros por presas e abrigos. Os neandertais que usaram a caverna de Kebara parecem ter se saído melhor na competição, porque as marcas de mordidas na fauna geralmente pós-datam as marcas de cortes dos humanos (Bar-Yosef et al., 1992).

Tanto os neandertais como os humanos modernos do Oriente Médio produziram a indústria musteriense, e ambos parecem ter sido caçadores competentes. As pontas Levallois das cavernas de Quebara e Qafzeh, associadas aos neandertais e aos humanos modernos, respectivamente, apresentam traços de desgaste e padrões de fratura que indicam terem sido fixadas a cabos e usadas como pontas de lança (Shea, 1988, 1989).

Essas pontas de lanças eram empregadas para caçar uma variedade de presas, incluindo a gazela, o gamo e a corça. As gazelas aparentemente eram a presa principal, constituindo mais de 75% dos restos de animais em Kebara. Embora tanto os neandertais como os humanos modernos caçassem esses animais, os seus padrões de caça parecem ter divergido (Lieberman & Shea, 1994); os neandertais utilizavam uma estratégia menos móvel, que, mesmo assim, exigia um esforço diário maior que o dos humanos modernos. Isso está de acordo com a evidência de esqueletos, indicativa de grande atividade física pelo que se infere da anatomia muscular e frequência de fraturas por estresses (Trinkaus, 1995). Assim como na Europa, o sucesso a longo prazo e as estratégias de caça eficientes desses humanos arcaicos, no Levante, indicam uma inteligência naturalista sofisticada. Uma compreensão do comportamento animal e a habilidade de "ler" pistas visuais estão ambas implícitas no sucesso prolongado desses humanos arcaicos no Levante. As bases do conhecimento dos humanos arcaicos na Europa e na Ásia Ocidental, entretanto, com certeza foram diferentes, não apenas pela variedade distinta de presas, mas também pela maior disponibilidade de alimentos vegetais nas latitudes baixas. Temos evidência arqueológica da exploração de recursos vegetais, como as frutas da espécie *Celtis* na caverna de Doura e as ervilhas selvagens em Kebara (Bar-Yosef, 1994b; Bar-Yosef et al., 1992). Mas essa evidência continua escassa.

O comportamento de subsistência dos humanos arcaicos da Idade da Pedra intermediária na África do Sul é muito parecido com o do Levante, e da Europa. Há discussões sobre as interpretações de restos de faunas depois do controverso livro de Binford (1984a). Klein (1989) fornece uma interpretação mais razoável dos padrões de subsistência da Idade da Pedra intermediária, e de como estes diferem dos da Idade da Pedra mais tardia. Os restos de fauna da foz do Rio Klasier indicam que o elã era caçado, enquanto grandes bovídeos como os búfalos provavelmente eram rapinados. Os humanos arcaicos da Idade da Pedra intermediária também exploraram focas e coletaram mariscos, demonstrando a aplicação de uma inteligência naturalista avançada à exploração de recursos em ambientes costeiros. Assim como os neandertais

A pré-história da mente

da Europa, os humanos arcaicos da África do Sul não parecem ter pescado ou caçado aves selvagens assiduamente.

29 Trinkaus (1987, 1995). Os neandertais apresentam uma frequência alta de traumatismos e indicadores de estresses de crescimento. Sua baixa taxa de sobrevivência talvez indique que ocorriam quedas de população frequentes, quem sabe por reduções sazonais na disponibilidade de alimentos, possivelmente induzidas por oscilações ambientais ou caçadas malsucedidas.

30 Esta é uma característica em comum com outros humanos arcaicos, exceto pelos primeiros humanos anatomicamente modernos (Trinkaus, 1987).

31 Algumas agulhas de osso de excelente qualidade provêm do sítio de Combe Saunière do sudoeste da França, datado de dezoito mil anos (Geneste & Plisson, 1993).

32 A evidência a favor da habilidade de explorar ambientes interglaciais nos humanos arcaicos foi discutida por Gamble (1986, 1992) e Roebroeks et al. (1992). A ausência de quaisquer indícios arqueológicos dos ipswichian da Grã-Bretanha (isto é, o último interglacial, aproximadamente 125 mil AP – estágio 5, ver Quadro p.48), quando a caça era abundante nas florestas relativamente densas, talvez indique que os neandertais, sob um desafio tecnológico, não podiam explorar esses ambientes. Entretanto, se os neandertais estavam vivendo em pequenos grupos, seu registro arqueológico pode simplesmente ser muito escasso, ou sua ausência pode ter decorrido da incapacidade de colonizar a Grã-Bretanha antes que ficasse isolada pelo aumento no nível do mar, subsequente a um extremo de glaciação.

33 Villa (1983); ver também Stepanchuk (1993).

34 A maneira como o clima influenciou a manufatura de ferramentas dos neandertais na França foi discutida por Nicholas Rolland & Harol Dibble (1990; Dibble & Rolland, 1992). (Ver também Turq (1992), sobre uma explicação de como a variante musteriense de Quina é um reflexo de atividades sob estresse temporal durante condições climáticas severas). Eles mostraram que, quando o clima era relativamente ameno, os artefatos produzidos tinham um grau de redução relativamente pequeno – isto é, eram relativamente grandes e raras vezes reafiados. Em contrapartida, no frio extremo, os artefatos eram reafiados com mais frequência e os fabricantes de ferramentas tornavam-se mais conservadores no uso de matérias-primas. Para explicar isso, eles argumentam que os longos invernos dessas fases frias teriam forçado grupos a minimizar as jornadas e reduzido o acesso às matérias-primas. Sob condições mais amenas, os neandertais teriam mudados seus locais de habitação com mais frequência e permitido um reabastecimento mais assíduo de materiais – o que levaria a uma redução menos intensa dos conjuntos.

Mary Stiner & Steven Kuhn investigaram a conexão entre a variabilidade das ferramentas de pedra e as coleções de ossos de animais de quatro sítios de cavernas na região Centro-Oeste da Itália. Cada um desses sítios foi ocupado por neandertais (Grotta Breuil, Grotta Guattari, Grotta dei Moscerini e Grotta di Sant'Agostino). O caráter dos ossos de antes de aproximadamente 55 mil anos atrás sugeriu que as carcaças de animais eram obtidas por rapinagem. As ferramentas e lascas associadas a esses ossos são relativamente grandes e exibem frequências relativamente altas de translado entre sítios. Ao que parece, depois de 55 mil anos, os neandertais aparentemente caçavam animais do tipo veados e cavalos. Seus artefatos de pedra haviam mudado. Agora predominavam técnicas de produção que rendiam quantidades relativamente grandes de lascas pequenas, e os artefatos não eram nem trabalhados intensamente nem transportados por longas distâncias.

Se, por um lado, existe uma associação clara entre a variação na tecnologia lítica e a maneira como a carne era adquirida, por outro, não existe uma ligação funcional direta ou óbvia. As ferramentas anteriores ou posteriores a 55 mil anos atrás são principalmente fragmentos laterais. Pontas de pedra continuam a existir em frequências relativamente baixas em ambas as coleções. Stiner & Kuhn (1992) argumentam que os diferentes padrões de movimento dos neandertais pela paisagem, ao caçar ou rapinar as carcaças, geraram oportunidades para o reabastecimento de matérias-primas usadas na manufatura de ferramentas. A rapinagem e a coleta implicam padrões de busca por distâncias relativamente longas – e deve ter sido vantajoso reduzir lascas grandes usando uma tecnologia de redução centrípeta do núcleo, porque esses "moldes" teriam sido úteis durante as caçadas e coletas em áreas pobres em matéria-prima. Da mesma maneira, o contínuo aparamento que os "moldes" permitiam pode ter sido uma maneira de lidar com a disponibilidade incerta das matérias-primas. Depois de 55 mil anos, a caça provavelmente passou a visar pequenos lotes de comida concentrada, reduzindo a área percorrida pelos hominídeos, aumentando a duração das ocupações de cavernas e diminuindo as incertezas sobre disponibilidade de matérias-primas. Por conseguinte, um número maior de ferramentas leves foi produzido utilizando-se técnicas que envolviam uma plataforma de redução do núcleo e produzindo "moldes" que poderiam ser utilizados, sem modificações ulteriores ou depois de alguns retoques, no processamento de tecido animal. Esse caso ilustra, mais uma vez, como a variação regional da produção de instrumentos por humanos arcaicos é essencialmente um reflexo passivo da mobilidade e da distribuição das matérias-primas. Essa variação não estruturou a mobilidade e os padrões de caça, como faz a manufatura de instrumentos entre os caçadores-coletores modernos. Estudos adicionais sobre o transporte de artefatos e a mobilidade dos humanos arcaicos são encontrados em Roebroeks et al. (1988) e Féblot-Augustins (1993). Com relação a interpretações anteriores sobre a tecnologia do Paleolítico Médio, consultar Binford & Binford (1969), Binford (1973) e Bordes (1961b, 1972).

35 Reflexos igualmente passivos da variabilidade ambiental e de decisões simples do tipo custo/benefício são aparentes em várias outras regiões. Na área de Aquitaine, Geneste (1985) observou que o índice de "utilização" (IU) das matérias-primas aumenta progressivamente com a distância das fontes onde são procuradas – o IU é uma medida da intensidade de uso da matéria-prima depois de procurada. Em um raio de cinco quilômetros, o IU é de apenas 5%; para fontes a cinco e vinte quilômetros de distância dos sítios, o IU foi de 10%-20%; e para materiais exóticos a cinquenta e oitenta quilômetros, de distância foi de 75%-100%. Além do mais, o estado do material levado aos sítios variou sistematicamente, com blocos preparados sendo usados apenas no caso das fontes a cinco-vinte quilômetros de distância, e peças nas fases finais de redução sequenciada para os materiais de fontes exóticas.

Otte (1992) explicou como, 130 mil AP, os humanos arcaicos faziam denticulados simples a partir de sílex córneo local; o quartzo proveniente de distâncias um pouco maiores era usado para fazer *becs* e perfuradores, e a pedra mais dura (*flint*) a trinta quilômetros de distância era usada para fazer raspadores extremamente retocados; as lascas Levallois eram transportadas até os sítios a partir de uma fonte distante.

Callow (Callow & Conford, 1986) atribui uma parte significativa da variabilidade tecnológica em La Cotte a mudanças na disponibilidade de matérias-primas. Quando o nível do mar estava alto e o acesso ao material era difícil, os artefatos eram pequenos e feitos de lascas grossas, com um retoque inverso ou bifacial. Quando o nível do mar estava mais baixo, e as matérias-primas mais fáceis de obter, essas características diminuíam.

36 Dunbar (1992) explora isso utilizando várias medidas diferentes de tamanho do cérebro, sendo que todas mostram um certo grau de correlação com o tamanho do grupo. A correlação mais forte é encontrada quando se estima o tamanho cerebral pela razão entre o neocórtex e o resto do cérebro.

37 Aiello & Dunbar (1993). Estes são valores médios retirados dos dados que estão apresentados na Tabela 1 dos autores.

38 Dunbar (1993). O valor de 147,8 se aplica aos humanos modernos. Todas essas estimativas têm 95% de limite de confiança, que, para os humanos modernos varia entre 100,2 e 231,1. A extrapolação da série de valores de variável X foi justificada, de maneira um tanto fraca, com base no fato de o estudo ser mais exploratório que explanatório. Uma série de questões metodológicas é discutida nos comentários que se seguem ao artigo. Dunbar sugere que o tamanho de grupo previsto para os humanos modernos se enquadra bem na dimensão dos grupos intermediários de caçadores-coletores, ocupando uma posição entre o grupo que convive diariamente (trinta-cinquenta indivíduos)

e a unidade populacional (quinhentos-dois mil indivíduos). O tamanho dos grupos intermediários varia entre cem e duzentos, com uma média que não é significativamente diferente do valor previsto de 147,8. Dunbar também sugere que existem muitos agrupamentos na agricultura pré-histórica e nas sociedades modernas (como os exércitos) que comportam cerca de 150 indivíduos, o que dá sustentação à ideia de que os humanos modernos estão cognitivamente restritos a manter contatos pessoais dentro desse tamanho de grupo. Um argumento um tanto tênue, na melhor das hipóteses.

39 Os restos neandertais de Grotta Guattari e Krapina foram substancialmente mastigados por carnívoros (Trinkaus, 1985; White & Toth, 1991). Não se sabe ao certo se os neandertais já estavam mortos antes da chegada dos carnívoros. Isso talvez seja o mais provável, embora haja clara evidência de que os primeiros hominídeos eram caçados e devorados por carnívoros (por exemplo, Brain, 1981).

40 Um bom exemplo disso na África é o sítio de esquartejamento de elefantes do vilarejo de Mwanganda (Clark & Haynes, 1970). Dennell (1983) menciona as consequências dos "pacotes" de alimento derivados da megafauna para o tamanho do grupo.

41 Mesmo entre os caçadores-coletores modernos com armas de fogo, a frequência de caçadas bem-sucedidas é muitas vezes bastante baixa. Por exemplo, Marks (1976) descreve a raridade de os grupos do Vale Bisa conseguirem matar algum animal, mesmo utilizando armas de fogo.

42 Wrangham (1987) discute a competição pela comida como um desincentivo à vida em grupo. A frequência dos encontros agressivos em grupos de primatas não humanos parece estar diretamente relacionado com o tamanho do grupo e o grau de *"clumping"* do alimento (Dunbar, 1988, p.113-15). Essa provavelmente é a principal causa da fusão-fissão frequentemente observada entre grandes grupos de primatas (Beauchamp & Cabana, 1990).

43 Stringer & Gamble (1993), Trinkaus (1983).

44 Por exemplo, ver Naroll (1962), Yellen (1977). O'Connell (1987) é um dos estudos mais úteis, demonstrando como a área espacial da distribuição de artefatos é influenciada tanto pelo número de pessoas ocupando o sítio como pela duração da ocupação.

45 Este é um ponto de vista bem aceito (ver Mellars, 1989a; para um exemplo específico da aparente falta de uma estrutura espacial nos sítios de esquartejamento, Consultar Farizy & David (1992). Isso não é uma função da preservação, na medida em que, conforme Clive Gamble (1994; Stringer & Gamble, 1993) enfatiza, temos várias áreas extensas de ocupação que se encontram bem preservadas e inalteradas, nos sítios dos humanos arcaicos de Hoxne e Boxgrove, na Inglaterra, Biache-St-Vaast, no norte da França, e Maastricht-Belvédère, nos Países Baixos. Nenhuma dessas localidades pos-

sui poços, buracos de estacas, locais de fogueira ou estruturas de pedra do tipo utilizado para organizar a interação social entre os humanos modernos. Precisamente o mesmo fenômeno foi observado nos sedimentos de 0,99 milhão de anos de idade em Olorgesailie. Segundo Richard Pott (1994, p.18) descreveu, mesmo que os sedimentos arqueológicos desses sítios contenham rastros preservados de pegadas e tocas de animais, não há sinais de locais de fogueira, abrigos ou "traços de unidades sociais distintas". Hayden (1993) contestou esse ponto de vista, sugerindo que existem inúmeros sítios do Paleolítico Médio mostrando estruturas espaciais na distribuição de artefatos e, de fato, características do tipo buracos de estacas e construções de muros, indicativas de um uso social do espaço. Entretanto, poucos desses exemplos, quando muito, resistem a um exame minucioso, e não podem ser explicados em termos mais parcimoniosos.

46 Stringer & Gamble (1993, p.154-58), Gamble (1994, p.24-6).

47 Uma recente revisão desses dados por Knight et al. (1995) conclui que não existem mais que doze peças para o período que antecede o começo do Paleolítico Superior, todas tendo sido datadas em 250 mil anos atrás. Contudo, eles acreditam que esses torrões de ocre vermelho indicam que os humanos arcaicos pintavam seus corpos. Eles deduzem que o ocre era usado como um símbolo do sangue da menstruação e apresentam um argumento intrigante, porém não convincente, para as origens do comportamento ritual e simbólico, estendendo o trabalho de Knight (1991).

48 Gargett (1989) revisa a evidência a favor do sepultamento entre neandertais (para Kebara, consultar Bar-Yosef et al., 1992). Com relação a Shanidar (Solecki, 1971), ele sugere que é mais provável que o pólen tenha sido depositado pelo vento, enquanto Gamble (1989) menciona a possibilidade do pólen das flores ter sido introduzido na caverna por trabalhadores, durante a escavação. Gamble (1989) enfatiza que a distribuição dos túmulos neandertais parece estar inversamente correlacionada com a intensidade da atividade carnívora. Akazawa et al. (1995) descreveu o que eles alegam ser o sepultamento de uma criança da caverna de Dederiyeh, na Síria. Com base no breve relato que os autores fornecem, não parece haver evidência de uma cova, mas a excelente preservação pode bem indicar um enterro. Eles alegam que um pedaço de pedra foi intencionalmente colocado sobre o coração da criança, mas não apresentam dados suficientes para sustentar tal afirmação.

49 Estes são descritos para os grupo inuit por Birket-Smith (1936) e Weyer (1932), enquanto Knight (1991) compila inúmeros relatos de todas as partes do mundo.

50 Mithen (1994) discute isso em detalhes no tocante aos acheulenses e clactonianos do sudeste da Inglaterra (Wymer, 1974; Ashton et al., 1994),

valendo-se de tentativas especulativas de correlacionar os conjuntos com ambientes passados. Gamble (1992, Tabela 2) correlaciona os sítios do Paleolítico Inferior do noroeste europeu, onde não se encontram machados de mão, com estágios interglaciais. Valoch (1984) e Svoboda (1992) argumentaram que as indústrias de seixos/lascas vêm de ambientes florestados. Ver também McNabb & Ashton (1995) e Mithen (1995).

A série de consequências que derivam dos ambientes florestados (os grupos de tamanho pequeno, a predominância do aprendizado individual por tentativas sobre o aprendizado social, resultando em uma tecnologia lítica que mostra um nível baixo de habilidades técnicas (ver Mithen, 1996, Figura 7.2) também pode explicar as ferramentas de pedra do sítio de Gran Dolina, uma das muitas cavernas nas colinas de pedra calcária de Atapuerca, na Espanha. Essas ferramentas líticas podem muito bem ser os artefatos mais antigos encontrados na Europa, na medida em que se originam de depósitos que haviam sido datados de pelo menos 780 mil anos. Esse depósito também contém muitos restos fósseis de animais e de pelo menos quatro humanos arcaicos, que foram provisoriamente classificados como *H. heidelbergensis*. As ferramentas apresentam um nível muito baixo de perícia técnica e são comparáveis às olduvaienses. O que é significativo é o fato de os tipos de animais representados nos fósseis pertencerem a ambientes de matas, como o castor, o porco-do-mato, o veado e o gamo. Esses humanos arcaicos parecem ter vivido em ambientes com matas e, portanto, não teriam tido uma estrutura social que preservasse um nível alto de habilidade técnica no grupo. A idade do depósito de Gran Dolina deve permanecer provisória até ser confirmada por outros métodos de datação. Os hominídeos e ferramentas líticas desse sítio estão descritos em Carbonell et al. (1995), e o método de datação em Parés & Pérez Gonzales (1995).

John Shea (comunicação pessoal, 20 de junho de 1994) sugere que a relação entre indústria e ambiente pode também ser vista em Ubeidiya, em Israel. Esse sítio teve uma longa (porém intermitente) ocupação entre aproximadamente 1,4 e 0,85 milhão de anos. Muitos dos artefatos nos níveis inferiores desde sítio são parecidos com os da indústria olduvaiense e refletem habilidades técnicas limitadas. O ambiente em que eles foram feitos, segundo as reconstruções de pólen de sedimentos associados, parece ter sido uma mata cerrada. Isso sugeriria grupos sociais pequenos, que, por sua vez, implicam níveis baixos de aprendizado social. Mais acima na formação de Ùbeidiya, machados de mão estavam sendo fabricados. Estes parecem estar associados com ambientes de savana/estepes, onde se esperaria encontrar grupos sociais mais extensos, e consequentemente, um maior aprendizado social. O resultado seria um aumento da habilidade técnica e da tradição cultural – o que, de fato, está espelhado na produção dos machados de mão, artefatos que exigem mais em termos técnicos.

A pré-história da mente

51 Holloway (1985) atribui a maior expansão do cérebro neandertal, comparada à dos humanos modernos, a uma adaptação metabólica aos ambientes frios.

52 Aiello & Dunbar (1993), Dunbar (1993). Dunbar sugere que a linguagem é um meio de transmissão de informação social muito mais eficiente que o *grooming* por duas razões: primeiro, pode ser praticada ao mesmo tempo que outras atividades; e, segundo, permite falar com muitas pessoas ao mesmo tempo, enquanto o *grooming* se restringe a um único indivíduo.

53 Holloway (1981a, 1981b, 1985), Holloway & De la Coste-Lareymondie (1982). Da mesma forma, LeMay (1975, 1976) argumentaram que os endomoldes neandertais implicam uma estrutura neural essencialmente moderna.

54 Uma reconstrução do trato vocal neandertal que chegou a ter muita influência foi apresentada por Philippe Leberman e Ed Crelin em 1971. Eles sugeriram que a morfologia dos crânios neandertais é significativamente parecida com a de um humano moderno recém-nascido (mas não um adulto) e, com base nisso, reconstruíram o trato vocal. Descobriu-se que, pelo seu tamanho e formato, esse trato poderia emitir apenas um número limitado de sons de vogais em comparação ao dos humanos modernos. Por conseguinte, apesar de os neandertais alegadamente possuírem uma linguagem e uma fala, havia uma limitação grande no repertório vocal possível. Fremlen (1975) mostrou que essa restrição das vogais teria pesado pouco no que diz respeito à natureza da linguagem, no seguinte sentido "e perece emprevével que see fele fesse enedequede devede e esence des tres veges que fee segerede. E complexedede de fele depende des censenentes e ne des veges, cenferme pedemes ver per este certe". Talvez surpreendentemente, utilizando o mesmo método anterior, Lieberman & Crelin descobriram que o *H. sapiens* arcaico, ao contrário dos neandertais, era capaz de desenvolver uma fala totalmente moderna. Jeffrey Laitman e colaboradores chegaram a uma conclusão semelhante ao reconstruir o trato vogal pelo formato da base do crânio, que, segundo eles, argumentam, correlaciona-se com a posição dos tecidos moles (Laitman et al., 1979, 1991, 1993). Ao medir esse parâmetro em uma série de fósseis de neandertais e de *H. sapiens*, eles chegaram à mesma conclusão que Lieberman e Crenlin: é improvável que os neandertais, ao contrário dos *H. sapiens* arcaicos, tivessem possuído toda a gama das vocalizações modernas. Esse dois estudos receberam críticas severas, que estão resumidas em Schepartz (1993). Ver também Frayer (1992) e Houghton (1993). Uma das críticas mais importantes é que as reconstruções dos crânios neandertais utilizadas por Lieberman e outros, especialmente a do sítio de Chapelle-aux-Saints, são imprecisas.

55 Arensburg et al. (1989). Houve grandes divergências sobre as implicações desse pequeno e antigo osso (Arensburg et al., 1990; Laitman et al., 1990; Lieberman, 1993).

8
Tentando pensar como um neandertal

Antes de analisar o que se passava com a mente no começo do Ato 4, quando surgiram os primeiros humanos modernos, temos que fazer uma pergunta importante – que experiência teria sido possuir o intelecto de um humano arcaico como o homem de Neandertal?

Para tratar dessa questão é preciso voltar ao assunto da consciência. Neste livro, estou adotando o argumento de Nicholas Humphrey, de que ela evoluiu como um artifício cognitivo, permitindo que um indivíduo antecipasse o comportamento social de outros membros do seu grupo. Humphrey sugeriu que sua evolução ocorreu para que pudéssemos usar nossas próprias mentes como modelo das mentes dos outros. Em algum momento do nosso passado evolutivo nos tornamos capazes de interrogar os próprios pensamentos e sentimentos, ponderando sobre como teríamos agido em alguma situação imaginária. Em outras palavras, a consciência evoluiu como parte da inteligência social.

Isso tem consequências significativas para o contraste entre a série de estados subjetivos de percepção e sensibilidade que teriam sido vivenciados pelos neandertais e a que passa pelas nossas mentes atualmente. No neandertal, a inteligência social estava isolada da inteligência relacionada com a fabricação de utensílios e a interação com o mundo natural. Nos termos da nossa analogia mente/catedral, a consciência encontrava-se firmemente cercada pelas paredes grossas e pesadas da capela da inteligência social – não podia ser "ouvida" lá fora, no resto da catedral, a não ser na forma de sons muito abafados. Por conseguinte, devemos concluir que os neardertais não tinham uma percepção consciente dos processos utilizados nos domínios das inteligências técnica e naturalista.

Antes de levar adiante minha proposta, devo advertir que a consciência é um fenômeno multifacetado que ninguém entende realmente. Se Daniel Dennett de fato explicou o que é consciência no seu livro de 1991, *Explained Consciousness* [*A consciência explicada*], é uma questão discutível. Alguns dizem que ele explicou bem demais, de tal maneira que a consciência simplesmente "deixou de existir". Ao que parece, há pelo menos dois tipos diferentes de consciência.[1] Um deles é chamado "sensação", como a percepção de coceiras no corpo, de cores e de sons. Nicholas Humphrey chama isso de um consciência "inferior" comparada à que lida com o raciocínio e a reflexão sobre nossos próprios estados mentais. Creio que essa consciência reflexiva "superior" não existia na mente do neandertal em conexão com a fabricação de utensílios e a interação com a natureza, embora estivesse presente no que diz respeito aos seus pensamentos sobre o mundo social.

A meu ver, os humanos arcaicos, quando produziam suas ferramentas de pedra, vivenciavam o tipo de consciência que temos ao dirigir um carro enquanto conversamos com um passageiro. Chegamos ao fim da viagem sem nada lembrar sobre as rotatórias, os semáforos e outros perigos manobrados, pelos quais passamos aparentemente a salvo sem pensar sobre o ato de dirigir. Como disse Daniel Dennett (1991), enquanto essa maneira de guiar é com frequência descrita como um caso clássico de "percepção inconsciente e ação inteligente" (p.137), é, na verdade, um caso de "consciência ondulante, com perda instantânea de memória".

Quando os humanos arcaicos começaram a fazer ferramentas e a forragear, podem muito bem ter experimentado essa consciência "ondulante". Isso resultou do forte "abafamento" da consciência ao ser "ouvida" do lado de fora da capela da inteligência social. Ou seja, quando os módulos mentais que criam a consciência foram aplicados a domínios distintos daqueles para os quais haviam evoluído, não puderam funcionar eficientemente. Isso deixou os neandertais com uma consciência ondulante,

A pré-história da mente

fugaz e efêmera do conhecimento e pensamentos sobre a fabricação de utensílios e as atividades forrageiras. Não existia introspeção.

Esse argumento talvez seja mais fácil de aceitar ao lidar com o ancestral comum de seis milhões de anos e o *H. habilis* de dois milhões de anos, do que com os neandertais. Nem o ancestral nem o *H. habilis* apresentavam processos de pensamento particularmente avançados para a manufatura de artefatos e o mundo natural; consequentemente, consciência no que se refere a eles não parece ser uma questão importante. Mas, ao considerar os neandertais (ou, na verdade, qualquer tipo de humano arcaico), é difícil imaginar como pode ter sido possível ser um exímio fabricante de utensílios ou um naturalista sem ter consciência da profundidade do conhecimento próprio ou dos processos cognitivos utilizados.

É muito difícil conceber a fabricação de uma ferramenta sem um pensamento simultâneo e detalhado sobre seu uso, e a utilização deste para projetar o objeto. É o mesmo que acontece quando, ao escolhermos a roupa (isto é, os artefatos materiais) que vamos vestir de manhã, automaticamente levamos em conta os contextos sociais de que faremos parte nesse dia.

Imaginar o que deve ter sido possuir uma mentalidade do tipo canivete suíço exige um esforço tão grande que questionamos se ela é plausível. Como uma mente dessas poderia ter existido? Mas, nesses momentos de dúvida, devemos lembrar a nós mesmos que processos cognitivos complexos podem estar operando nas nossas mentes sem que tenhamos consciência deles.

Na verdade, provavelmente temos consciência de apenas uma pequena fração do que se passa nas nossas mentes. Por exemplo, não percebemos conscientemente os processos utilizados para compreender e gerar elocuções linguísticas. Não temos consciência do grande número de regras de linguística que usamos na fala quotidiana, ou das milhares de palavras cujo sentido conhecemos. Criar elocuções gramaticalmente corretas e que façam sentido talvez seja a coisa mais complexa que realizamos – a quantidade de processos cognitivos que utilizamos é provavelmente bem maior do que a que foi necessária para os neandertais produzirem suas ferramentas – e fazemos isso sem uma percepção consciente do que se passa nas nossas mentes.

Daniel Dennett (1991) enfatizou a importância de outros tipos de pensamento inconsciente. Para provar sua existência, ele cita o exemplo de derrubar café na escrivaninha.

> Em segundos, você pula da cadeira, evitando por um triz o café que pinga pelas laterais. Você não estava consciente de que o tampo da escrivaninha não é uma superfície absorvente, ou que o café, um líquido que obedece às leis da gravidade, iria derramar-se para fora do tampo, mas esses pensamentos inconscientes devem ter acontecido – porque se a xícara contivesse sal, ou se a escrivaninha estivesse coberta com uma toalha, você não teria pulado. (Ibidem, p.308)

"Pensamento inconsciente diferente" talvez seja o argumento mais convincente de que os humanos arcaicos poderiam ter fabricado seus utensílios e forrageado com uma percepção consciente limitada, se é que de fato alguma existiu, sobre os processos de pensamento e o conhecimento que estavam utilizando. Alguns indivíduos desafortunados apresentam uma disfunção cerebral que leva a uma forma branda de epilepsia (*pequeno mal*), com ataques de perda da experiência consciente. No entanto, as pessoas acometidas ainda são capazes de continuar com suas atividades, sejam elas simplesmente andar ou mesmo dirigir carros ou tocar piano. Elas mantêm as ações dirigidas para um propósito, que comportam respostas seletivas a estímulos do meio, sem uma percepção consciente dos processos de pensamento. Ao agir dessa maneira, seus comportamentos assumem um caráter um tanto mecânico (um assunto ao qual retornaremos em capítulo posterior) e, mesmo assim, continuam a realizar tarefas complexas.[2]

Não estou sugerindo que a mente do humano arcaico era equivalente a alguém que hoje em dia sofre do *pequeno mal*. Simplesmente utilizo esse exemplo como demonstração adicional de que a não percepção consciente dos próprios processos de pensamento não implicaria que estes não acontecem nem podem gerar comportamentos complexos. Se as pessoas são capazes de guiar carros e tocar piano sem uma percepção consciente, então a possibilidade dos neandertais manufaturarem ferramentas de pedra e forragearem sem uma percepção consciente torna-se mais plausível.

A pré-história da mente

Talvez plausível, mas nem tanto. Contudo, a dificuldade de imaginar o que deve ter sido pensar como um neandertal pode simplesmente representar uma limitação do nosso tipo de pensamento, ali colocada pela evolução. O cerne das ideias de Nicholas Humphrey sobre a evolução da consciência contém a noção de que ela nos capacita a usar nossas mentes como modelo das mentes dos outros. Pensar que outras pessoas pensam como nós parece ter tido um valor evolutivo muito grande. Mas o corolário disso é que se torna inerentemente muito difícil pensar que outro ser humano (ou qualquer que seja a espécie em questão) pense de uma forma fundamentalmente diferente da nossa.

Talvez não estejamos numa posição tão problemática quanto à do filósofo Thomas Nagel ao fazer sua famosa pergunta, em um texto de 1974: "como é ser um morcego?". Afinal de contas, estamos muito mais próximos de um neandertal do que de morcegos. Nagel (1974) não estava interessado em saber o que significaria viver como morcego, mas sim o que é ser morcego para o morcego. Escreveu ele:

> Se tento imaginar isso estou restrito aos recursos de minha própria mente, e eles não estão à altura da tarefa. Não posso realizá-la imaginando adições à minha experiência presente, ou então a subtração gradual de partes dela, ou mesmo adições, subtrações e modificações.

O máximo que podemos alcançar talvez seja, então, uma experiência fugaz do que um neandertal um dia chegou a pensar – como quando nos concentramos em determinada tarefa e excluímos o resto do mundo das nossas mentes. Mas essa experiência não dura mais que um instante. Assim como Nagel e seus morcegos, somos incapazes de saber o que deve ter sido para o *neandertal* ser um neandertal. A evolução barrou essa possibilidade e nos deixou às voltas com a ideia de uma mentalidade do tipo canivete suíço para os humanos arcaicos.

Para ajudar-nos nesse esforço, temos, entretanto, o registro arqueológico, a evidência empírica, talvez mais valiosa que todas as teorizações de filósofos e psicólogos. Na verdade, a natureza frequentemente esquisita desse registro é o argumento mais convincente a favor de um tipo diferente de mente humana. Há tanta coisa que parece moderna no comportamento dos homens arcaicos, sintetizada na habilidade técnica que transparece nos utensílios de pedra. Mas há tanta coisa que definitivamente parece estranha: a monotonia das tradições industriais, a ausência da arte. Tudo isso se encontra resumido na ferramenta "típica" dos humanos arcaicos: o machado de mão.

Citando um comentário recente do arqueólogo Thomas Wynn (1995, p.21), "seria difícil enfatizar excessivamente quanto um machado de mão parece estranho comparado aos produtos da cultura moderna". Tenho a impressão de que a única forma de explicar o registro arqueológico dos humanos arcaicos é evocando um tipo de mente fundamentalmente diferente do que existe nos humanos modernos.

Notas

1 Block (1995) discute diferentes tipos de consciência.
2 As consequências de ataques epiléticos estão descritas em Penfield (1975) e resumidas em Block (1995).

9

O *big bang* da cultura humana:
as origens da arte e da religião

No final do quarto e último Ato do nosso passado há uma explosão cultural. Aconteceu no período entre trinta e sessenta mil anos atrás, que marca o indistinto começo da cena 2. O ato em si tem início há cem mil anos, com a entrada do último e único ator sobrevivente, o *H. sapiens sapiens*. Nosso ator parece adotar rapidamente certos comportamentos até então inéditos na peça, entre os quais destacam-se a fabricação de artefatos de osso no sul da África e a colocação de partes de animais nos túmulos do Oriente Médio – as duas únicas regiões do mundo onde foram encontrados os fósseis de cem mil anos de idade do *H. sapiens sapiens*. Afora esses vislumbres de algo novo, os objetos de cena da nossa espécie são quase idênticos aos dos humanos arcaicos; portanto, ao me referir aos primeiros *H. sapiens sapiens*, vou usar o termo "primeiros homens modernos". A explosão cultural somente aconteceu depois que eles permaneceram no palco por quase quarenta mil anos. Por conseguinte, o que os arqueólogos consideram um dos momentos decisivos da pré--história não é o instante em que o *H. sapiens sapiens* pisa o palco pela primeira vez, e sim o início da cena 2, que eles nomearam, usando uma frase um tanto complexa, a "transição do Paleolítico Médio ao Superior".

Neste capítulo, pretendo analisar o comportamento do *H. sapiens sapiens* nas primeiras cenas do Ato 4 – ou seja, imediatamente antes e depois dessa transição – e questionar por que suas mentes e as dos humanos arcaicos eram diferentes. Contudo, quero utilizar as cenas na ordem inversa, começando com as dramáticas mudanças culturais que aconteceram depois de sessenta mil anos, especialmente a origem da arte.

Lembrem-se de que antes do começo do Ato 4 a catedral da mente moderna está quase acabada. As quatro capelas das inteligências técnica, naturalista, social e linguística, cujos traços observamos ao analisar a mente moderna no Capítulo 3, já se encontram nos seus devidos lugares. Mas as paredes não têm aberturas e estão próximas umas das outras, aprisionando os pensamentos e o conhecimento de cada inteligência especializada – exceto pelas trocas entre as edificações da inteligência linguística e a social. Para formar a mente moderna é preciso que os conteúdos de todas essas capelas fluam livremente pela catedral – ou dentro de uma supercapela – harmonizando-se para criar novas formas de pensar que nunca poderiam ter existido dentro de cada capela isolada.

Os arqueólogos frequentemente descrevem a passagem do Paleolítico Médio ao Superior como a explosão cultural. Voltemos ao Capítulo 2 e vejamos que durante essa transição, ou logo antes dela, observamos a colonização da Austrália, a disseminação dos artefatos de osso (depois da sua primeira aparição na cena 1 do Ato 4) e a criação das pinturas rupestres. A cena 2 do Ato 4 é um *frenesi* de atividades, contendo mais inovações que os seis milhões de anos de evolução humana que a precedem. A explosão cultural é associada com tanta frequência ao começo dessa cena que parece óbvio questionar se todo esse barulho corresponde realmente a uma grande explosão; talvez seja o som de portas e janelas sendo colocadas nas paredes das capelas, ou mesmo o som da construção de uma "supercapela". Em outras palavras, talvez o barulho reflita o começo da fase final da nossa história arquitetônica da mente.

É muito fácil pensar que a transição entre o Paleolítico Médio e o Superior é uma explosão, ou um *big bang* – das origens do universo da cultura humana. De fato, *big bang* é o termo conciso que adotarei neste capítulo. Entretanto, se analisarmos mais atentamente os limites entre as cenas 1 e 2, notaremos que não existe um único *big bang* e sim uma série de faíscas culturais que acontecem em momentos diferentes e partes diferentes do mundo, entre sessenta e trinta mil anos atrás. Por exemplo, no período de sessenta mil e cinquenta mil anos atrás, a colonização da

A pré-história da mente

Austrália parece refletir uma faísca, mas o resto do mundo permaneceu relativamente calmo. No Oriente Médio, outra faísca surgiu entre cinquenta e 45 mil anos atrás, quando a tecnologia Levallois foi substituída pela dos núcleos e lâminas. A faísca cultural da Europa parece ter sido mais recente, com o surgimento dos primeiros objetos de arte há quarenta mil anos. Na verdade, talvez somente possamos afirmar com segurança que o ritmo acelerado das transformações culturais havia definitivamente começado por todo o globo quando nos referirmos ao tempo posterior a trinta mil anos atrás. Alguns arqueólogos chegam ao extremo de negar que de fato exista alguma transição principal, e consideram que as mudanças na esfera da cultura foram nada mais que o resultado de um longo processo de transformação gradual. Eles sugerem que os novos tipos de artefatos do registro arqueológico do Ato 4 refletem uma melhor preservação e recuperação dos objetos em vez de novas formas de comportamento.[1] Mas eu discordo disso.

Assim como a maioria dos arqueólogos, acredito que algo fundamental acontece nessa transição do Paleolítico, mesmo que em tempos ligeiramente defasados e em diferentes regiões do planeta. Muitas ideias têm sido aventadas sobre o que possa ter sido essa coisa fundamental. Elas incluem noções sobre a "reestruturação das relações sociais",[2] o aparecimento da especialização econômica,[3] uma "invenção" tecnológica semelhante à que causou a adoção da agricultura trinta mil anos mais tarde,[4] e a origem da linguagem.[5] Considero-as todas incorretas: ou são meras consequências e não causas da transição ou não conseguem reconhecer a complexidade da vida social e econômica dos humanos arcaicos.

Na minha opinião, o *big bang* da cultura humana é o momento em que a grande reformulação do projeto da mente aconteceu, quando portas e janelas foram colocadas nas paredes das capelas, ou talvez quando a "supercapela" foi construída. A mente moderna poderia então ser imaginada como o esquema da Figura 17. Com essas novas características arquitetônicas, as inteligências especializadas da mente do humano arcaico não precisavam mais funcionar isoladamente. Aliás, acredito que, durante as duas últimas décadas de pesquisa, a explicação para a transição do Paleolítico Médio ao Superior foi encontrada não por arqueólogos, mas por cientistas cognitivos, cujos trabalhos examinamos no Capítulo 3.

249

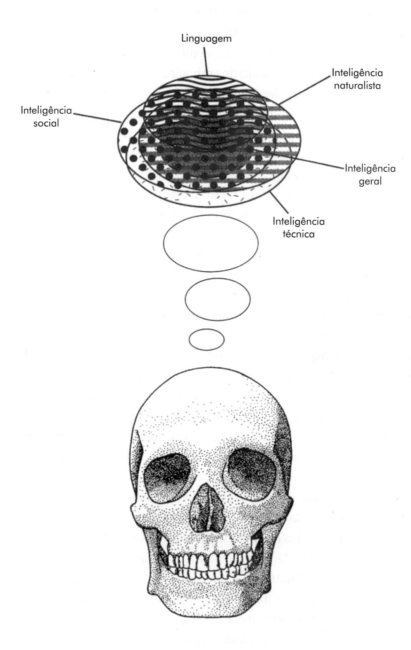

FIGURA 17 – A mente do caçador-coletor moderno.

A pré-história da mente

Lembrem-se de como Jerry Fodor considera que a "paixão pelo analógico" é a principal característica de processos mentais centrais nitidamente não modulares, e de como Howard Gardner acredita que, na mente humana, inteligências múltiplas operam "juntas, harmoniosamente, para poder realizar atividades complexas". Vimos como Paul Rozim concluiu que "a marca da evolução da inteligência ... é que a capacidade aparece primeiro em um contexto restrito e depois estende-se até outros domínios"; Dan Sperber chegou a uma noção parecida pelo seu módulo da metarrepresentação, cuja evolução criaria nada menos que a "explosão cultural". Lembrem-se também das ideias de Annette Karmiloff-Smith sobre como a mente humana "re-representa o conhecimento" e "dessa forma, permite que a aplicação do conhecimento ultrapasse os propósitos específicos para os quais normalmente é utilizado, criando novas ligações representacionais entre domínios diferentes". Essas ideias aproximam-se muito da noção de "mapeamento mediante sistemas de reconhecimento" proposta por Suzan Carey & Elizabeth Spelke, e da concepção de Margareth Boden sobre como a criatividade emerge da "transformação de espaços conceituais".[6]

Nenhum desses cientistas cognitivos estava se referindo à transição do Paleolítico, ou necessariamente aos mesmos aspectos da mente moderna: alguns trataram do desenvolvimento infantil enquanto outros discutiram a evolução cognitiva, ou simplesmente a maneira como pensamos enquanto vivemos nosso dia a dia. Mas suas ideias possuem um tema comum: que tanto o desenvolvimento como a evolução da mente humana passam (ou passaram) pela mudança que transforma uma série de domínios cognitivos relativamente independentes numa outra série onde as ideias, as formas de pensamento e o conhecimento fluem livremente entre os domínios. Mesmo sem saber, Gardner, Rozin, Boden e outros estavam fornecendo a resposta para a transição do Paleolítico Médio ao Superior.

Pelo menos acredito que eles forneceram. A função deste e do próximo capítulo é avaliar essa proposição. Começarei perguntando se esses desenvolvimentos conseguem explicar os novos tipos de comportamento que observamos no início do Ato 4, quando os indivíduos continuaram vivendo da caça e da coleta durante o período que chamamos Paleolítico Superior. No epílogo, vou aproximar-me um pouco mais dos dias atuais, e dos modos de vida que nos são familiares, ao considerar a origem da agricultura.

Vamos usar como ponto de partida o evento do Ato 4, que pelo menos dá um colorido à peça: o aparecimento da arte.

O que é arte

Não podemos discutir a origem da arte sem chegar a um entendimento do que isso significa. Arte é mais uma dessas palavras sempre presentes neste livro que são difíceis de definir, como "mente", "linguagem" e "inteligência". Assim como no caso desses exemplos, a definição de arte é específica de cada cultura. Na verdade, muitas sociedades que criam maravilhosas pinturas rupestres não têm uma palavra que denote a arte nas suas línguas.[7] O conceito de arte das comunidades do Paleolítico Superior (se é que existiu algum) provavelmente era muito diferente do que é comum atualmente: objetos não utilitários, a serem expostos nos pedestais de galerias. Entretanto, esses caçadores-coletores do Paleolítico produziam artefatos que hoje em dia consideramos inestimáveis e que são prontamente exibidos nas galerias e museus. Vamos considerar por um instante as primeiras peças de arte de que temos conhecimento, antes de fazer generalizações sobre suas qualidades essenciais.

Entre os debris do Ato 3, foi encontrado um pequeno número de objetos de pedra ou osso riscados, aos quais algumas pessoas atribuem um significado simbólico; um exemplo é o osso proveniente de Bilzingsleben, na Alemanha, onde se observam incisões de linhas paralelas.[8] Não creio que essas atribuições de significados sejam justificadas e considero que devemos excluir esses objetos da nossa categoria "arte", admitidamente maldefinida. A maioria dessas peças pode ser interpretada como um subproduto de outras atividades, do tipo cortar material vegetal sobre um suporte de osso; entretanto, podem existir exceções, que discutirei mais adiante.

A inclusão de algum artefato nessa elite de objetos que chamamos "arte" deve restringir-se àqueles que são figurativos ou que indicam pertencer a um código simbólico, por exemplo, pela repetição dos mesmos motivos. A fase mais inicial do Paleolítico Superior oferece muitos exemplos de ambos os casos.

A pré-história da mente

Em relação à arte figurativa, nada melhor que começar por uma estatueta de marfim de trinta a 33 mil anos de idade, proveniente de Hohlenstein-Stadel, no sudeste da Alemanha (ver Figura 18). Esculpida na presa de um mamute e demonstrando uma extraordinária combinação de habilidade técnica e imaginação fértil, ela representa um homem com cabeça de leão. Foi encontrada quebrada em pequenos pedaços e meticulosamente restaurada para oferecer-nos a mais antiga obra de arte conhecida (cf. Marshack, 1990, p.457-98). Também existe uma série de figuras de animais talhados em marfim desse mesmo período e localidade no sudoeste da Alemanha, que inclui felinos e espécies herbívoras, como o mamute, o cavalo e o bisão. Algumas dessas figuras apresentam incisões de marcas nos seus corpos.[9]

No sudoeste da França, foram encontradas imagens contemporâneas da arte *figurativa* e que parecem fazer parte de um código simbólico (ver Figura 19). Correspondem predominantemente a símbolos em formato de V, gravados em blocos de pedra calcária nas cavernas da *Dordogne*. Embora tenham sido tradicionalmente descritas como imagens de vulvas, atualmente os arqueólogos descartam a ideia de terem algum *status* figurativo simples. A característica crucial é que os motivos de formato igual aparecem gravados repetidas vezes (cf. Delluc & Delluc, 1978).

FIGURA 18 – Estatueta de marfim de um homem-leão, proveniente de Hohlenstein--Stadel, no sudeste da Alemanha. A peça tem aproximadamente de trinta a 33 mil anos de idade. Altura: 28 cm.

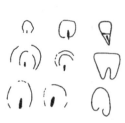 

FIGURA 19 – (Direita) Símbolos gravados em um pequeno seixo de 60 cm de comprimento de cerca de 30-25 mil anos de idade, proveniente de Abri Cellier, na região da *Dordogne*, França. Imagens como essas e desse mesmo período encontram-se repetidas em outros sítios do sudoeste da França, incluindo Abri Blanchard, Abri de Castanet e La Ferrassie, como mostra a ilustração à esquerda.

O período entre quarenta e trinta mil anos atrás incluiu, além dessas peças, a produção de ornamentos pessoais, tais como contas, pingentes e dentes de animais perfurados. No sítio de La Souquette, no sudoeste da França, contas de marfim foram gravadas imitando conchas do mar.[10] Na mesma época ou logo depois que esses objetos foram produzidos, as cavernas do sudoeste europeu estavam sendo decoradas com imagens de animais, sinais e figuras antropomórficas, uma tradição que culminaria com as pinturas rupestres da caverna de Lascaux, em torno de dezessete mil anos atrás.[11] Na verdade, algumas pinturas rupestres descobertas muito recentemente, no dia 18 de dezembro de 1994, foram datadas de trinta mil anos atrás. As trezentas ou mais imagens de animais nessa caverna – incluindo rinocerontes, leões, renas, cavalos e uma coruja – são extraordinárias. Algumas são muito realistas e demonstram um conhecimento impressionante da anatomia animal e também incríveis habilidades artísticas. Essa caverna talvez esteja no mesmo nível da caverna de Lascaux, e certamente da de Altamira, na Espanha, no que diz respeito à natureza espetacular da sua arte.[12] Embora essa seja a primeira arte de que o homem tem conhecimento, não há nada primitivo a seu respeito.

Enquanto a produção de arte era extremamente prolífica na Europa, há trinta mil anos, ou logo depois disso, ela assumiu proporções globais. No sudeste da África, as placas de pedra da Caverna de Apolo datam de 27,5 mil anos atrás, enquanto as gravações em paredes da Austrália são de antes de quinze mil e talvez de quarenta mil anos.[13] A arte continua um fenômeno raro, ou mesmo ausente, em várias regiões do mundo até vinte mil anos atrás. Mas isso significa apenas vinte mil anos depois da sua primeira manifestação na Europa – um intervalo de tempo quase insignificante comparado aos mais de 1,5 milhão de anos em que os humanos arcaicos viveram sem arte.

As diferentes intensidades na produção artística podem ser atribuídas a variações na organização econômica e social, que, por sua vez, podem ser, em grande parte, atribuídas a condições ambientais. O registro arqueológico nos mostra que a arte da Idade da Pedra não é um produto de circunstâncias confortáveis – quando as pessoas têm tempo de sobra; ela foi com mais frequência criada por indivíduos que viviam sob condições de grande estresse. O florescimento da arte paleolítica na Europa aconteceu num período em que as condições ambientais eram extremamente duras, à epoca do auge da última era glacial.[14] Entretanto, é improvável que alguma população humana tenha vivido sob um estresse adaptativo maior que o do neandertal da Europa Ocidental – mas eles não produziram arte. Faltava-lhes a capacidade para isso.

Não há como duvidar de que, por volta de trinta mil anos atrás, essa capacidade era um atributo universal da mente humana moderna. O que ela implica? Embora a definição de um símbolo visual seja notoriamente difícil, pelo menos cinco propriedades são cruciais:

1 A forma do símbolo pode ser arbitrária em relação ao referente. Essa é umas das características fundamentais da linguagem, mas também se aplica aos símbolos visuais. Por exemplo, o símbolo "2" não se parece com dois itens de nada.[15]

2 Um símbolo é criado com a intenção de comunicar.[16]

3 Pode ocorrer uma defasagem espácio-temporal considerável entre um símbolo e seu referente. Por exemplo, eu poderia desenhar uma imagem de algo que aconteceu há muito tempo, ou de algo que penso que possa acontecer no futuro.

4 O sentido específico de um símbolo pode variar entre indivíduos e, de fato, entre culturas. Isso frequentemente depende dos seus co-

nhecimentos e experiências. Uma suástica nazista pode significar algo diferente para uma criança do que para um judeu que perdeu a família no Holocausto. A suástica é na verdade um símbolo antigo, encontrado em culturas tão distantes quanto o México e o Tibete.

5 O mesmo símbolo pode tolerar um certo grau de variabilidade, seja ela imposta deliberadamente ou não. Por exemplo, somos capazes de entender a letra de diferentes pessoas, embora as formas específicas de cada letra não sejam iguais.

Essas propriedades dos símbolos visuais tornam-se particularmente evidentes ao considerar a arte criada por caçadores-coletores recentes, como as comunidades aborígines da Austrália. A última década testemunhou um avanço considerável na nossa compreensão dessa arte.[17] Atualmente, sabemos que mesmo a imagem mais simples, como um círculo, pode ter diferentes referentes. Entre os walpiri do deserto central australiano, por exemplo, um círculo pode representar um número ilimitado de referentes: acampamentos, fogos, montanhas, seios de mulher, ovos, frutas e outros itens. A intenção semântica de um símbolo dentro de uma composição somente pode ser identificada em associação com outros motivos. Esses motivos geométricos simples podem ter uma gama de significados mais ampla que a das complexas imagens naturalistas[18] (ver Quadro da p.257).

Imagens naturalistas, talvez de animais ou de seres ancestrais, também podem ter significados complexos e múltiplos. Uma criança aborígine que não sabe nada sobre sonhos (o passado/presente mítico) inicialmente pode interpretar imagens de maneira literal. Para essa criança, as imagens de peixe, por exemplo, referem-se à pesca, uma atividade economicamente importante em muitos grupos aborígines. Essas interpretações literais podem ser descritas como os significados "externos" da arte – que se aprendem no contexto da vida quotidiana e são de domínio público. À medida que a criança amadurece e adquire conhecimento sobre o mundo ancestral, a mesma imagem será interpretada de modo mais metafórico, frequentemente relacionado com as ações dos seres ancestrais. Há vários níveis possíveis, cada qual exigindo um conhecimento adicional sobre o passado ancestral, que pode restringir-se a certas classes de indivíduos. Consequentemente, esses significados

Significados complexos em desenhos simples da arte de caçadores-coletores

Os significados complexos e múltiplos que podem ser encontrados nos mais simples desenhos geométricos da arte paleolítica podem ser ilustrados por um exemplo da arte dos aborígines australianos. O antropologo social Howard Morphy descreveu como muitas das suas pinturas têm um molde geométrico básico subjacente ao desenho. Cada parte do molde pode codificar uma série de significados. Por exemplo, considerem a imagem que segue, com dois *"loci"*, (a) e (b).

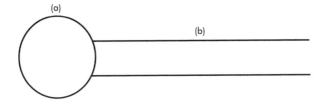

No *locus* (a), os seguintes significados estão codificados: "poço", "lago, "vagina". No *locus* (b) os significados "pau-de-cavar", "rio" e "pênis" estão codificados. Consequentemente, três interpretações diferentes dessa imagem seriam: um rio fluindo para um lago, um pau de cavar sendo usado para fazer um poço e um pênis penetrando uma vagina. As três estão "corretas", mas cada uma é adequada em diferentes contextos sociais. Além disso, as interpretações podem estar conectadas dentro de uma única sequência mítica:

> Um ancestral canguru estava escavando
> um poço com um pau de cavar. Quando
> ele acabou, uma pequena fêmea canguru agachou-se
> para beber a água fresca, e o
> canguru aproveitou sua oportunidade para
> fazer sexo com ela. O
> sêmen fluiu do corpo dela para
> o poço. Hoje um rio flui até
> o lago nesse lugar e o
> pênis do canguru foi transformado em
> um pau de cavar que pode ser visto como um
> grande tronco ao lado do lago.

Se desenhos geométricos tão simples conseguem "codificar" significados tão complexos e, ao fazê-lo, expressar os aspectos transformacionais dos Seres Ancestrais, podemos apenas nutrir admiração pelos tipos de significados codificados nos desenhos geométricos do período Paleolítico.

são descritos como "internos". Por exemplo, a criança pode aprender gradualmente como os peixes são um símbolo poderoso de transformação espiritual da vida e da morte. É bom pintá-los, não somente porque é bom comê-los, mas porque também é bom pensar sobre eles. Os sentidos metafóricos das imagens de peixes, referentes à vida e à morte, não substituem a interpretação literal, referente à pesca – são complementares. Como resultado disso, muitas imagens possuem sentidos diferentes para pessoas diferentes, dependendo do acesso que tenham ao conhecimento do passado ancestral.[19]

Qualquer que seja o sentido atribuído a uma imagem, ela provavelmente sofrerá um distanciamento temporal e espacial daquilo que a inspirou. O poço de água a que se refere um círculo pode estar bem longe, e o Ser Ancestral não possui uma localização certa no tempo e no espaço.

Podemos encontrar muitas dessas características na tradição da arte rupestre de outros caçadores-coletores, como os san do sudeste da África.[20] Realmente, não há como duvidar que as imagens criadas no Paleolítico Superior também possuíam significados múltiplos e simbólicos complexos, que envolvem as cinco propriedades já relacionadas. Os arqueólogos têm mais chances de reconstruir o sentido "externo" da arte que os significados "internos", os quais exigem um acesso ao mundo mitológico perdido da mente pré-histórica – um mundo a que retornarei no fim deste capítulo, quando considerar as origens das ideias religiosas.

A fluidez cognitiva e as origens da arte

Tendo mencionado algumas das propriedades dos símbolos visuais, vamos considerar quais são os atributos mentais envolvidos na sua criação e leitura. Existem pelo menos três:

1 A produção de uma imagem visual envolve o planejamento e a execução de um molde mental preconcebido.

2 A comunicação intencional com referência a um evento ou objeto não presente.

3 A atribuição de um significado a uma imagem visual não associada com seu referente.

Segundo o que estabelecemos no capítulo anterior – e pelo que vou explicar a seguir – é provável que os humanos arcaicos tivessem competência para cada um desses processos cognitivos. Eles provavelmente existiram em um estado tão complexo e avançado quanto o da mente humana moderna. Então, por que a ausência da arte? A resposta poderia ser que eles possuíam os processos, mas estes se encontravam em domínios cognitivos diferentes. Não estavam acessíveis uns aos outros, e a origem da arte somente aconteceu depois de ocorrer um aumento marcante nas conexões entre domínios. Sendo assim, onde estavam localizados esses processos na mente humana primitiva?

A incisão de marcas em objetos é algo que acontece involuntariamente durante as atividades de muitos animais – marcas como as impressões deixadas por cascos, as arranhaduras em árvores e sinais de mordidas em ossos. Alguns animais não humanos também deixam marcas intencionalmente: os chimpanzés pintaram desenhos incríveis em laboratórios, embora aparentemente não possuam significados simbólicos e tenham sido produzidos fora do ambiente natural.[21] Eu interpretaria esses "feitos artísticos" da mesma maneira que os feitos "linguísticos" dos chimpanzés – o produto de uma capacidade de aprendizado geral. Os primeiros membros da linhagem *Homo*, com quem deparamos no Capítulo 6, deixavam marcas feitas com instrumentos de pedra durante o esquartejamento e descarnamento de carcaças. Também existe uma série de artefatos feitos pelos humanos arcaicos que apresentam incisões de linhas, como o numulite fóssil de Tata, na Hungria, aparentemente de cem mil anos, no qual uma linha perpendicular a uma das fendas naturais parece ter sido gravada intencionalmente para fazer uma cruz; e também um osso com marcas proveniente de Bilzingsleben,[22] na Alemanha (ver Figura 20). Embora ainda tenha que ser demonstrada, simpatizo com a ideia de que algumas dessas linhas podem ter sido intencionalmente criadas, e em breve vou discutir como elas deveriam ser interpretadas. Da mesma forma, algumas poucas peças de ocre vermelho de sítios dos humanos arcaicos que viveram no sudeste da África – não são mais que doze, do período anterior a cem mil anos (cf. Knight et al., 1995) – talvez sugiram que os *H. sapiens* arcaicos faziam marcas nos seus corpos. Mas não existe razão para acreditar que isso equivale ao comportamento simbólico envolvido na produção de objetos de arte. O que precisamos detectar na mente dos humanos arcaicos é uma capacidade de criar intencionalmente marcas ou objetos com formas preconcebidas.

Isso na verdade pode ser encontrado – no domínio da inteligência técnica. Vimos que os humanos arcaicos repetidamente impunham um formato aos seus artefatos de pedra. Os machados de mão e as lascas Levallois exigiram a "extração" de objetos preconcebidos de blocos de pedra inicialmente intactos. Em vista de uma inteligência técnica dessas, a não produção de objetos de arte tridimensionais não pode refletir dificuldades na concepção de objetos "dentro" de um bloco de pedra ou marfim, ou o planejamento mental e destreza manual para "extraí-los". Os processos cognitivos no domínio da inteligência empregados na fabricação de utensílios de pedra parecem ter sido suficientes para produzir uma pequena figura a partir de uma presa de marfim. Mas não foram utilizados para esse fim.

Com respeito à segunda das capacidades cognitivas essenciais para a arte – a comunicação intencional –, estabeleceu-se no capítulo anterior que essa era uma característica decisiva da inteligência social dos humanos arcaicos. Na verdade, esses antigos ancestrais provavelmente dependiam da comunicação intencional tanto quanto os humanos modernos atuais. Entre os últimos humanos arcaicos, tal capacidade manifestou-se na linguagem falada; entre os primeiros membros, ela provavelmente restringiu-se a vocalizações simples demais para serem

FIGURA 20 – Fragmento da costela de um grande mamífero, proveniente de Bilzingsleben, na Alemanha. Na sua superfície há uma série de linhas paralelas, cada uma gravada pela aplicação repetida de uma ferramenta de pedra, provavelmente por um neandertal. Comprimento 28,6 cm, largura 3,6 cm.

descritas como linguagem, assim como também gestos. No Capítulo 5, vimos que tanto os macacos como os grandes símios dedicam-se à comunicação intencional, sugerindo que essa capacidade teve uma longa história evolutiva: não há como duvidar de que não apenas os humanos arcaicos, mas também os primeiros *homo* dedicavam-se com frequência à comunicação intencional.

O terceiro elemento de uma capacidade artística é a habilidade de atribuir significados a objetos inanimados ou marcas distantes de seus referentes.[23] É possível encontrar essa habilidade em algum dos domínios cognitivos dos humanos arcaicos? Certamente que sim: a capacidade de atribuir um significado às pegadas e rastros feitos involuntariamente por presas em potencial é um componente crítico da inteligência naturalista. Segundo argumentei em capítulos anteriores, a habilidade de fazer inferências com base em marcas do tipo pegadas provavelmente vem do tempo em que os primeiros *homo*, ou na verdade os australopitecinos, começaram a caçar e rapinar nas savanas da África. Tais inferências frequentemente incluem o tipo, a idade, o sexo, o estado de saúde e o comportamento corrente do animal que deixou as marcas.

As marcas involuntárias de animais apresentam uma série de propriedades em comum com as "marcas" intencionais ou símbolos dos humanos modernos, como as pinturas em faces de rochas ou os desenhos na areia.[24] Elas são inanimadas. Ambas estão espacial e temporalmente deslocadas do evento que as criou e que elas significam. As pegadas, assim como os símbolos, devem ser colocadas na categoria certa se formos atribuir-lhes os significados corretos. Por exemplo, a pegada de um veado vai variar dependendo de ter sido feita no barro, na neve ou na grama, assim como o desenho de um símbolo vai variar segundo a face da rocha ou o estilo individual do artista. As marcas deixadas por animais com frequência são não representacionais. As pegadas de um veado podem parecer-se com a base do casco, mas não lembram aquilo que se infere a partir delas, como a passagem de um macho adulto. Muitas marcas não têm semelhança com o animal que as criou, como as linhas paralelas deixadas por uma cobra em movimento. E, finalmente, o significado das marcas vai variar de acordo com o conhecimento da pessoa que as observa, assim como variam os significados dos símbolos.

Por exemplo, uma criança pode identificar que uma pegada foi feita por um veado, enquanto um caçador maduro e experiente será capaz de inferir que esse veado é uma fêmea prenhe que passou por ali há apenas duas horas.

Essas similaridades sugerem que os mesmos processos cognitivos usados para atribuir sentidos a marcas deixadas involuntariamente por animais seriam igualmente eficientes para atribuir sentidos a marcas intencionalmente criadas por humanos. Mas não temos evidências de que foram empregados com esse propósito antes da chegada dos humanos modernos.

Os três processos cognitivos cruciais para a produção da arte – a concepção mental de uma imagem, a comunicação intencional e a atribuição de significado – estavam todos presentes na mente humana arcaica. Foram encontrados, respectivamente, nos domínios das inteligências técnica, social e naturalista. Mas a criação e uso de símbolos visuais impõe que eles funcionem "juntos, harmoniosamente" (citando Gardner). Isso exigiria "ligações entre domínios" (citando Karmiloff-Smith). E o resultado disso seria a "explosão cultural" (citando Sperber).

Observamos realmente uma explosão cultural começando há quarenta mil anos na Europa, com a produção dos primeiros trabalhos artísticos, e eu sugeriria que isso pode ser explicado por novas conexões entre os domínios das inteligências técnica, social e naturalista. Os três processos cognitivos, antes isolados, agora funcionavam juntos, criando o novo processo cognitivo que podemos chamar de simbolismo visual, ou simplesmente arte (ver Quadro da p.263).

Se eu tivesse que escolher apenas uma característica da primeira arte para sustentar esse argumento, seria a incrível habilidade técnica e poder emotivo das primeiras imagens. Nenhuma analogia pode ser feita entre as origens da arte no tempo evolucionista e o desenvolvimento das habilidades artísticas na criança. Estas consistem de uma passagem gradual das garatujas às imagens representacionais, seguidas do aprimoramento gradual da qualidade das imagens. No caso de alguns jovens artistas, podemos então ver uma compreensão gradual do uso da linha e da cor para transmitir não apenas um registro do que se vê, mas os sentimentos a respeito. Não existe nada gradual sobre a evolução de uma capacidade para a arte: os primeiros objetos que encontramos podem ser comparados, em qualidade, aos produzidos dos grandes artistas da Renascença. Isso não significa argumentar que os artistas da Idade do Gelo não passaram por um processo de aprendizado; podemos na verdade encontrar muitas imagens que parecem ter sido feitas por crianças ou jovens aprendizes.[25] Mas as habilidades de impor a forma, de comunicar e de inferir significados a partir de imagens já devem ter estado presentes na mente dos humanos arcaicos – embora não existisse arte. Tudo o que bastava para criar as maravilhosas pinturas da caverna de Cauvet era uma conexão entre os processos cognitivos que haviam evoluído para outras tarefas.

Antes de deixar as origens da arte, devemos voltar às peças riscadas de osso e marfim feitas pelos humanos arcaicos, como as de Bilzingsleben e Tata. Se – e este é um grande *se* – esses riscos foram feitos intencionalmente, como podem ser explicados? Sugiro que eles refletem o máximo da comunicação simbólica que pode ser alcançado ao depender apenas de uma inteligência geral. Os humanos arcaicos podem ter sido capazes de associar marcas com significados usando apenas suas capacidades para o aprendizado associativo. Mas depender disso teria restringido a complexidade das marcas e dos significados. Existe uma semelhança entre a simplicidade das capacidades de produzir instrumentos dos

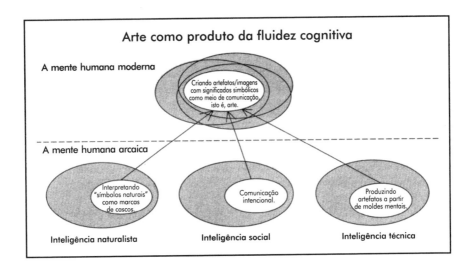

chimpanzé comparadas às dos humanos arcaicos, e a simplicidade das marcas intencionais dos humanos arcaicos comparadas às dos humanos modernos. Os chimpanzés dependem da inteligência geral para a comunicação "simbólica". Como resultado disso, os chimpanzés e os humanos arcaicos parecem alcançar "sub-realizações" nessas atividades, em vista dos seus feitos em domínios comportamentais para os quais possuem inteligências especializadas.

Os humanos como animais, os animais como humanos. Antropomorfismo e totemismo

O novo fluxo de conhecimentos e processos de pensamento entre os domínios da mente moderna pode ser facilmente notado não apenas na existência da arte, mas também no seu conteúdo. Analisemos mais uma vez a imagem da Figura 18. Ela mostra uma cabeça de leão e um corpo humano. Assim como não podemos provar, também não podemos negar que ela represente um ser da mitologia de grupos do Paleolítico Superior que viveram no sudeste da Alemanha. Não sabemos se a imagem é de um animal que assumiu certos atributos humanos – refletindo um pensamento antropomórfico – ou de um humano que descendia de um leão – refletindo o pensamento totêmico. Contudo, qualquer que seja a alternativa correta (e na verdade provavelmente ambas estão corretas), a habilidade de conceber um ser desses exige fluidez entre as inteligências social e naturalista.

Imagens como essas permeiam não apenas a arte de grupos do Paleolítico Superior, mas a de quase todas as sociedades de caçadores--coletores, e na verdade dos que vivem da agricultura do comércio e da indústria.[26] Temos muitos exemplos espetaculares vindos da pré-história. A arte do Paleolítico Superior inclui o "feiticeiro" de Trois-Frères – uma figura pintada de pé, com pernas e mãos que parecem humanas, mas com costas e orelhas de um herbívoro, os chifres de uma rena, a cauda de um cavalo e um pênis posicionado como o de um felino (ver Figura 21) – assim como também um homem com cabeça de pássaro de Lascaux e uma figura feminina da caverna de Grimaldi, com as costas apoiadas contra as costas de um carnívoro.[27] Aliás, uma das pinturas da recém-descoberta caverna de Cauver, algumas das quais foram datadas de trinta mil anos, representa uma figura com a cabeça e o torso de um bisão e as pernas de um humano. Da mesma forma, os caçadores-coletores pré-históricos que viveram há sete mil anos nas florestas da Europa, depois da retração do gelo, deixaram gravações monumentais de peixes/humanos no sítio de Lepenski Vir, no Danúbio (cf. Srejovic, 1972). Segundo mencionei no Capítulo 3, entre os caçadores-coletores modernos descritos pelos antropólogos, os animais são frequentemente dotados de mentes do tipo humano.

O pensamento antropomórfico é algo difundido nas nossas próprias vidas cotidianas. Entregamo-nos a ele nas relações com bichos de estimação ao atribuir-lhes sentimentos, propósitos e intenções. Isso pode ser de fato razoável quando se trata de cachorros e gatos, mas depois de refletir um pouco parece forçado em relação a bichos como um peixinho dourado. Parecemos incapazes de não antropomorfizar animais – alguns alegam que isso nos foi colocado pela natureza e pela criação – e embora isso gere um prazer considerável, é um problema que importuna o estudo do comportamento animal, porque é improvável que animais realmente

FIGURA 21 – O feiticeiro de Trois-Frères, França, conforme desenho de Henri Breuil. Altura 75 cm.

tenham mentes do tipo humano.[28] O antropomorfismo é a integração harmoniosa entre a inteligência social e a naturalista (ver Quadro a seguir). As primeiras peças de arte do Paleolítico Superior indicam que ele vem do tempo da explosão cultural de quarenta mil anos atrás, e não acredito que seja mais antigo que isso.

O totemismo é o outro lado da moeda do homem/animal. Em vez da atribuição de características humanas a animais, envolve implantar indivíduos e grupos humanos dentro do mundo natural, sumarizado pela descendência de uma espécie não humana. O estudo do totemismo – e as tentativas de defini-lo – formou o centro da antropologia social durante seu desenvolvimento no século XIX. Entre 1910 e 1950, trabalhos importantes sobre esse assunto foram produzidos por pioneiros antropólogos sociais, entre eles Frazer, Durkheim, Pitt-Rivers, Radcliffe-Brown e Malinowski. Esses estudos criaram as bases para *The Savage Mind* [*A mente selvagem*] de Lévi-Strauss. A isso seguiu-se, desde os anos 70, um renovado interesse pelo totemismo.[29]

Em vista dessa longa história de estudos, não é de surpreender que o totemismo tenha sido definido e interpretado de várias maneiras. A

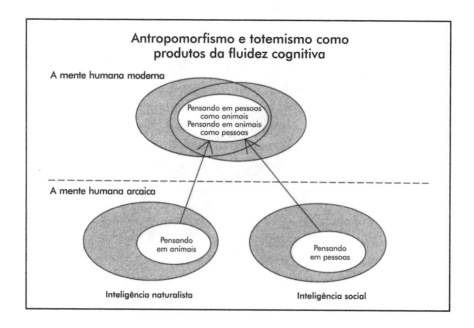

posição de Lévi-Strauss talvez seja a mais amplamente conhecida: os animais não são apenas bons para se comer, mas também "bons para se pensar". Ele concebeu o totemismo como o hábito de a humanidade matutar sobre si mesma e sobre seu lugar na natureza. A seu ver, o "estudo de espécies naturais deu a comunidades não letradas e pré-científicas uma maneira facilmente acessível de conceitualizar relações entre grupos humanos" (Willis, 1990, p.4).

Quer essas interpretações estejam corretas ou não, podemos simplesmente mencionar três características do totemismo que são particularmente relevantes para uma compreensão da evolução da mente moderna. Primeiro, quando definido de maneira ampla, o totemismo é universal entre grupos humanos que vivem como caçadores-coletores; segundo, isso exige uma fluidez cognitiva entre pensar sobre animais e sobre pessoas; e terceiro, com base na evidência arqueológica, é provável que o totemismo fosse difundido na sociedade humana desde o começo do Paleolítico Superior. A evidência que podemos invocar inclui as imagens da arte paleolítica e dos sepultamentos, como as do cemitério de 7.800 anos de Oleneostrovski Molginik em Karelia, onde encontramos dois grupos de túmulos, um associado com efígies de cobras e outro com efígies de um alce.[30] Em contrapartida, não temos razão para acreditar que a sociedade dos humanos arcaicos estivesse estruturada sobre uma base totêmica.

Também precisamos mencionar aqui que as qualidades humanas não são atribuídas exclusivamente a coisas vivas. Os caçadores-coletores não vivem apenas em uma paisagem de plantas e animais, rochas, colinas e cavernas. Suas paisagens são socialmente construídas e cheias de significado. Mais uma vez, as comunidades aborígines da Austrália fornecem um bom exemplo. Os poços nas suas paisagens ficam onde os seres ancestrais cavaram o solo, as árvores ficam onde deixaram os paus para cavar e os depósitos de ocre vermelho ficam onde eles sangraram.[31] John Pfeiffer argumenta que a inclusão de características da paisagem numa rede de mitos e histórias é de grande utilidade para os aborígines, porque os ajuda a lembrar uma enorme quantidade de informações geográficas.

Independentemente de isso estar correto ou não, quando olhamos para uma região como o sudeste da França, onde encontramos tanto uma série de características topográficas às quais os caçadores-coletores universalmente atribuem significados sociais e simbólicos,[32] como cavernas e abrigos em rochas cobertos de pinturas, podemos ter certeza de que os caçadores do Paleolítico Superior também viviam em uma paisagem cheia de significados simbólicos.

Seria útil voltar a mencionar, neste momento, as palavras de Tim Ingold que citei no Capítulo 3: "Para eles [os caçadores-coletores modernos] não existem dois mundos, o das pessoas (a sociedade) e o das coisas (a natureza), mas apenas um mundo – um ambiente – saturado de poderes pessoais e abrangendo tanto os seres humanos como os animais e plantas dos quais dependem, e a paisagem em que vivem e se movimentam" (Ingold, 1992, p.42). As imagens antropomórficas e as pinturas de cavernas e abrigos em rochas que surgem depois de quarenta mil anos sugerem que os primeiros caçadores-coletores do Paleolítico Superior mantinham uma atitude semelhante com o social e o natural: estes formavam um mesmo e único mundo. Uma consequência disso, da qual nos beneficiamos hoje em dia, é a expressão dessa visão na arte, o que produziu algumas das imagens mais poderosas e bonitas jamais criadas. Mas esse colapso da barreira cognitiva entre o mundo social e o natural também teve consequências significativas para os comportamentos desses primeiros caçadores-coletores, porque mudou fundamentalmente suas interações com o mundo natural. É para isso que devemos voltar nossa atenção agora.

Uma nova competência na caça: estratégias especiais, instrumentos especiais

Os caçadores-coletores do Paleolítico Superior caçavam os mesmos tipos de animais que os humanos arcaicos. Na Europa, por exemplo, a rena, o veado vermelho, o bisão e o cavalo continuaram sendo o esteio das suas economias, enquanto no sudeste da África animais como o elã, o búfalo (*cape buffalo*) e as focas continuaram sendo as presas mais importantes. O que mudou, entretanto, foi a maneira como esses animais eram caçados e mortos. Os humanos modernos parecem ter sido consideravelmente mais competentes em prever o movimento das suas presas e planejar estratégias complexas de caça.

Isso é muito evidente na Europa. Quase todos os sítios dos humanos arcaicos contêm uma mistura de espécies animais, sugerindo que estes eram caçados como indivíduos e de maneira oportunista. O sítio de Combe Grenal, no sudoeste da França, é típico quanto a isso. Cada nível de ocupação normalmente contém poucos exemplares de cada um dos tipos de presa de grande porte exploradas. À medida que o clima tornou-se mais frio, animais como a rena passaram a prevalecer nos depósitos das ocupações, enquanto a frequência do veado vermelho aumentou durante os períodos relativamente quentes. Os neandertais simplesmente caçavam o que estivesse disponível – embora, como indiquei no capítulo anterior, certamente não deveríamos minimizar seus feitos na exploração de suas presas.

O estilo de caçar dos primeiros humanos modernos da Europa era muito diferente. Apesar de continuarem a matar presas individuais, ou no máximo grupos pequenos, eles começaram a especializar-se em determinados animais e determinados locais.[33] Consequentemente, muitos sítios são dominados por uma única espécie, que em geral é a rena. Na verdade, alguns sítios parecem ter sido selecionados para caçadas com emboscadas, indicando que os humanos modernos superavam os arcaicos na previsão de movimentos de animais. Isso se torna bem evidente ao analisarmos os métodos de caça no período aproximado de dezoito mil anos atrás, quando a última glaciação estava no auge. Por volta desse tempo, os humanos modernos passaram da caça de animais individuais ou em pequenos grupos à matança de rebanhos de renas e veados vermelhos. Estes provavelmente eram atacados em lugares críticos nas suas rotas de migrações anuais, quando ficavam encurralados em vales estreitos ou eram obrigados a cruzar rios (White, 1989; Mithen, 1990).

O mesmo contraste entre humanos arcaicos e humanos modernos pode ser visto em outras partes do Velho Mundo. Na Espanha Setentrional, por exemplo, animais como o íbex começaram a ser caçados pela primeira vez. Isso é significativo porque, como bem escreveu o arqueólogo Lawrence Straus, a caça ao íbex requer "estratégias, táticas e armas elaboradas e ... campos logísticos". Ao usar o termo "campos logísticos" ele se refere a sítios especificamente selecionados para a caça desse animal.[34] Uma situação análoga acontece na planície da Rússia, onde Olga Soffer descreveu como os primeiros caçadores do Paleolítico Superior selecionavam sítios para a exploração de determinados animais em períodos específicos do ano. Ela sugere que esses ancestrais consideravam mais as flutuações sazonais e a longo-prazo do número de animais e seus padrões de comportamento (Softer, 1989a, p.714-42). A mesma situação pode ser observada no sudeste da África. Por exemplo, Richard Klein (1989, p.540-1) sugeriu que uma nova percepção da variação sazonal no número de focas havia emergido, e estava sendo utilizada para planejar jornadas de caça até a costa. Isso substituiu um padrão mais oportunístico de caça e rapinagem.

Em geral, os humanos modernos do Paleolítico Superior parecem ter sido dotados de uma habilidade significativamente maior de prever o movimento de animais e utilizar esse conhecimento nas duas estratégias de caça. Como conseguiram fazer isso? A resposta se encontra no que já foi dito neste capítulo: o pensamento antropomórfico. Ele é universal entre todos os caçadores modernos e sua significância consiste em melhorar substancialmente as previsões sobre o comportamento animal. Mesmo que um veado ou um cavalo não pensem sobre seus forrageamentos e padrões de movimentos da mesma forma que os humanos modernos, imaginar que o fazem pode funcionar como um excelente previsor do local onde esses animais vão se alimentar ou da direção de seus movimentos.

Isso foi reconhecido em vários estudos sobre caçadores-coletores existentes, como os G/Wi e os !Kung do deserto de Kalahari, do Vale Bisa em Zâmbia e os Numamiut do Ártico canadense. Antropomorfizar animais atribuindo-lhes uma personalidade e um caráter humano gera uma previsão tão eficaz dos seus comportamentos quanto focalizá-los sob toda a compreensão ecológica dos cientistas do mundo ocidental.[35] A antropologa Mary Douglas vê as semelhanças nas categorias usadas para entender o mundo natural e o social como tendo primeiramente um valor prático na compreensão e previsão da maneira de ser de animais. Ela sugere que isso é muito mais importante que utilizar o mundo natural para tratar de problemas metafísicos profundos sobre a condição humana, segundo proposto por Lévi-Strauss.[36] O pensamento antropomórfico, portanto, traz nítidos benefícios utilitários. Entretanto, os novos poderes de previsão teriam tido um valor limitado se os humanos modernos não tivessem desenvolvido novos tipos de instrumentos de caça. E de fato observamos uma impressionante elaboração tecnológica no início do Paleolítico Superior. Na Europa, os humanos modernos eram capazes de fabricar tipos de instrumentos que os neandertais, com sua mentalidade do tipo canivete suíço, não conseguiriam nem imaginar: instrumentos que exigiram a integração das inteligências técnica a naturalista.

Por exemplo, notamos muitos novos tipos de armas feitos de osso e chifre, especialmente arpões e atiradores de lanças. Estudos experimentais utilizando réplicas de artefatos mostraram que essas armas eram muito eficientes para perfurar peles grossas e órgãos.[37] Observamos muitos novos tipos de projéteis pontiagudos feitos de pedra, e encontramos associações entre determinados tipos de pontas e determinados tipos de animais.[38] Encontramos evidências de uma fabricação de instrumentos complexos com vários componentes, como a presença de lascas microlíticas – pequenas lâminas de pedra dura usadas como pontas e farpas. No centro dessas inovações tecnológicas estava a "tecnologia da lâmina", que forneceu "formas" padronizadas, cada qual podendo ser transformada em parte de uma ferramenta altamente especializada (ver Figura 22).

Não é apenas a introdução de novas ferramentas no início do Paleolítico Superior que é importante. É também a maneira como elas eram constantemente modificadas e transformadas. Durante todo o Paleolítico Superior, podemos ver os processos de inovação e experimentação em ação, resultando em um fluxo contínuo de novas armas adequadas às condições ambientais dominantes e criadas com base no conhecimentos de gerações anteriores. Quando os ambientes tornaram-se severos no auge da última glaciação, há dezoito mil anos, grandes pontas estavam sendo manufaturadas, especialmente para garantir que presas de grande porte pudessem ser mortas nas tundras. À medida que o clima tornou-se mais ameno e a gama de presas disponíveis tornou-se mais ampla, a tecnologia de caça diversificou-se mais, com ênfase nas ferramentas de componentes múltiplos.[39] Lawrence Straus descreveu isso apropriadamente como a corrida armamentista do Paleolítico.[40] Esse comportamento, dirigido para manter ou maximizar a eficiência da caça, é bem diferente da monotonia dos instrumentos de caça dos humanos arcaicos nas suas explorações de ambientes igualmente variáveis. Somente poderia ter emergido em virtude das novas conexões entre a inteligência naturalista e a técnica.

O desenho de armas de caça talvez seja o melhor exemplo dessa nova maneira de pensar, mas ele também resultou em uma série de desenvolvimentos tecnológicos adicionais. Por exemplo, por volta de dezoito mil anos atrás, grupos do norte da África estavam utilizando pedras de triturar para o processamento de material vegetal. Esses artefatos exigiram um pensamento integrado sobre as características do osso e do material de plantas (cf. Wendorf et al., 1980). A elaboração de ferramentas de raspar e talhar utilizadas para tarefas como limpar peles espessas e descarnar ossos exigiu pensamentos sobre a natureza dos produtos animais enquanto as ferramentas estavam sendo manufaturadas. Talvez o mais impressionante de tudo seja o desenvolvimento de armadilhas para animais, como presas de pequeno porte e peixes, e a tecnologia de armazenar comida, fosse ela a carne de uma rena durante o Paleolítico Superior ou avelãs, uma vez que as florestas se espalharam pela Europa há dez mil anos, depois do fim do último período glacial.[41] O projeto e uso de tudo isso envolveu uma integração entre o conhecimento naturalista e o tecnológico, que resultou na inovação constante das tecnologias.

A arte como informação armazenada

Muitos dos novos instrumentos de osso e chifre do Paleolítico Superior apresentavam gravações elaboradas nas suas superfícies ou eram esculpidos reproduzindo figuras de animais, como o atirador de lanças de Mas d'Azil (ver Figura 23). É realmente muito difícil estabelecer uma divisão entre o que é uma peça de "arte" e o que é um "instrumento",

A pré-história da mente

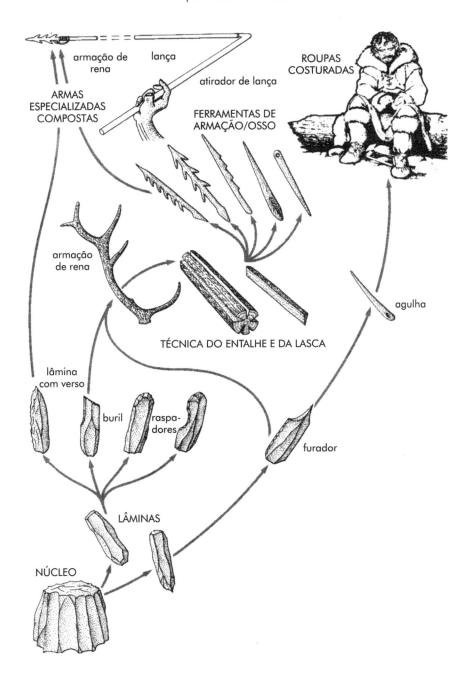

FIGURA 22 – A produção sistemática de lâminas no Paleolítico Superior era um meio de produzir "bases" padrão, que poderiam ser facilmente modificadas para uso em uma vasta gama de ferramentas de componentes múltiplos.

e esses artefatos sumarizam a ausência de quaisquer fronteiras entre diferentes domínios de atividade. Muitos dos objetos de arte podem na verdade ser considerados um tipo de instrumento totalmente novo: uma ferramenta para armazenar informação e ajudar a trazer à tona informações guardadas na mente.

As ferramentas desse tipo mais simples são peças de osso com incisões de linhas paralelas. As mais complexas apresentam centenas de marcas feitas com instrumentos diferentes e criando um padrão complexo na face do artefato, como na placa de Taï, do leste da França (ver Figura 24).[42] A interpretação desses objetos sempre foi controversa. Logo depois de descobertos, foram descritos como *"tailles de chasse"* – registros de caçadas mostrando o número de animais abatidos. Várias outras interpretações foram propostas desde então; por exemplo, que eles registram o número de indivíduos presentes em encontros sociais e calendários lunares.[43]

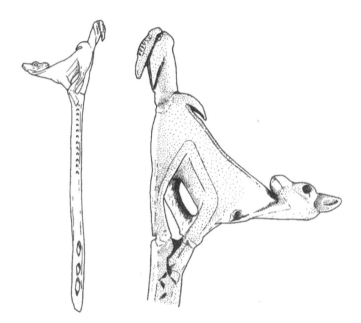

FIGURA 23 – Atirador de lança feito de armação, proveniente de Mas d'Azil, Ariège, França. O objeto representa um íbex que está dando à luz ou excretando uma grande quantidade de fezes sobre a qual estão pousados dois pássaros. Comprimento total: 29,6 cm.

A pré-história da mente

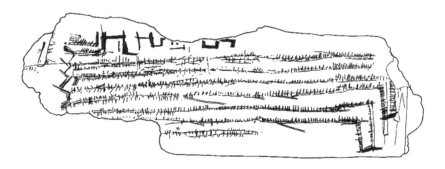

FIGURA 24 – Placa de osso gravada, da Garganta do Taï, Drôme, França. Comprimento: 8,8 cm.

Um detalhado estudo microscópico desses artefatos, realizado por Alexander Marshack e Francesco D'Errico, confirmou que em vários desses objetos as marcas aparecem em padrões tão regulares que sugerem um sistema de notação.[44] Os artefatos provavelmente funcionavam como um tipo de registro visual, provavelmente sobre acontecimentos ambientais. São muito parecidos com artefatos talhados e gravados de caçadores-coletores modernos e sabidamente usados para fins mnemônicos e de registro, como os bastões-calendário de marfim feitos pelo povo Yakut da Sibéria.[45]

Assim como as peças de osso gravadas, as pinturas rupestres também parecem ter sido usadas para armazenar informações sobre o mundo natural, ou pelo menos para facilitar a lembrança dessas informações ao agirem como dispositivos mnemônicos. De fato, essas pinturas foram descritas como a "enciclopédia tribal" por John Pfeiffer (1982). Eu mesmo sugeri que grande parte das imagens de animais dessa arte serve para trazer de volta à memória informações sobre o mundo natural que se encontram armazenadas na mente (cf. Mithen, 1988, 1990). Por exemplo, argumentei que a maneira como muitos dos animais são pintados refere-se diretamente à maneira como foram adquiridas informações sobre seus movimentos e comportamento. Em algumas imagens, enquanto os animais foram pintados de perfil, seus cascos foram pintados no plano, como se marcas de cascos estivessem sendo representadas para facilitar a memorização e lembrança de rastros observados no ambiente, ou mesmo para ensinar crianças. Igualmente, a escolha das imagens foi seletiva em relação àqueles animais que fornecem informações sobre eventos ambientais esperados. As imagens de pássaros são particularmente reveladoras, dominadas no que se vê por patos e gansos, que provavelmente tinham hábitos migratórios. Os caçadores modernos de ambientes glacias observam com cuidado a chegada e partida desses pássaros, na medida em que essa informação dá indicações sobre a chegada do frio cortante do inverno ou o degelo da primavera. Algumas das imagens mais evocativas são gravações em marfim de gansos voando, encontradas no sítio siberiano de Mal'ta, onde os caçadores dependeram dos mamutes como fonte de alimento, mas sem dúvida esperaram ansiosamente pelo voo dos pássaros migratórios anunciando a chegada da primavera.[46]

A maneira como as pinturas rupestres podem ter funcionado para ajudar no armazenamento de informações sobre o mundo natural talvez seja análoga à maneira como os caçadores-horticultores wopkaimin da Nova Guiné utilizam os ossos dos animais que caçam, os quais são colocados nas paredes de trás das casas e descritos como "arranjo de troféus". Mas são cuidadosamente dispostos para agir como um mapa mental do meio circundante e facilitar a busca de informações sobre o ambiente e o comportamento animal. Portanto, têm uma função importante nas tomadas de decisão sobre o uso de recursos e também melhoram as previsões sobre movimentos e comportamentos de animais.[47] Existe uma nítida formação de padrões no arranjo de figuras de animais das pinturas rupestres do Paleolítico Superior.[48] Michael Eastham & Anne Eastham (1991) sugeriram que as pinturas e gravações das cavernas da região de Arèche, na França, serviram como modelo ou mapa de terrenos específicos ao redor da caverna.

Resumindo, embora as funções específicas que os artefatos pré-históricos possam ter tido na administração da informações sobre o mundo natural continuem uma questão a ser esclarecida, não há como duvidar de que muitos desses objetos serviram para armazenar, transmitir e chamar de volta informações. Os grandes benefícios disso devem ter sido as habilidades ampliadas de detectar mudanças a longo prazo, o monitoramento de flutuações sazonais e o planejamento de caçadas. Muitas

A pré-história da mente

das pinturas, esculturas e gravações dos humanos modernos foram instrumentos para se pensar sobre o mundo natural.

Enviando mensagens sociais: objetos de adorno pessoal

Contas, pingentes e outros objetos usados como adornos surgiram, pela primeira vez, no início do Paleolítico Superior e também são o produto da nova fluidez cognitiva da mente – uma integração entre a inteligência técnica e a social. Encontrados em abundância pela primeira vez em depósitos de ocupação de cavernas do sudoeste da França, são particularmente importantes nas condições climáticas extremas de cerca de dezoito mil anos atrás.[49] Com frequência são descobertos em túmulos, de maneira particularmente marcante nos túmulos de 28 mil anos de idade de Sungir, na Rússia (ver Quadro na p.278). Ao descrever contas e pingentes como "ornamentos" corre-se o risco de reduzir sua importância. Eles teriam funcionado para emitir mensagens sociais, como o *status* de uma pessoa, sua filiação a grupos e suas relações com outros indivíduos, assim como acontece nas nossas sociedades atuais. Obviamente, as mensagens não precisavam ser "verdadeiras"; contas e pingentes criam novas oportunidades de dissimulação nos tipos de táticas sociais que, como vimos, prevalecem mesmo entre chimpanzés. Para produzir esses artefatos, foram necessárias não apenas as inteligências técnicas e sociais especializadas – como é o caso dos humanos arcaicos –, mas também a habilidade de integrá-las.

É provável que todos os tipos de artefatos, mesmo os que parecem ser instrumentos banais para caçar ou mesmo processar as peles espessas de animais, ficaram impregnados de informação social no início do Paleolítico Superior.[50] Com efeito, as "traves do gol" do comportamento social foram mudadas de lugar. Nos humanos arcaicos, os domínios da caça, da manufatura de instrumentos e da socialização encontravam-se bem separados; agora estavam tão integrados que teria sido impossível situar qualquer aspecto comportamental dos humanos modernos em apenas um deles. De fato, segundo afirmou Ernest Gellner (1988, p.45): "a fusão e confusão de objetivos e critérios é a condição original e normal da humanidade".

Informação social na cultura material: O sepulcro de Sungir

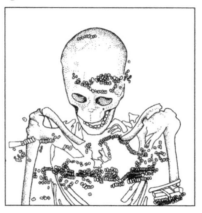

Os sepulcros de Sungir, Rússia, remontam a 28 mil anos. São constituídos pelos túmulos de um homem de sessenta anos e pelo sepultamento conjunto de dois adolescentes, de sexo masculino e feminino. Cada um desses indivíduos foi adornado com milhares de contas de marfim, provavelmente anexadas às vestimentas. O arqueólogo Randall White estudou esses túmulos e fornece as seguintes descrições:

O homem foi adornado com 2.936 contas e fragmentos dispostos em linhas encontrados em todas as partes de seu corpo; sua cabeça foi aparentemente coberta por um capelo adornado com contas e vários dentes de raposa. Seus braços e antebraços foram ambos decorados por uma série (25 ao todo) de braceletes de marfim polido de mamute, alguns exibindo traços de tinta preta... Ao redor de seu pescoço exibia um pequeno pingente liso de xisto, pintado de vermelho, mas com um pequeno ponto preto em um dos lados...
O que se presume ter sido um menino estava coberto de contas em linha – 4.903 delas – de aproximadamente 2/3 do tamanho das contas do homem, embora exatamente do mesmo formato. Ao contrário do homem, no entanto, ele tinha em torno de sua cintura – aparentemente os restos de um cinto decorado – mais de 250 caninos de raposa polar. Sobre seu peito encontrava-se um pingente de marfim escavado na forma de um animal. Em sua garganta repousava um alfinete de marfim, aparentemente o fecho de algum tipo de capa. Sob seu ombro esquerdo havia uma grande escultura de um mamute em marfim. À sua esquerda repousava um segmento médio de fêmur humano muito robusto e extremamente polido cuja cavidade medular estava preenchida de ocre vermelho. À sua direita ... via-se uma pesada lança de marfim, feita a partir de uma presa lanosa de mamute aprumada... Próxima a ela está um disco entalhado de marfim disposto verticalmente no solo.
Aquela que presumivelmente era uma menina tinha 5.274 contas e fragmentos (com tamanho de também aproximadamente 2/3 daquele das contas do homem) cobrindo seu corpo. Ela também usava um capelo de contas e trazia igualmente um alfinete de marfim em sua garganta, mas em seu túmulo não se encontrava nenhum dente de raposa, nem trazia ela pingentes em seu peito. Todavia, de ambos os seus lados, encontrava-se um número de pequenas "lanças" de marfim, mais apropriadas ao tamanho do seu corpo do que do menino que a acompanhava. Também a seu lado estão dois bastões furados feitos de chifre de veado, um dos quais decorado com trilhas de pontos escarvados. Finalmente, ela estava acompanhada por uma série de três discos de marfim perfurados no centro e treliça, semelhante àquela adjacente ao dos restos do presumido menino.

(White, 1993, p.289-92)

O aparecimento da religião

Muitos dos novos comportamentos que tenho descrito, como as imagens antropomórficas nas pinturas rupestres e o sepultamento de indivíduos com objetos depositados nos túmulos, sugerem que essas pessoas do Paleolítico Superior foram as primeiras a acreditar em seres sobrenaturais e possivelmente em uma vida após a morte. O que observamos aqui é realmente a primeira manifestação de ideologias religiosas. Isso pode ser explicado pelo colapso das barreiras que haviam existido entre as inteligências múltiplas da mente humana arcaica.

Assim como fizemos com a arte, primeiro temos de chegar a um entendimento sobre a noção de religião. Embora seja difícil identificar características comuns a todas as religiões, existem, contudo, várias ideias recorrentes. A importância delas foi enfatizada pelo antropólogo social Pascal Boyer no seu livro de 1994 intitulado *The Naturalness of Religious Ideas* [*A naturalidade das ideias religiosas*]. Boyer explica que a crença em seres não físicos é a característica mais comum das religiões; pode realmente ser universal. De fato, desde o trabalho clássico de E. B. Tylor sobre culturas primitivas (*Primitive Cultures*) de 1871, a ideia de entidades não físicas foi usada para a própria definição de religião. Boyer nota três outras características recorrentes nas ideologias religiosas. A primeira é que, em muitas sociedades, pressupõe-se que algum componente não físico de uma pessoa possa sobreviver depois da morte e permanecer como um ser com crenças e desejos. Segundo, pressupõe-se com muita frequência que certas pessoas de uma sociedade estejam mais sujeitas a receber inspirações diretas ou mensagens de esferas sobrenaturais, como deuses ou espíritos. Terceiro, também é um pressuposto generalizado que a execução de certos rituais de modo preciso pode causar mudanças no mundo natural.

Se analisamos a evidência arqueológica desde o início do Paleolítico Superior, encontramos indícios de que cada uma dessas caraterísticas estava presente. Poucas pessoas poderiam duvidar de que as cavernas pintadas, algumas das quais localizadas bem abaixo do solo, fossem um local para atividades rituais. De fato, as imagens antropomórficas dessa arte, como o feiticeiro da caverna de Les Trois-Frères, podem ser mais facilmente interpretadas como seres sobrenaturais ou como xamãs que se comunicavam com esses seres. Segundo argumentou enfaticamente André Leroi-Gourham, um francês especialista em pré-história, essas cavernas pintadas provavelmente refletem um mundo mitológico com conceitos tão complexos quanto os dos "Sonhos" dos aborígines australianos.

Além da arte, temos a evidência das sepulturas. É difícil acreditar que tamanho investimento em rituais de sepultamento tivesse sido realizado, como em Sungir, se não existisse o conceito de morte como transição para uma forma não física. De fato, na medida em que apenas uma pequena fração da população do Paleolítico Superior parece ter sido enterrada, é provável que essas pessoas tivessem um papel religioso nas suas sociedades.

Pascal Boyer explorou como as características de seres sobrenaturais encontrados em ideologias religiosas se relacionam com o conhecimento intuitivo do mundo, codificado na mente humana pelos genes. No Capítulo 3, descrevi três tipos de conhecimento intuitivo, pertinentes à psicologia, à biologia e à física, e argumentei que eles "iniciaram de arranque" a formação de domínios cognitivos ou inteligências múltiplas durante o desenvolvimento infantil. Boyer argumenta que um aspecto típico dos seres sobrenaturais é o fato de eles possuírem características que violam esse conhecimento intuitivo.

Por exemplo, Boyer explica que os seres sobrenaturais das ideologias religiosas comumente transgridem o conhecimento intuitivo biológico. Embora possam ter corpos, não passam pelo ciclo normal de nascimento, crescimento, reprodução, morte e deterioração. Da mesma forma, eles podem violar a física intuitiva por serem capazes de passar através de objetos sólidos (como os fantasmas) ou simplesmente serem invisíveis. Contudo, também tendem a reconfortar alguns dos conhecimentos intuitivos; por exemplo, frequentemente são seres intencionais com crenças e desejos como os dos humanos normais. Os seres ancestrais dos aborígines australianos são um excelente exemplo desse tipo de entidade que tanto viola como reconforta o conhecimento intuitivo do mundo. Por um lado, eles apresentam características muito estranhas, como existir tanto no passado como no presente. Por outro, em muitas das histórias, eles pregam peças e são astutos de uma forma que é muito

A pré-história da mente

humana.[51] Um exemplo conhecido por muitos é o dos deuses da mitologia grega, que têm poderes sobrenaturais mas também sofrem por ciúmes e rivalidades mesquinhas, como as pessoas normais.

Boyer argumenta que é a combinação de violação e conformidade com o conhecimento intuitivo que caracteriza os seres sobrenaturais nas ideologias religiosas. As violações os tornam algo diferente, mas ao agirem em conformidade com alguns dos aspectos do conhecimento intuitivo as pessoas são capazes de aprender sobre eles; se não houvesse nada nos seres sobrenaturais que estivesse em conformidade com o conhecimento intuitivo do mundo, o conceito deles seria simplesmente difícil demais para ser compreendido pela mente humana.

Uma alternativa é ver esse aspecto dos seres sobrenaturais como uma confusão de conhecimentos sobre diferentes tipos de entidades no mundo real – um conhecimento que na mente humana arcaica teria sido "aprisionado" em domínios cognitivos separados. Por exemplo, os humanos arcaicos teriam sabido que pedras não nascem e morrem como os seres vivos. E também teriam sabido que pessoas têm intenções e desejos, enquanto blocos inertes de pedra não os têm. Como os domínios cognitivos estavam isolados, não existia o risco de os humanos arcaicos misturarem essas entidades e chegarem ao conceito de um objeto inerte nem vivo nem morto, mas que, mesmo assim, possui intenções e desejos. Esses conceitos, que segundo a argumentação de Boyer são a essência do ser sobrenatural, somente poderiam aparecer na mente cognitivamente fluida.

O próprio Boyer sugere que a combinação do conhecimento sobre diferentes tipos de entidades explica outro aspecto recorrente das ideologias religiosas – o fato de considerar-se que alguns indivíduos têm poderes especiais de comunicação com os seres sobrenaturais. No cerne dessa noção, argumenta Boyer, existe a crença de que algumas pessoas têm uma "essência" diferente da de outros do grupo. Discuti a noção de essência no Capítulo 3, onde expliquei que era uma característica crucial da biologia intuitiva, um meio pelo qual mesmo as crianças são capazes de classificar animais em diferentes espécies. Boyer explica a diferenciação de pessoas por diferentes papéis sociais, exemplificada pela do xamã, como a introdução da noção da essência no pensamento sobre o mundo social. Em outras palavras, é a consequência da fluidez cognitiva.

Não podemos, é claro, reconstruir as ideologias religiosas das primeiras sociedades do Paleolítico Superior. Mas podemos estar certos de que ideologias religiosas tão complexas como as dos caçadores-coletores modernos passaram a existir no período de transição entre o Paleolítico Médio e o Superior e permaneceram entre nós desde então. Essa parece ser mais outra consequência da fluidez cognitiva que surgiu na mente humana, que resultou em arte, novas tecnologias, em uma transformação na exploração do mundo natural e nos meios de interação social.

Em direção à fluidez cognitiva: a mente dos primeiros humanos modernos

A nova fluidez cognitiva transformou a mente humana e todos os aspectos do comportamento humano (ver Figura 25). Não surpreende que, com as novas habilidades de lidar com materiais, tais como o osso e o marfim, na manufatura de instrumentos e de usar artefatos como armazenadores e transmissores de informação os humanos tenham sido capazes de colonizar novas áreas do mundo. Por volta de sessenta mil anos atrás, começou um segundo grande pulso de movimentos através do planeta, subsequente ao dos humanos arcaicos que deixaram a África há mais de 1,5 milhão de anos. Como descrito por Clive Gamble (1993) no seu recente estudo da colonização global, a Australásia foi colonizada por meio de longas travessias pelo mar, e a seguir as planície do norte da Europa, as regiões áridas da África e as florestas de coníferas e tundras do extremo norte foram colonizadas logo depois de quarenta mil anos atrás. Os humanos arcaicos podem ter temporariamente penetrado nesses ambientes, mas não permaneceram neles por período longos. Os humanos modernos não somente os colonizaram, mas os utilizaram como trampolins para chegar até as Américas e as ilhas do Pacífico.

A emergência de uma fluidez cognitiva nos dá a resposta para a transição entre o Paleolítico Médio e o Superior. Mas lembrem-se de que essa transição somente acontece na metade do Ato 4. O início desse ato é definido pelo aparecimento de *H. sapiens sapiens* no registro fóssil, há cem mil anos. Devemos completar este capítulo perguntando como as

A pré-história da mente

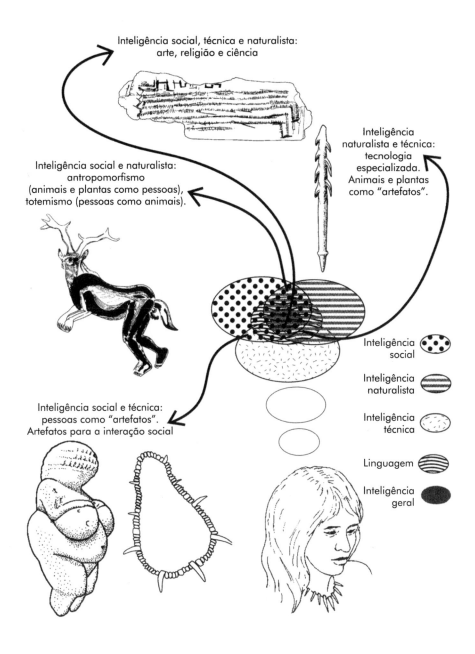

FIGURA 25 – A explosão cultural como consequência da fluidez cognitiva.

mentes desses primeiros humanos modernos – os que viveram antes da transição do Paleolítico Médio ao Superior – eram diferentes das mentes dos humanos arcaicos do Ato 3 (que também existiram na cena 1 do Ato 4) e da mentes dos humanos modernos que viveram depois da transição, entre os quais devemos nos incluir.

Existe, creio eu, uma resposta simples para essa questão. Os humanos arcaicos parecem ter alcançado um certo grau de integração entre suas inteligências especializadas, mas não a fluidez cognitiva plena que surgiu depois de sessenta mil anos. Suas mentes estavam a meio caminho entre a mentalidade do tipo canivete suíço e a mentalidade cognitivamente fluida.

Podemos ver isso mais claramente no Oriente Médio, onde encontramos restos dos primeiros homens modernos nas cavernas de Skhul e Qafzeh datando de entre cem mil e oitenta mil anos. Enquanto seus instrumentos de pedra praticamente são como os dos neandertais, que usaram a caverna de Tabun antes da chegada dos primeiros humanos modernos (cerca de 180-90 mil anos) e a de Kebara depois da sua saída (63-48 mil anos), dois aspectos únicos parecem ter surgido no comportamento dos primeiros humanos modernos.

O primeiro é que eles colocavam partes de carcaças de animais dentro de túmulos. Por exemplo, na caverna de Qafzeh, uma criança foi encontrada enterrada junto com o crânio e os chifres de um veado. Em Skhul, um dos túmulos continha um corpo que havia sido deitado de costas, com os maxilares de um urso polar entre as mão.[52] Esses exemplos parecem indicar enterros ritualizados e uma crença em ideologias religiosas. Lembrem-se de que embora os neandertais enterrassem alguns indivíduos, não há evidência de que intencionalmente introduzissem itens nos túmulos, ou de qualquer atividade ritualística associada com o enterro.

O segundo contraste relaciona-se com a caça à gazela. Esse foi o segundo animal mais importante caçado tanto por neandertais como pelos humanos modernos, e ambos parecem ter usado lanças curtas e penetrantes com pontas de pedra. Mas seus padrões de caça eram bem diferentes. Os humanos modernos usavam cavernas de modo sazonal, e provavelmente despendiam menos energia física durante a caçada.

A pré-história da mente

Além disso, aparentemente precisaram reparar suas lanças com menos frequência.[53] Em outras palavras, suas caçadas eram mais planejadas e eficientes que as dos neandertais. Isso, por sua vez, provavelmente reflete uma habilidade aumentada de prever a localização e comportamento da presa.

Num primeiro relance, essas duas diferenças entre os primeiros humanos modernos e os neandertais do Oriente Médio não parecem estar relacionadas. Mas na verdade existe uma relação muito importante: ambas resultam de uma interação entre a inteligência naturalista e a social nas mentes dos primeiros humanos modernos. Segundo argumentei anteriormente neste capítulo, uma maior habilidade de prever o comportamento animal comparada à que podia ser alcançada utilizando apenas a inteligência naturalista provavelmente deriva do pensamento antropomórfico, como é geral entre os caçadores-coletores atuais. Também discuti como conceitos de crença religiosa surgem da fluidez cognitiva, particularmente a integração da inteligência naturalista e a social. A colocação de partes de animais dentro dos túmulos dos primeiros humanos modernos implica que algumas associações estavam sendo feitas entre pessoas e animais, provavelmente refletindo alguma forma de pensamento totêmico. É significativo, penso eu, que artefatos não estivessem introduzidos nos túmulos, uma prática corrente durante o Paleolítico Superior, o que sugere que a inteligência técnica permaneceu isolada dentro da mente dos primeiros humanos arcaicos. Isso realmente é confirmado pelo fato de, apesar da habilidade de prever o comportamento de gazelas, os primeiros humanos modernos continuarem a usar os mesmos tipos de instrumentos de caça que os neandertais. Ao que parece, não projetaram armas mais eficientes, que teriam surgido caso as inteligências técnica e naturalista estivessem integradas, nem tampouco atribuíram conteúdos sociais aos instrumentos, como teria ocorrido caso as inteligências técnica e social estivessem integradas.

Resumindo, as mentes dos primeiros humanos modernos do Oriente Médio parecem encontrar-se a meio caminho entre a mentalidade do tipo canivete suíço dos humanos arcaicos e a mentalidade cognitivamente fluida dos humanos modernos (ver Figura 26).

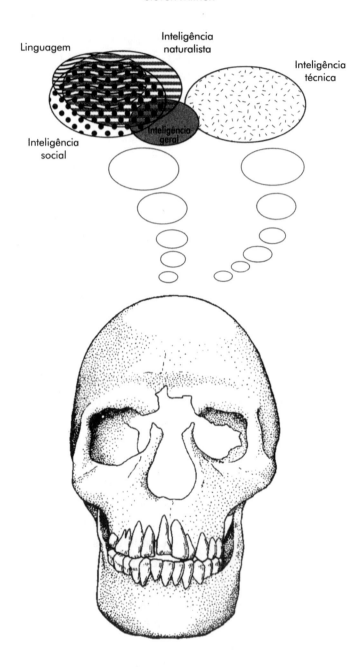

FIGURA 26 – A primeira mente humana moderna. O desenho representa o crânio denominado Qafzeh 9, datado de aproximadamente cem mil anos. Pertence a um jovem adulto que parece ter sido enterrado junto com uma criança a seus pés.

Chegamos a uma conclusão parecida ao considerar os primeiros humanos modernos da África do Sul. Esses fósseis, encontrados nas cavernas da Foz do Rio Klasies e a caverna de Border não estão tão bem preservados quanto os do Oriente Médio, mas datam do mesmo período, de aproximadamente cem mil anos. Os espécimes sul-africanos apresentam algumas características arcaicas e essa região provavelmente corresponde ao local de origem de *H. sapiens sapiens*.[54]

A longa sequência estratificada de depósitos arqueológicos na Foz do Rio Klasies é particularmente interessante.[55] Ela cobre um período que vai desde 140 mil a vinte mil anos atrás. Perto do fim da sequência, por volta de quarenta mil anos atrás, observamos uma mudança na tecnologia da pedra que passa da produção predominante de lascas para a de lâminas que denota a transição do Paleolítico Médio ao Superior – embora na África isso seja chamado pelos arqueólogos de mudança da Idade da Pedra Média à Superior. Antes desse evento, as ferramentas de pedra em quase toda a sequência são muito parecidas com as manufaturadas por humanos arcaicos durante o Ato 3 por todo o continente africano, embora as produzidas depois de cem mil anos atrás pareçam ter sido feitas pelos primeiros humanos modernos.

Entretanto, os níveis que provavelmente se correlacionam com o aparecimento inicial dos primeiros humanos modernos destacam-se por um aumento significante na quantidade de ocre vermelho.[56] Algumas dessas peças parecem ter sido usadas como se fossem lápis de cera. As peças de ocre vermelho são bastante raras, menos de 0,6% do total de artefatos de qualquer camada, mas são muito mais frequentes que em sítios associados aos humanos arcaicos. De fato, não existem testemunhos de ocre vermelho antes de 250 mil anos e apenas uns doze aparecem antes de cem mil anos. O ocre vermelho também é encontrado em outros sítios do sudeste da África depois dessa data, e há alegações de sua presença na caverna do Leão, na Suazilândia. Ainda não se sabe ao certo o que os primeiros humanos modernos faziam com o ocre. Segundo os antropólogos Chris Knight e Camilla Powers, a pintura dos corpos é a explicação mais provável, na medida em que não foram encontrados objetos de arte com mais de trinta mil anos de idade na África do Sul, nem tampouco contas e pingentes (Knight et al., 1991; Knight, 1991).

Alguns outros indícios de novos tipos de comportamento dos primeiros humanos arcaicos também podem ser observados no sudeste da África. Na caverna Border, uma criança parece ter sido enterrada em um túmulo que data de setenta a oitenta mil anos. Esse é o único enterro conhecido da Idade da Pedra Média nessa região, e é digno de nota não apenas por estar relacionado aos primeiros humanos modernos, mas também por conter uma concha perfurada de *Conus* proveniente de uma localidade a oitenta quilômetros de distância.[57] Juntamente com a tecnologia da lâmina mais difundida, uma outra inovação foi a introdução de lâminas pequenas, feitas a partir de pedras de melhor qualidade e talhadas de uma maneira que seria condizente com o Paleolítico Superior da Europa. Esses artefatos dão a impressão de terem sido projetados para instrumentos que comprendiam vários componentes.[58] Um último comportamento singular é o uso do osso. A evidência mais sensacional vem de sítios em Katanda, no Zaire, onde arpões de osso com várias farpas foram descobertos. São tão complexos quanto qualquer artefato de osso do Paleolítico Superior europeu; foram feitos por desgastamento (*grinding*) e tem pelo menos noventa mil anos de idade – uma produção realizada sessenta mil anos antes que qualquer outro exemplo conhecido. Esses arpões foram associados aos artefatos de pedra típicos da Idade da Pedra Média (cf. Yellen et al., 1995).

Se estamos realmente lidando com um único tipo humano no sudeste da África há cem mil anos, então a mentalidade dos primeiros humanos modernos parece flutuar para dentro e para fora da fluidez cognitiva. É como se os benefícios de uma fluidez cognitiva parcial não fossem suficientes para que essa transformação mental se "fixasse" em uma população. As mentes desses primeiros humanos arcaicos do Oriente Médio está nos mostrando um certo grau de fluidez cognitiva, mas que não chega ao que surge depois do início do Paleolítico Superior.

A fluidez cognitiva parcial seria, contudo, absolutamente crítica para poder proporcionar aos primeiros humanos modernos uma vantagem competitiva enquanto se difundiam da África e no Oriente Médio para o resto do mundo, entre cem mil e trinta mil anos. Os primeiros humanos arcaicos provavelmente representam – ou estão estreitamente relacionados com – a fonte populacional de *H. sapiens sapiens* que deixou a África, expandiu-se pela Ásia e pela Europa e substituiu as populações existentes de humanos arcaicos.[59]

A evidência mais forte para esse roteiro de substituição é a limitada diversidade genética entre os humanos atuais. Embora existam controvérsias sobre como interpretar a variabilidade genética moderna, há evidências de que ocorreu um severo e recente "efeito funil" na evolução humana. Em geral, os africanos atuais apresentam um maior grau de variabilidade genética do que povos do resto do mundo, sugerindo que quando os primeiros *H. sapiens sapiens* deixaram a África houve uma perda considerável de variabilidade genética. Isso implica que durante um curto período de tempo existiu uma população muito pequena que se reproduzia. Uma estimativa recente sugeriu que corresponderia a não mais que seis indivíduos durante setenta anos, o que refletiria uma população atual de cinquenta indivíduos, ou de quinhentos se o efeito gargalo tivesse durado duzentos mil anos (cf. Jones & Rouhani, 1986; Jones et al., 1992).

Se os primeiros humanos modernos do Oriente Médio realmente são parte dessa fonte populacional, ou estão estreitamente relacionados com ela, então, ao disseminar-se pelo mundo, levaram junto suas mentes com uma fluidez cognitiva parcial. Essa característica mental provavelmente estava codificada nos seus genes. Foi a integração da inteligência naturalista e a social que lhes permitiu competir com sucesso e levar as populações humanas arcaicas residentes à extinção – embora a possibilidade de algum grau de hibridização permaneça. E consequentemente encontramos *H. sapiens sapiens* na China há 67 mil anos, representado pelo crânio fóssil de Liujang.[60]

Em tempos ligeiramente diferentes e em diferentes partes do mundo, foi dado o passo final para uma mente cognitivamente fluida. Refiro-me à integração da inteligência técnica às já combinadas inteligências social e naturalista. O fato de todas as populações de *H. sapiens sapiens* do mundo terem dado esse passo final – um caso de evolução paralela – foi talvez inevitável. Houve um *momentum* evolutivo da fluidez cognitiva; uma vez iniciado o processo, não houve como pará-lo. Ao que parece, assim que um conjunto de pressões adaptativas emergiu em cada área, a inteligência técnica tornou-se parte da mente cognitivamente fluida – o passo final no caminho para a modernidade.

Neste capítulo discuti que os eventos do Ato 4 podem ser explicados pela emergência da fluidez cognitiva na mente humana. Esse processo começou com o primeiro aparecimento de *H. sapiens sapiens* e sua culminação causou a explosão cultural que os arqueólogos chamam a transição entre o Paleolítico Médio e o Superior. Mas, como costuma ser na ciência, responder a uma pergunta simplesmente cria outra. Como isso aconteceu? Como foi que os pensamentos e conhecimentos escaparam às suas respectivas capelas na mente humana arcaica?

Notas

1 A ideia de que a transição entre o Paleolítico Médio e o Superior marca uma significativa mudança no comportamento humano é a posição mais amplamente aceita e particularmente apreciada por Mellars (por exemplo, 1973, 1989a, b) e White (por exemplo, 1982, 1993a, b). Marshack (1990), entretanto, argumenta que a capacidade para um simbolismo visual evoluiu gradualmente durante o Pleistoceno, enquanto Lindly & Clark (1990) sugerem que as mudanças de comportamento em aproximadamente vinte mil anos são muito mais significativas que as de 40-35 mil anos. Ao concluírem isso, eles parecem esquecer-se do súbito aparecimento e abundância de objetos de adorno pessoal por volta de quarenta mil anos. Bednarik (1994) sugeriu que os padrões cronológicos e espaciais correntes dos "objetos de arte" são apenas o reflexo da preservação e da descoberta, e não têm relação com os padrões de comportamento do passado. Essa visão extremamente sombria também é extremamente errada. Por exemplo, os contrastes taxionômicos entre os conjuntos do Paleolítico Médio mais tardio e os do Paleolítico Superior mais inicial, no sudeste da Europa, não podem explicar as diferenças quantitativas da produção artística. Existe um grande número de objetos orgânicos sobrevivendo desde os muitos milhares de anos de atividade neandertal, na forma de ossos de animais caçados. Mas nenhum desses apresenta evidências de escultura ou gravação de imagens com significados simbólicos. Além disso, enquanto o registro do Paleolítico inicial como um todo pode encontrar-se relativamente mal preservado, temos, contudo, alguns sítios perfeitamente preservados, como Boxgrove, e, conforme discutido no Capítulo 7, esses sítios não contêm indicações de atividades com significado simbólico.

2 White (1982, p.176) escreveu sobre a "reestruturação total das relações sociais na fronteira entre o Paleolítico Médio e o Superior", e a "transformação de sistemas sociais internamente não diferenciados ou pouco diferenciados" (1993a, p.352). Soffer (1994) fornece um roteiro da transição, no que a divisão de trabalho entre sexos e o provimento biparental dos jovens não ocorrem durante o Paleolítico Médio. Em relação a isso, ela estabelece a origem do modelo das moradias-base/partilha do alimento, que havia sido proposto por Isaac (1978) como datando de dois milhões de anos, no início do Paleolítico Superior. Sua evidência para tal é pequena, para dizer pouco, e a inteligência social e a provável complexidade social dos humanos arcaicos (discutidas no Capítulo 6) sugerem que as proposições de Soffer e White no tocante a formas simples de organização social são pouco importantes.

3 Orquera (1984) sugere que a transição pode ser explicada por um aumento na tecnologia da caça especializada. Hayden (1993) acredita que o contraste entre as comunidades do Paleolítico Médio e o Superior na Europa equivale ao contraste entre os caçadores-coletores generalizados e os complexos, conforme documentado no registro etnográfico. Os complexos caracterizam-se pelo armazenamento de comida, a propriedade privada e a diferenciação social, enquanto as comunidades generalizadas de caçadores-coletores são pequenas em tamanho e extremamente móveis. O problema com essa ideia é que as populações do Paleolítico Médio, na Europa, viviam precisamente nos ambientes e sob o tipo de estresse adaptativo em que esperaríamos que os atributos de sociedades complexas de caçadores-coletores se desenvolvessem. Mas eles não se desenvolveram. Isso implica que existiam restrições cognitivas impedindo que os neandertais gerassem inovações técnicas e econômicas. Hayden talvez reconheça isso ao sugerir que talvez "tenham ocorrido algumas mudanças de capacidade e composição mental na passagem do neandertal para as formas humanas totalmente modernas" (1993, p.137), embora ele prossiga dizendo que tais mudanças não parecem ter sido significativas.

4 Bar-Yosef (1994b) fez uma comparação explícita entre a origem do Paleolítico Superior e a origem da agricultura. Ele sugere que os arqueólogos deveriam adotar uma estratégia de pesquisa para a transição entre o Paleolítico Médio e o Superior semelhante à utilizada para as origens da agricultura. Isso incluiria tentar identificar a "área central" onde avanços técnicos críticos teriam acontecido e, a seguir, o processo pelo qual teriam se espalhado, ou pela migração ou pela difusão tecnológica. O problema com essa comparação é que as mudanças na transição entre o Paleolítico Médio e o Superior parecem ser muito mais diversas e profundas que as de dez mil anos atrás, sem uma "grande ideia" (tal como domesticar plantas), e parecem ter ocorrido em muitas regiões do planeta em um espaço de tempo muito curto.

5 A interpretação da linguagem varia: alguns argumentam que a transição delimitou a mudança da linguagem de gestos para a linguagem falada (por exemplo, Corballis, 1992); outros, que a mudança foi de uma protolinguagem isenta de uma gama completa de tempos para uma linguagem totalmente moderna (Whallon, 1989). Mellars sugere que a "emergência de uma linguagem complexa, altamente estruturada" poderia "potencialmente, ter revolucionado todo o espectro da cultura humana" (Mellars, 1989a, p.364), sem especificar exatamente o que se entende por "complexa" e "altamente estruturada", ou a maneira como a revolução teria ocorrido. Gamble & Stringer (1993) fazem referência à falta de capacidades simbólicas no Paleolítico Médio, mas não fica claro se eles estão incluindo o simbolismo linguístico e o visual na mesma capacidade.

6 Fodor (1985, p.4), Gardner (1983, p.279), Rozin (1976, p.262), Sperber (1994, p.61), Karmiloff-Smith (1994, p.706), Carey & Spelke (1994, p.184) e Boden (1994, p.522).

7 White (1992) sugere que a dificuldade em definir o que é "arte" foi um sério impedimento para explicar a sua origem. Conkey (1983, 1987) discutiu de que maneira a adoção, pelos arqueólogos, do conceito moderno de arte como uma categoria universal prejudica a explicação dos avanços culturais no início do Paleolítico Superior.

8 Bednarik (1995) faz alegações extravagantes sobre tais artefatos. Descreve peças de osso com simples arranhaduras como objetos com marcas "mediadas por conceitos", sem explicar o que quer dizer com esse termo. Considera que simples grupos de linhas justapostas são "conjuntos estruturados", "com angulação idêntica" e "intencionais", sem tentar justificar o alegado. Sua discussão ilustra o tipo de interpretação subjetiva e isenta de crítica de dados arqueológicos, que impede seriamente nossos progressos em compreendermos o padrão de evolução cognitiva.

9 Marshack (1990, p.457-98). A arte figurativa aurignaense da Europa Central se restringe a quatro sítios: Vogelherd, Hohlenstein-Stadel, Geißenklösterle, todos na Alemanha, e Stratzing/Krems-Rehberg, na Áustria. A maior coleção individual, dez estatuetas, é originária de Vogelherd Cave, e consiste de dois mamutes, um cavalo, dois-três felinos ou outros animais não identificáveis, um baixo-relevo de cabeça de mamute em um retocador, um baixo-relevo de leão, um bisão totalmente esculpido, uma cabeça de leão e uma figura antropomórfica (Hahn, 1972, 1984, 1993). Marshack (1990) descreve como seu exame microscópico das estatuetas de Vogelherd revelou que as imagens animais eram com frequência marcadas e remarcadas, como em um ritual periódico.

10 White (1989, 1992, 1993a, b) realizou um estudo detalhado da produção e distribuição desses itens por toda a Europa, indicando sua considerável

complexidade e sua abundância no sudoeste europeu. Entre os aspectos mais importantes das suas pesquisas, poderíamos destacar que as contas formam um horizonte de tempo distinto em aproximadamente quarenta mil anos, e que, no sudoeste da Europa, elas não derivam de situações de sepultamento, e sim de camadas de ocupação. White enfatiza que deveríamos conceber essas contas como objetos de arte, em vez de banalizá-las chamando-as de simples objetos decorativos.

11 Bahn & Vertut (1989) e Clottes (1990) revisam os problemas de datar a arte em rochas. Nosso conhecimento da cronologia da arte Paleolítica está sendo radicalmente transformado pela datação radiométrica por carbono 14 (por exemplo, Valladas et al., 1992), que, espera-se, passará a ser amplamente utilizada.

12 A arte da caverna de Chauvet é descrita em Chauvet, Deschamps & Hillaire (1996). Além da sua idade, dez mil anos mais antiga do que muitos especialistas esperavam, a caverna se destaca pela predominância de rinocerontes e carnívoros na arte. Em outras cavernas, esses animais tendem a ser bastante incomuns, excedidos em número por pinturas de cavalos e bisões. Além do mais, todas as outras cavernas pintadas de "maneira clássica" foram encontradas nas regiões de Perigord/Quercy e dos Pirineus franceses, ou da Cantábria, na Espanha. A descoberta da caverna de Chauvet modificou fundamentalmente o que sabemos sobre as pinturas rupestres do Paleolítico.

13 Bahn (1991, 1994) revê a arte do Pleistoceno fora da Europa. Existem inúmeros sítios na Austrália com datas do Pleistoceno. Na localidade de Sandy Creek, em Queensland, gravações foram datadas em 32 mil anos por sedimentos que os recobrem, e tinta vermelha foi diretamente datada em 26 mil anos. Datações radiométricas por carbono 14, de material orgânico de coberturas de verniz sobre petroglifos do sul da Austrália, revelaram idades de 42.700 AP para uma figura oval de Wharton Hill, e de 43.140 ± três mil AP para uma linha curva em Paranamitec do norte. Essas datas bem antigas são controversas e não deveriam ser aceitas sem confirmação. Há também alegações de peças de arte provenientes do Pleistoceno na China e na América do Sul.

14 Mithen (1989, 1990) argumenta que a combinação de condições climáticas severas com a intensificação da caça levou a oscilações nas principais presas visadas, o que, por sua vez, criou as condições em que floresceu a arte do Paleolítico. De maneira mais geral, Jochim (1983) enfatizou o papel do sudoeste da Europa como um refúgio de populações durante o tempo da última glaciação máxima, resultando na arte das cavernas e rituais associados, que serviam para marcar territórios e lidar com o estresse social causado por densidades populacionais altas. Ver também Soffer (1987).

15 Chase (1991) tece uma discussão útil sobre a terminologia complexa que circunda o símbolo e o estilo na arqueologia, e sobre maneiras diferentes de utilizar a palavra "arbitrário". Ele faz uma distinção entre "ícones", que indicam algo por semelhança (como um retrato); "índices", que indicam algo por associação (como a fumaça de um fogo); e "símbolos", que têm uma relação totalmente arbitrária com seus referentes e que precisa ser aprendida.

16 Essa é talvez a diferença crítica entre um artefato com atributos simbólicos em oposição a atributos estilísticos (Chase, 1991). Sackett (1982) distingue o "estilo ativo", onde há uma intenção a ser comunicada, e o "estilo passivo", onde um artefato adota certos atributos que são claros para um indivíduo ou grupo, embora não tenha existido uma intenção de comunicar tal identidade por parte do artesão. Algo que contém um estilo ativo agirá como um símbolo (Wobst, 1977). Halverson (1987) sugere que a arte das cavernas do Paleolítico pode ser isenta de significado (e, consequentemente, foi criada sem intenção de comunicação) – "sem referência religiosa, mítica ou metafísica" (1987, p.63). Isso parece extremamente improvável em vista da pequena variedade de temas que os artistas do Paleolítico escolheram para representar.

17 Layton (1994) faz uma síntese excelente do nosso conhecimento atual da arte aborígine.

18 Faulstich (1992) discute o uso da abstração e do naturalismo na arte walpiri. Ele descreve como as abstrações normalmente têm vários níveis de significado, ao passo que a imagem naturalista terá um único referente, apesar de este, em si, poder ter significados múltiplos.

19 Tacon (1989) faz uma exposição sobre a representação do peixe na arte da Terra de Arnhem ocidental, explicando sua importância econômica e simbólica. Com relação à simbólica, ele descreve como, entre os kunwinjku da Terra de Arnhem central, os peixes são um símbolo tão forte de fertilidade, relações sexuais e renascimento, que o coito é frequentemente descrito como uma "mulher apanhando um peixe na rede" na linguagem cotidiana. Isso se refere à semelhança entre o papel das redes para pescar o peixe e as pernas para pegar o pênis, e aponta para uma ligação simbólica entre peixes e pênis como as fontes de vida humana. Também é bom pintar peixes e pensar sobre eles por causa de sua anatomia. Nas pinturas, seus ossos – símbolos da transformação da vida em morte – podem ser bem dispostos. E também é bom pintá-los e pensar sobre eles pelas suas cores, porque, mais do que em qualquer outro animal, as cores nos peixes têm uma certa qualidade de "arco-íris", que está associada com a essência dos Seres Ancestrais. Discussões fascinantes sobre a multivalência das imagens na arte aborígine podem ser encontradas em Taylor (1989)

com relação a kunwinjku, na Terra de Arnhem ocidental, e em Morphy (1989b) com relação a yolngu, na Terra de Arnhem oriental.

20 Lewis-Williams (1982, 1983, 1987, 1995) realizou estudos particularmente detalhados sobre a arte em rochas da África do Sul, expondo seus complexos significados simbólicos. Ele enfatizou a presença de fenômenos "entópicos" nas imagens dessa arte, geradas pelo sistema nervoso sob estados alterados de consciência (Lewis-Williams & Dowson, 1988; Lewis-Williams, 1991). Imagens semelhantes, argumenta ele, são encontradas em muitas tradições de arte em rochas, incluíndo a paleolítica. Um bom exemplo de multivalência da arte em rochas dos san é a imagem de uma série de curvas encaixadas em formato de U em Natal Drakensberg, que estão circundadas por pequenos insetos voadores (Lewis-Williams, 1995). A pintura representa uma colmeia, provavelmente refletindo a grande predileção que todos os caçadores--coletores têm pelo mel. Entretanto, Lewis-Williams também explica como é provável que essa imagem tenha um significado entóptico e também reflita o trabalho de xamãs.

21 Morris (1962) contém muitas e maravilhosas pinturas de chimpanzés.

22 Existem numerosos artefatos do Paleolítico Inicial que alegadamente são manifestações de "arte" ou possuem significados simbólicos pela presença de linhas gravadas (ver nota 8). Eles foram revistos sob uma luz favorável por Marshack (1990) e Bednarik (1992, 1995). Entretanto, na sua grande maioria, podem ser explicados como artefatos que ficaram marcados não intencionalmente, por causa das atividades humanas (como cortar grama sobre um suporte de osso) e dos carnívoros ou durante os processos físicos da formação dos sítios (Chase & Dibble, 1987, 1992; Davidson, 1990, 1991, 1992; Pelcin, 1994). Os poucos artefatos remanescentes estão isolados uns dos outros temporal e espacialmente, e não há razão para acreditar que suas marcas constituam um código simbólico.

23 Isso difere muito da atribuição de um significado ao comportamento de outro indivíduo inferindo o conteúdo da sua mente, algo no qual os humanos arcaicos provavelmente se sobressaíam. Nesse tipo de atribuição, o significado (o estado cognitivo) está espacial e temporalmente próximo do significante (o comportamento observado). Essa é uma característica central da inteligência social, para a qual os primatas não humanos apresentam graus variados de competência. Conforme vimos no Capítulo 4, primatas não humanos parecem ser incapazes de atribuir significados a marcas inanimadas ou objetos deslocados de seus referentes.

24 Isso também foi notado independentemente por White (1992, p.558) e Hewes (1989, p.145). Hewes declara: "Eu não vejo uma diferença de percepção entre a decodificação de pegadas de animais, que não são produzidas deliberadamente, e a decodificação de 'representações' feitas pelo homem,

embora a leitura efetiva das marcas de cascos de animais possa exigir uma habilidade cognitiva maior".

25 Bégouen & Clottes (1991) sugerem que algumas das gravações em ossos da caverna de Enlène, nos Pirineus, podem ter sido trabalhos de artistas novatos, na medida em que mostram muito menos perícia do que as gravações das cavernas adjacentes de Tuc d'Audoubert e Trois-Frères. Entretanto, eles relutam em voltar à ideia um tanto simplista de Capitain e Bouyssonie, apresentada em 1924, de que Enlène corresponde a uma oficina onde aprendizes trabalhavam sob a supervisão de mestres artistas. Generalizando mais, enquanto as imagens tecnicamente notáveis e realistas de animais são as que aparecem em maior frequência nos livros, a arte paleolítica contém inúmeras imagens de animais desproporcionais que podem ter sido feitas por mãos pouco treinadas (Bahn & Vertut, 1989).

26 Morphy (1989a) fornece uma coleção de publicações ilustrando os diversos e complexos usos de animais na arte. Exemplos particularmente bons de antropomorfismo podem ser vistos na arte em cerâmica dos oleiros de Ilama, um grupo ameríndio que floresceu durante o primeiro milênio a. C. na Colômbia (p.87-97), e na arte das Ilhas de Solomon (p.318-42). Imagens antropomórficas também estão descritas na arte em rochas do Quênia, na arte aborígine da Austrália, e na arte dos grupos hopi e zuni pueblo do Arizona e do Novo México.

27 As imagens antropomórficas da arte paleolítica são revisadas por Bahn & Vertut (1989, p.144, para a descrição do feiticeiro de Trois-Frères), enquanto Lorblanchet (1989) discute a continuidade entre imagens de humanos e animais. A esplêndida figura de Grimaldi tem 47,2 mm (1 9/10 polegadas) de altura e é feita de serpentina verde. A fêmea e o animal estão conectados pelas partes de trás da cabeça, costas e pés. A peça faz parte de um grupo de estatuetas de Grimaldi que foram "redescobertas" em Montreal em 1991, depois de terem sido escavadas em Grimaldi em algum momento entre 1883 e 1895 (Bisson & Bolduc, 1994). Estatuetas humanas do Paleolítico foram descritas por Delporte (1979, 1993) e Gvozdover (1980) e interpretadas por Gamble (1982, 1993), Duhard (1993) e Rice (1981).

28 Kennedy (1992) fez um levantamento geral do pensamento antropomórfico, particularmente sua penetração na etologia, que, sugere ele, levou a muitas interpretações errôneas do comportamento animal. Ele descreve como os cientistas que tentam evitar a antropomorfização de animais o fazem inadvertidamente de tempos em tempos. Ele sugere que as pessoas têm uma tendência à antropomorfização compulsiva porque a ideia de que os animais são conscientes e têm propósitos foi aparentemente incorporada por nós pela natureza e a educação.

29 Willis (1990) revisa as diferentes definições e interpretações do totemismo na introdução do seu livro sobre o significado humano no mundo natural.

A pré-história da mente

30 No cemitério de Oleneostrovski Mogilnik, em Karelia, datado de aproximadamente 7.800 AP, os túmulos estão agrupados em localizações ao norte e ao
sul. Ao norte, os túmulos apresentam efígies de alces, ao passo que ao sul as
efígies são de cobras e de humanos. Isso foi interpretado como o reflexo de
dois grupos divididos por princípios totêmicos (O'Shea & Zvelebil, 1984).

31 Morphy (1989b, p.145). Na medida em que os Seres Ancestrais são continuamente recriados por meio de cerimoniais, é mais apropriado conceber o
passado ancestral como uma dimensão do presente; consequentemente, a
paisagem não se limita a um registro de eventos mitológicos passados mas
tem um papel ativo na própria criação dos eventos.

32 Carmichael et al. (1994) inclui uma série de artigos que sugerem que os
humanos universalmente designam significados simbólicos a características
topográficas, como cavernas, rochas de formato estranho e rios.

33 As táticas de caça do início do Paleolítico Superior parecem ter sido baseadas
em tocaiar e matar animais individuais e não na matança em massa de rebanhos, e nesse respeito são mais típicas do Paleolítico Médio. Enloe (1993),
por exemplo, demonstrou isso para o Nível V em Abri du Flageolet (25.700
± 700 AP), o que condiz com o padrão de caça de renas aurignacenses que
Spiess (1979) inferiu em Abri Pataud, e também com os padrões de caça
de veados que Pike-Tay (1991, 1993) reconstruiu para Roc de Combe e La
Ferrassie. Pike-Tay argumenta que, durante o Perigordiano Superior, a caça
não estava organizada de maneira tão logística quanto à do Paleolítico Superior tardio. Mellars (1989a, p.357-38), entretanto, menciona os conjuntos
dominados por renas de Abri Pataud, Roc de Combe, La Gravette e Le Piage,
todos com idades entre 32 mil e 34 mil AP, onde 95%-99% dos restos da
fauna correspondem a renas. A predominância de uma única espécie nos
conjuntos do início do Paleolítico Superior contrasta significativamente com
o que se observa nos conjuntos do Paleolítico Médio da mesma região. A
exceção é o sítio de Mauran, que, embora seja do Paleolítico Médio, parece
estar dominado em grau semelhante por uma mesma espécie, nesse caso,
de bovídeos. A caça especializada de renas durante o Paleolítico Superior
tardio é descrita por Audouze (1987), Audouze & Enloe (1992), Bokelmann
(1992), Bratlund (1992) e Gronnow (1987).

34 Straus (1992, p.84). A caça especializada do íbex é uma característica de
subsistência do Paleolítico Superior tardio por todas as regiões montanho-
sas do sul da Europa (Strauss, 1987b). Entretanto, sítios como Bolinkoba
e Rascaño, na Cantábria espanhola, localizados em íngremes penhascos,
também apresentam níveis do início do Paleolítico Superior.

35 Silberbauer (1981) apresenta uma descrição especialmente detalhada dos
modelos antropomórficos utilizados pelos G/Wi. Nesse caso, os atributos
humanos são impostos a mamíferos em particular, e em menor grau a pás-

saros, répteis e anfíbios. Silberbauer explica como a atribuição de personalidades e características humanas a esses animais serve para predizer seus comportamentos antes e depois que são atingidos (e enquanto suas pistas estão sendo seguidas ao serem feridos). Marks (1976) ressalta uma questão semelhante com relação ao Vale do Bisa, assim como Gubser (1965) em relação a Nunamiut. Blurton-Jones & Konner (1976) constataram como o conhecimento sobre comportamento animal dos !Kung, baseado em modelos antropomórficos, é tão bom quanto os dos cientistas do Ocidente.

36 Douglas (1990, p.33). Seu argumento foi desenvolvido visando especificamente o povo lele do Zaire, que apresenta inúmeras proibições quanto a comer animais com pintas, aparentemente associadas a uma preocupação com doenças de pele, incluíndo a varíola. Ela sugere que esse povo "não está utilizando animais para desenhar imagens elaboradas de si mesmos, tampouco para propor e responder problemas profundamente metafísicos". O argumento é que os lele têm razões práticas para tentar compreender e prever as maneiras de ser dos animais, razões que estão relacionadas à saúde, à higiene e à doença. Os princípios de antiguidade, trocas de casamento, território e hegemonia política que utilizam para explicar seus próprios comportamentos também são utilizados para prever o comportamento animal.

37 Knecht (1993a, b, 1994) realizou estudos experimentais abrangentes sobre a manufatura e o uso de armas de caça orgânicas do início do Paleolítico Superior. Ela também analisou comparativamente a utilidade de pedras e armações como matérias-primas para armas de caça, notando que, enquanto as pedras têm uma capacidade maior de penetração e corte e são mais rápidas de trabalhar, o material orgânico é mais durável e fácil de reparar. Pike-Tay (1993) discute como suas pesquisas sobre fauna, aliadas aos estudos tecnológicos de Knecht, implicam que os forrageadores do Perigordiano Superior eram caçadores habilidosos. Ela interpreta as armas orgânicas do início do Paleolítico Superior como instrumentos feitos para caçar uma variedade de animais e não tipos específicos.

38 Por exemplo, a análise estatística para variáveis múltiplas dos conjuntos líticos e fauna em La Riera, realizada por Clark et al. (1986), mostrou uma associação contínua entre as pontas solutreanas e o íbex. Valendo-se de métodos semelhantes, Peterkin (1993) demonstra uma associação positiva entre o comprimento dos cabos de artefatos líticos e a proporção de bovinos nos conjuntos do Paleolítico Superior do sudoeste da França, indicando o uso de uma tecnologia de cabos duráveis para a obtenção desses animais. Consultar Bergman (1993) sobre o desenvolvimento da tecnologia do arco.

39 Isso pode ser percebido utilizando os critérios que Bleed (1986) propôs com respeito ao desenho otimizado de armas de caça (ver também Torrence,

1983). Ele comparou duas alternativas diferentes de desenho: ferramentas seguras e ferramentas conserváveis, cada qual adequada a circunstâncias diferentes. Quando os recursos de alimento são previsíveis, porém disponíveis em intervalos de tempo muito curtos (uma situação que Torrence (1983) teria descrito como "tempo-estressada") anteciparíamos ferramentas seguras. Estas seriam "superprojetadas", com partes redundantes, dedicadas a recursos específicos e produzidas por especialistas. Quando os recursos alimentares estão distribuídos de maneira mais uniforme no tempo e são relativamente imprevisíveis, as melhores ferramentas teriam um desenho que visa à manutenção. Estes são instrumentos que podem ser reparados e conservados durante o uso, apresentando com frequência componentes múltiplos padronizados. Fazendo uma análise ampla, realmente encontramos ferramentas seguras sendo manufaturadas em ambientes sob estresse temporal no último extremo de glaciação, como esperaríamos que fosse, e uma transição para a tecnologia da conservação em ambientes de floresta do Holoceno, onde a caça era mais dispersa e menos previsível. Straus (1991) e Geneste & Plisson (1993) descrevem a tecnologia de caça especializada do sudoeste da Europa durante o pico do último extremo de glaciação, enquanto Zvelebil (1984) contrapõe isso à tecnologia microlítica e de conservação do Mesolítico. Ele faz uma excelente descrição de como essa tecnologia mesolítica estava muito bem adaptada à caça em ambientes de floresta (Zvelebil, 1986). O contraste entre ferramentas seguras e ferramentas conserváveis também pode ser visto em uma análise mais fina. Por exemplo, Pike-Tay & Bricker (1993) observam que enquanto os complexos gravecianos no sudeste da França são dominados por artefatos líticos de armas que consideram de conservação fácil e dedicadas à exploração do veado e da rena, o complexo graveciano da Camada 4 de Abri Pataud é dominado por armas orgânicas. Essa camada se caracteriza por um curto período sazonal de caça, apenas a primavera e o outono, que parece ter levado à produção de ferramentas orgânicas seguras, conforme sugeriria a teoria de Bleed.

40 Straus (1990a) usa essa frase para caracterizar as interações entre a tecnologia microlítica, os harpões orgânicos e as grandes pontas de projéteis durante os períodos solutrense e magdalense. Mas provavelmente serve como descrição geral dos avanços tecnológicos entre os humanos modernos.

41 A evidência mais impressionante de armazenamento no Paleolítico Superior vem da planície russa, onde Soffer (1985) descreve a presença de fossos em muitos sítios que haviam sido usados para esconder provisões de carne congelada. No Pleistoceno tardio/início do Holoceno, as comunidades do Japão (Jomon) e Oriente Médio (natufianas) estavam construíndo instalações de armazenamento para material vegetal (Soffer, 1989b). Há uma aceitação generalizada de que os grupos mesolíticos armazenavam comida rotineiramente, embora a evidência arqueológica continue escassa.

42 Drôme, França, do período magdalense, segundo as datações, que apresenta 1.020 incisões de um lado e noventa do outro, as quais estão todas dispostas em paralelo, seguindo o eixo do osso. Marshack (1991) descreve a peça em detalhes; conforme sua interpretação, ela representaria um sistema de notação – mais especificamente, um calendário lunar.

43 As interpretações desses artefatos incluem o seguinte: registros de caçadas, calendários lunares, uma "concepção matemática do cosmos", o "conhecimento de um sistema numérico ou de cálculo" e o "suporte rítmico para a recitação tradicional ... ou instrumentos musicais" (D'Errico & Cacho, 1994, p.185).

44 Tanto Marshack (1972a, b, 1991) como D'Errico (1991; D'Errico & Cacho, 1994) usaram a avaliação microscópica de marcas para tentar verificar a maneira e a ordem em que foram feitas. Enquanto Marshack foi um inovador dessa pesquisa, D'Errico introduziu um grau muito maior de avaliação objetiva, em parte por utilizar artefatos produzidos experimentalmente para estabelecer os critérios a serem utilizados ao fazer inferências sobre a direção, o tipo e as mudanças dos instrumentos. Talvez não cause surpresa o fato de ter havido um certo desentendimento entre esses dois pesquisadores, com um certo ceticismo por parte de D'Errico em relação a muitos dos métodos e interpretações de Marshack (D'Errico, 1989a, b, 1991, 1992; Marshack, 1989). Os casos fortes para inferir sistemas de notação desses artefatos são o estudo de D'Errico & Cacho (1994) sobre os artefatos com gravações provenientes de Tossal de la Roca, na Espanha, e pertencentes ao Paleolítico Superior, e o estudo do mesmo autor (D'Errico, 1995) sobre uma armação com gravações de La Marche, na França. Robison (1992) contém uma crítica perceptiva do trabalho de Marshack.

45 Bons exemplos etnográficos são o bastão calendário da América do Norte descrito por Marshack (1985) e os calendários dos yakut da Sibéria, feitos de tiras de marfim fósseis (Marshack, 1991).

46 Maravilhosas ilustrações dessas gravações de Mal'ta, e muitas outras peças da arte paleolítica foram publicadas no *National Geographic*, v.174, n.4, out. 1988.

47 As exibições de troféus dos wopkaimin, da região central de Nova Guiné, são descritas por Hyndman (1990), que os interpreta como mapas mentais. Ele enfatiza seu papel como um "gatilho" que traz à memória características de locais e áreas específicos do ambiente. O arranjo dos ossos na exibição de troféus da casa dos homens de Bakonabip é a seguinte: "Relíquias ancestrais (*menamen*) são armazenadas em fileiras de sacos dispostos centralmente, e à altura dos olhos no nível de troféus. Pertencem ao reino *ahip* (círculo central de aldeolas) nos sítios de aldeolas relativamente permanentes ... posicionadas centralmente na terra natal. Porcos domésticos são

A pré-história da mente

criados em famílias selecionadas que residem próximas das aldeolas; mandíbulas desses animais são exibidas abaixo das relíquias ancestrais ... Ossos de porcos selvagens são colocados abaixo dos ossos de porcos domésticos; estes animais vêm dos *gipsak*, a zona mais baixa de floresta tropical que circunscreve as zonas de jardim interno e aldeolas ... Mandíbulas de marsupiais são exibidas na posição mais alta acima do solo, e provêm especialmente das zonas de florestas intermediárias e mais altas. Ossos pélvicos e das coxas de casuars são colocados em associação com os porcos selvagens e marsupiais, representando a coexistência desses animais nas florestas tropicais mais externas" (Hyndman, 1990, p.72).

48 Leroi-Gourhan (1968) sugere que existe um padrão deliberado na disposição das figuras de cavernas pintadas, com animais do tipo carnívoros sendo encontrados nos recessos mais internos e o bisões nas áreas centrais. Essa proposta nunca foi testada formalmente, em parte pela dificuldade de identificar as entradas originais, e também onde começam e terminam a entrada, o centro e o fundo das cavernas. Sieveking (1984) acredita que o padrão que Laroi-Gourhan alega ter identificado poderia estar relacionado com as características ecológicas dos animais que normalmente coexistem, de maneira muito semelhante à observada nas exibições de troféus dos wopkaimin.

49 Consultar White (1989b, 1992, 1993a, b) sobre os objetos de adorno pessoal do início do Paleolítico Superior; e Soffer (1985) sobre os manufaturados nas planícies russas durante o Paleolítico Superior tardio.

50 Isso provavelmente explica as discretas distribuições espaciais e temporais de pontos que apresentam formas específicas e que receberam nomes de arqueólogos, como os "pontos de Font Robert" na Europa Ocidental, e os "pontos de Emireh" no Oriente Médio. Esses artefatos, tão úteis para os arqueólogos na medida em que podem ser usados como marcadores cronológicos na ausência de outras informações de datação, provavelmente transmitiam informação social sobre filiação a grupos, que era intencionalmente colocada nos intrumentos no momento da manufatura. Outros aspectos da variabilidade entre ferramentas, como as marcações de arpões, podem ter sido usados para indicar posse individual. A ideia de que esses artefatos tipologicamente distintos do Paleolítico Superior continham informações sociais é muito aceita entre arqueólogo (por exemplo, Mellars, 1989b). Um estudo etnográfico excelente, que ilustra como os artefatos são cobertos de informação social, é o de Wiessner (1983). Ela explora quais os itens que transportam informação social no material cultural dos san, do kalahari, e descobre que as pontas de projéteis são muito adequadas para transmitir dados sobre grupos e limites, pela sua difundida importância social, econômica, política e simbólica. Ela chama esse tipo de informação de estilo "emblemático" e o contrapõe ao estilo "assertivo", que é a informação sobre posse pessoal. Com relação ao Paleolítico, deveríamos

talvez esperar um estilo assertivo nos artefatos orgânicos, como harpões e cabos de lanças, que podem envolver um tempo mais longo de manufatura do que pontas de pedra lascada. Além disso, o próprio processo de manufatura havia adquirido um novo significado. Sinclair (1995, p.50) argumenta que "os aspectos simbólicos da tecnologia [do Paleolítico Superior] não se limita ao formato externo das ferramentas ... O simbolismo perfunde todo o processo de manufatura, por meio da utilização de uma série visível de habilidades e desejos que são comuns à tecnologia e a outras práticas sociais".

51 Morphy (1989b) fornece um resumo das características dos Seres Ancestrais.

52 O túmulo de Skhul foi descrito por McCow (1937) e o de Qafzeh por Vandermeersch (1970). Lindly & Clark (1990) questionaram se as partes dos animais eram deliberadamente introduzidas juntos aos mortos durante os enterros dos homens anatomicamente modernos. Entretanto, em razão de estreita associação entre ossos humanos e ossos de animais, parece haver pouca dúvida quanto à colocação de partes de carcaças animais ter sido intencional.

53 Lieberman & Shea (1994). As inferências sobre a sazonalidade estão baseadas nas camadas de cemento de dentes de gazelas, ao passo que relacionadas à intensidade da caça baseiam-se na frequência de pontas em cada conjunto de artefatos e a natureza das fraturas por impacto. A evidência de um maior gasto de energia por parte dos neandertais provém do caráter dos componentes pós-craniais dos seus esqueletos (Trinkaus, 1992).

54 Grün et al. (1990). Grün & Stringer (1991), Stringer & Bräuer (1994).

55 Singer & Wymer (1982). Thackeray (1989) apresenta um resumo da sequência arqueológica na foz do Rio Klasies.

56 A evidência do uso de ocre vermelho na Idade da Pedra intermediária foi resumida por Knight et al. (1995).

57 Esse sítio foi escavado em 1941, e a verdadeira idade do túmulo, se é que é realmente um túmulo, ainda não foi esclarecida. Infelizmente, o material ósseo não pode ser datado (Grün & Stringer, 1991).

58 Parkington (1990) junta a evidência de datação para a indústria de Howieson's Poort, e mostra que a idade de alguns desses conjuntos poderiam ser tão recente quanto quarenta mil anos. Ele sugere que essa indústria provavelmente não representa um fenômeno unitário, que surgiu em vários momentos entre cem mil e quarenta mil anos atrás.

59 Estou escolhendo apenas um dos possíveis roteiros para a origem e distribuição dos humanos modernos pelo mundo inteiro. A principal opinião contrária é a da evolução multirregional (ver Mellars & Stringer, 1989;

A pré-história da mente

Nitecki & Nitecki, 1994, para debates sobre as origens dos humanos modernos). O argumento mais forte a favor da hipótese multirregional da evolução é a continuidade das características morfológicas de fósseis em diferentes partes do mundo, especialmente no sudeste da Ásia/Australásia e China. Suspeito que essa continuidade pode ser explicada pela emergência de um igual conjunto de características adaptativas, e por algum grau de miscigenação entre populações imigrantes e residentes.

60 Deveríamos esperar encontrar, no período entre cem mil e sessenta-trinta mil anos atrás, sítios arqueológicos criados pelos humanos modernos iniciais que se assemelhem um pouco aos dos humanos arcaicos e um pouco aos os humanos modernos propriamente ditos. Prolom II, na Crimeia, provavelmente é um desses sítios, pois contém ferramentas líticas que lembram os intrumentos típicos dos neandertais e também um grande número de ossos, alguns dos quais se encontram furados, esculpidos ou lascados (Stepanchuk, 1993). Essa localidade ainda não foi datada e não apresenta restos humanos associados. Meu palpite é de que acabará sendo um sítio arqueológico dos primeiros humanos modernos que possuíam um mínimo de fluidez cognitiva.

10
Como tudo aconteceu?

Em um dos capítulos anteriores, sugeri que deveríamos pensar no passado como se fosse um drama teatral. Numa peça dessas, o interessante não é a ação em si, mas o que se passa na mente dos atores diante de certos acontecimentos e de atitudes tomadas. Cheguei à conclusão de que a variada série de comportamentos do Ato 4 decorre de uma mudança básica na arquitetura mental. Os pensamentos e o conhecimento antes aprisionados dentro das capelas das inteligências especializadas podiam agora fluir livremente pela catedral da mente – ou pelo menos por uma seção dela –, harmonizando-se para criar novos tipos de pensamentos, como parte de uma imaginação quase ilimitada: uma mentalidade "cognitivamente fluida".

Explicando a emergência da mente flexível

Meu argumento continua incompleto, porque ainda preciso explicar como foi que surgiu essa nova fluidez cognitiva. Acredito que a explicação está relacionada com mudanças na natureza da linguagem e da consciência dentro da mente. Começarei com uma proposição simples: depois de começarem a falar, os humanos arcaicos não conseguiram mais parar.

Se quisermos entender como isso levou à fluidez cognitiva, devemos, antes de mais nada, lembrar que tenho seguido a proposta de Robin Dunbar, de que a linguagem dos humanos arcaicos era "social" – isto é, eles a utilizavam como meio para enviar e receber informações sociais. Isso contrasta com a nossa ferramenta linguística atual – uma linguagem de múltiplos usos, com um papel decisivo na transmissão de informações sobre o mundo não social, embora persista uma certa predisposição pelo social. Apesar de a linguagem dos humanos arcaicos poder ser caracterizada como social (e, no caso daqueles que viveram 250 mil anos atrás, como uma linguagem com uma extensa complexidade gramatical e lexical), acredito que, mesmo assim, teriam existido "pedacinhos" de linguagem sobre o mundo não social; por exemplo, sobre o comportamento animal e a fabricação de instrumentos.

Eles teriam surgido de duas fontes. A primeira é a inteligência geral. Segundo argumentei no Capítulo 7, essa inteligência era fundamental para a mente dos humanos arcaicos, na medida em que condicionava o comportamento nas interfaces entre domínios, como o uso de ferramentas para caçar e o uso de alimentos para estabelecer relações sociais. Em decorrência disso, o comportamento nessas interfaces manteve-se extremamente simples, porque a inteligência geral não podia acessar os processos cognitivos localizados dentro de cada uma das inteligências especializadas. Essa inteligência geral provavelmente também capacitou os humanos arcaicos a associar determinadas vocalizações com entidades não sociais; consequentemente, produziu "pedacinhos de conversação" sobre o mundo não social – que teriam sido poucos e desprovidos de complexidade gramatical. De fato, é provável que a complexidade desses "pedacinhos" se aproxime muito do uso de símbolos pelos chimpanzés treinados em laboratórios – uso este que, segundo discuti no Capítulo 5, aflora simplesmente do fato de se ter uma inteligência geral em vez de alguma capacidade linguística. Portanto, a "linguagem" não social dos humanos arcaicos deve ter incluído uma pequena série de "palavras" utilizadas predominantemente como interpelações, e não mais que duas ou três sendo unidas numa mesma elocução. Elas contrastariam com o fluxo de elocuções variadas e gramaticalmente complexas de conteúdo social, produzidas pelas inteligências social e linguística.

A pré-história da mente

As vocalizações não sociais, no entanto, podem ter sido implantadas na linguagem social.

Uma segunda explicação para a emergência desses "pedacinhos de conversação" não social é que talvez as inteligências especializadas nunca tenham ficado totalmente apartadas umas das outras, embora um certo grau de isolamento já bastasse para prevenir seu funcionamento conjunto. Mencionei isso no Capítulo 8, quando sugeri que, apesar de os neandertais não possuírem uma consciência reflexiva sobre a fabricação de instrumentos e o forrageamento, eles podem ter tido uma rápida e efêmera consciência "oscilante" dessas atividades – um "pedacinho de consciência", insuficiente para permitir qualquer introspecção sobre os pensamentos e o conhecimento nesses domínios. Expliquei por que isso teria sido possível utilizando a analogia da mente como catedral. Os "sons" da consciência reflexiva em ação podem ter se infiltrado através das paredes das capelas da inteligência social e penetrado, dessa mesma maneira, nas capelas das inteligências técnica e naturalista, chegando lá muito abafados ou diluídos. Citei outros exemplos no Capítulo 7, ao notar que, nos raros momentos em que os humanos arcaicos trabalharam ossos, eles os lascaram como se fossem de pedra. Isso implica que, no caso de a inteligência técnica estar realmente sendo usada, seu funcionamento não era eficaz, na medida em que o lascamento não é um método adequado para trabalhar o osso. Também podemos imaginar os pensamentos e o conhecimento das capelas técnica e naturalista filtrando-se através das paredes das capelas social e linguística e invadindo seus espaços de forma surda, abafada. Tendo chegado até lá, passaram a ser utilizados pela inteligência linguística durante as emissões de elocuções.

O que teria acontecido com esse pedacinhos de linguagem sobre o mundo não social? Devem ter penetrado as mentes de outros indivíduos como parte do fluxo da linguagem social, sendo decodificados pela inteligência linguística e interpretados pela inteligência social. Em outras palavras, a capela da inteligência social começou a ser invadida por informações não sociais. Os indivíduos que podiam explorar essas invasões para aumentar seus conhecimentos sobre o mundo teriam ficado numa posição de vantagem em termos de seleção natural. Seriam capazes de tomar decisões mais bem fundamentadas sobre a caça e a fabricação de instrumentos, que por sua vez proporcionariam mais êxito na competição por parceiros e um cuidado melhor da prole.

Uma vantagem seletiva ainda maior teria sido atingida por aqueles que pudessem adicionar mais "pedacinhos" linguísticos não sociais à conversação; por exemplo, introduzindo perguntas sobre o comportamento animal ou sobre métodos de fabricação de instrumentos. Talvez esses fossem indivíduos que, por mudanças aleatórias nos seus planos arquitetônicos herdados, apresentavam paredes singularmente permeáveis entre suas inteligências especializadas. Esses *tagarelas* estavam obtendo sua vantagem seletiva explorando o conhecimento não social de outros indivíduos pelo uso da linguagem e, dessa forma, indo além da mera observação de comportamentos. Em decorrência disso, a linguagem social teria se transformado muito rapidamente (na escala evolutiva de tempo) em uma inteligência geral, multiuso; meu palpite para a data desse evento ficaria entre 150 e cinquenta mil anos atrás. A seleção natural, o arquiteto mais importante da mente, simplesmente não teria permitido ignorar essa oportunidade de aperfeiçoamento da troca de informações não sociais, e, portanto, de um sucesso reprodutivo aumentando.[1]

Há evidências de que a mudança de uma linguagem social para outra multiuso sobrevive na nossa conversação atual. Segundo descreveu Robin Dunbar, ainda falamos predominantemente sobre questões sociais – temos um certo pendor pela bisbilhotice. Além do mais, quando nos referimos a objetos físicos, parece que com frequência lhes atribuímos uma tendência intrínseca ao movimento, e com isso os tratamos como se tivessem "mentes", como se fossem seres vivos, sociais. Isso foi explicado pelo linguista Leonard Talmy (1988). Ele argumenta que frases do tipo "o livro caiu da prateleira" e "a bola voou pela janela" significam que os objetos se movem por uma força própria, na medida em que essas sentenças têm estruturas semelhantes a outras do tipo "um homem entrou na sala". Falando de modo geral, as elocuções, quer se refiram a estados mentais, a seres sociais quer a objetos inertes, parecem conter a mesma série de conceitos e estruturas – algo que os linguistas denominam a "hipótese das relações temáticas" (Pinker, 1989). Eles assumem que o uso original da linguagem relacionou-se com os objetos inanimados, e esses conceitos acabaram sendo transportados para elocuções sobre o mundo mental/social por meio da "extensão metafórica". Entretanto, faz mais sentido ver isso ao contrário: a estrutura da linguagem emergiu ao se falar do mundo social e estendeu-se metaforicamente para a conversa sobre objetos físicos.

A supercapela da mente

Voltando ao nosso roteiro evolucionista sobre a mudança de uma linguagem social para outra multiuso, temos que perguntar o que aconteceu com a capela da inteligência social à medida que começou a ser invadida por ideias e informações não sociais. O cientista cognitivo Dan Sperber forneceu a resposta: ela tornou-se um tipo de supercapela na catedral da mente. Vimos, no Capítulo 3, que Sperber descreve essa supercapela como o "módulo da metarrepresentação" (MMR). Ele sugeriu que o MMR fosse uma versão ampliada do módulo da mente, embora eu a conceba como uma versão ampliada – talvez até "explodida" – de um domínio mais geral da inteligência social. Sperber (1994, p.61) afirma:

> como resultado do desenvolvimento da comunicação, e em particular da comunicação linguística, o verdadeiro domínio da metarrepresentação está cheio de representações que se tornam manifestas por meio dos comportamentos comunicativos ... um organismo dotado de um módulo metarrepresentacional ... pode formar tipos de representações de conceitos e crenças relativas a todos os domínios conceituais que não poderiam ser formados pelos módulos desses domínios, por si mesmos. (ver Figura 27)

O ponto-chave que Sperber está tentando expressar é que o conhecimento do mundo vem a ser representado em dois lugares diferentes da mente – no domínio cognitivo especializado ao qual "pertence", e no que chegou a ser o domínio da inteligência social, mas que agora também inclui conhecimentos sobre o mundo não social. Na verdade, representações múltiplas do conhecimento na mente são uma característica da ideia de Annette Karmiloff-Smith sobre como a fluidez cognitiva surgiu durante o desenvolvimento. Sua concepção nos ajuda a entender

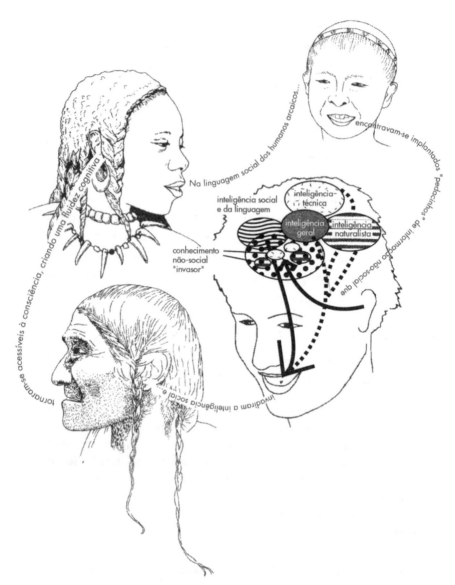

FIGURA 27 – O papel da linguagem na criação da fluidez cognitiva.

o que frequentemente parecem ser visões contraditórias do mundo entre os caçadores-coletores atuais (e, na verdade, entre quaisquer humanos modernos). Lembrem-se, por exemplo, da atitude dos inuits em relação ao urso polar, descrita no Capítulo 3. O urso é considerado um membro do grupo, mas também é abatido e consumido com deleite. Essa combinação de profundo respeito pelo animal que caçam (muitas vezes expresso em termos de relações sociais) e a total falta de escrúpulos quanto a matá-lo parece ser algo universalmente difundido entre os caçadores-coletores. Uma combinação de atitudes desse tipo parece contraditória até percebermos que o conhecimento sobre animais pode estar contido em dois domínios cognitivos diferentes – um relacionado com o mundo natural e a obtenção de alimentos, e outro em que o conhecimento sobre animais encontra-se misturado com a inteligência social. Um segundo exemplo é a relação dos aborígines australianos com suas paisagens. Para explorá-las, eles recorrem a um profundo conhecimento de ecologia. São exímios naturalistas que entendem detalhadamente os ciclos de vida e morte. No entanto, também concebem as paisagens como algo criado por seus ancestrais, isentos de qualquer respeito pelas leis da ecologia. Não existe nenhuma contradição ou confusão na mente dos aborígines: eles simplesmente possuem duas representações mentais dos seus ambientes, localizadas em dois domínios cognitivos distintos.

Sperber sugeriu que a invasão da inteligência social pela informação não social teria desencadeado o *"bang* cultural".[2] Nós observamos, é claro, exatamente essa explosão no início do Paleolítico Superior; na verdade, vimos uma ruidosa antecipação do que estava por vir depois que os primeiros humanos modernos entram em cena na nossa peça teatral de cem mil anos atrás. E observamos também, já fazendo parte da explosão, o aparecimento de conceitos e crenças que nenhum domínio poderia criar individualmente – como a arte e a religião.

Um novo papel para a consciência

Uma das características decisivas da mudança para a mente com fluidez cognitiva foi uma transformação na natureza da consciência. Neste livro, adotei o argumento de Nicolas Humphrey, de que a consciência reflexiva evoluiu como característica fundamental da inteligência social: esta deu aos nossos ancestrais a capacidade de prever o comportamento de outros indivíduos. Entretanto, assim como qualquer outro micro-domínio da inteligência social, a consciência não estava acessível aos pensamentos de outros domínios cognitivos – não há razão para esperar que os humanos arcaicos tivessem tido consciência dos seus conhecimentos e processos de pensamento sobre o mundo não social (além da efêmera consciência "oscilante, de altos e baixos", que descrevi no Capítulo 8). Contudo, se a informação não social começa a invadir a inteligência social por meio da linguagem, o mundo não social passa a poder ser explorado pela consciência reflexiva. Esse é, na sua essência, o argumento que Paul Rozin apresentou em 1976 com relação à evolução da inteligência avançada. O ponto crucial dessa noção de disponibilidade foi "trazer até o consciente" o conhecimento que já existia na mente humana, porém localizado dentro da "inconsciência cognitiva" (Rozin, 1976, p.246).

Ainda não está claro exatamente o quanto desse conhecimento foi trazido até o nível da consciência. Segundo discuti no Capítulo 8, uma grande parte da atividade mental provavelmente mantém-se fora do nosso alcance, dentro de nossa mente inconsciente. Artesões, por exemplo, com frequência parecem não estar conscientes do conhecimento técnico e perícia que utilizam. Se alguém lhes pergunta como se faz um vaso de argila no torno, muitas vezes eles têm dificuldades em dar explicações, a não ser por meio de uma demonstração prática. As ações com certeza falam mais alto que as palavras quando o conhecimento técnico está "aprisionado" dentro de um domínio cognitivo especializado. Isso enfatiza a importância do ensino verbal de uma técnica, que somente começou no início do Paleolítico Superior, conforme implícito na proximidade espacial de detritos de lascamento deixados por lascadores, habilidosos ou não, em sítios como Etiolles, na França, ou Trollesgave, na Dinamarca (cf. Pigeot, 1990; Fisher, 1990). Quando o conhecimento é adquirido pelo aprendizado verbal, ele vai, por definição, para o que uma vez haviam sido as inteligências social e linguística, onde passa a poder ser acessado pela consciência reflexiva.[3]

O novo papel da consciência na mente humana provavelmente corresponde ao identificado pelo psicólogo Daniel Schacter. No seu artigo escrito em 1989, argumentou que, além de criar os sentimentos subje-

A pré-história da mente

tivos do "saber", "lembrar" e "perceber", a consciência deveria ser vista como um "banco de dados global que integra a entrada de processos modulares". Schacter (1989) a seguir discute como esse "mecanismo integrador é fundamental para qualquer sistema modular onde o processamento e as representações de diferentes tipos de informação são trabalhadas em paralelo por módulos separados" (p.360). Na mente dos humanos arcaicos, a inteligência geral era o único dispositivo à mão para esse papel integrador, e ela mal o desempenhou. Entretanto, à medida que a linguagem agiu como veículo para levar pensamentos e conhecimentos não sociais até a capela da inteligência social, a consciência pôde então começar a desenvolver seu novo papel integrador dentro da catedral da mente.

Analisamos as consequências da integração do conhecimento de domínios separados no capítulo precedente – uma enorme ampliação da criatividade humana. O filósofo John Searle apresenta um argumento final para a hipótese de que o papel da consciência é decisivo na conquista dessa integração e da criatividade que dela resulta. No seu livro de 1992, *The Rediscovery of the Mind* [*A redescoberta da mente*], ele menciona pessoas que sofrem do *pequeno mal*, às quais me referi no Capítulo 8. Lembrem-se de que, durante os surtos, elas continuavam sendo capazes de manter comportamentos dirigidos para um propósito, mas sem ter consciência disso. Ao descrever a mudança na maneira como elas realizavam suas atividades (por exemplo, tocar piano), Searle (1992, p.108-9) afirma:

> os pacientes realizavam tipos de ações habituais, rotineiras e memorizadas ... o comportamento consciente normal do homem apresenta um grau de flexibilidade e criatividade que está ausente ... (nesses) ... casos de motoristas e pianistas não conscientes ... Uma das vantagens evolutivas que a consciência nos conferiu é a maior flexibilidade, sensibilidade e criatividade que desfrutamos por estarmos conscientes.

Os humanos arcaicos não eram totalmente desprovidos de consciência; esta simplesmente estava restrita ao domínio da inteligência social. Por conseguinte, as interações sociais desses ancestrais apresentavam um grau de flexibilidade, sensibilidade e criatividade considerável – algo notadamente ausente nas suas atividades não sociais, como deve saber qualquer um que descreveu um machado de mão atrás do outro. Mas, assim que a linguagem começou a veicular as informações não sociais até o domínio da inteligência social, a consciência reflexiva também pôde arcar com o mundo não social. Os indivíduos eram agora capazes de tornar-se introspectivos quanto aos seus processos de pensamento e conhecimento não sociais. Em consequência disso, o comportamento humano, como um todo, foi permeado pela flexibilidade e criatividade que caracterizam o homem moderno.

Fêmeas alimentando bebês, a fluidez cognitiva e a infância prolongada

O roteiro que sugeri para a evolução da fluidez cognitiva sugere que, cerca de 150 mil anos atrás, a mentalidade do tipo canivete suíço estava começando a se desmantelar. Os indivíduos capazes de explorar pedacinhos de conversação não social encontravam-se numa posição de vantagem seletiva, na medida em que podiam integrar o conhecimento antes "aprisionado" dentro das inteligências especializadas. Penso que teria sido possível identificar, nessas sociedades, uma classe particular de indivíduos que estavam sob pressão seletiva para chegar à fluidez cognitiva: as fêmeas sexualmente maduras.

Ao longo de toda a evolução humana, as fêmeas somente foram capazes de dar à luz bebês com cérebros relativamente pequenos. Isso se deve à anatomia da pélvis, que precisa ser estreita para permitir um bipedalismo eficiente (cf. Aiello, 1996a; Wills, 1994). Consequentemente, a prole dos humanos modernos mostra um tamanho de cérebro não maior que o de um chimpanzé recém-nascido – em torno de 350 cm^3. No entanto, ao contrário do que ocorre entre os chimpanzés, o cérebro humano continua aumentando na mesma velocidade do crescimento fetal, imediatamente após o nascimento. Aos quatro anos de idade, ele triplicou; quando a maturidade é atingida, corresponde a aproximadamente 1.400 cm^3; ou seja, quatro vezes seu tamanho logo depois do parto. O chimpanzé, por sua vez, apresenta um discreto aumento cerebral pós-nascimento, chegando a atingir um volume de 450 cm^3 (cf.

Wills, 1994). Durante o período de crescimento cerebral pós-nascimento, os bebês humanos apresentam um alto grau de dependência dos adultos. Pesadas exigências recaíram sobre a mãe quanto a suprir a energia necessária para o crescimento do cérebro do bebê, e, na verdade, da sua anatomia em geral. Essas exigências teriam sido particularmente marcantes durante o segundo surto de rápida expansão cerebral que começou depois de quinhentos mil anos atrás.

O antropólogo social Chris Knight e seus colaboradores argumentaram que as fêmeas dos primeiros humanos modernos resolveram o problema das crescentes demandas energéticas dos cérebros de seus bebês explorando "níveis até então desconhecidos do investimento energético dos machos" (Knight et al., 1995). Esses pesquisadores sugerem que o comportamento das fêmeas forçou os machos a fornecer-lhes alimentos de alta qualidade, obtidos pela caça. Um importante subterfúgio feminino nesse contexto teria sido a "greve de sexo" e o uso do ocre vermelho para "simular menstruação". Eles descrevem isso como o primeiro exemplo de simbolismo e consideram o aumento na quantidade de ocre vermelho associado aos primeiros humanos modernos do sudeste da África, cem mil anos atrás, uma evidência a favor de tal hipótese.

Embora eu veja de maneira cética as ideias de Knight e seus colegas sobre a ação coordenada das fêmeas, devo reconhecer que eles identificaram um contexto social em que o alimento tornou-se crítico para negociar as relações sociais entre os sexos. Nesse contexto, os "pedacinhos" de linguagem sobre a comida e a caça podem ter sido especialmente valiosos para a linguagem social entre machos e fêmeas. As fêmeas, em particular, podem ter tido a necessidade de explorar essa informação enquanto estabeleciam suas relações sociais com os machos. Isso explicaria realmente por que o primeiro passo em direção à fluidez cognitiva, evidenciado no comportamento dos humanos arcaicos modernos do Oriente Médio, foi a integração entre a inteligência social e a naturalista.

O prolongamento do período entre nascimento e maturidade, que surgiu enquanto o cérebro aumentava durante a evolução humana (cf. Smith et al., 1995), traz uma consequência adicional à mudança da mentalidade do tipo canivete para outra com fluidez cognitiva. É simplesmente o fato de ter fornecido o tempo necessário para que as conexões entre as inteligências especializadas pudessem se formar dentro da mente. Segundo descrevi no Capítulo 3, a psicóloga do desenvolvimento Annette Karmiloff-Smith argumentou que a mente da criança moderna passa por uma fase em que a cognição é essencialmente domínio-específica, após a qual o conhecimento pode ser aplicado além dos propósitos específicos para os quais é normalmente utilizado. No Capítulo 7, discuti que o desenvolvimento cognitivo dos humanos arcaicos jovens efetivamente cessou depois que os domínios especializados do pensamento surgiram e antes que qualquer conexão tivesse se formado. Por conseguinte, no que diz respeito ao desenvolvimento, a origem da fluidez cognitiva deve estar contida na expansão do período de desenvolvimento cognitivo.

De fato, o registro fóssil contém evidências de que o desenvolvimento infantil dos humanos modernos era consideravelmente mais longo que o dos humanos arcaicos. São os restos dos esqueletos de algumas crianças neandertais, mostrando que elas cresciam um tanto rapidamente e desenvolviam membros robustos e um cérebro grande antes das crianças dos humanos modernos. É preciso destacar a importância de um espécime em particular, proveniente do sítio da Torre do Diabo, em Gibraltar. Trata-se de não mais que cinco fragmentos ósseos de cinquenta mil anos, mas as reconstruções mostram que corresponde a uma criança de três a quatro anos de idade. Os dentes indicam uma fase de dentição mais precoce que a estipulada para os humanos modernos. Existe, porém, outra característica mais interessante: o fato de o volume cerebral desse neandertal de tenra idade (cerca de 1.400 cm^3) já estar próximo do tamanho de cérebro de um adulto. Essa expansão cerebral acelerada parece ser uma característica geral das crianças neandertais, tendo sido observada em vários outros espécimes.[4] O exemplar mais recente e bem preservado pertence a uma criança de dois anos e foi encontrado na caverna de Dederiyeh, na Síria; ao que parece, seu cérebro equivaleria ao de uma criança de seis anos dos humanos modernos (cf. Akazawa et al., 1995).

Em suma, não houve tempo suficiente para a emergência de uma fluidez cognitiva antes que o desenvolvimento da mente neandertal – e, creio eu, da mente dos humanos arcaicos em geral – tivesse se comple-

A pré-história da mente

tado. Infelizmente, não dispomos de crânios de crianças dos primeiros humanos modernos do Oriente Médio de cem mil anos atrás, ou dos primeiros caçadores-coletores do Paleolítico Superior. Contudo, arriscaria o palpite de um prolongamento gradual do período de desenvolvimento entre cem e cinquenta mil anos.

Um apanhado do surgimento da mente moderna

Permitam-me concluir este capítulo com um breve resumo da minha explicação sobre a evolução da fluidez cognitiva. As bases haviam sido lançadas no aumento do tamanho cerebral que começou há quinhentos mil anos. Esse evento relaciona-se com a evolução de uma linguagem social gramaticalmente complexa. As elocuções dessa linguagem, entretanto, também incluíram pedacinhos de informação não social. Os indivíduos capazes de explorar o conteúdo não social obtiveram uma vantagem reprodutiva. As fêmeas, em particular, que cuidavam dos bebês por períodos prolongados (e, portanto, não estavam em condições de obter comida adequadamente), teriam sido selecionadas para esse papel porque seus padrões de interação social com os machos haviam ficado atrelados à necessidade de alimentos. À medida que a linguagem social passou a ser uma linguagem de múltiplos usos, os indivíduos adquiriram uma percepção cada vez maior dos seus próprios conhecimentos sobre o mundo não social. A consciência adotou o papel de um mecanismo integrador do conhecimento antes "aprisionado" nas inteligências especializadas isoladas.

O primeiro passo em direção à fluidez cognitiva parece ter sido uma integração entre a inteligência social e a naturalista, que pode ser notada a partir dos primeiros humanos modernos do Oriente Médio, de cem mil anos atrás. Isso aconteceu antes que os humanos modernos se dispersassem pela Ásia e pela Europa, onde substituíram as populações de humanos arcaicos já existentes ou então mesclaram-se a elas. O passo final até uma fluidez cognitiva plena foi dado em momentos e populações ligeiramente diferentes, entre sessenta mil e trinta mil anos. Isso promoveu a integração da inteligência técnica e as mudanças de comportamento que chamamos a transição do Paleolítico Médio ao Superior. Em outras palavras, criou a explosão cultural: o aparecimento da mente moderna.

Notas

1 Dunbar faz essa observação nos seguintes termos: "a troca de informação ecologicamente relacionada poderia ter sido um avanço posterior, que explorou o leque de oportunidades criado pela disponibilidade de um computador com uma substancial capacidade de processamento de informação" (1993, p.689).

2 Curiosamente, o filósofo Daniel Dennett sugere um roteiro para a evolução da mente semelhante ao de Sperber, ao jogar um dos seus "experimentos sobre pensamento" no livro de sua autoria *A consciência explicada*, de 1991. Entretanto, não enfatiza a importância de conversar com outras pessoas e sim de conversar consigo mesmo. Ele descreve isso como uma "autoestimulação", e as consequências que propõe são o que eu tenho chamado de "fluidez cognitiva". Permitam-se citar Dennett (1991, p.195-6): "o costume de fazer perguntas a si próprio poderia emergir como um efeito secundário e natural do ato de fazer perguntas a terceiros, e sua utilidade seria parecida: um comportamento que poderia ser concebido como capaz de aumentar as próprias chances por meio de uma ação-orientação mais bem informada ... Suponham ... que, embora a informação certa já esteja no cérebro, ela se encontra nas mãos do especialista errado; o subsistema cerebral que precisa da informação não pode obtê-la diretamente do especialista – porque a evolução simplesmente não chegou a providenciar esse 'circuito'. Entretanto, provocar o especialista para que 'transmita' a informação ao meio e então contar com um par de orelhas já existentes (e sistema auditivo) para captá--la, seria uma maneira de construir um 'circuito virtual' entre os subsistemas relevantes. Esse ato de autoestimulação poderia abrir um novo e valioso caminho entre os componentes internos de um indivíduo". Substituam os termos "especialista"e "circuito virtual" de Dennett por "inteligência especializada" e "fluidez cognitiva", e seu argumento concorda com o que eu tenho proposto, exceto pela sua sugestão, de que o "especialista" deveria "transmitir" informação, enquanto eu argumento que isso provavelmente se restringiu à inteligência social.

A pré-história da mente

3   É importante notar aqui que, embora os humanos modernos tenham realmente a capacidade de instruir verbalmente, os artesões especialistas frequentemente adquirem suas habilidades técnicas não pelo ensino explícito, mas pela observação e aprendizado por tentativas: Wynn (1991) descreve isso para vários grupos modernos, onde se adquirem habilidades que variam desde a pesca de traineira à produção de instrumentos em sociedades tradicionais. Esse método de aprendizado pode assegurar que o conhecimento técnico cresça dentro de uma inteligência especializada, em oposição a simplesmente tornar-se o que Sperber (1994) chama de módulo metarrepresentacional, onde se aloja o conhecimento adquirido pela linguagem. Os psicólogos chamam de memória do "procedimento" ao tipo de conhecimento que somente pode ser expresso pela demonstração. Eles o contrapõem à "memória da proposição", que se divide em dois: a episódica e a semântica. Essa distinção foi proposta e explorada em detalhes pelo psicólogo Endel Tulving (1983). Se, por um lado, esses tipos de memória têm várias características em comum, por outro, diferem no sentido de que a memória episódica refere-se a lembranças de acontecimentos e feitos pessoais, ao passo que a memória semântica lida com o conhecimento do mundo independente da identidade e passado do indivíduo. Com relação ao roteiro evolutivo que tenho proposto, a episódica provavelmente foi o tipo original de memória dentro da inteligência social, e teria estado presente nos humanos arcaicos – assim como também formas de memória do procedimento dentro das inteligências naturalista e técnica. A memória semântica, entretanto, poderia ser algo exclusivo da mente dos humanos modernos. Se a principal diferença entre isso e a memória episódica é o tipo de informação processada – e Tulving enfatiza que as diferenças críticas entre esses dois tipos de memória permanece obscura –, então a memória semântica pode ter surgido da invasão da inteligência social pela informação não social. Essa informação passou a estar disponível para os módulos mentais que antes haviam sido dedicados a criar memórias referentes apenas a acontecimentos pessoais dentro da inteligência social, assim como tornou-se disponível para a consciência reflexiva.

4   Stringer & Gamble (1993), Dean et al. (1986), Zollikofer et al. (1995). Consultar também Smith et al. 1993.

11
A evolução da mente

O passo crucial na evolução da mente moderna foi a mudança de um modelo do tipo canivete suíço para outro com fluidez cognitiva; ou seja, da mentalidade especializada para a generalizada. Isso capacitou as pessoas a desenhar instrumentos complexos, criar arte e acreditar em ideologias religiosas. Além do mais, conforme discuto nos quadros nas páginas 323 e 324, o potencial para outros tipos de pensamento fundamentais no mundo moderno encontra suas bases na fluidez cognitiva. Assim como também o aparecimento da agricultura, conforme explicarei no epílogo deste livro – porque o cultivo de plantas e suas consequências constituem, na verdade, o epílogo cultural da evolução da mente.

A mudança para a mentalidade generalizada, entre cem e trinta mil anos, foi uma notável "virada de direção" evolucionista. Os seis milhões de anos precedentes haviam testemunhado uma especialização mental cada vez maior, com a adição das inteligências naturalista e técnica, e mais tarde a linguística, à inteligência social do ancestral comum do homem e dos grandes símios vivos (ou viventes). O que mais chama a atenção, contudo, é o fato de isso não ter acontecido apenas uma vez ao longo da evolução da mente moderna. Se traçarmos o percurso não apenas desses seis milhões de anos de pré-história, mas dos 65 milhões de anos de evolução dos primatas, notaremos uma oscilação entre as formas de pensamento especializadas e as generalizadas.

Atitude racista como produto da fluidez cognitiva

No Capítulo 9, argumentei que a fluidez cognitiva levou ao pensamento antropomórfico e totêmico, porque a conexão entre os domínios das inteligências naturalista e a social implicou que as pessoas podiam ser imaginadas como animais e os animais, como pessoas. As consequências da integração da inteligência técnica e a social são mais sérias. A primeira havia sido destinada aos pensamentos sobre objetos físicos, isentos de emoções ou direitos por não terem mentes. Os objetos físicos podem ser manipulados à vontade para qualquer propósito que se deseje; a fluidez cognitiva criou a possibilidade de aplicar esse tipo de pensamento às pessoas. Todos temos conhecimento dessas atitudes racistas no mundo moderno, exemplificadas no tratamento das minorias raciais. As raízes de se negar humanidade a indivíduos parecem ser tão antigas quanto o início do Paleolítico Superior. Talvez seja isso que vemos no enterro de parte de um fêmur polido humano junto a uma das crianças de Sungir, 28 mil anos atrás, e o descarnamento de corpos humanos na Caverna de Gough, em Somerset, Inglaterra, 12,5 mil anos atrás, descartados da mesma maneira que as carcaças de animais. Os humanos arcaicos, com suas mentalidades do tipo canivete suíço, não poderiam conceber pessoas como se fossem animais ou artefatos. Suas sociedades não devem ter sofrido por atitudes racistas. Para os neandertais, pessoas eram pessoas. É claro que essas sociedades não devem ter sido um pacífico Jardim do Éden, sem conflitos entre indivíduos e grupos. A ideia dos nossos ancestrais vivendo em um estado idílico de perfeita harmonia foi descartada assim que Jane Goodall, no seu livro de 1990 sobre os chimpanzés de Gombe, intitulado *Through a Window*, descreveu a matança brutal e sanguinolenta e o canibalismo entre esses animais. É difícil duvidar de que os humanos arcaicos tenham tido conflitos parecidos ao tentar obter e garantir uma posição de poder dentro de um grupo, mas o que não deve ter existido entre eles é a crença de que outros indivíduos ou grupos possuíssem um tipo de mente diferente do próprio – a ideia de que outras pessoas fossem "menos que humanos", o cerne do racismo. Os antropólogos sociais Scott Atran e Pascal Boyer sugeriram, independentemente, que a ideia de existirem raças humanas diferentes deriva de transferir para a esfera social o conceito de "essências" dos seres vivos, que, conforme vimos no Capítulo 3, é uma parte fundamental da biologia intuitiva. Essa transferência parece ocorrer espontaneamente nas mentes de crianças pequenas. Conforme outra antropóloga social – Ruth Benedict – deixou claro no seu estudo clássico de 1942, intitulado *Race and Racism [Raça e racismo]*, acreditar que existem diferenças entre grupos humanos é muito diferente de acreditar que alguns grupos são inerentemente inferiores a outros. Com essa visão, que podemos chamar

---

Neste capítulo final, quero colocar a mente moderna no seu verdadeiro contexto temporal, mapeando e explicando essa oscilação da sua natureza dentro de um período bem mais amplo. Somente assim notaremos como somos o resultado de um processo evolucionista longo, lento e gradual, e como somos bem diferentes dos nossos parentes vivos mais próximos, os chimpanzés. Ao fazer isso, quero embutir definitivamente a evolução da mente na evolução do cérebro, e, na verdade, do corpo em geral. Vou começar com a introdução de novos atores um tanto obscuros, que agora aparecem em um longo prólogo dessa peça de teatro sobre o passado (ver Figura 28).[1]

racismo, aparentemente deparamos com a passagem de conceitos sobre a manipulação de objetos para a esfera social, objetos que não se importam com a maneira como são tratados porque não possuem mentes. Meu argumento é que a fluidez cognitiva da mentalidade humana moderna, devido em virtude de uma mesclagem de pensamentos sobre humanos, animais e objetos, cria o potencial não apenas para acreditar que diferentes raças humanas existam, mas que algumas podem ser inferiores a outras. Não há uma compulsão para fazer isso, apenas o potencial para que aconteça. Infelizmente, esse potencial tem se realizado ao longo da história do homem.

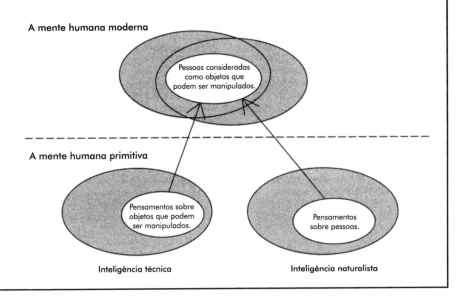

65 milhões de anos da mente

Temos que começar 65 milhões de anos atrás, com um ser denominado *Purgatorius*, representado por fragmentos esparsos de crânios e dentes encontrados na região leste de Montana, nos Estados Unidos. Esse animal fazia parte dos chamados plesiadapiformes. Ao que parece, *Purgatorius* era tão grande quanto um camundongo e comia insetos. O exemplar mais bem preservado desse grupo é chamado *Plesiadapis*: aproximadamente do tamanho de um esquilo, alimentava-se de folhas e frutas (ver Figura 29).

O humor como produto da fluidez cognitiva

Eis uma piada:

> Um canguru entrou no bar e pediu um uísque com soda. O garçom olhou para ele um tanto curioso e preparou a bebida. "São duas libras e meia", disse o garçom. O canguru tirou uma carteira da sua bolsa, pegou o dinheiro e pagou. O garçom continuou trabalhando por um tempo, às vezes olhado de relance para o canguru, que tomava sua bebida. Depois de cinco minutos, o garçom aproximou-se do canguru e disse: "Você sabe, não vemos muitos cangurus por aqui". O canguru respondeu: "Por duas libras e meia cada dose, não é de espantar!".

Essa piada foi citada por Elliot Oring no seu livro de 1992, *Jokes and their Relations*, para ilustrar o que ele acredita ser o aspecto fundamental de um humor bem-sucedido: "os absurdos adequados". Há vários absurdos nessa piada: cangurus entrando em bares, falando inglês e bebendo uísque, mas a resposta do canguru ao garçom é um "absurdo adequado" pela maneira como o garçom fez sua pergunta. Ela implica que existiam cangurus bebedores de uísque que falavam inglês mas que simplesmente não estavam frequentando o bar.

Torna-se logo evidente que o potencial para estudar ideias que juntam elementos de domínios normalmente incongruentes surge apenas com a mente cognitivamente fluida. Se os neandertais tivessem sabido sobre cangurus, uísque e bares, não teriam pensado na situação absurda de um canguru comprando um drinque, porque o conhecimento sobre trocas sociais estaria alojado em um domínio cognitivo e o conhecimento sobre cangurus em outro. Consequentemente, suas mentalidades do tipo canivete suíço teriam impedido o que parece ser um elemento essencial do senso de humor.

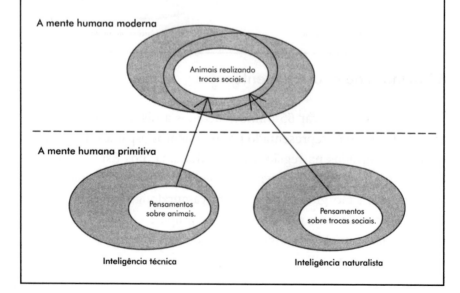

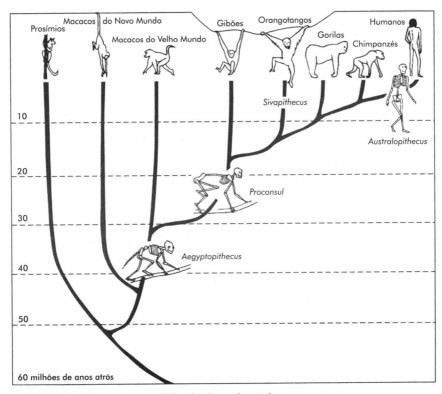

FIGURA 28 – Diagrama simplificado da evolução humana.

FIGURA 29 – *Plesiadapis*.

Ainda há dúvidas quanto a classificar definitivamente os plesiada-piformes como primatas. Segundo podemos inferir de reconstruções baseadas em restos fósseis fragmentados, eles não apresentam características típicas desse grupo em certas regiões do crânio e na maneira como se locomovem. Na verdade, talvez os plesiadapiformes apenas codividam uma forma ancestral com os verdadeiros primatas iniciais, que surgiram há 55 milhões de anos. Em vista dessa incerteza evolutiva, "primatas arcaicos" é a melhor maneira de nos referirmos aos plesia-dapiformes.

Nossa atenção se volta para o tipo de mente que deveria ser atribuí-da a essas criaturas. Talvez fosse mais apropriado estabelecer que seus padrões de comportamento fossem predominantemente controlados por mecanismos genéticos e não pelo aprendizado. Entretanto, há muito tempo os cientistas rejeitaram uma separação rigorosa entre a "natureza" [nature] e a "educação" [nurture]. Qualquer comportamento deve ser in-fluenciado em parte pela constituição genética de um animal e em parte pelo seu ambiente de desenvolvimento. Contudo, o peso relativo dessas influências varia muito entre espécies, e, na verdade, entre diferentes aspectos comportamentais de uma mesma espécie.

Neste momento, seria útil mencionar, de maneira sucinta, algumas pesquisas realizadas em laboratórios sobre a capacidade de aprendizado de diferentes animais colocados em situações que exigem resolver um problema (por exemplo, obter comida pressionando a alavanca correta). Os resultados mostram que, em geral, a capacidade de aprendizado dos primatas é maior que a de outras espécies, como o rato, o gato e a pomba. Ao usar a palavra "aprendizado" estou me referindo aqui ao que chamei de "inteligência geral" neste livro – uma série de regras de aprendiza-do geral, como as que lidam com a associação de eventos. Somente os primatas parecem ser capazes de identificar regras gerais comuns a um conjunto de experimentos e utilizá-las ao enfrentar um novo problema. Embora os ratos e os gatos consigam lidar com situações simples, eles não demonstram nenhum avanço depois de cumprir uma série de tarefas de aprendizado (cf. McFarland, 1987).

Voltando aos plesiadapiformes, e lembrando que eles podem muito bem não ser primatas, parece mais plausível colocá-los junto aos ratos e gatos no que diz respeito às tarefas de aprendizado. Em outras palavras, deveríamos atribuir-lhe uma inteligência geral mínima, quando muito. As vidas dos plesiadapiformes provavelmente eram dominadas por padrões comportamentais determinados em boa parte pelo inato, que surgiram como respostas a estímulos específicos e praticamente não foram modificados pela experiência. De fato, poderíamos imaginar que a mente/cérebro dos plesiadapiformes continha uma série de módulos que codificavam um conhecimento muito especializado sobre padrões de comportamento. Dizendo isso de outra forma, eles possuíam uma mentalidade do tipo canivete suíço.

Os plesiadapiformes passaram a ser menos abundantes há cerca de cinquenta milhões de anos. Essa queda numérica coincide com a proliferação de roedores, os quais provavelmente forçaram a redução da sua expansão ao competir melhor por folhas e frutas. Entretanto, há cerca de 56 milhões de anos, dois novos grupos de primatas haviam aparecido, chamados omomiidas e adapidas – são os primeiros "primatas modernos". Parecidos com os lêmures, e tarsos de hoje em dia, eram arborícolas ágeis, especializados em consumir frutas e folhas. O exemplar mais bem preservado é o *Notharctus*, cujos restos fósseis provêm da América do Norte (ver Figura 30).

O mais notável nesses primatas mais antigos é que foram os primeiros a desenvolver um cérebro relativamente grande; isto é, em comparação com outros mamíferos do seu tempo, seus volumes cerebrais eram maiores que os esperados pelo tamanho do corpo (cf. Simons, 1992). Via de regra, animais maiores precisam de cérebros maiores porque têm mais músculos para mover e coordenar. Entretanto, nos primatas como um grupo, os volumes cerebrais vão além do que seria previsto pelos seus corpos. A evolução da expansão cerebral é chamada processo de encefalização – e podemos ver que ela começou com esses primatas de 56 milhões de anos.

Referi-me a esse grupo, no final do Capítulo 5, ao falar sobre inteligência social. Conforme já mencionei, se as suas mentes foram de fato como as dos lêmures atuais, é improvável que possuíssem uma inteligência social especializada. Entretanto, é provável que seus módulos mentais dedicados a padrões de comportamento relativamente inatos estivessem sendo suplementados por uma "inteligência geral". A antropóloga-socióloga Katherine Milton (1988) discutiu que a pressão seletiva para a inteligência geral foi um tipo de distribuição em mosaico, espacial e temporal, dos recursos arbóreos que esses animais exploravam. Regras simples de aprendizado fizeram que os primatas reduzissem o custo da obtenção de alimentos e aumentassem o retorno das atividades forrageiras. Contudo, a inteligência geral também deve ter trazido benefícios para outros domínios do comportamento, como facilitar o reconhecimento de parentes.

Nesse tempo de aproximadamente 56 milhões de anos, teve lugar, portanto, a primeira "virada de direção" da evolução da mente. A mentalidade especializada dos primatas arcaicos, com grande parte das respostas comportamentais a estímulos transformada em circuitos cerebrais permanentes, tornou-se uma mentalidade generalizada, na qual mecanismos cognitivos possibilitaram o aprendizado pela experiência. Ao que parece, a evolução havia esgotado as possibilidades de criar mais circuitos permanentes para comportamentos rotineiros: começava a via alternativa da inteligência geral.

FIGURA 30 – *Notharctus*.

A inteligência geral exigiu um cérebro que processasse as informações necessárias para análises simples de custo/benefício das estratégias comportamentais e desse lugar a uma aquisição do conhecimento pelo aprendizado associativo. Para que o cérebro maior evoluísse, os primeiros primatas modernos devem ter precisado explorar alimentos vegetais de melhor qualidade, como brotos, frutas maduras e flores – o que é confirmado pelas características dos seus dentes. Essas preferências alimentares foram essenciais para permitir a diminuição do trato intestinal e, consequentemente, a liberação de energia metabólica para o cérebro, enquanto a taxa metabólica se mantinha constante (cf. Aiello & Wheeler, 1995).

O próximo grupo importante de primatas vem da África, especialmente dos depósitos sedimentares da depressão de Fayum, no Egito. O principal representante é o *Aegyptopithecus*, que existiu por volta de 35 milhões de anos. Era um primata frutívoro que vivia nas árvores altas de florestas pluviais. Seu corpo parece ter sido adaptado para subir em árvores e pular de galho em galho. Assim como todos os primatas anteriores, era um quadrúpede devotado a andar sobre os quatro membros. Os fósseis mais importantes de primatas, de 23-15 milhões de anos, provavelmente representavam várias espécies, mas são coletivamente denominados *Proconsul*. São encontrados no Quênia e em Uganda e mostram tanto características de macacos como de grandes símios (ver Figura 31).

A mente do *Aegyptopithecus* provavelmente não era igual à do *Notharctus* e de outros primatas modernos iniciais. Primeiro, o domínio da inteligência geral havia se tornado mais potente, aumentando o poder de processamento de informações. Segundo, e mais significativo, o domínio especializado da inteligência social havia evoluído.

Se acompanharmos o roteiro proposto por Dick Byrne & Andrew Whiten, por volta de 35 milhões de anos existiu uma forma de inteligência social que resultou em comportamentos significativamente mais complexos que os da esfera não social – um assunto discutido no Capítulo 5. Esse domínio da inteligência social evoluiu graças à vantagem reprodutiva conferida aos seus portadores, que passaram a ser capazes de prever e de manipular o comportamento de outros membros dos seus grupos. Leda Cosmides & John Tooby argumentam que os indivíduos possuidores de uma série de módulos mentais especializados para a inteligência social provavelmente foram mais bem-sucedidos ao resolver problemas do mundo social. Em outras palavras, por volta de 35 milhões de anos, a evolução aparentemente esgotou as possibilidades de melhorar o sucesso reprodutivo, simplesmente expandindo a inteligência geral: foi o início de uma virada evolucionista que deflagrou a especialização crescente de faculdades mentais e continuou até quase os dias atuais.

É durante esse período que a caracterização da evolução do cérebro, segundo Andrew Williams, é adequada – como o resultado de "uma pressão em espiral à medida que indivíduos espertos inexoravelmente selecionavam uma inteligência ainda maior nos seus companheiros" (cf. Whiten, 1990, p.367). Conforme descreveu Nicholas Humphrey (1984, p.22), quando a habilidade intelectual se correlaciona com o sucesso social, e o sucesso social significa uma elevada aptidão biológica, então a característica hereditária que aumenta a capacidade de um indivíduo ser mais engenhoso que seus companheiros logo se difunde no *pool* de genes.

FIGURA 31 – *Proconsul*.

A pré-história da mente

Essa "pressão em espiral" provavelmente continuou no período de 15 a 4,5 milhões de anos atrás, cujo registro fóssil é especialmente pobre.[2] Foi durante esse período, há cerca de seis milhões de anos, que de fato viveu o ancestral comum dos grandes símios e dos humanos – o ator ausente com quem iniciei a peça teatral do nosso passado. Byrne & White sugerem que a inteligência social no tempo do ancestral comum se encontrava suficientemente desenvolvida para incluir as habilidades de atribuir intenções a terceiros e de imaginar outros mundos sociais possíveis.

Há uma melhora no registro fóssil de 4,5 milhões de anos, quando os australopitecinos se estabelecem na África Oriental e possivelmente em outras regiões do continente. Conforme vimos no Capítulo 2, o mais bem preservado desse grupo, *A. afarensis*, mostra adaptações tanto para o modo de vida arborícola como para o terrestre. Podemos ver na Figura 1 que os fósseis de 3,5 a 2,5 milhões de anos sugerem uma estabilização do tamanho do cérebro nesse período. Por que a "pressão em espiral" por uma inteligência cada vez maior teria cessado de vez, ou temporariamente? A resposta provável é que, nesse momento, a evolução deparou com dois sérios impedimentos: cérebros maiores precisam de mais energia e, além do mais, devem ser mantidos na temperatura certa. O cérebro é um órgão energeticamente ávido, exigindo 22 vezes mais energia metabólica que um tecido muscular em repouso. Quanto à temperatura, um aumento de apenas 2°C (3,6°F) pode causar um mau funcionamento cerebral (cf. Aiello, 1996a).

Os australopitecinos provavelmente eram mais que tudo vegetarianos e viviam nas savanas equatoriais com árvores. Esse modo de vida limitou a quantidade de energia que poderia ser suprida ao cérebro e o expôs ao risco constante de um superaquecimento. Portanto, a expansão do cérebro não poderia ter ocorrido mesmo que as pressões seletivas para tal estivessem presentes.

Não fosse por uma incrível conjunção de circunstâncias, talvez os australopitecinos ainda forrageassem pela África, e a linhagem *Homo* não teria evoluído. Entretanto, conforme vimos na Figura 1, por volta de dois milhões de anos iniciou-se um período muito rápido de expansão cerebral, o qual marca o surgimento da linhagem *Homo*. Isso somente poderia ter sido possível se os impedimentos que restringiam a expansão cerebral diminuíssem e, é claro, desde que as pressões seletivas continuassem presentes. Ao tentar explicar como isso aconteceu, as inter-relações entre a evolução da mente, do cérebro e do corpo passam a ter uma importância fundamental. Dois avanços comportamentais desse período são absolutamente críticos: a bipedia, ou o andar em pé habitual, e um consumo maior de carne.

A evolução do bipedalismo havia começado por volta de 3,5 milhões de anos. Encontramos evidências disso na anatomia do *A. afarensis* (ver Figura 32) e, de maneira mais impressionante, nas pegadas de australopitecinos preservadas em Laetoli, na Tanzânia. A pressão seletiva, que muito provavelmente causou a evolução do bipedalismo foi o estresse térmico por que passaram os australopitecinos ao forragear nas savanas com árvores da África Oriental. Tendo uma ascendência arborícola, o corpo dos australopitecinos já estava condicionado para uma postura em pé. O antropólogo Peter Wheeler mostrou que, ao adotar o bipedalismo, os australopitecinos conseguiram reduzir em 60% a radiação solar que incidia sobre seus corpos quando o sol estava a pique. Além do mais, os custos energéticos da locomoção também teriam diminuído. O bipedalismo habilitou os australopitecinos a forragear por mais tempo sem ter que alimentar-se ou beber água, e a fazê-lo em ambientes com menos sombras naturais; dessa forma, passaram a explorar nichos não acessíveis a predadores mais dependentes de água e sombra (cf. Wheeler, 1984, 1988, 1991, 1994). A transição para um bipedalismo cada vez mais eficiente talvez esteja parcialmente relacionada com a mudança do meio em direção a ambientes mais áridos e abertos que os encontrados na África por volta de 2,8 milhões de anos (cf. deMenocal, 1995), aumentando o valor adaptativo de expôr-se menos à radiação solar pela postura em pé.

O andar em pé constante exigiu um cérebro maior para gerenciar o controle muscular da postura e da locomoção. Mas bipedalismo e vida terrestre trouxeram outras consequências à expansão cerebral. Algumas foram discutidas pela antropóloga Dean Falk (1990). Ela explica como uma nova rede vascular cerebral deve ter sido selecionada juntamente com o bipedalismo, para criar um sistema de resfriamento do cérebro – um "irradiador", conforme suas palavras. Uma vez criado, os riscos de superaquecimento durante o aumento de tamanho diminuíram e o radiador pôde facilmente ser modificado. Por conseguinte, surgiu a possibilidade (e não a necessidade) de maior expansão cerebral.

A pré-história da mente

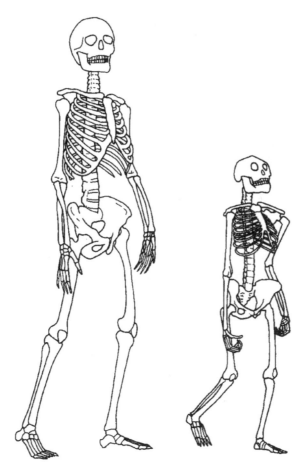

FIGURA 32 – Comparação entre o tamanho e a postura de "Lucy" (à direita) – *A. afarensis* – e um humano moderno do sexo feminino (à esquerda). Lucy media aproximadamente 105 cm de altura e possuía braços notavelmente longos.

Dean Falk (1990) também sugeriu que o bipedalismo teria levado à reorganização de conexões neurológicas no cérebro: "quando os pés se transformaram em suportes do peso (para andar) e deixaram de ser elementos preênsis (um segundo par de mãos), houve uma diminuição de áreas do córtex envolvidas no controle dos pés e, portanto, uma maior disponibilidade do córtex cerebral para outras funções"(p.334). Isso aconteceu, é claro, paralelamente à "liberação" das mãos, criando oportunidades de aumentar a destreza manual envolvida no translado e produção de instrumentos. Também podem ter ocorrido mudanças significativas na percepção do ambiente em razão de um aumento nas distâncias e direções normalmente esquadrinhadas; e uma mudança no ambiente social pelo aumento dos contatos cara a cara, ampliando as possibilidades de comunicação por expressões faciais.

Talvez a consequência mais significativa do bipedalismo seja ter facilitado a exploração de um nicho de rapinagem. Abriu-se uma "janela de oportunidades" para a exploração de carcaças durante o dia, quando os predadores procuravam o abrigo das sombras. Conforme discutido por Leslie Aiello & Peter Wheeler (1995), o aumento crescente no consumo de carne possibilitou uma redução ainda mais acentuada do trato intestinal e, portanto, uma maior disponibilidade de energia metabólica para o cérebro, mantendo o metabolismo basal constante. E, dessa maneira, mais um impedimento do aumento cerebral foi reduzido.

As principais forças seletivas que favorecem um aumento de cérebro sem dúvida continuaram a vir do meio social: as pressões em espiral causadas pelos indivíduos socialmente inteligentes que escolhiam uma inteligência ainda maior nos seus companheiros. Essa mesma pressão existia pela necessidade de formar grandes grupos sociais, exigida por uma vida terrestre em hábitats abertos, em parte como defesa contra predadores.

As confirmações da importância do ambiente social para a expansão cerebral foram discutidas no Capítulo 6. Conforme vimos ali, fica claro que a fabricação de artefatos de pedra olduvaienses exigiu um conhecimento maior que o necessário para a feitura dos instrumentos utilizados pelos chimpanzé atuais, e, portanto, dos que é provável que tenham sido utilizados pelos australopitecinos. Mas esse conhecimento provavelmente surgiu das oportunidades aumentadas de aprendizado social em grandes grupos, e não como consequência da seleção de um domínio da inteligência técnica. Da mesma forma, a estreita gama de ambientes explorados pelos primeiros *Homo* sugere que ainda não havia se desenvolvido um domínio discreto da inteligência naturalista, e que as informações necessárias para rapinar também estavam sendo supridas como subprodutos da vida em grandes grupos.

Na minha reconstrução da evolução da mente, apenas em torno de 1,8-1,4 milhão de anos atrás encontrei a primeira evidência de domínios

A pré-história da mente

bem definidos das inteligências naturalista e técnica, com o aparecimento do *H. erectus* e de ferramentas que exigiam considerável habilidade técnica – os machados de mão. Quais foram as causas, condições e consequências desses domínios?

A causa derradeira dessas novas inteligências especializadas foi uma competição contínua entre indivíduos – a corrida das armas cognitivas que se desencadeou quando os impedimentos de uma expansão cerebral diminuíram. Contudo, a evolução desses domínios específicos do intelecto podem muito bem refletir o aparecimento de uma restrição sobre qualquer expansão adicional da própria inteligência social. Conforme notou Nicholas Humphrey (1984, p.23), "com certeza deve existir um ponto em que o tempo necessário para resolver discussões sociais torna-se insuportável". Portanto, assim como as possibilidades de aumentar o sucesso reprodutivo com base apenas na ampliação da inteligência geral pela seleção natural haviam se esgotado há 35 milhões de anos, também poderíamos concluir que o "caminho da menor resistência" para uma evolução da mente nas condições de dois milhões de anos atrás não residia em uma inteligência social ampliada, e sim na evolução de novos domínios cognitivos: as inteligências naturalista e técnica.

Em outras palavras, aqueles que se beneficiavam com um sucesso reprodutivo maior também eram os mais eficientes localizadores de carcaças (e outros recursos nutricionais) e os mais habilidosos descarnadores. Obtendo uma dieta de melhor qualidade e ficando menos expostos aos predadores nas savanas, eles passaram a desfrutar uma saúde melhor, saíam-se melhor na competição por parceiros e produziam descendentes mais fortes. Com relação à fabricação de utensílios, os indivíduos capazes de obter facilmente as matérias-primas adequadas para a remoção de carne ou quebra dos ossos das carcaças ganharam um "bônus" comportamental. Artefatos do tipo machados de mão talvez fossem vantajosos porque podiam ser transportados como matéria-prima para a obtenção de lascas e, ao mesmo tempo, servir de instrumentos de esquartejamento. Estudos experimentais têm mostrado repetidas vezes que os machados de mão são ferramentas de uso geral muito eficientes.

A bipedia, o nicho da rapinagem, a disponibilidade de matérias-primas, a competição com outros carnívoros – essas foram as condições que permitiram a seleção de maiores habilidades intelectuais associadas à fabricação de instrumentos e a atividades naturalistas. Caso uma dessas condições não tivesse existido, talvez ainda estivéssemos vivendo nas savanas.

A consequência comportamental mais significativa desses novos domínios foi a colonização de áreas extensas do Velho Mundo. A evolução das inteligências naturalista e técnica abriu novas possibilidades de comportamento humano. Em menos de 1,5 milhão de anos, nossos parentes mais recentes passaram a habitar lugares tão distantes quanto a caverna de Pontnewydd ao norte do País de Gales, o cabo da África do Sul e a ponta do sudeste asiático. Não poderia haver uma demonstração melhor de que a mentalidade do tipo canivete suíço dos humanos arcaicos proporcionou uma adaptação notavelmente eficaz ao mundo do Pleistoceno. De fato, não parecem ter havido outras expansões do cérebro ou mudanças significativas na natureza da mente entre 1,8 e 0,5 milhão de anos atrás.

Não quero com isso argumentar que todas as mentes fossem exatamente iguais; as populações de *H. erectus* e *H. heidelbergensis* que se dispersaram por grande parte do Velho Mundo viviam em ambientes diversos, o que resultou em diferenças sutis na natureza de suas inteligências múltiplas. Um exemplo que citei no Capítulo 7 refere-se aos membros juvenis de grupos sociais relativamente pequenos e habitantes de ambientes com árvores, durante os períodos interglaciais, os quais devem ter tido menos oportunidades de observar a fabricação de instrumentos e cujas mentes, por conseguinte, não desenvolveram as habilidades técnicas encontradas em outras populações de humanos arcaicos.

O quarto domínio a evoluir na mente primitiva foi o da linguagem. É provável que, há dois milhões de anos, já existissem pressões seletivas para uma vocalização aumentada. Neste livro, tenho seguido as argumentações de Robin Dunbar & Leslie Aiello, de que a linguagem evoluiu inicialmente como meio de comunicar apenas informações sociais e não assuntos do tipo ferramentas ou caçadas. À medida que o tamanho do grupo aumentou, especialmente como resultado das pressões da vida terrestre, os indivíduos capazes de reduzir o tempo gasto em estabelecer laços sociais pelo *"grooming"* – ou que adquiriam uma quantidade maior

A pré-história da mente

de conhecimento social para um mesmo tempo investido – eram mais bem-sucedidos do ponto de vista reprodutivo.

Assim como a ascendência arborícola dos australopitecinos possibilitou a evolução do bipedalismo, a própria bipedia tornou possível a evolução de uma capacidade aumentada de vocalização entre os primeiros *Homo*, particularmente em *H. erectus*. Leslie Aiello (1996a, b) deixa isso muito claro. Ela explicou como a postura em pé da bipedia causou um rebaixamento da laringe, cuja posição na garanta torna-se mais baixa que a encontrada nos grandes símios. Maior capacidade de produzir sons de vogais e consoantes foi um subproduto e não causa da nova posição da laringe. Alem disso, mudanças na respiração, associadas à bipedia, devem ter melhorado a qualidade dos sons. O aumento no consumo de carne também gerou um importante subproduto linguístico, porque o tamanho dos dentes pôde diminuir graças à maior facilidade de mastigar carne e gordura em vez de grandes quantidades de material vegetal seco. Essa redução alterou a geometria das mandíbulas, possibilitando o desenvolvimento de músculos para o controle de movimentos finos da língua dentro da boca, necessários para a gama diversificada de sons de alta qualidade exigidos pela linguagem.

A capacidade linguística na mente do humano primitivo estava intimamente ligada ao domínio da inteligência social, ao contrário da técnica e da naturalista, que permaneceram isoladas. Conforme discuti no Capítulo 7, isso gerou as características peculiares que transparecem no registro arqueológico desses ancestrais, tão modernos de certos aspectos e tão arcaicos de outros.

No final do Capítulo 7, expliquei que, embora a capacidade de vocalização do *H. erectus* provavelmente tenha sido muito mais complexa que a observada hoje nos grandes símios, deve ter permanecido relativamente simples se comparada à linguagem humana. A evolução das duas características principais que definem a linguagem, um léxico amplo e uma série de regras gramaticais, parece estar relacionadas com o segundo surto de expansão cerebral que ocorreu entre quinhentos e duzentos mil anos. Entretanto, apesar de esses elementos estarem presentes, a linguagem continuou sendo fundamentalmente social. É mais difícil propor explicações para esse segundo surto de aumento do tamanho do cérebro; já o primeiro está nitidamente associado à bipedia e ao modo de vida terrestre.

Uma possível explicação para a retomada da expansão cerebral tem a ver com a ampliação dos grupos sociais, nos quais os indivíduos linguisticamente mais capazes possuíam uma vantagem seletiva. Mas a necessidade de um grupo maior em si ainda não ficou clara – mesmo lembrando que nos referimos a um "grupo cognitivo" mais amplo e não necessariamente ao grupo mais restrito com quem compartilhamos nosso dia a dia. Aiello & Dumbar sugerem que talvez o aumento do grupo simplesmente reflita um aumento na população humana global e a necessidade de defender-se, não de carnívoros, mas de outros grupos humanos.[3]

Mais uma vez, entretanto, abriu-se a janela das novas oportunidades evolucionistas. Tão logo a linguagem agiu como veículo para transmitir informação à mente (tanto a própria quanto a de outra pessoa) levando consigo pedacinhos de informação não social, teve início uma mudança. Conforme sugeri no Capítulo 10, a função da linguagem passou do caráter social ao geral, e a consciência, que até então era um meio de prever o que outros indivíduos fariam, transformou-se em gerenciadora de um banco de dados mental com informações de todos os domínios do comportamento. Uma fluidez cognitiva emergiu na mente, refletindo novas conexões em vez de novos poderes de processamento. Por conseguinte, essa mudança ocorreu sem um aumento paralelo no tamanho do cérebro. Representou, na sua essência, a origem da capacidade simbólica, uma singularidade da mente humana, com inúmeras consequências para o comportamento dos caçadores-coletores, que descrevi no Capítulo 9. Podemos ver agora que essa mudança da mentalidade especializada para a generalizada foi a última de uma série de oscilações cuja origem remonta aos primatas mais antigos.

Conforme argumentei no Capítulo 10, uma das pressões seletivas mais fortes a favor da fluidez cognitiva deve ter sido o fornecimento de alimentos às fêmeas sexualmente maduras. A expansão cerebral havia resultado no aumento da energia gasta pelas fêmeas, que encontraram dificuldades em atender essa demanda sozinhas. Por conseguinte, o suprimento energético por parte dos machos provavelmente tornou-se essencial, gerando a necessidade de conexões entre a inteligência naturalista e a social. Não é surpreendente, portanto, que esses dois domínios cognitivos pareçam ter sido os primeiros a serem integrados – conforme indica o comportamento dos primeiros homens modernos –, seguidos da inteligência técnica. Além disso, o prolongamento da infância forneceu o tempo necessário para o desenvolvimento da fluidez cognitiva.

A passagem para a mente cognitivamente fluida não foi nem inevitável nem preconcebida. A evolução simplesmente explorou a janela de novas oportunidades que havia criado às cegas, produzindo uma mente com inteligências especializadas múltiplas. Talvez o que ocorreu por volta de cem mil anos foi ter-se chegado a um limite da especialização mental. Poderíamos indagar por que a fluidez cognitiva não evoluiu em outros tipos de humanos arcaicos, os neandertais e os *H. sapiens* arcaicos da Ásia. Bem, talvez existam traços dessa fluidez entre as inteligências social e técnica dos últimos neandertais a habitar a Europa, na medida em que eles parecem ter começado a produzir artefatos cuja forma era temporal e espacialmente restrita, e consequentemente podia estar transmitindo informação social.[4] Entretanto, antes que isso chegasse a se desenvolver completamente, eles foram levados à extinção pela chegada dos humanos modernos, que já eram portadores de uma fluidez cognitiva plena.

A fluidez cognitiva possibilitou novos tipos de atividades, como a arte e a religião. Assim que surgiram, começaram a mudar os contextos de desenvolvimento das mentes jovens. As crianças passaram a nascer em um mundo onde a arte e a ideologia religiosa já estavam presentes; onde instrumentos eram projetados para fins específicos e onde todos os itens do material cultural estavam saturados de informação cultural. Há aproximadamente dez mil anos, os contextos de desenvolvimento começaram a mudar de maneira ainda mais fundamental, com a origem da agricultura, que, conforme explico no Epílogo, trouxe uma fluidez cognitiva ainda maior. Na minha explanação do Capítulo 3, vimos que, dentro desses novos contextos culturais, o conhecimento intuitivo das mentes das crianças em crescimento, embutido no cérebro por circuitos permanentes, pode ter "iniciado de arranque" novos domínios cognitivos especializados. Por exemplo, a criança criada em um cenário industrial pode ter deixado de desenvolver uma "inteligência naturalista". Contudo, em alguns contextos, pode ter se desenvolvido um domínio especializado voltado para a matemática, impulsionado por certos aspectos da "física intuitiva", mesmo que nenhum caçador-coletor pré-histórico tenha chegado a desenvolvê-lo.

O ritmo agitado e incessante da evolução cultural, deflagrado pelo aparecimento da fluidez cognitiva, continua modificando os contextos de desenvolvimento das mentes jovens, resultando em novos tipos de conhecimento domínio-específicos. Entretanto, todas as mentes desenvolvem uma fluidez cognitiva – essa é a propriedade que define a mente moderna.

Oscilações na evolução da mente

Uma visão panorâmica do período de 65 milhões de anos nos permite observar que as vantagens seletivas durante a evolução da mente oscilaram entre uma inteligência especializada (módulos com circuitos cerebrais permanentes), até cerca de 56 milhões de anos, e uma inteligência generalizada, até cerca de 35 milhões de anos, voltando novamente à especializada na forma de domínios cognitivos até não mais que cem mil anos. A fase final da evolução incluiu mais uma passagem para um tipo de cognição generalizada, porém tipicamente fluida.

Diante dessa trajetória evolucionista, ilustrada na Figura 33, não nos surpreende que a mente moderna muitas vezes seja comparada à do chimpanzé. Ambas comportam uma mentalidade predominantemente generalizada (embora os chimpanzés possuam uma inteligência especializada social que funciona isolada) e, portanto, se mostram superficialmente próximas. Analisando os chimpanzés e os caçadores-coletores atuais, observamos uma fina correspondência entre suas tecnologias e as tarefas de subsistência. Ambos são aptos a fazer "instrumentos para realizar um trabalho". O comportamento dos chimpanzés com frequência é similar ao nosso, especialmente quando são ensinados e encorajados pelo homem a produzir utensílios, ou pintar, ou utilizar símbolos.

A pré-história da mente

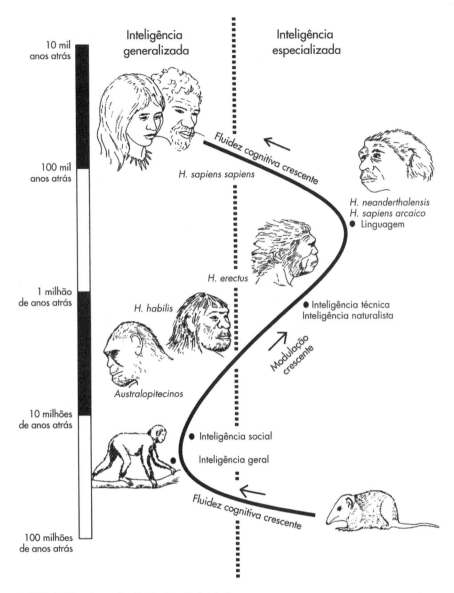

FIGURA 33 – A evolução da inteligência humana.

Somos levados a acreditar que a mente do chimpanzé e a humana são essencialmente iguais: a dos humanos modernos é mais poderosa apenas porque seu cérebro é maior, o que resulta no uso mais complexo de instrumentos e símbolos. Conforme documentei nas páginas precedentes, a evolução da mente mostra que isso é falso: a arquitetura cognitiva da mente do chimpanzé e a da mente moderna são fundamentalmente diferentes.

Isso nos leva, entretanto, a uma questão importante. Se o propósito final da evolução cognitiva foi criar uma mente do tipo mentalidade generalizada, superficialmente parecida com a dos chimpanzés (excetuando-se a inteligência social) e com aquela que atribuímos aos nossos primeiros ancestrais primatas, então por que dar-se ao trabalho de passar por uma fase de inteligências especializadas múltiplas e de integração limitada? Por que a seleção natural simplesmente não aperfeiçoou a inteligência geral, tornando-a gradualmente mais complexa e poderosa?

A resposta é que a emergência de fenômenos complexos, sejam eles um motor a jato, um programa de computador ou a mente humana, somente ocorre pela alternância de sistemas especializados e generalizados. De fato, meu colega Mark Lane acredita que a alternância repetida entre os modelos de uso múltiplo e os especializados provavelmente é uma característica de processos evolutivos em geral.[5] Para explicar isso, vou me referir novamente a uma das primeiras analogias que utilizei neste livro: a mente como computador. De fato, vou ser mais específico e caracterizar a mente como uma peça de *software* e a seleção natural como o programador do computador. Analogias comuns, porém não mais. A mente/cérebro é tanto uma sopa química quanto uma série de circuitos eletrônicos, e a seleção natural não tem um propósito, ela é, citando a memorável frase de Richard Dawkins (1986), "um relojoeiro cego". Vamos considerar brevemente como a seleção natural escreveu às cegas os programas de computador da mente.

Como criar um *software* complexo? Existem três estágios. Primeiro se estabelece um plano geral do programa, com frequência na forma de rotinas distintas que são conectadas. O propósito desse estágio é apenas fazer que o programa "rode", de maneira que todas as rotinas funcionem juntas. Essa é uma analogia da seleção natural construindo a inteligência geral dos nossos ancestrais primatas mais antigos: um sistema funcionando harmoniosamente mas sem complexidade. O próximo estágio comporta adicionar complexidade *aos poucos*; o bom programador não vai adicioná-la de uma só vez, porque, se tentar, a remoção de erros vai se tornar impossível e o programa vai dar pane repetidamente. As falhas não poderão ser localizadas e irão se infiltrar pelo sistema.

A única maneira de passar do programa simples ao complexo é lidar com uma rotina de cada vez e desenvolvê-la independentemente, até que alcance um nível funcional especializado e complexo que também se mantenha compatível com o projeto inicial. Isso é o que a seleção natural realizou com a mente; inteligências especializadas foram desenvolvidas e testadas separadamente, usando a inteligência geral para manter rodando o sistema como um todo. Quando as rotinas estão totalmente desenvolvida por vias independentes, então o programador as "cola" para que operem simultaneamente, como acontece com um programa de computador avançado. Essa integração é a terceira e última fase da elaboração de um programa complexo. No caso da mente, a linguagem geral e a consciência foram utilizadas como cola pela seleção natural. O resultado foi a explosão cultural que descrevi no Capítulo 9.

Em relação a isso, a seleção simplesmente agiu como um programador muito bom (apesar de cego). Se eu tivesse tentado evoluir a complexa mente moderna generalizada partindo diretamente da mente generalizada e simples dos nossos primeiros ancestrais, teria falhado. Além disso, talvez não seja surpreendente que neste livro encontremos uma sequência de mudanças no desenvolvimento cognitivo da criança parecida com a da evolução cognitiva da espécie humana.

As origens cognitivas da ciência

Conhecer a pré-história da mente nos leva a uma compreensão mais profunda do que significa sermos humanos. Utilizei-a para entender as origens da arte e da religião. Agora preciso terminar o livro mencionando a terceira das realizações singulares da mente moderna, a ciência, à qual me referi na Introdução, porque isso nos fará identificar o aspecto mais importante das nossas mentes cognitivamente fluidas.

Definir ciência talvez seja tão difícil quanto definir arte ou religião.[6] Entretanto, acredito que existam três propriedades críticas. A primeira é a habilidade de gerar e testar hipóteses. Conforme discuti em capítulos anteriores, isso é fundamental para qualquer inteligência especializada: os chimpanzés claramente geram e testam hipóteses sobre o comportamento de outros indivíduos quando se utilizam da inteligência para serem dissimulados. Apresentei argumentos de que os primeiros *Homo* e os humanos arcaicos precisavam gerar e testar hipóteses sobre a distribuição de recursos, especialmente as carcaças para rapinagem, utilizando a inteligência naturalista.

A segunda propriedade importante da ciência é o desenvolvimento e uso de ferramentas para resolver problemas específicos, como um telescópio para observar a Lua, um microscópio para analisar uma pulga, ou mesmo papel e lápis para registrar ideias e resultados. Embora os caçadores-coletores do Paleolítico Superior não construíssem microscópios ou telescópios, foram capazes de desenvolver certos instrumentos projetados para determinados usos pela integração do conhecimento naturalista e o da fabricação de utensílios. Além do mais, utilizavam material cultural para guardar informações naquilo que o arqueólogo Francesco D'Errico chamou de "sistemas de memória artificial"[7] – as pinturas rupestres e as placas gravadas de marfim do Paleolítico Superior são os precursores dos nossos CD-Roms e computadores. O potencial para desenvolver uma tecnologia científica surgiu com a fluidez cognitiva.

Podemos dizer o mesmo sobre a terceira característica da ciência – o uso de metáforas e analogias, que na verdade são as "ferramentas do pensamento" (Dennett, 1991). Algumas podem ser desenvolvidas recorrendo-se ao conhecimento de um domínio apenas, mas as mais poderosas ultrapassam os limites entre domínios, como na associação de uma entidade viva com algo que é inerte, ou a geração de uma ideia sobre algo que é tangível. Por definição, isso somente pode surgir dentro de uma mente cognitivamente fluida.

O uso de metáforas permeia a ciência.[8] Enquanto muitos exemplos são bem conhecidos – o coração é uma bomba mecânica, os átomos são sistemas solares em miniatura –, outros se escondem em teorias científicas, como a noção de *"wormholes"* na teoria da relatividade e as "nuvens" de elétrons na física de partículas. Charles Darwin descreveu o mundo valendo-se da metáfora: "um tronco com dez mil cunhas, representando espécies, firmemente introduzidas ao longo do seu comprimento.

A pré-história da mente

Uma nova espécie somente pode penetrar nesse mundo apinhado insinuando-se numa fenda e empurrando a cunha para fora" (cf. Gould, 1990, p.229). O biólogo Richard Dawkins é um mestre na escolha de metáforas apropriadas para explicar ideias evolutivas, como DNA "egoísta", "a seleção natural é um relojoeiro cego" e a "evolução é um rio que flui". Os matemáticos tendem a falar sobre suas equações e teoremas usando termos do tipo "bem comportado" e "bonito", como se fossem coisas vivas em vez de marcas inertes num pedaço de papel.

A significância das metáforas na ciência foi amplamente discutida por filósofos, que reconhecem seu papel crítico não apenas na transmissão de ideias mas na própria prática científica. Em seu artigo de 1979 intitulado "Metaphor in Science" ["A metáfora na ciência"], Thomas Kuhn (1979) explicou que o papel da metáfora na ciência vai muito além de um artifício de ensino e é uma parte central da maneira como as teorias sobre o mundo são formuladas. Grande parte da ciência talvez se pareça com a descrição de Daniel Dennet (1991, p.455) sobre o estudo da consciência humana – uma guerra de metáforas em competição. Essa batalha foi certamente travada neste livro. Se não pudéssemos imaginar a mente como esponja, ou computador, ou canivete suíço, ou catedral, seríamos capazes de pensar sobre ela e estudá-la?

Resumindo, a ciência, assim como a arte e a religião, é um produto da fluidez cognitiva. Ela depende de processos psicológicos que originalmente evoluíram em domínios cognitivos especializados e apenas veio à tona quando esses processos puderam trabalhar integradamente. A fluidez cognitiva permitiu o desenvolvimento da tecnologia, capaz de resolver problemas e estocar informações, e gerou a possibilidade de usar metáforas e analogias – talvez sua consequência mais significativa e sem a qual a ciência não existiria.

De fato, se quiséssemos especificar os atributos da mente moderna que a distinguem não apenas das mentes dos nossos parentes vivos mais próximos, os grandes símios, como também dos nossos muito mais próximos, porém extintos, ancestrais, teríamos que mencionar o uso da metáfora e o que Jerry Fodor descreveu como uma paixão pela analogia. Isso é impossível para os chimpanzés porque seu único tipo de inteligência especializada não fornece os recursos mentais necessários à metáfora, e menos ainda a linguagem para expressá-la. Os humanos arcaicos não tinham acesso à metáfora pela falta de fluidez cognitiva, mas ela se infiltra por todos os aspectos do nosso pensamento e forma o cerne da arte, da religião e da ciência.

A mente moderna é um produto da evolução, não uma criação do sobrenatural. Expus a evidência. Especifiquei os "quês", "quandos", "comos" e "por quês" da evolução da mente. Expliquei como surgiu o potencial para fazer ciência, criar arte e acreditar em ideologias religiosas, mesmo não existindo pressões seletivas específicas para essas habilidades abstratas em nenhum momento do nosso passado. Demonstrei que somente podemos entender a natureza da linguagem e da consciência compreendendo a pré-história da mente – começando a lidar com os detalhes dos registros fósseis e arqueológicos. E observei que o uso da metáfora e da analogia sob vários pretextos é a característica mais significativa da mentalidade humana. Somente fui capaz de pensar e escrever sobre a pré-história da mente utilizando duas metáforas neste livro: nosso passado como uma peça de teatro e a mente como catedral.

Assim sendo, talvez tenha sido bem a propósito que este último capítulo foi em grande parte escrito na cidade espanhola de Santiago de Compostela, um dos grandes centros de peregrinação do mundo medieval. Lá encontramos uma notável coleção de edifícios religiosos, construídos e constantemente transformados durante a Idade Média, que vão desde a singeleza de pequenas igrejas com apenas uma nave simples até a complexidade de uma catedral. Erguida no lugar de uma pequena igreja do século IX, essa catedral é uma das obras-primas da arquitetura romanesca. Possui uma nave com laterais e nada menos que vinte capelas, cada qual dedicada a um santo diferente. O projeto romanesco original foi modificado por alterações góticas posteriores. Meu livro-guia dessa catedral e das outras igrejas de Santiago me diz que andar dentro delas e entre elas é como andar pela nossa história. Mas para mim tem sido como andar pela pré-história da mente.

A pré-história da mente

Notas

1   O seguinte resumo sobre primatas baseia-se em Martin (1990) e Simons (1992).

2   As relações filogenéticas entre os primatas fósseis da Eurásia datados de 15 a 4,5 m.a. e os restos de hominídeos permanecem obscuras. Os melhor representante desses fósseis é *Dryopithecus*, cujos restos foram descobertos na Hungria, no sudeste da França e na Espanha. Um espécime particularmente bem preservado de *D. laietanus* foi recentemente encontrado na região do Vale Penedes, na Espanha, e mostra que os driopitecinos balançavam-se de galho em galho e andavam sobre os quatro membros, de maneira semelhante à dos orangotangos atuais (Moyà-Solà & Köhler, 1996). Andrews & Pilbeam (1996) analisam a reconstrução filogenética desse período.

3   Aiello & Dunbar (1993). Aiello (1996b) recorre ao recente trabalho de Robert Foley para sugerir que um aumento muito gradual em razão exponencial nas populações humanas, começando com o *H. erectus* há 1,8 milhão de anos, poderia ter levado a uma aparente explosão populacional, forçando as pessoas a viver em grandes grupos.

4   Os mais notáveis são artefatos trabalhados bifacialmente de maneira semelhante aos machados de mão, encontrados em conjuntos bem do final da indústria musteriense em sítios como Combe Grenal. Clive Gamble (1993, 1994; Stringer & Gamble 1993) sugeriu que é possível observar outras características no comportamento neandertal de depois de sessenta mil a.a. que prenunciam os avanços comportamentais do Paleolítico Superior, como uma maior quantidade de estruturas espaciais em sítios arqueológicos. Ele se refere a esse período como a "fase pioneira". Entretanto, a evidência de qualquer fluidez cognitiva ainda é fraca, e não há nada que indique uma capacidade para o simbolismo.

5   Lake sugere: "Parece plausível que a evolução pela seleção natural tipicamente ocorre por um repetido isolamento, aprimoramento e reintegração das partes. A seleção natural é particularmente eficaz quando a variabilidade genética e a aptidão estão intimamente correlacionadas, e torna-se impossível quando essa correlação é nula. O grau de correlação provavelmente é mais fraco em sistemas gerais, na medida em que a aptidão estará sujeita a um número maior de pressões seletivas exigindo respostas adaptativas conflitantes. Por essa razão, poder-se-ia esperar que a seleção natural opere com maior sucesso em sistemas especializados. Entretanto, esses sistemas frequentemente são frágeis, no sentido de que simplesmente não existe uma maneira de adaptá-los para lidar com uma mudança radical nas condições de seleção. Dessa maneira, ter-se-ia a impressão de que a persistência a longo prazo de um tipo de sistema (ou linhagem) exige que ele

Steven Mithen

contenha as propriedades contraditórias da previsibilidade e da flexibilidade. Sugiro que a seleção natural frequentemente resolveu esta adivinhação decompondo sistemas em partes fracamente acopladas. Assim, um sistema pode responder a pequenas mudanças nas condições de seleção, adaptando o subsistema relevante sem afetar radicalmente o todo. Igualmente, porém, a possibilidade de rearranjar as conexões entre subsistemas gera a flexibilidade desejada para lidar com condições seletivas radicalmente alteradas" (comunicação pessoal, 16 de novembro de 1995).

6   O problema de tentar definir exatamente o que é a ciência pode ser percebido confrontando dois pontos de vista bem diferentes. O primeiro é defendido por filósofos e historiadores da ciência. Eles discutiram a natureza da ciência desde que Francis Bacon publicou seus trabalhos no início do século XVII, colocando que a ciência deve envolver a observação empírica do mundo e a experimentação. Subsequentemente ao trabalho de Bacon, várias outras definições de ciência foram propostas. Karl Popper contestou a noção de que a ciência é o processo de generalização a partir de uma massa de informações, argumentando que a sua essência é a habilidade de refutar as hipóteses levantadas. Thomas Kuhn introduziu a noção de que a ciência está profundamente embebida em uma matriz social, e avança em saltos repentinos ("mudanças de paradigma") e não pelo acúmulo gradual do conhecimento. Mais recentemente, a própria noção de que existe realmente um método científico foi contestada por filósofos como Paul Feyerabend.
Há muitos livros com revisões dessas diferentes ideias da ciência (por exemplo, Gilles, 1993) e outros que descrevem o desenvolvimento do pensamento científico, talvez em especial *As origens da ciência moderna 1300-1800*, um trabalho seminal de 1957 e de autoria de Herbert Butterworth. Conforme indica o título, essas histórias da ciência quase invariavelmente começam no fim do período medieval e centram-se no trabalho de figuras como Galileu, Copérnico, Newton e Einstein. De fato, nesses trabalhos, existe o pressuposto de que, embora as bases intelectuais desses cientistas possam ser encontradas nos eruditos clássicos e islâmicos, a ciência é um produto da civilização ocidental. Um artigo de revisão, recentemente publicado no periódico *British Journal for the History of Science*, concluiu que a ciência tem não mais que 250 anos de idade e está confinada à Europa e à América (Cunningham & Williams, 1993).
Vamos agora analisar uma visão da ciência radicalmente diferente, que surgiu de um cientista. No seu livro de 1995 intitulado *The Trouble with Science* [*O problema com a ciência*], Robin Dunbar – cujas opiniões sobre a evolução da linguagem já consideramos – argumenta que a ciência é "um método de descobrir coisas sobre o mundo baseado em gerar hipóteses e testar predições derivadas dessas hipóteses". Colocada assim, é uma posição bastante

convencional. Entretanto, Dunbar adota uma postura radical, questionando o pressuposto de que isso seja único da cultura ocidental.

Em seu livro, Dunbar discute que não apenas as invenções tecnológicas dos chineses durante o primeiro milênio a. C. (por exemplo, a impressão, a seda e a pólvora) podem ser descritas como emergindo da ciência, mas também o conhecimento que Aristóteles adquiriu sobre o mundo natural no século 4 a. C., e os desenvolvimentos na matemática e na física realizados por eruditos islâmicos durante os séculos IX a XII a. C. Isso é certamente aceitável para a maioria dos leitores de Dunbar. Mas ele continua seu argumento colocando que a ciência é comum nas sociedades tradicionais não ocidentais. Segundo Dunbar, "ciência" é o método usado para adquirir o prodigioso e preciso conhecimento que os caçadores-coletores, pastores e agricultores possuem sobre o mundo natural. E como se isso não bastasse, Dunbar vai mais além e afirma que muitos animais não humanos também se dedicam à ciência, porque testar hipóteses parece ser um dos meios pelos quais eles adquirem seu conhecimento do mundo. Dunbar conclui que "a ciência é uma característica genuinamente universal de qualquer forma avançada de vida" (p.75).

7 D'Errico (1995). Donald (1991) igualmente enfatiza a importância destes, que ele descreve como "dispositivos de armazenamento externos".

8 Em seu livro *The Trouble with Science* [*O problema com a ciência*], Robin Dunbar argumenta que o uso de metáforas aparece mais comumente na física e na biologia evolutiva, porque essas disciplinas envolvem ideias que são estranhas à nossa experiência diária. Para entendê-las, os cientistas estão predispostos não apenas a valer-se de metáforas, mas também a escolher aquelas que recorrem ao mundo social dos humanos. Por exemplo, o geneticista Steve Jones (1993) refere-se ao código genético como possuidor de uma linguagem; conforme Pinker (1994) descreve, a utilização de metáforas linguísticas na genética tem sido muito comum. Dunbar fornece exemplos de muitas outras metáforas empregadas no pensamento biológico, como a intrigante hipótese do "esperma Kamikaze".

Epílogo
As origens da agricultura

Cerca de dez mil anos atrás, grupos humanos deixaram de viver como caçadores-coletores e tornaram-se agricultores em muitas regiões diferentes do mundo. Essa transformação aconteceu de maneira independente em partes do sudoeste asiático, na África equatorial, na zona continental do sudeste asiático, na América Central e nas terras altas e baixas da América do Sul. O começo da atividade agrícola é frequentemente considerado *o* momento decisivo da pré-história. Sem a agricultura não teriam existido aldeias, cidades, sociedades constituídas por estados – que transformaram de maneira tão fundamental os contextos em que as mentes dos indivíduos se desenvolvem hoje em dia, comparados aos dos nossos ancestrais caçadores-coletores. Como ocorreu essa mudança? Neste epílogo, vou argumentar que a agricultura foi uma consequência direta do tipo de pensamento que evoluiu com o aparecimento da fluidez cognitiva. Especificando melhor, vou propor que quatro aspectos da mudança na natureza da mente levaram à dependência de plantas e animais domesticados em um período em que as condições ambientais sofriam alterações abruptas, há dez mil anos. Entretanto, antes de analisar o que exatamente essas mudanças na mente poderiam ter sido, devemos considerar, resumidamente, algumas questões mais gerais sobre as origens da agricultura.

A introdução da atividade agrícola no repertório humano é vista como um dos grandes mistérios do nosso passado. Por que aconteceu? Certamente não foi porque o conhecimento sobre plantas e animais havia acumulado até chegar a um limiar crítico, capacitando o homem a domesticar essas espécies.[1] Segundo expus neste livro, os caçadores-coletores – sejam eles humanos modernos ou arcaicos – são e foram exímios naturalistas. Podemos ter certeza de que as mentes humanas adquiriram um conhecimento sobre a reprodução de animais e plantas e sobre as condições necessárias para os seus crescimentos assim que uma inteligência naturalista totalmente desenvolvida evoluiu, há pelo menos 1,8 milhão de anos.

O conhecimento dos caçadores-coletores pré-históricos sobre animais claramente vem à tona na diversidade das espécies que caçavam, a julgar pelos ossos encontrados nos seus acampamentos. Apenas recentemente, no entanto, os arqueólogos foram capazes de documentar um nível equivalente de exploração de alimentos vegetais. Considerem, por exemplo, os sítios de dezoito mil anos de idade em Wadi Kubbaniya, a oeste do vale do Nilo. Os restos vegetais carbonizados ali descobertos indicam que um "mingau" de plantas finamente trituradas havia sido utilizado, provavelmente para desmamar crianças pequenas. Uma gama diversificada de raízes e tubérculos havia sido explorada, possivelmente ao longo do ano, em acampamentos permanentes.[2] Da mesma forma, em Tell Abu Hureyra, na Síria, local ocupado por caçadores-coletores entre vinte mil e dez mil anos atrás, foram identificadas não menos que 150 espécies de plantas comestíveis, apesar das raízes, tubérculos e plantas com folhas não terem sido preservadas (cf. Hillman et al., 1989). Nessas duas localidades, encontramos uma tecnologia para moer e triturar material vegetal – a mesma utilizada pelos primeiros agricultores (ver Figura 34). Resumindo, esses sítios demonstram que as origens da agricultura, há dez mil anos, não devem ser buscadas em um avanço súbito da tecnologia ou em um acúmulo crítico do conhecimento botânico.

Sendo assim, por que as pessoas tornaram-se agricultoras? Uma certa compulsão deve estar envolvida. Ao contrário do que poderíamos imaginar intuitivamente, cultivar a terra não libertou automaticamente nossos ancestrais da Idade da Pedra de uma vida árdua onde o alimento ou passava da mão à boca (coleta) ou era obtido quando surgia a oportunidade (caça). Na verdade, é bem o contrário. Viver segundo a agricultura é mais sacrificado que a caça e a coleta. A necessidade de tomar conta de um certo campo cultivado restringe alguns membros da sociedade a fixar-se em um determinado lugar, criando problemas sanitários, tensões sociais e a depleção de recursos como a lenha. Os caçadores-coletores resolvem facilmente tudo isso sendo nômades. Assim que seus dejetos acumulam ou a lenha acaba, eles se movem para outros acampamentos. Caso alguns indivíduos ou famílias se desentendam, podem mudar-se para outros acampamentos. Entretanto, quando as plantações passam a exigir a eliminação de ervas daninhas, quando se investe trabalho na construção de locais de estocagem, ou em canais de irrigação que exigem manutenção, perde-se a opção de mudar constantemente de lugar. Não é mera coincidência que as primeiras comunidades agrícolas do Oriente Médio revelem estados de saúde bem piores que os dos antecessores que viviam da caça e da coleta, segundo indicam os estudos sobre ossos e dentes (cf. Cohen & Armelagos, 1984).

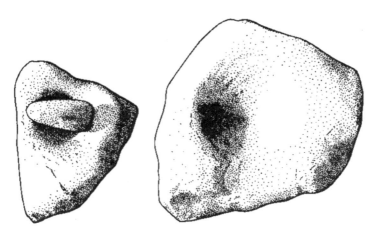

FIGURA 34 – Pilão e mão usados para processar plantas, encontrados no sítio arqueológico E-78-4, em Wadi Kubbaniya. Idade: aproximadamente dezoito mil anos.

Deve ter existido, portanto, algum incentivo para que as pessoas aderissem à agricultura – e deve ter surtido efeito em escala mundial há dez mil anos, para podermos explicar o fato de diversos métodos de produção de alimentos terem começado independentemente por todo o globo terrestre em um período de tempo relativamente curto (cf. Hole, 1992). Os tipos de cultivo variavam pronunciadamente, desde o trigo e a cevada, no sudoeste asiático, ao inhame, na África Ocidental, ou ao tapo e aos cocos, no sudeste asiático.

Convencionalmente, há duas explicações propostas para essa adoção quase simultânea da agricultura. A primeira é que, em torno de dez mil anos atrás, as densidades haviam ultrapassado os níveis populacionais que permitiam uma sobrevivência baseada apenas em alimentos diretamente retirados da natureza. O mundo encontrava-se efetivamente coberto de caçadores-coletores e não existiam novas terras a serem colonizadas. Consequentemente, surgiu a necessidade de métodos alternativos de subsistência, mesmo que eles implicassem um trabalho intenso e estivessem atrelados a uma série de problemas sociais e de saúde.[3]

Essa ideia de uma crise alimentar global na pré-história é improvável e também não encontra respaldo em nenhuma evidência. Os estudos sobre caçadores-coletores modernos nos mostram que eles dispunham de vários meios de controlar seus níveis populacionais, como o infanticídio. A própria mobilidade restringe o tamanho de uma população pelas dificuldades de ter que carregar mais de uma criança ao colo. Além do mais, conforme indicam estudos sobre patologias ósseas, em alguns casos de regiões onde a agricultura chegou a ser adotada, pelo menos a saúde dos últimos caçadores-coletores parece ter sido consideravelmente melhor que a dos primeiros agricultores. Essa evidência mostra que o aparecimento da agricultura trouxe consigo as doenças infecciosas, um declínio na qualidade geral da nutrição e uma redução da longevidade (cf. Cohen & Armelagos, 1984). A emergência da agricultura certamente não foi uma solução para os problemas nutricionais e de saúde enfrentados pelas comunidades pré-históricas; em muitos casos ela aparentemente os causou. Apesar disso, embora uma crise populacional mundial seja improvável, a possibilidade de a *produção* de alimentos ter surgido para atender às necessidades de populações locais relativamente grandes ainda deve ser levada em conta.

A pré-história da mente

Uma segunda explicação para a introdução do cultivo de plantas há dez mil anos (e em parte mais convincente) é que nesse tempo o mundo passava por grandes mudanças climáticas associadas ao fim da última glaciação. Houve um período de rápido aquecimento – as últimas pesquisas indicam que talvez tenha sido atingida a incrível temperatura de 7°C (acima de 12°F) em algumas décadas – que marcou o fim do último período glacial (cf. Dansgaard et al., 1989). Isso foi precedido por uma série de flutuações ambientais, quinze a dez mil anos atrás, em que o mundo oscilou entre climas mais quentes e úmidos e climas frios e secos. Elas na verdade foram de natureza global; portanto, a adoção quase simultânea da agricultura em diferentes partes do mundo parece representar respostas locais a mudanças climáticas locais, causadas por mudanças climáticas globais que ocorreram quando a última glaciação chegou ao fim, imediatamente antes e há dez mil anos. Veremos que isso não pode explicar de todo a emergência da agricultura, na medida em que os humanos arcaicos passaram por oscilações semelhantes do clima sem abandonar seus estilos de vida de caçadores-coletores. Entretanto, vamos fazer uma pausa na nossa argumentação e considerar uma região em particular, para poder entender melhor o que realmente aconteceu enquanto o cultivo de plantas firmou-se como atividade.

Podemos observar a relação estreita entre mudanças de métodos de obtenção de alimentos e instabilidades climáticas da última glaciação no sudoeste asiático, onde as origens da agricultura foram estudadas detalhadamente. É ali que deparamos com as primeiras comunidades agrícolas plantando cereais (cevada e trigo) e animais domesticados (ovelhas e cabras), em sítios como Jericó e Gilgad, há aproximadamente dez mil anos. Essas comunidades estão localizadas exatamente nas regiões onde os antecessores selvagens dos cereais domesticados cresceram e foram explorados por caçadores-coletores, como os de Abu Hureyra.

Realmente, a sequência estratificada de restos de plantas em Abu Hureyra, de acordo com as pesquisas do arqueobotânico Gordon Hillman brevemente mencionadas aqui, ilustra bem a mudança da vida baseada na caça e na coleta para outra baseada na atividade agrícola.[4] Entre dezenove e onze mil anos atrás, as condições do meio no sudoeste asiático melhoraram porque a retração das placas de gelo na Europa deu lugar a ambientes mais quentes e úmidos, especialmente durante a estação de crescimento das plantas. É provável que esse tenha sido um período de expansão das populações de caçadores-coletores, na medida em que podiam explorar alimentos de plantas muito produtivas, assim como também rebanhos de gazelas, que mudavam de lugar seguindo rotas previsíveis (cf. Legge & Rawley-Conwy, 1987). De fato, em Abu Hureyra encontramos evidências de uma grande variedade de plantas sendo coletadas. Entre onze e dez mil anos atrás, no entanto, ocorreu um nítido retorno a condições ambientais muito mais secas, chegando até à estiagem.[5]

A seca trouxe sérias consequências para os caçadores-coletores de Abu Hureyra. Nesse sítio, camadas sucessivas mostram a perda de árvores frutíferas como fontes de alimento – refletindo a morte das plantas por estiagem – e a seguir a perda de cereais selvagens incapazes de sobreviver em ambientes frios e secos. Observamos que, para compensar isso, houve um nítido aumento de legumes pequenos com sementes, plantas mais resistentes à seca mas que também exigiam uma detoxificação cuidadosa para torná-las comestíveis. Por volta de 10,5 mil anos atrás, Abu Hureyra foi abandonada: as populações que lá se estabeleceram quinhentos anos mais tarde viveram como agricultoras.

O significado da seca, e possivelmente de oscilações climáticas anteriores, para a mudança nos modos de vida de caçadores-coletores é observado por toda a Europa. Na região de Levant, ao sul e a oeste de Abu Hureyra, nota-se que, cerca de treze-doze mil anos atrás, os caçadores coletores passaram da vida nômade à sedentária provavelmente como resposta a uma curta e abrupta crise climática de aridez crescente, que resultou em suprimentos de alimentos cada vez mais reduzidos e pouco previsíveis (cf. Bar-Yosef & Belfer-Cohen, 1989). Embora as comunidades continuassem a viver da caça e da coleta, fundaram-se as primeiras comunidades permanentes, com habitações e locais de armazenamento.[6]

Esse período de formação de colônias é chamado Natufiano, e durou até 10,5 mil anos atrás, quando surgiram as primeiras comunidades realmente agrícolas.

A cultura natufiana marcou uma significativa ruptura com tudo o que havia ocorrido anteriormente.[7] Algumas das novas comunidades eram grandes; a de Mallaha inclui a construção de poços de armazenamento no subsolo e o nivelamento de declives para criar terraços onde construir alojamentos. A variedade de instrumentos de osso, objetos de arte, joias e ferramentas de pedra polida aumentou consideravelmente. Algumas das lâminas de pedra natufianas apresentam o que se conhece por "aparência de foicinha", o que sugere que montes de cevada selvagem estavam sendo intensamente explorados. Entretanto, os habitantes dessas comunidades ainda viviam utilizando apenas recursos selvagens. A importância decisiva do período Natufiano para as origens da agricultura é o fato de ele constituir o que os arqueólogos Ofer Bar-Yosef & Anna Belfer-Cohen (1989, p.490) descreveram como um "caminho sem volta". Uma vez iniciado o modo de vida sedentário, era inevitável que o nível de produção de alimentos aumentasse, porque haviam sido removidas as restrições que a vida nômade impunha ao crescimento populacional. Apesar de ainda não se saber ao certo o porquê de uma vida sedentária, essa escolha parece ter surgido das deliberações dos caçadores-coletores que enfrentaram as mudanças de clima do Pleistoceno Superior dedicando-se ao cultivo de plantas, ou adotando primeiro uma vida sedentária e eventualmente passando a depender de atividades agrícolas. Entretanto, a história da agricultura não pode se resumir a isso. Conforme chamei a atenção em várias partes deste livro, os humanos arcaicos do Ato 3 sobreviveram a várias eras glaciais. Eles também passaram por oscilações climáticas marcantes, e vivenciaram uma escassez crescente de alimentos vegetais e a necessidade de mudar a subsistência baseada na caça e na coleta. Mesmo assim, em momento algum chegaram a desenvolver modos de vida sedentários, tampouco começaram a cultivar plantas ou domesticar animais. Nesse caso, por que muitos grupos de humanos modernos desenvolveram, independentemente, um modo de vida agrícola ao enfrentar transformações ambientais semelhantes?

A resposta está nas diferenças entre a mente humana primitiva e a moderna. Se as minhas proposições sobre a evolução da mente humana estiverem corretas, os humanos arcaicos simplesmente não poderiam ter pensado em domesticar animais e plantas, mesmo que estivessem passando por sérias pressões econômicas, hipoteticamente cercados de cevada e trigo selvagem e tendo um mágico acesso a pilões, almofarizes e pedras de moer. A agricultura encontra suas raízes em uma nova maneira de ver o mundo através da mente moderna, tanto quanto na sequência particular de transformações ambientais e econômicas do fim do Pleistoceno. Quatro aspectos da mudança na natureza da mentalidade foram decisivos para o surgimento da agricultura.

1 *A habilidade de criar ferramentas que pudessem ser utilizadas intensivamente para colher e processar recursos vegetais.* Isso resultou da integração das inteligêcias técnica e naturalista. Não é necessário comentar a fundo essa habilidade, na medida em que os desenvolvimentos tecnológicos envolvidos foram discutidos no Capítulo 9. Em Wadi Kubbaniya e Abu Hureyra, notamos a utilização de uma tecnologia própria para o cultivo de plantas há cerca de vinte mil anos.

2 *A tendência de usar animais e plantas como meio de adquirir prestígio social e poder.* Isso resultou de uma integração das inteligências social e naturalista. Observamos vários exemplos disso depois de quarenta mil anos, no comportamento de caçadores-coletores da Europa. Considerem, por exemplo, o armazenamento de carne e ossos na planície central da Rússia entre vinte mil e doze mil anos atrás, um período em que foram construídos abrigos a partir de ossos e presas de mamutes (ver Figura 35). Os recursos estocados correspondiam a animais do tipo bisões, veados e cavalos, caçados nos ambientes tipo tundra durante a última glaciação. Olga Soffer descreveu como, nesse período, o acesso a estoques de alimentos passou a ser controlado por determinados abrigos.[8] Ao que parece, indivíduos passaram a utilizar carne, osso e marfim não apenas como fonte de matéria-prima e comida, mas também como fonte de poder.

Podemos observar algo semelhantes entre os caçadores-coletores do sul da Escandinávia, há cerca de 7,5-5 mil anos. Essas comunidades exploravam o veado, o porco selvagem e o cervo em florestas densas mistas com carvalhos. Analisando a frequência com que diferentes espécies eram caçadas, e estudando os padrões de caça por meio da simulação computacional, podemos deduzir que eles se concentravam no veado – embora isso frequentemente significasse voltar às comunidades de mãos vazias, porque essa espécie era muito mais escassa e difícil de caçar do que animais de porte menor e mais abundantes, como o cervo (cf. Mithen, 1990). Por que faziam isso? É bem provável que a preferência pelos veados tenha surgido em virtude de seu tamanho avantajado. Depois de caçar um veado, a quantidade de carne que podia ser distribuída era maior, dando margem a um prestígio social e poder também maiores. As oscilações cotidianas de carne disponível podiam ser solucionadas pela exploração de alimentos ricos de origem vegetal, ou alimentos obtidos nas zonas costeiras ou aquáticas da região, especialmente pelo uso de utensílios como armadilhas para peixes, que podiam permanecer sem supervisão e algumas das quais foram encontradas em estado quase perfeito de preservação em condições submersas. Essa ideia se confirma ao analisarmos os enterros dos caçadores-coletores. Chifres de veado e colares feitos com seus dentes são muito encontrados entre os objetos colocados nos túmulos.[9]

Essa utilização de animais, e sem dúvida de plantas, como meio de ganhar controle e poder social na sociedade não existia entre os humanos arcaicos. Seus pensamentos sobre as interações sociais e o mundo natural ocorriam dentro de domínios cognitivos isolados e não podiam ser interligados da maneira necessária. Essa diferença é crucial para as origens da agricultura. Embora o plantio sedentário possa representar

FIGURA 35 – Cabana feita com osso de mamute e poços de armazenamento na planície central da Rússia, cerca de doze mil anos atrás.

um modo de vida de qualidade inferior se comparado à vida nômade dos caçadores-coletores, ele proporciona a determinados indivíduos oportunidades para assegurar controle e poder social. Consequentemente, se utilizarmos o pensamento darwinista particular de enfocar o indivíduo em vez do grupo, podemos realmente conceber a agricultura como apenas mais uma estratégia por meio da qual alguns indivíduos ganham e mantém o poder.[10]

O arqueólogo Brian Hayden prefere essa explicação para as origens da agricultura. Em um artigo de 1900, ele argumentou que "o advento da competição entre indivíduos que utilizam recursos alimentares para travar suas batalhas competitivas fornece os motivos e os meios para o desenvolvimento da produção de alimentos" (1990, p.35). Ele utilizou exemplos derivados de várias sociedades de caçadores-coletores modernos para mostrar que, quando as condições tecnológicas e ambientais permitem, os indivíduos tentam maximizar seu poder e influência, acumulando alimentos e bens desejados, e reivindicando a posse de terras e recursos.

Ao analisar a cultura natufiana, Hayden considerou que a evidência do comércio de itens prestigiados entre lugares distantes e a abundância de joias, pequenas figuras de pedra e construções arquitetônicas, eram todos sinais nítidos de desigualdade social, refletindo a emergência de indivíduos poderosos. Uma vez que essa estrutura social passou a existir, surgiu a necessidade de indivíduos poderosos introduzirem novos tipos de objetos de prestígio e gerarem excedentes econômicos a fim de manter suas bases de poder. A produção de alimentos é uma consequência inevitável – desde que o ambiente contenha plantas e animais que se prestem à domesticação. Conforme notado por Hayden, muitas das primeiras domesticações parecem ser objetos de prestígio – tais como cachorros, cabaças, pimenta-malagueta e abacates – em vez de recursos capazes de alimentar uma população que havia se tornado grande demais para ser sustentada apenas por recursos silvestres.

3 *A tendência de desenvolver "relações sociais" com plantas e animais e estruturalmente semelhantes às estabelecidas entre pessoas – uma consequência adicional de uma integração entre a inteligência social e a naturalista.* Para poder domesticar animais e plantas, foi necessário que as mentes pré-históricas

pudessem pensar neles como seres com quem podiam se estabelecer relações "sociais". Conforme argumentei, os humanos arcaicos não poderiam ter elaborado tais ideias com sua mentalidade do tipo canivete suíço.

Podemos observar evidências do aparecimento de "relações sociais" entre indivíduos e animais ou plantas silvestres nos caçadores-coletores pré-históricos da Europa. Por exemplo, nas cavernas dos sítios de Trois--Frères e Isturitz, na França, foram encontrados ossos de renas com fraturas e danos que teriam impedido seriamente os animais de locomover-se e procurar comida. Entretanto, essas renas sobreviveram o suficiente para permitir que as fraturas começassem a sarar, e foi sugerido que elas foram cuidadas por humanos[11] de forma muito semelhante à descrita para o aleijado neandertal da caverna de Shanidar, mencionado no Capítulo 7.

Existem também alguns exemplos intrigantes da arte paleolítica mostrando cavalos pintados que parecem estar usando freios – embora seja difícil afirmar que esse é o caso, sendo que as marcas podem simplesmente significar mudanças de cor ou de estrutura óssea (ver Figura 36) (cf. Bahn, 1978). Sabemos com certeza, no entanto, que cães foram domesticados logo depois do fim do período glacial. De fato, nos cemitérios de caçadores-coletores do sudeste da Escandinávia, datados de sete mil anos atrás, encontramos cães que passaram por um ritual

FIGURA 36 – Cabeça de cavalo proveniente de St-Michael d'Arudi nos Pirineus atlânticos da França. Comprimento: 4,5 cm.

de sepultamento e tiveram objetos colocados no túmulo, assim como se fazia com humanos. Existe também um túmulo da colônia natufiana de Mallaha onde um menino e um cachorro foram enterrados juntos.[12]

A habilidade de estabelecer relações sociais com animais e plantas é realmente crucial para as origens da agricultura. O psicólogo Nicholas Humphrey chamou a atenção para o fato de as relações que as pessoas têm com as plantas serem estrutralmente semelhantes às que existem entre pessoas. Permitam-me citá-lo:

> o cuidado que um jardineiro tem com suas plantas (regá-las, fertilizá-las, capinar a terra, podá-las etc.) está ajustado às propriedades emergentes das mesmas ... Sim, plantas não vão responder a pressões sociais convencionais (embora pessoas *de fato* falem com elas), mas a maneira como recebem e dão retorno à atenção do jardineiro possui, eu sugiro, uma estreita seme-lhança estrutural com uma relação social simples. Se ... (nós) ... podemos falar sobre a "conversação" entre uma mãe e seu bebê de dois meses, então também poderíamos falar da conversação entre um jardineiro e suas rosas, ou de um agricultor e seu milho.

Conforme Humphrey (1984, p.26-7) continua observando, "muitas das descobertas tecnológicas mais valorizadas pela humanidade, desde a agricultura à química, podem ter tido suas origens ... na afortunada aplicação incorreta da inteligência social".

4 *A tendência de manipular plantas e animais, nascida da integração entre a inteligência técnica e a naturalista.* Podemos conceber isso como uma apli-cação incorreta da inteligência técnica, porque assim como os humanos modernos parecem ter começado a tratar animais e plantas como se fossem seres sociais, também os trataram como artefatos a serem ma-nipulados. Talvez o melhor exemplo disso seja o dos caçadores-coletores da Europa, que viveram nas florestas mistas com carvalhos depois do fim do último período glacial. Eles deliberadamente queimavam partes da floresta.[13] Essa é uma forma de gerenciamento/manipulação ambiental que serve para estimular o crescimento de novas plantas e atrair a caça. É um costume bem documentado entre as comunidades aborígines da Austrália, que o utilizaram perfeitamente cientes de que, ao praticá-lo, estavam eliminando terrenos exauridos e retornando nutrientes ao solo, para facilitar o crescimento de novas plantas. Na verdade, ao ana-

lisarmos os relatos sobre como os aborígines australianos exploraram seus ambientes, encontramos evidências de muitos costumes que não correspondem nem à simples caça e coleta nem à atividade agrícola. Por exemplo, no sudoeste da Austrália, quando o inhame era coletado intensamente, um pedaço da raiz sempre era deixado na terra para garantir suprimentos futuros.[14]

Os humanos modernos que viveram como caçadores-coletores durante a pré-história provavelmente desenvolveram relações com plantas e animais cuja natureza é semelhante à observada entre os caçadores-coletores recentes. É improvável que eles tenham sido meros predadores, mas dedicaram-se à manipulação e gerenciamento do ambiente – embora isso não tenha chegado à domesticação de recursos. Isso foi na verdade identificado há um quarto de século por Eric Higgs, arqueólogo de Cambridge.[15] Ele incentivou uma geração de estudantes a desafiar o dualismo simples entre a caça e a coleta e a agricultura. Sabemos agora que esses são apenas dois polos de uma série continua de relações desenvolvidas pelos caçadores-coletores pré-históricos. Mas essas relações somente emergiram depois de quarenta mil anos atrás, com o surgimento de ideias sobre plantas e animais como seres que podiam ser manipulados à vontade ou com quem era possível estabelecer "relações sociais".

As quatro habilidades e tendências que reuni alteraram de maneira fundamental a interação humana com o mundo animal e vegetal. Quando os indivíduos se viram diante de colossais mudanças ambientais no fim do último período glacial, foi a mente com fluidez cognitiva que tornou possível uma solução: o desenvolvimento de um modo de vida agrícola, no qual algumas dessas propensões e habilidades mentais podem ter tido mais importância que outras. No entanto, embora as sementes de uma agricultura possam ter sido plantadas pela primeira vez há dez mil anos, suas bases surgiram na mente pela primeira vez durante a transição entre o Paleolítico Médio e o Superior. É essa época-chave, e não o período de nascimento da atividade agrícola, que contém as raízes do mundo moderno. É por isso que tratei as origens da agricultura como não mais que um epílogo do meu livro. Entretanto, a agricultura mudou fundamentalmente o contexto em que as novas mentes foram criadas: para a grande maioria das pessoas que hoje vivem, o mundo dos caçadores-coletores, com seus domínios cognitivos especializados das inteligências técnica e naturalista, foram deixados para trás como não mais que pré-história.

Neste livro, tentei demonstrar o valor de reconstruir a pré-história. Porque nossas mentes são tanto um produto da nossa história evolutiva quanto dos contextos em que indivíduos se desenvolvem. Essas ferramentas de pedra, ossos partidos e figuras esculpidas que os arqueólogos meticulosamente escavam e descrevem podem informar-nos sobre a pré-história da mente. Portanto, se quiserem conhecer a mente, não procurem apenas psicólogos e filósofos: certifiquem-se de também procurar um arqueólogo.

Notas

1 Hole (1992) faz um breve apanhado geral das ideias relativas às origens da agricultura.

2 Wendorf et al. (1990) descrevem a arqueologia de Wadi Kubbaniya, enquanto Hillman (1989) apresenta um resumo dos restos de alimento do Paleolítico recente.

3 Esse argumento foi desenvolvido em detalhes por Nathan Cohen em um livro de 1977 intitulado *The Food Crisis in Prehistory* [*A crise alimentar na pré-história*].

4 O seguinte resumo está de acordo com Moore & Hillman (1992).

5 Esse é o período do *Younger Dryas*, um evento ambiental global que testemunhou o reavanço das placas de gelo na Europa. Foi um intervalo curto e marcante, seguido de um aquecimento global muito rápido que estabeleceu o verdadeiro final do último período glacial.

6 A arquitetura em si não é necessariamente uma indicação de sedentarismo; caçadores-coletores nômades, sob certas circunstâncias, constroem moradias e instalações em grau considerável, às quais retornam regularmente. Bar-Yosef & Belfer-Cohen (1989) sugeriram que a melhor evidência de sedentarismo vem do aparecimento de pardais, camundongos e ratos na fauna desses sítios.

A pré-história da mente

7 Sobre os acampamentos e a economia natufiana, consultar Byrd (1989) e Bar-Yosef & Belfer-Cohen (1989).

8 Isso é evidente nas relações espaciais entre os poços de armazenamento e as moradias. Em Radomyshl, observamos várias habitações circundando um poço central de estocagem, implicando "um acesso aberto, visível e uniforme aos recursos armazenados, para os habitantes desse sítio". No local ligeiramente mais recente de Dobranichevka, observamos números parecidos de poços de armazenamento com dimensões similares e distribuídos ao redor de cada habitação, indicando que cada residente possuía agora seus próprios recursos guardados, embora a distribuição permanecesse equitativa. Em sítios posteriores, como Mezin, Gontsy e Eliseevichi, os poços de armazenamento estão distribuídos preferencialmente ao redor de uma única moradia. Por exemplo, em Mezin, parecem ter existido cinco habitações, mas seis dos sete (ou oito) poços de armazenamento estavam localizados ao lado de apenas uma delas. Os residentes dessa habitação, portanto, parecem ter controlado o acesso ao estoque de recursos (Soffer, 1985, p.459-63).

9 Consultar Albrethsen & Petersen (1976), Larsson (1983) e Clark & Neeley (1987).

10 Com relação a pontos de vista divergentes sobre como a perspectiva darvinista deveria ser utilizada ao analisar o comportamento pré-histórico, ver Clark (1992) e Mithen (1993).

11 Bahn (1978). Essa evidência foi avaliada criticamente por While (1989b).

12 Consultar Larsson (1983) sobre o enterro de cachorros no sudeste da Escandinávia, e Byrd (1989) sobre os natufianos.

13 A evidência de uma administração e manipulação de recursos vegetais no Mesolítico europeu foi resumida por Zvelebil (1994).

14 Yen (1989) e Hallam (1989) apresentam um resumo da evidência a favor da "domesticação" do ambiente por aborígines australianos. Ver também Chase (1989) e Jones & Meehan (1989).

15 Consultar Higgs & Jarman (1969), Higgs (1972).

Bibliografia

ADOVASIO, J. M., DONAHUE, J., STRUCKENRATH, R. The Meadowcroft Rockshelter radiocarbon chronology. *American Antiquity*, v.55, p.348-54, 1990.

AIELLO, L. The fossil evidence for modern human origins in Africa: a revised view. *American Anthropologist*, v.95, p.73-96, 1993.

_____ . Terrestriality, bipedalism and the origin of language. In: *The Evolution of Social Behaviour Patterns in Primates and Man*. Ed. J. Maynard-Smith. London: Proceedings of the British Academy, 1996a.

_____ . Hominine preadaptations for language and cognition. In: *Modelling the Early Human Mind*. Ed. P. Mellars, K. Gibson. Cambridge: McDonald Institute Monograph Series. 1996b.

AIELLO, L., DUNBAR, R. I. M. Neocortex size, group size and the evolution of language. *Current Anthropology*, v.34, p.184-93, 1993.

AIELLO, L., WHEELER, P. The Expensive-tissue hypothesis. *Current Anthropology*, v.36, p.199-221, 1995.

AIKENS, C. M., HIGUCHI, T. *Prehistory of Japan*. New York: Academy Press, 1982.

AKAZAWA, T., AOKI, K., KIMURA, T. *The Evolution and Dispersal of Modern Humans in Asia*. Tokyo: Hokusen-Sha, 1992.

AKAZAWA, T., MUHESEN, M., DODO, Y., KONDO, O., MIZOGUCHI, Y. Neanderthal infant burial. *Nature*, v.377, p.585-6.

ALBRETHSEN, S. E., PETERSEN, E. B. Excavation of a Mesolithic cemetery at Vedbaek, Denmark. *Acta Archaeologica*, v.47, p.1-28, 1976.

ALLEN, J. Radiocarbon determinations, luminescente dates and Australian archaeology. *Antiquity*, v.68, p.339-43, 1994.

ALLEY, R. B. et al. Abrupt increase in Greenland snow accumulation at the end of the Younger Dryas event. *Nature*, v.362, p.527-29, 1993.

ALLSWORTH-JONES, P. *The Szeletian and the Transition from the Middle to Upper Palaeolithic in Central Europe*. Oxford: Clarendon Press, 1986.

_____ . The archaeology of archaic and early modern Homo sapiens: an African perspective. *Cambridge Archaeological Journal*, v.3, p.21-39, 1993.

ANDERSON, D. D. *Lang Rongrien Rockshelter*: A Pleistocene-Early Holocene Archaeological Site from Krabi, Southwestern Thailand. Philadelphia: The University Museum, University of Pennsylvania, 1990.

ANDERSON, J. R. *Cognitive Psychology and its Implications*. 2.ed. New York: W. H. Freeman, 1980.

ANDERSON-GERFUND. Aspects of behaviour in the Middle Palaeolithic: functional analysis of stone tools from southwest France. In: MELLARS, P. (Ed.) *The Emergence of Modern Humans*. Edinburgh: Edinburgh University Press. p.389-418.

ANDREWS, P. Ecological apes and ancestors. *Nature*, v.376, p.555-6, 1995.

ANDREWS, P., PILBEAM, D. The nature of the evidence. *Nature*, v.379, p.123-4, 1996.

ARENSBURG, B. et al. A Middle Palaeolithic hyoid bone. *Nature*, v.338, p.758-60, 1989.

_____ . A reappraisal of the anatomical basis for spreech in Middle Palaeolithic hominids. *American Journal of Physical Anthropology*, v.83, p.137-46, 1990.

ARSUAGA, J.-L. et al. Three new human skulls from the Sima de los Huesos Middle Pleistocene site in Sierra de Atapuerca, Spain. *Nature*, v.362, p.534-7, 1993.

ASHTON, N.M. et al. (Ed.) *High Lodge*: Excavations by G.de G. Sieveking 1962-68 & J. Cook 1988. London: British Museum Press, 1992.

ASHTON, N. M., MCNABB, J. The interpretation and context of the High Lodge flint industries. In: ASHTON, N. M. et al. (Ed.) *High Lodge: Excavations by G. de G. Sieveking 1962-68 & F. Cook 1988*. London: British Museum Press, 1992.

ASHTON, N. M. et al. Contemporaneity of Clactonian and Acheulian flint industries at Barnham, Suffolk. *Antiquity*, v.68, p.585-89, 1994.

ASFAW, B. et al. The earliest Acheulean from Konso-Gardula. *Nature*, v.360, p.732-5, 1992.

ATRAN, S. *Cognitive Foundations of Natural History*: Towards an Anthropology of Science. Cambridge: Cambridge University Press, 1990.

_____ . Core domains versus scientific theories: evidence from systematics and Itza-Maya folkbiology. In: HIRSCHFELD, L. A., GELMAN, L. A. (Ed.)

Mapping the Mind: Domain Specificity in Cognition and Culture. Cambridge: Cambridge University Press, 1994. p.316-40.

AUDOUZE, F. The Paris Basin in Magdalenian Times. In: SOFFER, O. *The Pleistocene Old World*. New York: Plenum Press, 1987. p.183-200.

AUDOUZE, F., ENLOE, J. Subsistence strategies and economy in the Magdalenian of the Paris Basin. In: BARTON, N., ROBERTS, A. J., ROE, D. A. (Ed.) *The Late Glacial in North-West Europe*: Human Adaptation and Environmental Change at the End of the Pleistocene. London: Council for British Archaeology Research Report, n.17, 1992. p.63-71.

AYERS, W. S., RHEE, S. N. The Acheulian in Asia? A review of research on the Korean Palaeolithic culture. *Proceedings of the Prehistoric Society*, v.50, p.35-48, 1984.

BAHN, P. G. On the unacceptable face of the West European Upper Palaeolithic. *Antiquity*, v.52, p.183-92, 1978.

_____ . Pleistocene images outside of Europe. *Proceedings of the Prehistoric Society*, v.57, n.1, p.99-102, 1991.

_____ . New advances in the field of Ice Age art. In: NITECKI, M. H., NITECKI, D. V. (Ed.) *Origins of Anatomically*. Modern Humans. New York: Plenum Press, 1994. p.121-32.

BAHN, P. G., VERTUT, J. *Images of the Ice Age*. London: Windward, 1988.

BAR-YOSEF, O. Prehistory of the Levant. *Annual Review of Anthropology*, v.9, p.101-33, 1980.

_____ . Geochronology of the Levantine Middle Palaeolithic. In: MELLARS, P., STRINGER, C. (Ed.) *The Human Revolutions*. Edinburgh: Edinburgh University Press, 1989. p.589-610.

_____ . The Lower Palaeolithic of the Near East. *Journal of World Prehistory*, v.8, p.211-65, 1994a.

_____ . The contributions of southwest Asia to the study of the origin of modern humans. In: NITECKI, M. H., NITECKI, D. V. (Ed.) Origins of Anatomically Modern Humans. New York: Plenum Press, 1994b. p.23-66.

BAR-YOSEF, O., BELFER-COHEN. A. The origins of sedentism and farming communities in the Levant. *Journal of World Prehistory*, v.3, p.447-97, 1989.

BAR-YOSEF, O., GOREN-INBAR, N. The Lithic Assemblages of the Site of Ubeidiya, Jordan Valley. Jerusalem, *Qedem*, v.34, 1993.

BAR-YOSEF, O., MEIGNEN, L. Insights into Levantine Middle Palaeolithic cultural variability. In: DIBBLE, H. L., MELLARS, P. (Ed.) *The Middle Palaeolithic*: Adaptation, Behaviour and Variability. Philadelphia: The University Museum, University of Pennsylvania, 1992. p.163-82.

BAR-YOSEF, O. et al. The excavations in Kebara Cave, Mt. Carmel. *Current Anthropology*, v.33, p.497-551, 1992.

BARON-COHEN, S. *Mindblindness*. Cambridge MA: MIT Press, 1995.

BARKOW, J. H., COSMIDES, L., TOOBY, J. *The Adapted Mind: Evolutionary Psychology and the Generation of Culture*. Oxford: Oxford University Press, 1992.

BARTON, N., ROBERTS, A. J., ROE, D. A. (Ed.) *The Late Glacial in North-West Europe*: Human Adaptation and Environmental Change at the End of the Pleistocene. London: Council for British Archaeology Research Report, n.77, 1992.

BARTSTRA, G. Homo erectus erectus: the search for his artifacts. *Current Anthropology*, v.23, p.318-20, 1982.

BEAUCHAMP, G., CABANA, G. Group size and variability in primates. *Primates*, v.31, p.171-82, 1990.

BEAUMONT, P. B., VILLERS, D., VOGEL, J. C. Modern man in sub-Saharan Africa prior to 49.000 BP: a review and evaluation with particular reference to Border Cave. *South African Journal of Science*, v.74, p.409-19, 1978.

BEDNARIK, R. G. Palaeoart and archaeological myths. *Cambridge Archaeological Journal*, v.2, p.27-57, 1992.

_____ . A taphonomy of palaeoart. *Antiquity*, v.68, p.68-74, 1994.

_____ . Concept-mediated marking in the Lower Palaeolithic. *Current Anthropology*, v.36, p.605-34, 1995.

BEDNARIK, R. G., YUZHU, Y. Palaeolithic art in China. *Rock Art Research*, v.8, p.119-23, 1991.

BÉGOUEN, R., CLOTTES, J. Portable and wall art in the Volp caves, Montesquieu-Avantes (Ariège). *Proceedings of the Prehistoric Society*, v.57, p.65-80, 1991.

BEGUN, D., WALKER, D. The endocast. In: WALKER, D., LEAKEY, R. (Ed.) *The Nariokotome Homo erectus Skeleton*. Berlin: Springer Verlag, 1993. p.26-358.

BEHRENSMEYER, A. K. Taphonomic and ecologic information from bone weathering. *Palaeobiology*, v.2, p.150-62, 1978.

BELFER-COHEN, A., GOREN-INBAR, N. Cognition and communication in the Levantine Lower Palaeolithic. *World Archaeology*, v.26, p.144-57, 1994.

BELITZKY, S., GOREN-INBAR, N., WERKER, E. A Middle Pleistocene wooden plank with man-made polish. *Journal of Human Evolution*, v.20, p.349-53, 1991.

BERGMAN, C. A. The development of the bow in western Europe: a technological and functional perspective. In: PETERKIN, H. M. et al. (Ed.) *Hunting and Animal Exploitation in the Later Palaeolothic and Mesolithic of Eurasia. Archaeological Papers of the American Anthropological Association*, n.4, p.95-105, 1993.

BERGMAN, C. A., ROBERTS, M. B. Flaking technology at the Acheulian site of Boxgrove, West Sussex (England). *Revue Archéologique de Picardie*, v.1-2, p.105-13, 1988.

BERLIN, B. *Ethnobiological Classification*: Principles of Categorization of Plants and Animals in Traditional Societies. Princeton: Princeton University Press, 1992.

BERLIN, B., BREEDLOVE, D., RAVEN, P. General principles of classification and nomenclature in folk biology. *American Anthropologist*, v.87, p.298-315.

BÉYRIES, S. Functional variability of lithic sets in te Middle Paleolithic. In: DIBBLE, H. L., MONTET-WHITE, A. (Ed.) *Upper Pleistocene Prehistory of Western Eurasia*. Philadelphia: The University Museum, University of Pennsylvania, 1988. p.213-23.

BINFORD, L. R. Interassemblage variability – the Mousterian and the functional argument. In: RENFREW, C. (Ed.) *The Explanation of Culture Change*. London: Duckworth, 1973. p.227-54.

_____ . *Nunamiut Ethmoarchaeology*. New York: Academic Press, 1978.

_____ . *Bones: Ancient Men and Modern Myths*. New York: Academic Press, 1981.

_____ . *Faunal Remains from Klasies River Mouth*. Orlando: Academic Press, 1984a.

_____ . Butchering, sharing and the archaeological record. *Journal of Anthropological Archaeology*, v.3, p.235-57, 1984b.

_____ . Human ancestors: changing views of their behavior. *Journal of Anthropological Archaeology*, v.4, p.292-327, 1985.

_____ . Comment on 'Systematic butchery by Plio/Pleistocene hominids at Olduvai Gorge' by H.T. Bunn & E.M. Kroll. *Current Anthropology*, v.27, p.444-6, 1986.

_____ . Searching for camps and missing the evidence? Another look at the Lower Palaeolithic. In: SOFFER, O. (Ed.) *The Pleistocene Old World*: Regional Perspectives. New York: Plenum Press, 1987a. p.17-31.

_____ . Were there elephant hunters at Torralba? In: NITECKI, M. H., NITECKI, D. V. (Ed.) *The Evolution of Human Hunting*. New York: Plenum Press, 1987b. p.47-105.

_____ . Fact and fiction about the Zinjanthropus floor: data, arguments and interpretations. *Current Anthropology*, v.29, p.123-35, 1988.

_____ . Isolating the transition to cultural adaptations: an organizational approach. In: TRINKAUS, E. (Ed.) *The Emergence of Modern Humans*: Biocultural Adaptations in the Later Pleistocene. Cambridge: Cambridge University Press, 1989. p.18-41.

BINFORD, L. R., BINFORD S. R. Stone tools and human behavior. *Scientific American*, v.220, p.70-84, 1969.

BINFORD L. R., CHUAN KUN HO Taphonomy at a distance: Zhoukoudian, "the cave home of Beijing Man". *Current Anthropology*, v.20, p.413-42, 1985.

BINFORD, L. R., STONE, N. M. Zhoukoudian: a closer look. *Current Anthropology*, v.27, p.453-75, 1986.

BINFORD, L. R., MILLS, M. G. L., STONE, N. M. Hyena scavenging behavior and its implications for the interpretation of faunal assemblages from FLK 22 (the Zinj floor) at Olduvai Gorge. *Journal of Anthropological Archaeology*, v.7, p.99-135, 1988.

BINFORD, L. R., TODD, L. On arguments for the "butchering"of giant geladas. *Current Anthropology*, v.23, p.108-10, 1982.

BIRKET-SMITH, K. *The Eskimos*. London: Merthuen, 1936.

BIRD-DAVID, N. The "giving environment": another perspective on the economic system of gatherer-hunters. *Current Anthropology*, v.31, p.189-96.

BISCHOFF, J. L., SOLER, N., MAROTO, J., JULIA, R. Abrupt Mousterian/Aurignacian boundary at c. 40 ka bp: accelerator 14C dates from L'Arbreda cave. *Journal of Archaeological Science*, v.16, p.563-76, 1989.

BISSON, M. S., BOLDUC. P. Previously undescribed figurines from the Grimaldi Caves. *Current Anthropology*, v.35, p.458-68, 1994.

BLEED, P. The optimal design of hunting weapons. *American Antiquity*, v.51, p.737-47, 1986.

BLOCK, N. On a confusion about the function of consciousness. *Behavioral and Brain Sciences*, v.18, p.227-87.

BLURTON-JONES, H., KONNER, M. J. Kung knowledge of animal behavior. In: LEE, R., DeVORE, I. (Ed.) *Kalahari Hunter-Gatherers*. Cambridge MA: Harvard University Press, 1976.

BLUMENSCHINE, R. J. *Early Hominid Scavenging Opportunities*. Oxford: British Archaeological Reports, International Series, v.283, 1986.

_____ . Characteristics of an early hominid scavenging niche. *Current Anthropology*, v.28, p.383-407, 1987.

BLUMENSCHINE, R. J., CAVALLO, J. A., CAPALDO, S. D. Competition for carcasses and early hominid behavioural ecology: a case study and conceptual framework. *Journal of Human Evolution*, v.27, p.17-213, 1994.

BODEN, M. *The Creative Mind: Myths and Mechanisms*. London: Weidenfeld and Nicolson, 1990.

_____ . Précis of "The Creative Mind: Myths and Mechanisms". *Behavioral and Brain Sciences*, v.17, p.519-70, 1994.

BOËDA, E. Le concept laminaire: rupture et filiation avec le concept Levallois. In: KOZLOWSKI, J. (Ed.) *L'Homme Neanderthal*. Liège, Belgium: ERAUL, 1988. v.8: "La Mutation", p.41-60.

BOËDA, E. De la surface au volume, analyse des conceptions des débitages Levallois et laminaires. *Mémoires du Musée de Préhistoire*, v.3, p.63-8, 1990.

BOESCH, C. Teaching among wild chimpanzees. *Animal Behavior*, v.41, p.530-32, 1991.

_____ . Aspects of transmission of tool-use in wild chimpanzees. In: GIBSON, K. G., INGOLD, T. (Ed.) *Tools, Language and Cognition in Human Evolution*. Cambridge: Cambridge University Press, 1993. p.171-83.

BOESCH, C., BOESCH, H. Optimization of nut-cracking with natural hammers by wild chimpanzees. *Behaviour*, v.83, p.265-86, 1983.

_____ . Mental maps in wild chimpanzees: an analysis of hammer transports for nut cracking. *Primates*, v.25, p.160-70, 1984a.

_____ . Possible causes of sex differences in the use of natural hammers by wild chimpanzees. *Journal of Human Evolution*, v.13, p.415-40, 1984b.

_____ . Hunting behavior of wild chimpanzees in the Tai National Park. *American Journal of Physical Anthropology*, v.78, p.547-73, 1989.

_____ . Tool-use and tool-making in wild chimpanzees. *Folia Primatologica*, v.54, p.86-99, 1990.

_____ . Diversity of tool-use and tool-making in wild chimpanzees. In: BERTHELER, A., CHAVAILLON, J. (Ed.) *The Use of Tools by Human and Non--human Primates*. Oxford: Clarendon Press, 1993. p.518-74.

BOKELMANN, K. Some new thoughts on old data on humans and reindeer in the Arhensburgian tunnel valley in Schleswig-Holstein, Germany. In: BARTON, N., ROBERTS, A. J., ROE, D. A. (Ed.) *The Late Glacial in North--West Europe*: Human Adaptation and Environmental Change at the End of the Pleistocene. London: Council for British Archaeology Research Report, n.17, 1992. p.72-81.

BONIFAY, E., VANDERMEERSCH, B. (Ed.) *Les premiers européens*. Paris: Editions du CTHS, 1991.

BORDES, F. Typologie du Paléolithique Ancien et Moyen. Publications de l'Institut de Préhistoire de l'Université de Bordeaux. *Momoiré*, n.1, v.2, 1961a.

_____ . Mousterian cultures in France. *Science*, v.134, p.803-10, 1961b.

_____ . *Tools of the Old Stone Age*. London: Weidenfeld & Nicolson, 1968.

_____ . *A Tale of Two Caves*. New York: Harper and Row, 1972.

BOWDLER, S. Homo sapiens in Southeast Asia and the Antipodes: archaeological versus biological interpretations. In: AKAZAWA, T., AOKI, K., KIMURA, T. (Ed.) *The Evolution and Dispersal of Modern Human in Asia*. Tokyo: Hokusen--Sha, 1992. p.559-89.

BOWEN, D. Q., SYKES, G. A. How old is Boxgrove Man? *Nature*, v.371, p.751, 1994.

BOYER, P. *Trading as Truth and Communications*. New York: Cambridge University Press, 1990.

_____ . *The Naturalness of Religious Ideas*. A Cognitive Theory of Religion. Berkeley: University of California Press, 1994a.

_____ . Cognitive constraints on cultural representations: natural ontologies and religious ideas. In: HIRSCHFELD, L. A., GELMAN, S. A. (Ed.) *Mapping the Mind*: Domain Specificity in Cognition and Culture. Cambridge: Cambridge University Press, 1994b. p.391-411.

BRAIN, C. K. *The Hunters or the Hunted?* Chicago: University of Chicago Press, 1981.

BRÄUER, G., SMITH, F. H. (Ed.) *Continuity or Replacement?* Controversies in Homo sapiens Evolution. Rotterdam: Balkema, 1992.

BRATLUND, B. A study of hunting lesions containing flint fragments on reindeer bones at Stellmoor, Schleswig-Holstein, Germany. In: BARTON, N. ROBERTS, A. J., ROE, D. A. *The Late Glacial in North-West Europe*: Human Adaptation and Environmental Change at the End of the Pleistocene. London: Council for British Archaeology Research Report, n.17, 1992. p.193-207.

BREUIL, H. *Four Hundred Centuries of Cave Art*. Montignac: Centre d'Etudes et de Documentation Préhistoriques, 1952.

BREWER, S. M., MCGREW, W. C., Chimpanzee use of a tool-set to get honey. *Folia Primatologica*, v.54, p.100-04, 1990.

BROTHWELL, D. *The Bogman and the Archaeology of People*. London: British Museum Press, 1986.

BROWN, P. Artificial cranial deformations as a component in the variation in Pleistocene Australian crania. *Archaeology in Oceania*, v.16, p.156-67, 1981.

BRUNET, M., BEAUVILAIN, A., COPPENS, Y., HEINTZ, E., MOUTAYE, A. H. E., PILBEAM, D. The first australopithecine 2.500 kilometres west of the Rift Valley (Chad). *Nature*, v.378, p.273-74, 1995.

BUNN, H. T. Archaeological evidence for meat eating by Plio-Pleistocene hominids from Koobi Fora and Olduvai Gorge. *Nature*, v.291, p.574-77, 1981.

_____ . Evidence on the diet and subsistence patterns of Plio-Pleistocene hominids at Koobi Fora, Kenya and Olduvai Gorge, Tanzania. In: CLUTTON--BROCK, J., GRIGSON, C. (Ed.) *Animals and Archaeology*: 1. Hunters and their Prey. Oxford: British Archaeological Reports, International Series 163, 1983a. p.21-30.

_____ . Comparative analysis of modern bone assemblages from a San hunter-gatherer camp in the Kalahari Desert, Botswana, and from a spotted hyena den near Nairobi, Kenya. In: CLUTTON-BROCK, J., GRIGSON, C. (Ed.) *Animals and Archaeology*: 1. Hunters, and their Prey. Oxford: British Archaeological Reports, International Series 163, 1983b. p.143-48.

BUNN, H. T. Early Pleistocene hominid foraging strategies along the ancestral Omo River at Koobi Fora, Kenya. *Journal of Human Evolution*, v.27, p.247-66, 1994.

BUNN, H. T., KROLL, E. M. Systematic butchery by Plio-Pleistocene hominids at Olduvai Gorge, Tanzania. *Current Anthropology*, v.27, p.431-52, 1986.

BUSS, D. *The Evolution of Desire*: Strategies of Human Mating. New York: Basic Books, 1994.

BYRD, B. F. The Natufian: settlement, variability and economic adaptations in the Levant at the end of the Pleistocene. *Journal of World Prehistory*, v.3, p.159-97, 1989.

BYRNE, R. W. *The Thinking Ape*: Evolutionary Origins of Intelligence. Oxford: Oxford University Press, 1995.

BYRNE, R. W., WHITEN, A. Tactical deception of familiar individuals in baboons (Papio ursinus). *Animal Behavior*, v.33, p.669-73, 1985.

_____ . (Ed.) *Machiavellian Intelligence*: Social Expertise and the Evolution of Intellect in Monkeys, Apes and Humans. Oxford: Clarendon Press, 1988.

_____ . Computation and mindreading in primate tactical deception. In: WHITEN, A. (Ed.) *Natural Theories of Mind*. Oxford: Blackwell, 1991. p.127-41.

_____ . Cognitive evolution in primates: evidence from tactical deception. *Man (N.S.)*, v.27, p.609-27, 1992.

CABRERA, V., BISCHOFF, J. Accelerator 14C dates for Early Upper Palaeolithic at El Castillo Cave. *Journal of Archaeological Science*, v.16, p.577-84, 1989.

CALLOW, P., CORNFORD, J. M. (Ed.) *La Cotte de St. Brelade 1961-1978*: Excavations by C. B. M. McBurney. Norwich: GeoBooks, 1986.

CALVIN, W. H. A stone's throw and is launch window: timing, precision and its implications for language and hominid brains. *Journal of Theoretical Biology*, v.104, p.121-35, 1983.

_____ . The unitary hypothesis: a common neural circuitry for novel manipulations, language, plan-ahead and throwing. In: GIBSON, K. R., INGOLD, T. (Ed.) *Tools, Language and Cognition in Human Evolution*. Cambridge: Cambridge University Press, 1993. p.230-50.

CANN, R. L., STONEKING, M., WILSON, A. Mitochondrial DNA and human evolution. *Nature*, v.325, p.32-6, 1987.

CARBONELL, E., BERMÚDEZ DE CASTRO, J. M., ARSUAGA, J. C., DIEZ, J.C., ROSAS, A., CUENCA-BERCÓS, G., SALA, R., MOSQUERA, M., RODRIGUEZ, X. P. Lower Pleistocene hominids and artifacts from Atapuerca--TD6 (Spain). *Science*, v.269, p.826-30, 1995.

CAREY, S., SPELKE, E. Domain-specific knowledge and conceptual change. In: HIRSCHFELD, L. A., GELMAN, S. A. (Ed.) *Mapping the Mind*: Domain

Specificity in Cognition and Culture. Cambridge: Cambridge University Press, 1994.

CARMICHAEL, D. L., HUBERT, J., REEVES, B., SCHANCHE, A. *Sacred Sites, Sacred Places*. London: Routledge, 1994.

CERLING, T. E. The development of grasslands and savanna in East Africa during the Neogene. *Palaeogeography, Palaeoclimateology and Palaeoecology*, v.97, p.241-47, 1992.

CHAPMAN, C. Ecological constraints on group size in three species on neotropical primates. *Folia Primatologica*, v.55, p.1-9, 1990.

CHASE, A. K. Domestication and domiculture in northern Australia: a social perspective. In: HARRIS, D. R., HILLMAN, G. C. (Ed.) *Foraging and Farming*: The Evolution of Plant Exploitation. London: Unwin Hyman, 1989. p.42-78.

CHASE, P. *The Hunters of Combe Grenal*: Approaches to Middle Palaeolithic Subsistence in Europe. Oxford: British Archaeological Reports, International Series, S286, 1986.

_____ . How different was Middle Palaeolithic subsistence? A zooarchaeological perspective on the Middle to Upper Palaeolithic transition. In: MELLARS, P., STRINGER, C. (Ed.) *The Human Revolution*. Edinburgh: Edinburgh University Press, 1989. p.321-37.

_____ . Symbols and palaeolithic artifacts: style, standardization and the imposition of arbitrary form. *Journal os Anthropological Archaeology*, v.10, p.193-214, 1991.

CHASE, P., DIBBLE, H. Middle Palaeolithic symbolism: a review of current evidence and interpretations. *Journal of Anthropological Archaelogy*, v.6, p.263-93, 1987.

_____ . Scientific archaeology and the origins of symbolism: a reply to Bednarik. *Cambridge Archaeological Journal*, v.2, p.43-51, 1992.

CHAUVET, J-M., DESCHAMPS, E. B., HILLAIRE, C. *Chauvet Cave*: The Discovery of the World's Oldest Paintings. London: Thames and Hudson: New York: Abrams, 1996.

CHAVAILLON, J. Evidence for the technical practices of early Pleistocene hominids. In: COPPENS, Y., HOWELL, F. C., ISAAC, G., LEAKEY, R. E. F. *Earliest Man and Environments in the Lake Rudolf Basin*: Stratigraphy, Palaeocology and Evolution. Chicago: Chicago University Press, 1976. p.565-73.

CHENEY, D. L., SEYFARTH, R. S. Social and non-social knowledge in vervet monkeys. In: BYRNE, R. W., WHITEN, A. (Ed.) *Machiavellian Intelligence*: Social Expertise and the Evolution of Intellect in Monkeys, Apes and Humans. Oxford: Clarendon Press, 1988. p.255-70.

_____ . *How Monkeys See the World*. Chicago: Chicago University Press, 1990.

CHENEY, D. L., SEYFARTH, R. S. SMUTS, B. B., WRANGHAM, R. W. The future of primate research. In: SMUTS, B. B., CHENEY, D. L., SEYFARTH, R. M., WRANGHAM , R. W., STRUHSAKER, T. T. (Ed.) *Primate Societies*. Chicago: Chicago University Press, 1987. p.491-6.

CHURCHILL, S. Weapon technology, prey size selection and hunting methods in modern hunter-gatherers: implications for hunting in the Palaeolithic and Mesolithic. In: PETERKIN, G. L., BRICKER , H. M., MELLARS, P. (Ed.) *Hunting and Animal Exploitation in the Later Palaeolithic and Mesolithic of Eurasia*. Archaeological Papers of the American Anthropological Association, n.4, 1993. p.11-24.

CLARK, G. A. A comment on Mithen's ecological interpretation of Palaeolithic art. *Proceedings of the Prehistoric Society*, v.58, p.107-9, 1992.

CLARK, G. A., NEELEY, M. Social differentiation in European Mesolithic burial data. In: ROWLEY-CONWY, P. A., ZVELEBIL, M., BLANKHOLM, H. P. (Ed.) *Mesolithic Northwest Europe*: Recent Trends. Sheffield: Departament of Archaeology and Prehistory, 1987. p.121-7.

CLARK, G. A., YOUNG, D., STRAUS, L. G., JEWETT, R. Multivariate analysis of La Riera industries and fauna. In: STRAUS, L. G., CLARK, G. A. *La Riera Cave*. Anthropological Research Papers 36, Tempe: Arizona State University, 1986. p.325-50.

CLARK, J. D. *The Kalambo Falls Prehistoric Site*. Cambridge: Cambridge University Press, 1969. v.1.

_____ . *The Kalambo Falls Prehistoric Site*. Cambridge: Cambridge University Press, 1974. v.2.

_____ . The cultures of the Middle Palaeolithic/Middle Stone Age. In: CLARK, J. D. (Ed.) *The Cambridge History of Africa*. Cambridge: Cambridge University Press, 1982. Volume 1, From the Earliest Times to c. 500 BC. p.248-341.

CLARK, J. D., HAYNES, C. V. An elephant butchery site at Mwanganda's Village, Karonga, Malawi. *World Archaeology*, v.1, p.390-411, 1970.

CLARK, J. D., KURASHINA, H. An analysis of earlier stone age bifaces from Gadeb (Locality 8E), Northern Bale Highlands, Ethiopia. *South African Archaeological Bulletin*, v.34, p.93-109, 1979a.

_____ . Hominid occupation of the east-central highlands of Ethiopia in the Plio-Pleistocene. *Nature*, v.282, p.33-9, 1979b.

CLARKE, R. J. Habiline handaxes and Paranthropine pedigree at Sterkfontein. *World Archaeology*, v.20, p.1-12, 1988.

CLAYTON, D. Socially facilitated behaviour. *Quarterly Review of Biology*, v.53, p.373-91, 1978.

CLOSE, A. The place of the Haua Fteah in the late Palaeolithic of North Africa. In: BAILEY, G. N., CALLOW, P. *Stone Age Prehistory*. Cambridge: Cambridge University Press, 1986. p.169-80.

CLOTTES, J. The parietal art of the Late Magdalenian. *Antiquity*, v.64, p.527-48, 1990.

CLUTTON-BROCK, T. H., HARVEY, P. Primate ecology and social organization. *Journal of the Zoological Society of London*, v.183, p.1-39, 1977.

_____ . Primates, brains and ecology. *Journal of the Zoological Society of London*, v.190, p.309-23, 1980.

COHEN, M. N. *The Food Crisis in Prehistory*. New Haven CT: Yale University Press, 1977.

COHEN, M. N., ARMELAGOS, G. J. *Palaeopathology at the Origins of Agriculture*. New York: Academic Press, 1984.

CONKEY, M. The identification of prehistoric hunter-gatherer aggregation: the case of Altamira. *Current Anthropology*, v.21, p.609-30, 1980.

_____ . On the origins of Palaeolithic art: a review and some critical thoughts. In: TRINKAUS, E. (Ed.) *The Mousterian Legacy*: Human Biocultural Change in the Upper Pleistocene. Oxford: British Archaeological Reports 164, 1983. p.201-27.

_____ . New approaches in the search for meaning? A review of research in "Palaeolithic art". *Journal of Field Archaeology*, v.14, p.413-30, 1987.

CONRAD, N. Laminar lithic assemblages from the last interglacial complex in Northwest Europe. *Journal of Anthropological Research*, v.46, p.243-62, 1990.

COOK, J. Preliminary report on marked human bones from the 1986-1987 excavations at Gough's Cave, Somerset, England. In: BARTON, N., ROBERTS, A. J., ROE, D. A. *The Late Glacial in North-West Europe*: Human Adaptation and Environmental Change at the End of the Pleistocene. London: Council for British Archaeology Research Report, n.17, 1992. p.160-78.

COOK, J., WELTÉ, A. C. A newly discovered female engraving from Courbet (Penne-Tarn). France. *Proceedings of the Prehistoric Society*, v.58, p.29-35, 1992.

CORBALLIS, M. C. *The Lopsided Ape*. Oxford: Oxford University Press, 1991.

_____ . On the evolution of language and generativity. *Cognition*, n.44, p.197-226, 1992.

COSMIDES, L. The logic of social exchange: has natural selection shaped how humans reason? Studies with the Wason selection task. *Cognition*, v.31, p.187-276, 1989.

COSMIDES, L., TOOBY, J. From evolution to behaviour: evolutionary psychology as the missing link. In: DUPRÉ, J. *The Latest on the Best*: Essays on Evolution and Optimality. Cambridge: Cambridge University Press, 1987. p.277-306.

_____ . Cognitive adaptations for social exchange. In: BARKOW, J. H., COSMIDES, L., TOOBY, J. *The Adapted Mind*. New York: Oxford University Press, 1992. p.163-28.

COSMIDES, L., TOOBY, J. Origins of domain specificity: the evolution of functional organization. In: Hirschfeld, L. A., Gelman, S. A. (Ed.) *Mapping the Mind*: Domain Specificity in Cognition and Culture. Cambridge: Cambridge University Press, 1994. p.85-116.

CULOTTA, E. Asian hominids grow older. *Science*, v.270, p.1116-17, 1995.

CUNLIFFE, B. (Ed.) *The Oxford Illustrated Prehistory of Europe*. Oxford: Oxford University Press, 1994.

CUNNINGHAM, A., WILLIAMS, P. Decentering the "big" picture: the origins of modern science and the modern origins of science. *British Journal of the History of Science*, v.26, p.407-32, 1993.

CURRANT, A. P., JACOBI, R. M., STRINGER, C. B. Excavations at Gough's Cave, Somerset 1986-7. *Antiquity*, v.63, p.131-6, 1989.

DANSGAARD, W., WHITE, J. W. C., JOHNSEN, S. J. The abrupt termination of the Younger Dryas climate event. *Nature*, v.339, p.532-34, 1989.

DARWIN, C. *The Origin of Species*. London: John Murray, 1859.

_____ . *The Descent of Man*. London: John Murray, 1913

DAVIDSON, I. Bilzingsleben and early marking. *Rock Art Research*, v.7, p.52-6, 1990.

_____ . The archaeology of language origins: a review. *Antiquity*, v.65, p.39-48, 1991.

_____ . There's no art – To find the mind's construction – In: Offence (reply to R. Bednarik). *Cambridge Archaeological Journal*, v.2, p.52-7, 1992.

DAVIDSON, I., NOBLE, W. The archaeology of perception: traces of depiction and language. *Current Anthropology*, v.30, p.125-55, 1989.

_____ . Why the first colonization of the Australian region is the earliest evidence of modern human behaviour. *Archaeology in Oceania*, v.27, p.113-19, 1992.

DAWKINS, R. *The Selfish Gene*. Oxford: Oxford University Press, 1976.

_____ . *The Blind Watchmaker*. Harmondsworth: Penguin Books, 1986.

_____ . *River Out of Eden*. London, New York: Weidenfeld & Nicolson, 1995.

DAWSON, A.G. *Ice Age Earth*: Late Quaternary Geology and Climate. London: Routledge, 1992.

DE WAAL, F. *Chimpanzee Politics*: Power and Sex among Apes. London: Jonathan Cape, 1982.

DEACON, T. W. Fallacies of progression in theories of brain-size evolution. *International Journal of Primatology*, v.11, p.193-236, 1990.

_____ . The neural circuitry underlying primate calls and human language. In: WIND, J., CHIARELLI, B., BICHAKHIAN, B., NOCENTINI, A. (Ed.) *Language Origin*: A Multidisciplinary Approach. Dordrecht: Kluwer Academic Publishing, 1992. p.121-62.

DEAN, M. C., STRINGER, C. B., BROMGATE, T. G. Age at death of the Neanderthal child from Devil's Tower Gibraltar and the implications for studies of general growth and development in Neanderthals. *American Journal of Physical Anthropology*, v.70, p.301-9, 1986.

DELLUC, B., DELLUC, G. Les manifestations graphiques aurignaciennes sur support rocheux des environs des Eyzies (Dordogne). *Gallia Préhistoire*, v.21, p.213-438, 1978.

DELPORTE, H. *L'image de la femme dans l'art préhistorique*. Paris: Picard, 1979.

_____ . Gravettian female figurines: a regional survey. In: KNECHT, H., PIKE-TAY, A , WHITE, R. (Ed.) *Before Lascaux*: The Complex Record of the Early Upper Palaeolithic. Boca Raton: CRC Press, 1993. p.243-57.

DEMENOCAL, P. B. Plio-Pleistocene African Climate. *Sciences*, v.270, p.53-9, 1995.

DENNELL, R. W. *European Economic Prehistory*. London: Academic Press, 1983.

DENNELL, R. W., RENDELL, H. De Terra and Paterson and the Soan flake industry: a new perspective from the Soan Valley, North Pakistan. *Man and Environment*, v.XVI, p.91-9, 1991.

DENNELL, R. W., RENDELL, H., HAILWOOD, E. Early tool making in Asia: Two million year old artifacts in Pakistan. *Antiquity*, v.62, p.98-106, 1998a.

_____ . Late Pliocene artifacts from North Pakistan. *Current Anthropology*, v.29, p.495-98, 1988b.

DENNETT, D. The intentional stance in theory and practice. In: BYRNE, R. W., WHITEN, A. (Ed.) *Machiavellian Intelligence*: Social Expertise and the Evolution of Intellect in Monkeys, Apes and Humans. Oxford: Clarendon Press, 1988. p.180-202

_____ . *Consciousness Explained*. New York: Little, Brown & Company, 1991.

DIBBLE, H. L. The interpretation of Middle Palaeolithic scraper morphology. *American Antiquity*, v.52, p.109-17.

_____ . The implications of stone tool types for the presence of language during the Lower and Middle Palaeolithic. In: MELLARS, P., STRINGER, C. *The Human Revolution*. Edinburgh: Edinburgh University Press, 1989. p.415-32.

DIBBLE, H. L., ROLLAND, N. On assemblage variability in the Middle Palaeolithic of western Europe: history, perspectives and a new interpretation. In: ED, H. L. (Ed.) *The Middle Palaeolithic*: Adaptation, Behaviour and Variability. 1992.

DIBBLE, P. MELLARS, Philadelphia: The University Museum, University of Pennsylvania, 1992.

DILLEHAY, T. D. *Monte Verde: A Late Pleistocene Settlement in Chile*. Washington D. C.: Smithsonian Institute, 1989.

DILLEHAY, T. D., COLLINS, M. B. Early cultural evidence from Monte Verde in Chile. *Nature*, v.332, p.150-52.

DILLEHAY, T. D., CALDERÓN, C. A. POLITIS, G., BELTRAO, M. C. M. C. The earliest hunter-gatherers of South America. *Journal of World Prehistory*, v.6, p.145-203, 1992.

DONALD, M. *Origins of the Modern Mind*. Cambridge MA: Harvard University Press, 1991.

_____ . Précis of "Origins of the Modern Mind". *Behavioral and Brain Sciences*, v.16, p.737-91, 1994.

DOUGLAS, M. The pangolin revisited: a new approach to animal symbolism. In: WILLIS, R. G. (Ed.) *Signifying Animals*: Human Meaning in the Natural World. London: Unwin Hyman, 1990. p.25-42,

DUHARD, J.-P. Upper Palaeolithic figures as a reflection of human morphology and social organization. *Antiquity*, v.67, p.83-91, 1993.

DUNBAR, R. I. M. *Primate Societies*. London: Chapman & Hall, 1988.

_____ . Functional significance of social grooming in primates. *Folia Primatologica*, v.52, p.121-31, 1991.

_____ . Neocortex size as a constraint on group size in primates. *Journal of Human Evolution*, v.20, p.469-93, 1992.

_____ . Coevolution of neocortical size, group size and language in humans. *Behavioral and Brain Sciences*, v.16, p.681-735, 1993.

_____ . *The Trouble with Science*. London: Faber & Faber, 1995.

EASTHAM, M., EASTHAM, A. Palaeolithic parietal art and its topographic context. *Proceeding of the Prehistoric Society*, v.51, p.115-28, 1991.

ECCLES, J. *Evolution of the Brain*: Creation of the Self. London: Routledge, 1989.

EISENBERG, J. *The Mammalian Radiations*: An Analysis of Trends in Evolution, Adaptation and Behaviour. London: Athlone Press, 1981.

ENLOE, J. G. Subsistence organization in the Early Upper Palaeolithic: reindeer hunters of the Abri du Flageolet, Couche V. In: KNECHT, H., PIKE-TAY, A., WHITE, R. (Ed.) *Before Lascaux*: The Complex Record of the Early Upper Palaeolithic. Boca Raton: CRC Press, 1993. p.101-15.

D'ERRICO, F. Palaeolithic lunar calendars: a case of wishful thinking. *Current Anthropology*, v.30, p.117-18, 1989a.

_____ . A reply to Alexander Marshack. *Current Anthropology*, v.30, p.495-500, 1989b.

_____ . Microscopic and statistical criteria for the identification of prehistoric systems of notation. *Rock Art Research*, v.8, p.83-93, 1991.

D'ERRICO, F. A reply to Alexander Marshak. *Rock Art Research*, v.9, p.59-64.

_____ . A new model and its implications for the origin of writing: the La Marche antler revisited. *Cambridge Archaelogical Journal*, v.5, p.163-206, 1995.

D'ERRICO. F., CACHO, C. Notation versus decoration in the Upper Palaeolithic: a case study from Tossal de la Roca, Alicante, Spain. *Journal of Archaeological Science*, v.21, p.185-200, 1994.

FALK, D. Cerebral cortices of East African early hominids. *Science*, v.221, p.1072-74, 1983.

_____ . Brain evolution in Homo. The "radiator theory". *Behavioral and Brain Sciences*, v.13, p.333-81, 1990.

_____ . *Braindance: New Discoveries about Human Brain Evolution*. New York: Henry Holt, 1992.

FARIZY, C. The transition from the Middle to Upper Palaeolithic at Arcy-sur-Cure (Yonne, France): technological, economic and social aspects. In: MELLARS, P. (Ed.) *The Emergence of Modern Humans*. Edinburgh: Edinburgh University Press, 1990. p.303-26.

FARIZY, C., DAVID F. Subsistence and behavioral patterns of some Middle Palaeolithic local groups. In: DIBBLE, H. L., MELLARS, P. (Ed.) *The Middle Palaeolithic*, Adaptation, Behaviour and Variability. Philadelphia: The University Museum, University of Pennsylvania, 1992. p.87-96.

FAULSTICH, P. Of earth and dreaming: abstraction and naturalism in Walpiri art. In: MORWOOD, M. J., HOBBS, D. R. (Ed.) *Rock Art and Ethnography*. Melbourne: Occasional AURA Publication n.5, 1992. p.19-23.

FÉBLOT-AUGUSTINS, J. Mobility strategies in the late Middle Palaeolithic of Central Europe and Western Europe: elements of stability and variability. *Journal of Anthropological Archaeology*, v.12, p.211-65, 1993.

FISCHER, A. On being a pupil of a flintknapper of 11.000 years ago. A premilinary analysis of settlement organization and flint technology based on conjoined flint artifacts from the Trollesgave site. In: CZIESLA, E., EICK-HOFF, S., ARTS, N., WINTER, D. *The Big Puzzle*: International Symposium of Refitting Stone Artifacts. Bonn: Holos, 1990. p.447-64.

FLOOD, J. *Archaeology of the Dreamtime*. London: Collins, 1983.

_____ . *The Modularity of Mind*. Cambridge MA: MIT Press, 1983.

_____ . Précis of "The Modularity of Mind". *The Behavioral and Brain Sciences*, v.8, p.1-42, 1985.

_____ . Modules, frames and fridgeons, sleeping dogs and the music of the spheres. In: GARFIELD, J. L. (Ed.) *Modularity in Knowledge Representation and Natural Language Understanding*. Cambridge MA: MIT Press, 1987. p.25-36.

FOLEY, R. *Another Unique Species*. Harlow: Longman, 1987.

FRAYER, D. W. Cranial base flattening in Europe: Neanderthals and recent Homo sapiens. *American Journal of Physical Anthropology* (supplement), v.14, p.77, 1992.

FRAYER, D. W., WOLPOFF, M. H., THORNE, A. G., SMITH, F. H., POPE, G. Theories of modern human origins: the paleontological test. *American Anthropologist*, v.95, p.14-50, 1993.

_____ . Getting it straight. *American Anthropologist*, v.96, p.424-38, 1994.

FREMLEN, J. Letter to the editor. *Science*, v.187, p.600.

FRITH, U. *Autism: Explaining the Enigma*. Oxford : Blackwell, 1989.

GALLISTEL, C. R., CHENG, K. A modular sense of place? *The Behavioral and Brain Sciences*, v.8, p.11-12, 1985.

GALEF, B. G. Imitation in animals: history, definition and interpretation of data from the psychological laboratory. In: ZENTALL, T. R., GALEF, B. G. (Ed.) *A Comparative Approach*. Hillsdale NJ: Erlbaum, 1988. p.3-28.

_____ . Tradition in animals: field observations and laboratory analysis. In: BEKOFF, M., JAMIESON, D. (Ed.) *Methods, Inferences, Interpretations and Explanations in the Study of Behavior*. Boulder: Westview Press, 1990. p.74-95.

GAMBLE, C. Interaction and alliance in Palaeolithic society. *Man*, v.17, p.92-107, 1982.

_____ . The Palaeolithic Settlement of Europe. Cambridge: Cambridge University Press, 1986.

_____ . Man the shoveler: alternative models for Middle Pleistocene colonization and occupation in northern latitudes. In: SOFFER, O. (Ed.) The Pleistocene Old World. New York: Plenum Press, 1987. p.81-98.

_____ . Comment on "Grave shortcomings: the evidence for Neanderthal burial by R. Gargett". *Current Anthropology*, v.30, p.181-2, 1989.

_____ . The social context for European Palaeolithic art. *Proceedings of the Prehistoric Society*, v.57, p.3-15, 1991.

_____ . Comment on "Dense forests, cold steppes, and the Palaeolithic settlement of Northern Europe" by W. Roebrocks, N. J. Conrad & T. van Kolfschoten. *Current Anthropology*, v.33, p.569-72, 1992.

_____ . *Timewalkers*: The Prehistory of Global Colonization. Stroud: Alan Sutton, 1993.

_____ . The peopling of Europe, 700.000-40.000 years before the present. In: CUNLIFFE, B. (Ed.) *The Oxford Illustred Prehistory of Europe*. Oxford: Oxford University Press, 1994. p.5-41.

GAMBLE, C., SOFFER, O. *The World at 18.000 B.P.* London: Unwin Hyman, 1990. 2v.

GANNON, P. J., LAITMAN, J. T. Can we see language areas on hominid brain endocasts? *American Journal of Physical Anthropology* (supplement), v.16, p.91, 1993.

GARDNER, R. A., GARNER, B. T., VAN CANTFORT, T. E. *Teaching Sign Language to Chimpanzees*. New York: State University of New York Press, 1989.

GARDNER, H. *Frames of Mind*: The Theory of Multiple Intelligences. New York: Basic Books, 1983.

_____ . *Multiple Intelligence*: The Theory in Practice. New York: Basic Books, 1993.

GARGETT, R. Grave shortcomings: the evidence for Neanderthal burial. *Current Anthropology*, v.30, p.157-90, 1989.

GAZZANIGA, M. *The Social Brain*: Discovering the Networks of the Mind. New York: Basic Books, 1985.

GAZZANIGA, M., LEDOUX, J. *The Interpreted Mind*. New York: Plenum Press, 1978.

GEARY, D. C. Reflections of evolution and culture in children's cognition: implications for mathematical development and instruction. *American Psychologist*, v.50, p.24-37, 1995.

GEERTZ, C. *The Interpretation of Cultures*. New York: Basic Books, 1973.

GELLNER, E. *Plough, Sword and Book*: The Structure of Human History. London: Collins Harvill, 1988.

GENESTE, J.-M. *Analyse lithique d'Industries Moustériennes du Perigord*: une approche technologique du comportement des groupes humaines au Paléolithique moyen. Thèse Univérsite Bordeaux I, 1985.

GENESTE, J.-M, PLISSON, H. Hunting technologies and human behavior: lithic analysis of Solutrean shouldered points. In: KNECHT, H., PIKE-TAY, A., WHITE, R. (Ed.) *Before Lascaux: The Complex Record of the Early Upper Palaeolithic*. Boca Raton: CRC Press, 1993. p.117-35.

GIBSON, K. R. Cognition brain size and the extraction of embedded food resources. In: ELSE, J. G., LEE, P. C. (Ed.) *Primate Ontogeny, Cognition and Social Behaviour*. Cambridge: Cambridge University Press, 1986. p.93-103.

_____ . New perspectives on instincts and intelligence: brain size and the emergence of hierarchical construction skills. In: PARKER, S. T., GIBSON, K. R. *"Language"and Intelligence in Monkey and Apes*: Comparative Developmental Perspectives. Cambridge: Cambridge University Press, 1990.

GIBSON, K. R., INGOLD, T. (Ed.) *Tools, Language and Cognition in Human Evolution*. Cambridge: Cambridge University Press, 1993.

GILEAD, I. The Upper Palaeolithic period in the Levant. *Journal of World Prehistory*, v.5, p.105-54, 1991.

GILEAD, I., BAR- YOSEF, O. Early Upper Palaeolithic sites on the Qadesh Barnea area, N. E. Sinai. *Journal of Field Archaeology*, v.20, p.265-80, 1993.

GILLIES, D. *Philosophy in the Twentieth Century*: Four Central Themes. Oxford: Blackwell, 1993.

GIRARD, C., DAVID, F. A propos de la chase spécialisée au Paléolithique moyen: l'exemple de Mauran (Haute-Garonne). *Bulletin de la Société Préhistorique Française*, v.79, p.11-12, 1982.

GOODALE, J. C. *Tiwi Wives*: A Study of the Women of Melville Island, North Australia. Seattle: University of Washington Press, 1971.

GOODALL, J. *The Chimpanzees of Gombe*. Cambridge MA: Harvard University Press, 1986.

_____ . *Through a Window*: Thirty Years with the Chimpanzees of Gombe. London: Weidenfeld & Nicolson, 1990.

GOPNIK. A., WELLMAN, H. M. The theory theory. In: HIRSCHFELD, L. A., GELMAN, S. A. (Ed.) *Mapping the Mind*: Domain Specificity in Cognition and Culture. Cambridge: Cambridge University Press, 1994. p.257-93.

GOREN-INBAR, N. The Acheulian site of Gesher Benot Ya'aqov: an Africa or Asian entity. In: AKAZAWA, T., AOKI, K., KIMURA, T. *The Evolution and Dispersal of Modern Humans in Asia*. Tokyo: Hokusen-Sha, 1992. p.67-82.

GOULD, S. J. *Ontogeny and Phytogeny*. Cambridge MA: Harvard University Press, 1977.

_____ . *The Mismeasure of Man*. New York: W. W. Norton, 1981.

_____ . *Wonderful Life*. London Hutchinson Radius, 1990.

GOULD, S. J., LEWONTIN, R. C. The spandrels of San Marco and the Panglossian paradigm: a critique of the adaptationist programme. *Proceedings of the Royal Society of London B*, v.205, p.581-98, 1979.

GOWLETT, J. Mental abilities of early man: a look at some hard evidence. In: FOLEY, R. (Ed.) *Hominid Evolution and Community Ecology*. London: Academic Press, 1984. p.167-92.

GREEN, H. S. (Ed.) *Pontnewydd Cave*: A Lower Palaeolithic Hominid Site in Wales. The First Report. Cardiff: National Museum of Wales, 1984.

GREENBERG, J. H., TURNER, C. G. II., ZEGURA, S. L. The settlement of the Americas: a comparative study of the linguistic, dental and genetic evidence. *Current Anthropology*, v.27, p.477-97, 1986.

GREENFIELD, P. M. Language, tools and brain: the ontogeny and phylogeny of hierarchically organized sequential behavior. *Behavioral and Brain Sciences*, v.14, p.531-95, 1991.

GREENFIELD, P. M., SAVAGE-RUMBAUGH, E. S. Grammatical combination in Pan paniscus: processes of learning and invention in the evolution and development of language. In: PARKER, S. T., GIBSON, K. R. (Ed.) *"Language" and Intelligence in Monkeys and Apes*: Comparative Developmental Perspectives. Cambridge: Cambridge University Press, 1990. p.540-74.

GRONNOW, R. Meiendorf and Stellmoor revisited: an analysis of Late Palaeolithic reindeer exploitation. *Acta Archaeologica*, v.56, p.131-66, 1987.

GROUBE, L., CHAPPELL, J., MUKE. J., PRICE. D. A 40.000-year-old human occupation site at Huon Peninsula, Papua New Guinea. *Nature*, v.324, p.453-5, 1986.

GRÜN, R., BEAUMONT, P., STRINGER, C. ESR dating evidence for early modern humans at Border Cave in South Africa. *Nature*, v.344, p.537-39, 1990.

GRÜN, R., STRINGER, C. Electron spin resonance dating and the evolution of modern humans. *Archaeometry*, v.33, p.153-99, 1991.

GUBSER, N. J. *The Nunamiut Eskimos*: Hunters of Caribou. New Haven: Yale University Press, 1965.

GUIDON, N., PARENTI, F., DA LUZ, M. GUÉRIN, C., FAURE, M. Le plus ancien peuplement de l'Amérique: le Paléolithique du Nordeste Brésilien. *Bulletin de la Societé Prehistorique Française*, v.91, p.246-50, 1994.

GUTHRIE, D. Mosaics, allelochemicals and nutrients: an ecological theory of late Pleistocene extinctions. In: MARTIN, P. S., KLEIN, R. G. (Ed.) *Quaternary Extinctions*: A Prehistoric Revolution. Tucson: University of Arizona Press, 1984. p.259-98.

GUTHRIE, R. D. *Frozen Fauna of the Mammoth Steppe*. Chicago: Chicago University Press, 1990.

GVOZDOVER, M. D. The typology of female figurines of the Kostenki Palaeolithic culture. *Soviet Anthropology and Archaeology*, v.27, p.32-94, 1989.

HALLAM, S. J. Plant usage and management in Southwest Australian Aboriginal societies. In: HARRIS, D. R., HILLMAN, G. C. (Ed.) *Foraging and Farming*: The Evolution of Plant Exploitation. London: Unwin Hyman, 1989. p.136-51.

HALVERSON, J. Art for art's sake in the Palaeolithic. *Current Anthropology*, v.28, p.65-89, 1987.

HAHN, J. Aurignacian signs, pendants, and art objects in Central and Eastern Europe. *World Archaeology*, v.3, p.252-66, 1972.

_____ . Recherches sur l'art Paléolithique depuis 1976. In: KOZLOWSKI, J. K., KLIMA, B. *Aurignacian et Gravettien en Europe*. Vol. I. Etudes et Recherches Archéologiques de l'Universite de Liège, 1984. p.157-71.

_____ . Aurignacian art in Central Europe. In: KNECHT, H., PIKE-TAY, A., WHITE, R. *Before Lascaux*: The Complex Record of the Early Upper Palaeolithic. Boca Raton: CRC Press, 1993. p.229-41.

HANKOFF, L. D. Body-mind concepts in the Ancient Near East: a comparison of Egypt and Israel in the second millennium B.C. In: RIEBER, R. W. (Ed.) *Body and Mind, Past, Present and Future*. New York: Academic Press, 1980. p.3-31.

HATLEY, T., KAPPELMAN, J. Bears, pigs and Plio-Pleistocene hominids: a case for the exploitation of below-ground food resources. *Human Ecology*, v.8, p.371-87, 1980.

HARRIS, J. W. K., CAPALDO, S. D. The earliest stone tools: their implications for an understanding of the activities and behaviour of late Pliocene hominids. In: BERTHELET, A., CHAVAILLON, J. (Ed.) *The Use of Tools by Human and Non-human Primates*. Oxford: Clarendon Press, 1993. p.196-220.

HARROLD, F. Mousterian, Chatelperronian and early Aurignacian in western Europe: continuity or discontinuity? In: MELLARS, P., STRINGER, C. *The Human Revolution*. Edinburg: Edinburg University Press, 1989. p.677-713.

HAY, R. *Geology of Olduvai Gorge*. Berkeley: University of California Press, 1976.

HAYDEN, B. Nimrods, piscators, pluckers and planters: the emergence of food production. *Journal of Anthropological. Archaeology*, v.9, p.31-69, 1990.

_____ . The Cultural capacities of Neanderthals: a review and re-evaluation. *Journal of Human Evolution*, v.24, p.113-46, 1993.

HAYNES, C. V. The Clovis culture. *Canadian Journal of Anthropology*, v.1, p.115-21, 1980.

HAYNES, G. *Mammoths, Mastodents and Elephants*: Biology, Behaviour and the Fossil Record. Cambridge: Cambridge University Press, 1991.

HEDGES. R. E. M., HOUSLEY, R. A., BRONK RAMSEY, C., VAN KLINKEN, G. J. Radiocarbon dates from the Oxford AMS system: archaeometry datelist 18. *Archaeometry*, v.36, p.337-74, 1994.

HEWES, G. Comment on "The origins of image making, by W.Davis". *Current Anthropology*, v.27, p.193-215, 1986.

_____ . Comment on "The archaeology of perception. Traces of depiction and language, by I. Davidson & W. Noble". *Current Anthropology*, v.30, p.145-6, 1989.

HEYES. C. M. Anecdotes, training and triangulating: do animals attribute mental states? *Animal Behavior*, v.46, p.177-88, 1993.

HIGGS, E. (Ed.) *Papers in Economic Prehistory*. Cambridge: Cambridge University Press.

HIGGS, E., JARMAN M. R. The origins of agriculture: a reconsideration. *Antiquity*, v.43, p.31-41, 1972.

HILL, A. Early hominid behavioural ecology a personal postscript. *Journal of Human Ecology*, v.27, p.321-28, 1994.

HILL, K., HAWKES, K. Neotropical hunting among the Ache of Eastern Paraguay. In: HAMES, R., VICKERS, W. (Ed.) *Adaptive Responses of Native American Indians*. New York: Academic Press, 1983. p.139-88.

HILLMAN, G. C. Late Palaeolithic plant foods from Wadi Kubbaniya in Upper Egypt: dietary diversity, infant weaning and seasonality in a riverine environment. In: HARRIS, D. R., HILLMAN, G. C. *Foraging and Farming*: The Evolution of Plant Exploitation. London: Unwin Hyman, 1989. p.207-39.

HILLMAN, G. C., COLLEDGE, S. M., HARRIS, D. R. Plant food economy during the Epipalaeolithic period at Tell Abu Hureya, Syria: dietary diversity, seasonality and modes of exploitation. In: HARRIS, D. R., HILLMAN, G. C. (Ed.) *Foraging and Farming*: The Evolution of Plant Exploitation. London: Unwin Hyman, 1989. p.240-68.

HIRSCHFELD, L. A. Do children have a theory of race? *Cognition*, v.54, p.209-52, 1995.

HODDER, I. *Symbols in Action*. Cambridge: Cambridge University Press, 1985.

_____ . *Reading the Past*. 2.ed. Cambridge: Cambridge University Press, 1991.

HODGES, R., MITHEN, S. The "South Church": a late Roman funerary church (San Vicenzo Minore) and hall for distinguished guests (with contributions by Shiela Gibson and John Mitchell) In: HODGES, R. *San Vincenzo al Volturno I*. London: British School at Rome, 1993. p.123-90.

HOFFECKER, J. F., POWERS, W. R., GOEBEL, T. The colonization of Beringia and the peopling of the New World. *Science*, v.259, p.46-53, 1993.

HOLE, F. Origins of agriculture. In: JONES, S., MARTIN, R., PILBEAM, D. (Ed.) *The Cambridge Encyclopedia of Human Evolution*. Cambridge: Cambridge Univesity Press, 1992. p.373-79.

HOLLOWAY, R. L. Culture, a human domain. *Current Anthropology*, v.20, p.395-412, 1969.

_____ . Culture, symbols and human brain evolution. *Dialectical Anthropology*, v.5, p.287-303, 1981a.

_____ . Volumetric and asymmetry determinations on recent hominid endocasts: Spy I and II. Djebel Irhoud I, and Sale Homo erectus specimens, with some notes on Neanderthal brain size. *American Journal of Physical Anthropology*, v.55, p.385-93, 1981b.

_____ . The poor brain of Homo sapiens neanderthalensis: see what you please. In: DELSON, E. (Ed.) *Ancestors: The Hard Evidence*. New York: Alan R. Liss, 1985. p.319-24.

HOLLOWAY, R. L., DE LA COSTE-LAREYMONDIE, M. C. Brain endocast assymetry in pongids and hominids: some preliminary findings on the paleontology of cerebral dominance. *American Journal of Physical Anthropology*, v.58, p.101-10, 1982.

HOUGHTON, P. Neanderthal supralaryngeal vocal tract. *American Journal of Physical Anthropology*, v.90, p.139-46, 1993.

HOWELL, F. C. Isimila: a Palaeolithic site in Africa. *Scientific American*, v.205, p.118-29, 1961.

_____ . *Early Man*. New York: Time-Life Books, 1965.

HUBLIN, J. J. Recent human evolution in northwestern Africa. *Philosophical Transaction of the Royal Society*, Series, v.13, n.337, p.185-91, 1992.

HUMPHREY, N. The social function of intellect. In: BATESON, P. P. G., HINDE, R. A. *Growing Points in Ethology*. Cambridge: Cambridge University Press, 1976. p.303-17.

_____ . *Consciousness Regained*. Oxford: Oxford University Press, 1984.

_____ . *A History of the Mind*. London: Chatto & Windus, 1992.

_____ . *The Inner Eye*. London: Vintage, 1993 (First published by Faber & Faber in 1986).

HYNDMAN, D. Back to the future: trophy arrays as mental maps in the Wopkaimin's culture of place. In: WILLIS, R. G. (Ed.) *Signifying Animals*: Human Meaning in the Natural World. London: Unwin Hyman, 1990. p.63-73.

INGOLD, T. Comment on "Beyond the original affluent society" by N. Bird-David. *Current Anthropology*, v.33, p.34-47, 1992.

_____ . Tool-use, sociality and intelligence. In: GIBSON, K. R., T. INGOLD, T. (Ed.) *Tools, Language and Cognition in Human Evolution*. Cambridge: Cambridge University Press, 1993. p.429-50.

INIZAN, M-L., ROCHE, H., TIXIER, J. *Technology of Knapped Stone*. Paris: Cercle de Rechearches et d'Etudes Préhistorique, CNRS, 1992.

ISAAC, B. *The Archaeology of Human Origins*: Papers by Glynn Isaac. Cambridge: Cambridge University Press, 1989.

ISSAC, G. *Olorgesailie*. Chicago: University of Chicago Press, 1977.

_____ . The food-sharing behaviour of proto-human hominids. *Scientific American*, v.238 (April), p.90-108, 1978.

_____ . Stone age visiting cards: approaches to the study of early land-use patterns. In: HODDER, I., ISAAC, G., HAMMOND, N. (Ed.) *Pattern of the Past*. Cambridge: Cambridge University Press, 1981. p.131-55.

_____ . The earliest archaeological traces. In: CLARK, J. D. (Ed.) *The Cambridge History of Africa*. Cambridge: Cambridge University Press, 1982. v.1: From the Earliest Times to *c*. 500 BC. p.157-247.

_____ . Bones in contention: competing explanations for the juxtaposition of Early Pleistocene artifacts and faunal remains. In: CLUTTON-BROCK, J., GRIGSON, C. (Ed.) *Animals and Archaeology*: Hunters and their Prey. Oxford: British Archaeological Reports, International Series 163, 1983a. p.3-19.

_____ . Review of bones: ancient men and modern myths. *American Antiquity*, v.48, p.416-19, 1983b.

_____ . The archaeology of human origins: studies of the Lower Pleistocene in East Africa 1971-1981. *Advances in World Archaeology*, v.3, p.1-87, 1984.

_____ . Foundation stones: early artifacts as indicators of activities and abilities. In: BAILEY, G. N., CALLOW, P. (Ed.) *Stone Age Prehistory*. Cambridge: Cambridge University Press, 1986. p.221-41.

ISBELL, L. A., CHENEY, D. L., SEYFARTH, R. M. Group fusions and minimum group sizes in Vervet monkeys (Cercopithecus aethiopus). *American Journal of Primatology*, v.25, p.57-65, 1991

JAHNSEN, S. J. et al. Irregular glacial interstadials recorded in a new Greenland ice core. *Nature*, v.359, p.311-13, 1992.

JELENIK, A. The Tabun cave and Palaeolithic man in the Levant. *Science*, v.216, p.1369-75, 1982.

JENNES, D. *The Indians of Canada*. 7.ed. Ottawa: University of Toronto Press, 1977.

JERISON, H. J. *Evolution of Brain and Intelligence*. New York: Academic Press, 1973.

JOCHIM, M. Palaeolithic cave art in ecological perspective. In: BAILEY, G. N. (Ed.) *Hunter-Gatherer Economy in Prehistory*. Cambridge: Cambridge University Press, 1983. p.212-19.

JOHANSON, D. C., EDDY, M. A. *Lucy: The Beginnings of Human Kind*. New York: Simon & Schuster, 1980.

JONES, J. S. *The Language of the Genes*. London: Harper-Collins, 1993.

JONES, J. S., MARTIN, R., PILBEAM, D. (Ed.) *The Cambridge Encyclopedia of Human Evolution*. Cambridge: Cambridge University Press, 1992.

JONES, J. S., ROUHANI, S. How small was the bottleneck? *Nature*, v.319, p.449-50, 1986.

JONES, P. Experimental butchery with modern stone tools and its relevance for Palaeolithic archaeology. *World Archaeology*, v.12, p.153-65, 1980.

_____ . Experimental implement manufacture and use: a case study from Olduvai Gorge. *Philosophical Transactions of the Royal Society of London B*, v.292, p.189-95, 1981.

JONES, R., MEEHAN, B. Plant foods of the Gidjingali: Ethnographic and archaeological perspectives from northerm Australia on tuber and seed exploitation. In: HARRIS, D. R., HILLMAN, G. C. (Ed.) *Foraging and Farming*: The Evolution of Plant Exploitation. London: Unwin Hyman, 1989. p.120-35.

KAPLAN, H., HILL, K. Hunting ability and reproductive success among male Ache foragers: preliminary results. *Current Anthropology*, v.26, p.131-33, 1985.

KARMILOFF-SMITH, A. *Beyond Modularity*: A Developmental Perspective on Cognitive Science. Cambridge MA: MIT Press, 1992.

_____ . Précis of "Beyond Modularity: A Developmental Perspective on Cognitive Science". *Behavioral and Brain Sciences*, v.17, p.693-745, 1994.

KEELEY, L. *Experimental Determination of Stone Tool Uses*: A Microwear Analysis. Chicago: Chicago University Press, 1980.

KEELEY, L., TOTH, N. Microwear polishes on early stone tools from Koobi Fora, Kenya. *Nature*, v.203, p.464-65, 1981.

KEIL, F. C. The Birth and nurturance of concepts by domains: the origins of concepts of living things. In: HIRSCHFELD, L. A., GELMAN, S. A. *Mapping the Mind*: Domain Specificity in Cognition and Culture. Cambridge: Cambridge University Press, 1994. p.234-54.

KENNEDY, J. S. *The New Anthropomorphism*. Cambridge: Cambridge University Press, 1992.

KHALFA, J. (Ed.) *What is Intelligence?* Cambridge: Cambridge University Press, 1994.

KIBUNJIA., M. Pliocene archaeological occurrences in the Lake Turkana basin. *Journal of Human Evolution*, v.27, p.159-71, 1994.

KIBUNJIA, M., ROCHE, H., BOWN, F. H., LEAKEY, R. E. Pliocene and Pleistocene Archaeological sites west of Lake Turkana, Kenya. *Journal of Human Evolution*, v.23, p.431-38, 1992.

KILMA, B. A triple burial from the Upper Palaeolithic of Dolni Vestonice, Czechoslovalia. *Journal of Human Evolution*, v16, p.831-35, 1988.

KLEIN, R. G. Biological and behavioural perspectives on modern human origins in Southern Africa. In: MELLARS, P., C. STRINGER, C. *The Human Evolution*. Edinburgh: Edinburgh University Press, 1989. p.530-46.

KNECHT, H. Early Upper Paleolithic approaches to bone and antler projectile technology. In: PETERKIN, G. L., BRICKER, H. M., MELLARS, P. Hunting and Animal Exploitation in the Later Palaeolithic and Mesolithic of Eurasia. *Archaeological Papers of the American Anthropological Association*, n.4, p.33-47, 1993a.

_____ . Splits and wedges: the techniques and technology of Early Aurignacian antler working. In: KNECHT, H., PIKE-TAY, A., WHITE, R. (Ed.) *Before Lascaux*: The Complex Record of the Early Upper Palaeolithic. Boca Raton: CR Press, 1993b. p.137-61.

_____ . Projectile points of bone, antler and stone: experimental explorations of manufacture and function. *59th Annual Meeting of the Society for American Archaeology*, Anaheim, California, 1994.

KNIGHT, C. *Blood Relations*: Menstruation and the Origins of Culture. New Haven: Yale University Press, 1991.

KNEGHT, C., POWERS, C., WATTS, I. The human symbolic revolution: a Darwinian account. *Cambridge Archaeological Journal*, v.5, p.75-114, 1995.

KOESTLER, A. *The Act of Creation*. London: Picador, 1975.

KOSLOWSKI, J. K. (Ed.) *Excavation in the Bacho Kiro Cave, Bulgaria* (Final Report). Warsaw: Paristwowe Wydarunictwo, Naukowe, 1982.

KROLL, E. M. Behavioral implications of Plio-Pleistocene archaeological site structure. *Journal of Human Ecology*, v.27, p.107-38, 1994.

KROLL, E. M., ISAAC, G. I. Configurations of artifacts and bones at early Pleistocene sites in East Africa. In: HIETELA, H. J. (Ed.) *Intrasite Spatial Analysis in Archaeology*. Cambridge: Cambridge University Press, 1984. p.4-31.

KUHN, S. Mousterian Techonology as adaptive response. In: PETERKIN, G. L., BRICKER, H. M., MELLARS, P. (Ed.) Hunting and Animal Exploitation in the Later Palaeolithic and Mesolithic of Eurasia. *Archaeological Papers of the American Anthropological Association*, n.4, p.25-31, 1993.

_____ . *Mousterian Lithic Technology*. Princeton: Princeton University Press, 1995.

KUHN, T. Metaphor in science. In: ORTONY, A. (Ed.) *Metaphor and Thought*. Cambridge: Cambridge University Press, 1979. p.409-19.

KUMAN, K. The archaeology of Sterfontein: preliminary findings on site formation and cultural change. *South African Journal of Science*, v.90, p.215-19, 1994.

LAITMAN, J. T., HEIMBUCH, R. C. The basicranium of Plio-Pleistocene hominids as an indicator of their upper respiratory system. *American Journal of Physical Anthropology*, v.59, p.323-44, 1982.

LAITMAN, J. T., HEIMBUCH, R. C. CRELIN, E. C. The basicranium of fossil hominidis as an indicator of their upper respiratory systems. *American Journal of Physical Anthropology*, v.51, p.15-34, 1979.

LAITMAN, J. T. et al. The Kebara hyoid: what can it tell us about the evolution of the hominid vocal tract? *American Journal of Physical Anthropology*, v.18, p.254, 1990.

LAITMAN, J. T., REIDENBERG, J. S., FRIEDLAND, D. R., GANNON, P. J. What sayeth thou Neanderthal? A look at the evolution of their vocal tract and speech. *American Journal of Physical Anthropology* (supplement), v.12, p.109, 1991.

LAITMAN, J. T., REIDENBERG, J. S., FRIEDLAND, D. R., REIDENBERG, B. E., GANNON, P. J. Neanderthal upper respiratory specializations and their effect upon respiration and speech. *American Journal of Physical Anthropology* (supplement), v.16, p.129, 1993.

LAKE, M. Evolving thought (review of M. Donald's "Origin of the Modern Mind"). *Cambridge Archaeological Journal*, v.2, p.267-70, 1992.

_____ . *Computer simulation of Early Hominid subsistence activities*. Cambridge, 1995. (Ph.D. thesis) – University of Cambridge. (unpublished).

LARICHEV, V., KHOL'USHKIN, V., LARICHEVA, I. The Upper Palaeolithic of Northern Asia: achievements, problems and perspectives. I: Western Siberia. *Journal of World Prehistory*, v.2, p.359-97, 1988.

_____ . The Upper Palaeolithic of Northern Asia: achievements, problems and perspectives. II: Central and Eastern Siberia. *Journal of World Prehistory*, v.4, p.347-85, 1990.

LARICHEV, V., KHOL'USHKIN, V., LARICHEVA, I. The Upper Palaeolithic of Northern Asia: achievements, problems and perspectives. III: Northeastern Siberia and the Russian far east. *Journal of World Prehistory*, v.6, p.441-76, 1992.

LARSSON, L. *The Skateholm Project* – A Late Mesolithic Settlement and Cemetery complex at southern Swedish bay. Meddelanden fran Lunds Universitets Historiska Museum, 1983-84, p.4-38, 1983.

LAVILLE, H., RIGAUD, J.-P., SACKETT, J. R. *Rockshelters of the Périgord*. New York: Academic Press, 1980.

LAYTON, R. The cultural context of hunter-gatherer rock art. Man (N.S.), v.20, p.434-53, 1985.

_____ . *Australian Rock Art*: A New Syntesis. Cambridge: Cambridge University Press, 1994.

LEAKEY, M. *Olduvai Gorge*. Cambridge: Cambridge University Press, 1971. V.3: Excavations in Bels I and II, 1960-1963.

LEAKEY, M., FEIBEL, C. S., MCDOUGALL, I., WALKER, A. New four million--year-old hominid species from Kanapoi and Allia Bay, Kenya. *Nature*, v.376, p.565-71, 1995.

LEAKEY, R. E., WALKER, A. Australopithecines, H. erectus and the single species hypothesis. *Nature*, v.222, p.1132-38, 1976.

LEE, R. B. !Kung spatial organization. In: LEE, R. B., DeVORE, I. (Ed.) *Kalahari Hunter-Gatheres*: Studies of the! Kung San and their Neighbors. Cambridge M.A: Harvard University Press, 1976. p.73-98.

_____ . *The !Kung San*: Men, Women and Work in a Foraging Society. Cambridge: Cambridge University Press, 1979.

LEE, R. B., DeVORE, I. (Ed.) Kalahari Hunter-Gatheres: Studies of the !Kung San and their Neighbours. Cambridge MA: Harvard University Press, 1976.

LEGGE, A. J., ROWLEY-CONWY, P. Gazelle killing in Stone Age Syria. *Scientific American*, v.255, p.88-95, 1987.

LEMAY, M. The language capability of Neanderthal man. *American Journal of Physical Anthropology*, v.49, p.9-14, 1975.

_____ . Morphological cerebral asymmetries of modern man, fossil man and nonhuman primates. In: HARNARD, S. R., STEKLIS, H. D., LANCASTER, J. (Ed.) Origins and Evolution of Language and Speech. *Annals of the New York Academy of Sciences*, v.280, p.349-66, 1976.

LEROI-GOURHAN, A. *The Art of Prehistoric Man in Western Europe*. London: Thames & Hudson, 1968.

LESLIE, A. The theory of mind impairment in austism: evidence for a modular mechanism of development. In: WHITEN, A. (Ed.) *Natural Theories of Mind*: Evolution, Development and Simulation of Everyday Mindreading. Oxford: Blackwell, 1991. p.63-78.

LESLIE, A. ToMM, ToBY, and agency: core architecture and domain specificity. In: HIRSCHFIELD, L. A., GELLMAN, S. (Ed.) *Mapping the Mind*: Domain Specificity in Cognition and Culture. Cambridge: Cambridge University Press, 1994. p.119-48.

LEVINE, M. Mortality models and interpretation of horse population structure. In: BAILEY, N. (Ed.) *Hunter-Gatherer Economy in Prehistory*: A European Perspective. Cambridge: Cambridge University Press, 1983. p.23-46.

LEVITT, D. *Plants and People*: Aboriginal Uses of Plants on Groote Eylandt. Canberra: Australian Institute of Aboriginal Studies, 1981.

LEWIS-WILLIAMS, J. D. The economic and social context of southern San rock art. *Current Anthropology*, v.23, p.429-49, 1982.

_____ . *The Rock Art of Southern Africa*. Cambridge: Cambridge University Press, 1983.

_____ . A dream of eland: and unexplored component of San shamanism and rock art. *World Archaelogy*, v.19, p.165-77, 1987.

_____ . Wrestling with analogy: a methodological dilemma in Upper Palaeolithic art research. *Proceedings of the Prehistoric Society*, v.57, p.149-62, 1991.

_____ . Seeing and construing the making and meaning of a southern African rock art motif. *Cambridge Archaeological Journal*, 1995.

LEWIS-WILLIAMS, J. D., DOWSON, T. A. The signs of all times: entoptic phenomena in Upper Palaeolithic art. *Current Anthropology*, v.24, p.201-45, 1998.

LIEBERMAN, P. *The Biology and Evolution of Language*. Cambridge MA: Harvard University Press, 1984.

_____ . On the Kebara KMH 2 hyoid and Neanderthal speech. *Current Anthropology*, v.34, p.172-75, 1993.

LIEBERMAN, P., CRELIN, E. S. On the speech of Neanderthal man. *Linguistic Enquiry*, v.2, p.203-22, 1971.

LIEBERMAN, D. E., SHEA, J. J. Behavioral differences between Archaic and Modern Humans in the Levantine Mousterian. *American Anthropologist*, v.96, p.330-32, 1994.

LINDLY, J., CLARK, G. Symbolism and modern human origins. *Current Anthropology*, v.31, p.233-61, 1990.

LOCK, A. Human language development and object manipulation: their relation in ontogeny and its possible revelance for phylogenetic questions. In: GIBSON, K. R., INGOLD, T. (Ed.) *Tools, Language and Cognition in Human Evolution*. Cambridge: Cambridge University Press, 1993. p.279-99.

LOCKHART, R. S. Consciousness and the function of remembered episodes: comments on the fourth section. In: ROEDINGER, H. L., CRAIK, F. I. M.

(Ed.) *Varieties of memory and Consciousness*: Essays in honour of Endel Tulving. Hillsdale NJ: Erbaum, 1989. p.423-29.

LORBLANCHET, M. From man to animal and sign in Palaeolithic art. In: MORPHY, H. (Ed.) *Animals into Art*. London: Unwin Hyman, 1989. p.109-43.

MACDONALD, C. *Mind-Body Identity Theories*. London: Routledge, 1991.

MACKINTOSH, N. *Conditioning and Associative Learning*. Oxford: Oxford University Press, 1983.

_____ . Intelligence in evolution. In: KHALFA, J. (Ed.) *What is Intelligence?*. Cambridge: Cambridge University Press, 1994. p.27-48.

MARKS, S. A. *Large Mammals and a Brave People*: Subsistence Hunters in Zambia. Seattle: University of Washington Press, 1976.

MARLER, P. Birdsong and human speech: can there be parallels? *American Scientist*, v.58, p.669-74, 1970.

MARSHACK, A. *The Roots of civilization*. London: McGraw Hill, 1972a.

_____ . Upper Palaeolithic notation and symbol. *Science*, v.178, p.817-28, 1972b.

_____ . A lunar solar year calendar stick from North America. *American Antiquity*, v.50, p.27-51, 1985.

_____ . On wishful thinking and lunar "calendars". A reply to Francesco d'Errico. *Current Anthropology*, v.30, p.491-95, 1989.

_____ . Early hominid symbolism and the evolution of human capacity. In: MELLARS, P. (Ed.) *The Emergence of Modern Humans*. Edinburgh: Edinburgh University Press, 1990. p.457-98.

_____ . The Tai plaque and calendrical notation in the Upper Palaeolithic. *Cambridge Archaeological Fournal*, v.1, p.25-61, 1991.

MARSHALL, L. *The!Kung of Nyae Nyae*. Cambridge MA: Harvard University Press, 1976.

MARTIN, R. S. Relative brain size and basal metabolic rates in terrestrial vertebrates. *Nature*, v.293, p.57-60, 1981.

_____ . *Primate Origins and Evolution*. London: Chapman & Hall, 1990.

MARTIN, P. S., KLEIN, R. C. (Ed.) *Quaternary Extinctions*: A Prehistoric Revolution. Tucson: University of Arizona Press, 1984.

MATSUZAWA, T. Nesting cups and metatools in chimpanzees. *Behavioral and Brain Sciences*, v.14, p.570-1, 1991.

McBREARTY, S. The Sangoan-Lupemban and Middle Stone Age sequence at the Muguruk Site, Western Kenya. *World Archaeology*, v.19, p.388-420, 1988.

McBURNEY, C. B. M. *The Haua Fteaih (Cyrenaica)*. Cambridge: Cambridge University Press, 1967.

McCOWN, T. Mugharet es-Skhul: description and excavation. In: GARROD, D., BATE, D. (Ed.) *The Stone Age of Mount Carmel.* Oxford: Clarendon Press, 1937. p.91-107.

McFARLAND, D. (Ed.) *The Oxford Companion to Animal Behavior.* Oxford University Press, 1987.

McGREW, W. C. Tools to get food: the subsistants of Tasmanian Aborigenes chimpanzees compared. *Journal of Anthropological Research*, v.43, p.247-58, 1987.

McNABB, J., ASHTON, N. Thoughtful flakers. *Cambridge Archaeological Journal*, v.5, p.289-301, 1995.

_____ . *Chimpanzee Material Culture.* Cambridge: Cambridge University Press, 1992.

MEEHAN, B. *From Shell Bed to Shell Midden.* Canberra: Australian Institute of Australian Studies, 1982.

MELLARS, P. The character of the Middle-Upper transition in southwest France. In: REFREW, C. (Ed.) *The Explanation of Culture Change.* London: Duckworth, 1973. p.255-76.

_____ . Major issues in the emergence of modern humans. *Current Anthropology*, v.30, p.349-85, 1989a.

_____ . Technological changes at the Middle-Upper Palaeolithic transition: economic, social and cognitive perspectives. In: MELLARS, P., STRINGER, C. *The Human Revolution.* Edinburgh: Edinburgh University Press, 1989b. p.338-65.

_____ . Technological change in the Mousterian of southwest France. In: DIBBLE, H. L., MELLARS, P. (Ed.) *The Middle Palaeolithic*: Adaptation. Behaviour and Variability. Philadelphia: The University Museum, University of Pennsylvania, 1992. p.29-44.

MELLARS, P., STRINGER, C. (Ed.) *The Human Revolution*: Behavioural and Biological Perspectives in the Origins of Modern Humans. Edinburgh: Edinburgh University Press, 1989.

MELTZER, D., ADOVASIO, J. M., DILLEHAY, T. On a Pleistocene human occupation at Pedra Furada, Brazil. *Antiquity*, v.68, p.695-714, 1994.

MENZEL, E. Chimpanzee spatial memory organization. *Science* 18222, p.943-45, 1973.

_____ . Cognitive mapping in chimpanzees. In: HULSE, S., FOWLER, H., HONIG, W. (Ed.) *Cognitive Processes in Animal Behavior.* Hillsdale NJ: Erlbaum, 1978. p.375-422.

MERRICK, H. V., MERRICK J. P. S. Archaeological occurrences of earlier Pleistocene age from the Shungura Formation. In: COPPENS, Y., HOWELL, F.

C., ISAAC, G., LEAKEY, R. E. F. (Ed.) *Earliest Man and Environments in the Lake Rudolf Basin*: Stratigraphy, *Palaecology and Evolution*. Chicago: Chicago University Press, 1976. p.574-84.

MILTON, K. Foraging behaviour and the evolution of primate intelligence. In: BYRNE, R. W., WHITEN, A. (Ed.) *Machiavellian Intelligence*: Social Expertise and the Evolution of Intellect in Monkey, Apes and Humans. Oxford: Clarendon Press, 1988. p.285-305.

MITHEN, S. Looking and learning: Upper Palaeolithic art and information gathering. *World Archaeology*, v.19, p.297-327, 1988.

_____ . To hunt or to paint? Animals and art in the Upper Palaeolithic. *Man*, v.23, p.671-95, 1989.

_____ . *Thoughtful Foragers*: A Study of Prehistoric Decision Making. Cambridge: Cambridge University Press, 1990.

_____ . Individuals, groups and the Palaeolithic record: a reply to Clark. *Proceedings of the Prehistoric Society*, v.59, p.393-8, 1993.

_____ . Technology and society during the Middle Pleistocene. *Cambridge Archaeological Journal*, v.4, p.3-33, 1994.

_____ . Reply to Ashton & McNabb. *Cambridge Archaeological Journal*, v.5, p.298-302, 1993.

_____ . Social learning and cultural traditions: Interpreting Early Palaeolithic technology. In: STEELE, J., SHENNON, S. (Ed.) *The Archaeology of Human Ancestry*: Power, Sex and Tradition. London: Routledge, 1996. p.207-29.

MOORE, A. M. T., HILLMAN, G. C. The Pleistocene-Holocene transition and human economy in southwest Asia: the impact of the Younger Dryas. *American Antiquity*, v.57, p.482-94, 1992.

MORPHY, H. (Ed.) *Animals into Art*. London: Unwin Hyman, 1989a.

_____ . On representing Ancestral Beings. In: MORPHY, H. (Ed.) *Animals into Art*. London: Unwin Hyman, 1989b. p.144-60.

MORRIS, D. *The Biology Of Art*. London: Methuen, 1962.

MOSIMAN, J. E., MARTIN, P. S. Simulating overkill by Paleoindians. *American Scientist*, v.63, p.304-13, 1976.

MOVIUS, H. A wooden spear of third interglacial age from Lower Saxony. *Southwestern Journal of Anthropology*, v.6, p.139-42, 1950.

MOYÁ-SOLÁ, S., KÖHLER, M. A Dryopithecus skeleton and the origins of great ape locomotion. *Nature*, v.379, p.156-9, 1996.

NAGEL, T. What is it like to be a bat? *Philosophical Review*, v.83, p.435-50, 1974.

NAROLL, R. S. Floor area and settlement population. *American Antiquity*, v.27, p.587-89, 1962.

NELSON, R. K. *Hunters of the Northern Forest*: Designs for Survival among the Alaskan Kutchin. Chicago: University of Chicago Press, 1973.

NELSON, R. K. *Make Prayers to the Raven*: A Koyukon View of the Northern Forest. Chicago: Chicago University Press, 1983.

NISHIDA, T. Local traditions and cultural transmission. In: SMUTS, B. B., WRANGHAM, R. W., STRUHSAKER, T. T. (Ed.) *Primate Societies*. Chicago: Chicago University Press, 1987. p.462-74.

NITECKI, M. H., NITECKI, D. V. (Ed.) *Origins of Anatomically Modern Humans*. New York: Plenum Press, 1994.

OAKLEY, K. P., ANDREWS, P., KEELEY, L. H., CLARK, J. D. A reappraisal of the Clacton spear point. *Proceedings of the Prehistoric Society*, v.43, p.13-30, 1977.

O'CONNELL, J. Alyawara site structure and its archaeological implications. *American Antiquity*, v.52, p.74-108, 1987.

OLIVER, J.S. Estimates of hominid and carnivore involvement in the FLK Zinjanthropus fossil assemblages: some sociological implications. *Journal of Human Evolution*, v.27, p.267-94, 1994.

OLSZEWSKI, D. I., DIBBLE, H. L. The Zagros Aurignacian. *Current Anthropology*, v.35, p.68-75, 1994.

ORING, E. *Jokes and their Relations*. Lexington: University of Kentucky Press, 1992.

ORQUERA, L. A. Specialization and the Middle/Upper Palaeolithic transition. *Current Anthropology*, v.25, p.73-98, 1984.

O'SHEA, J., ZVELEBIL, M. Oleneostrovski Mogilnik: reconstructing the social and economic organization of prehistoric foragers in northern Russia. *Journal of Anthropological Archaeology*, v.3, p.1-40, 1984.

OSWALT, W. H. *Habitat and Technology*. New York: Holt, Rinehart & Winston, 1973.

_____ . *An Anthropological Analysis of Food-Getting Technology*. New York: John Wiley, 1976.

OTTE, M. The significance of variability in the European Mousterian. In: DIBBLE, H., MELLARS, P. (Ed.) *The Middle Palaeolithic*. Adaptation. Behaviour and Variability. Philadelphia: The University Museum. University of Pennsylvania, 1992. p.45-52.

PARÉS, J. M., PÉREZ-GONZÁLEZ, A. Paleomagnetic age fo hominid fossils of Atapuerca archaeological site, Spain. *Science*, v.269, p.830-32, 1995.

PARKER, S. T., GIBSON, K. R. A developmental model for the evolution of language and intelligence in early hominids. *Behavioral and Brain Sciences*, v.3, p.367-408, 1979.

_____ . (Ed.) *"Language" and Intelligence in Monkey and Apes*. Cambridge: Cambridge University Press, 1990.

PARKIN, R. A., ROWLEY-CONWY, P., SERJEANTSON, D. Late Palaeolithic exploitation of horse and red deer at Gough's Cave, Cheddar. *Somerset. Proceedings of the University of Bristol Speleological Society*, v.17, p.311-30, 1986.

PARKINGTON, J. E. Stone tool assemblages, raw material distribuitions and prehistoric subsistence activities: the Late Stone Age of South Africa. In: BAILEY, G. N., CALLOW, P. (Ed.) *Stone Age Prehistory*. Cambridge: Cambridge University Press, 1986. p.181-94.

_____ . A critique of the consensus view on the age of Howieson's Poort assemblages in South Africa. In: MELLARS, P. (Ed.) *The Emergence of Modern Humans*. Edinburgh: Edinburgh University Press, 1990. p.34-55.

PELCIN, A. A geological explanation for the Berekhat Ram figurine. *Current Anthropology*, v.35, p.674-5, 1994.

PELEGRIN, J. A framework for analysing prehistoric stone tool manufacture and a tentative application to some early stone industries. In: BERTHELER, A., CHAVAILLON, J. (Ed.) *The Use of Tools by Human and Non-human Primates*. Oxford: Clarendon Press, 1993. p.302-14.

PENFIELD, W. *The Mystery of the Mind*: A Critical Study of Consciousness and the Human Brain. Princeton: Princeton University Press, 1975.

PEPPERBERG, I. Conceptual abilities of some non-primate species, with an emphasis on an African Grey parrot. In: PARKER, S. T., GIBSON, K. R. *"Language" and Intelligence in Monkey and Apes*. Cambridge: Cambridge University Press, 1990. p.469-507.

PETERKIN, G. L. Lithic and organic hunting technology in the French Upper Palaeolithic. In: PETERKIN, G. L., BRICKER, H. M., MELLARS, P. (Ed.) Hunting and Animal Exploitation in the Later Palaeolithic and Mesolithic of Eurasia. *Archaeological Papers of the American Anthropological Association*, n.4, 1993. p.49-67.

PFEIFFER, J. *The Creative Explosion*. New York: Harper & Row, 1982.

PHILLIPSON, D. W. *African Archaeology*. Cambridge: Cambridge University Press, 1985.

PIAGET, J. *Biology and Knowledge*. Edinburgh: Edinburgh University Press, 1971.

PIETTE, E. Le chevétre et la semi-domestication des animaux aux temps pléistocénes. *L'Anthropologie*, v.17, p.227-53, 1906.

PIEGEOT, N. Technical and social actors: flint knapping specialists and apprentices at Magdalenian Etiolles. *Archaeological Review from Cambridge*, v.9, p.126-41, 1990.

PIKE-TAY, A. *Red Deer Hunting in the Upper Palaeolithic of Southwest France*. Oxford: British Archaeological Reports, International Series, v.569, 1991.

_____ . Hunting in the Upper Périgordian: a matter of strategy or expediency. In: KNECHT, H., PIKE-TAY, A., WHITE, R. (Ed.) *Before Lascaux*: The

Complex Record of the Early Upper Palaeolithic. Boca Raton: CRC Press, 1993. p.85-99.

PIKE-TAY, A., BRICKER, H. M. Hunting in the Gravettian: na examination of the evidence from southwestern France. In: PETERKIN, G. L., BRICKER, H. M., MELLARS, P. (Ed.) Hunting and Animal Exploitation in the Later Palaeolithic and Mesolithic of Eurasia. *Archaeological Papers of the American Anthropological Association*, n.4, p.1227-43, 1993.

PINKER, S. *Learnability and Cognition*. Cambridge: MA: MIT Press, 1989.

_____. *The Language Instinct*. New York: Willian Morrow, 1994.

PLUMMER, T. W., BISHOP, L. C. Hominid paleoecology at Olduvai Gorge, Tanzania as indicated by antelope remains. *Journal of Human Evolution*, v.27, p.47-75, 1994.

POPE, G. Taxonomy, dating and palaeoenvironments: the Palaeoecology of early far eastern hominids. *Modern Quaternary Research in Southeast Asia*, v.5, p.65-80, 1985.

_____. Bamboo and human evolution. *Natural History*, v.10, p.49-56, 1989.

POTTS, R. Temporal span of bone accumulations at Olduvai Gorge and implications for early hominid foraging behavior. *Paleobiology*, v.12, p.25-31, 1986.

_____. *Early Hominid Activities at Olduvai Gorge*. New York: Aldine de Gruyter, 1988.

_____. Variables versus models of early Pleistocene homind land use. *Journal of Human Evolution*, v.27, p.7-24, 1994.

POTTS, R., SHIPMAN, P. Cutmarks made by stone tools on bones from Olduvai Gorge, Tanzania. *Nature*, v.29, p.577-80, 1981.

POVENELLI, D. J. Reconstructing the evolution of the mind. *American Psychologist*, v.48, p.493-509, 1993.

PREMACK, A. J., PREMACK, D. Teaching language to an ape. *Scientific American*, v.227, p.92-9, 1972.

PREMACK, D. Does the chimpanzee have a theory of mind? Revisited. In: BYRNE, R. W., WHITEN, A. (Ed.) *Machiavellian Intelligence*: Social Expertise and the Evolution of Intellect in Monkey. Apes and Humans. Oxford: Clarendon Press, 1988. p.160-79.

PREMACK, D., WOODRUFF, G. Does the chimpanzee have a theory of mind? *The Behavioral and Brain Sciences*, v.1, p.515-26, 1978.

PULLIAN, H. R., DUNFORD, C. *Programmed to Learn*: An Essay on the Evolution of Culture. New York: Basic Books, 1980.

RAE, A. *Quantun Physics*: Illusion or Reality? Cambridge: Cambridge University Press, 1986.

RENFREW, C. *Towards na Archaeology of Mind*. Cambridge: Cambridge University Press, 1983.

RENFREW, C. What is cognitive archaeology? *Cambridge Archaeological Journal*, v.3, n.2, p.248-50, 1993.

REYNOLDS, T. D., BARNES, G. The Japanese Palaeolithic: a review. *Proceeding of the Prehistoric Society*, v.50, p.49-62, 1984.

RIDDINGTON, R. Technology, world view and adaptive strategy in a northern hunting society. *Canadian Review of Sociology and Anthropology*, v.19, p.469-81, 1982.

RIGHTMIRE, G. P. *The Evolution of* H. erectus: Comparative Anatomical Studies of an Extinct Species. Cambridge: Cambridge University Press.

RICE, P. Prehistoric venuses: symbols of motherhood or womenhood? *Journal of Anthropological Research*, v.37, p.402-14, 1981.

ROBERTS, M. B. Excavation of the Lower Palaeolithic site at Amey's Earthan Pit, Boxgrove, West Sussex: a preliminary report. *Proceedings of the Prehistory Society*, v.52, p.215-46, 1986.

_____ . Paper presented at Conference on the English Lower Palaeolithic. London, October, 1994.

ROBERTS, M. B., STRINGER, C. B., PARFITT, S. A. A hominid tibia from Middle Pleistocene sediments at Boxgrove, UK. *Nature*, v.369, p.311-13, 1994.

ROBERTS, R. G., JONES, R., SMITH, M. A. Thermoluminescence dating of a 50,000-year-old human occupation site in northern Australia. *Nature*, v.345, p.153-6, 1990.

_____ . Optical dating at Deaf Gorge, Northhern Territory, indicates human occupation between 53,000 and 60,000 years ago. *Australian Archaeology*, v.37, p.58-9, 1993.

_____ . Beyond the radiocarbon barrier in Australian prehistory. *Antiquity*, v.68, p.611-16, 1994.

ROBISON, J. Not counting on Marshack: a reassessment of the work of Alexander Marshack on notation in the Upper palaeolithic. *Journal of Mediterranean Studies*, v.2, p.1-16, 1992.

ROCHE, H. Technological evolution in the early hominids. *OSSA, International Journal of Skeletal Research*, v.14, p.97-8, 1989.

ROCHE, H., TIECERLIN, J. J. Découverte d'une industrie lithique ancienne in situ dans la formation d'Hadar, Afar central, Ethiopia. *Comptes Rendus de l'Académie des Sciences*, v.284-D, p.1871-74, 1977.

ROE, D. *The Lower and Middle Palaeolithic Periods in Britain*. London: Routledge & Kegan Paul, 1981.

ROEBROECKS, W. *From flint scatters to early hominid behaviour a study of Middle Palaeolithic riverside settlements ar Maastrict-Belvedere*. Analecta Praehistorica Leidensai, 1988.

ROEBROEKS, W., CONRAD, N. J., VAN KOLFSCHOTEN, T. Dense forests, cold steppes, and the Palaeolithic settlement of Northern Europe. *Current Anthropology*, v.33, p.551-86, 1992.

ROEBROEKS, W., KOLEN, J., RENSINK, E. Planning depth, anticipation and the organization of Middle Palaeolithic technology: the 'archaic natives' meet Eve's descentants. *Heleinium*, v.28, p.17-34, 1988.

ROEBROSKS, W., VAN KOLFSCHOTEN, T. The earliest occupation of Europe: a short chronology. *Antiquity*, v.68, p.489-503, 1994.

ROGERNS, M. J., HARRIS, J. W. K., FEIBEL, C. S. Changing patterns of land use by Plio-Pleistocene hominids in the Lake Turkana Basin. *Journal of Human Evolution*, v.27, p.139-58, 1994.

ROLLAND, N., DIBBLE, H.L. A new synthesis of Middle Palaeolithic variability. *American Antiquity*, v.55, p.480-99, 1990.

RONEN, A. The emergence of blade techonology: cultural affinities. In: AKA-ZAWA, T., AOKI, K., KIMURA, T. (Ed.) *The Evolution and Dispersal of Modern Human in Asia*. Tokyo: Hokusen-Sha, 1992. p.217-28.

ROZIN, P. The evolution of intelligence and access to the cognitive unconscious. In: SPRAGUE, J. M., EPSTEIN, A. N. (Ed.) *Progress in Psychobiology and Phsysiological Psychology*. New York: Academic Press, 1986. p.245-77.

ROSIN, P., SCHULL, J. The adaptive-evolutionary point of view in experimental psychology. In: ATKINSON, R. C., HERNSTEIN, R. J., LINDZEY, G., LUCE, R. D. (Ed.) *Steven's Handbook of Experimental Psychology*. New York: John Wiley & Sons, 1988. v.1: "Perception and Motivation". p.503-46.

SACKETT, J. R. From the Mortillet to Bordes: a century of French Palaeolithic research. In: DANIEL, G. (Ed.) *Towards a History of Archaeology*. London: Thames & Hudson, 1981. p.85-99.

SACKETT, J. Approaches to style in lithic archaeology. *Journal of Anthropological Archaeology*, v.1, p.59-112, 1982.

SACKS, O. *An Anthropologist on Mars*. New York: Knopf, 1995.

SALADIN D'ANGLURE, B. Nanook, super-male: The polar bear in the imaginary space and social time of the Inuit of the Canadian Arctic. In: WILLIA, E. G. (Ed.) *Signifying Animals*: Human Meaning in the Natural World. London: Unwin Hyman, 1990. p.173-95.

SANTONJA, M., VILLA, P. The Lower Palaeolithic of Spain and Portugal. *Journal of World Prehistory*, v.4, p.45-94, 1990.

SAVAGE-RUMBAUGH, E. S., REUMBAUGH, D. M. The emergence of language. In: GIBSON, K. R., INGOLD, R. (Ed.) *Tools, Language and Cognition in Human Evolution*. Cambridge: Cambridge University Press, 1993. p.86-108.

SCHACTER, D. On the relation between memory and consciousness: dissociable interactions and conscious experience. In: ROEDINGER, H. L., CRAIK, F.

I. M. (Ed.) *Varieties of Memory and Consciousness*: Essays in Homour of Endel Tulving. Hillsdale NJ: Erlbaum, 1989. p.355-90.

SCHEPARTZ, L. A. Language and modern human origins. *Yearbook of Physical Anthropology*, v.36, p.91-126, 1993.

SCHICK, K., TOTH, N. *Making Silent Stones Speak*: Human Evolution and the Dawn of Techonology. New York: Simon & Schuster, 1993.

SCHICK, K., ZHUAN, D. Early Palaeolithic of China and Eastern Asia. *Evolutionary Anthropology*, v.2, p.22-35, 1993.

SCHLANGER, N. Understanding levallois: lithic technology and cognitive archaeology. *Cambridge Archaeological Journal*, v.6, 1996.

SCOTT, K. Two hunting episodes of Middle Palaeolithic age at La Cotte de Saint-Brelade. Jersey (Channel Islands). *World Archaeology*, v.12, p.137-52, 1980.

SEARLE, J. Consciousness, explanatory inversion and cognitive science. *Behavioral and Brain Sciences*, v.13, p.585-95, 1990.

_____ . *The Rediscovery of the Mind*. Cambridge MA: MIT Press, 1992.

SÉMAH, F., SÉMAH, A.-H., DJUBIANTONO, T., SIMANJUNTAK, H. T. Did They also make stone tools? *Journal of Human Evolution*, v.23, p.439-46, 1992.

SEPT, J. M., Beyond bones: archaeological sites, early hominid subsistence, and the costs and benefits of exploiting wild plant foods in east African riverine landscapes. *Journal of Human Evolution*, v.27, p.295-320, 1994.

SHACKLETON, N. J. Oxygen isotopes, ice volume and sea level. *Quaternary Science Review*, v.6, p.183-90, 1987.

SHACKLETON, N. J., OPDYKE, N. D. Oxygen isotope and palaeomagnetic stratigraphy of equatorial Pacific core V28-238. *Quaternary Research*, v.3, p.39-55, 1973.

SHEA, J. J. Spear points from the Middle Palaeolithic of the Levant. *Journal of Field Archaeology*, v.15, p.441-50, 1988.

_____ . A functional study of the lithic industries associated with hominid fossils in the Kebara and Qafzeh caves Israel. In: MELLARS, P., STRINGER, C. (Ed.) *The Human Revolution*. Edinburgh: Edinburgh University Press, 1989. p.611-25.

SHIPOMAN, P. Early hominid lifestyle: hunting and gathering or foraging and scavenging? In: CLUTTON-BROCK, J., GRIGSON, C. (Ed.) *Animals and Archaeology*. Oxford: British Archaeological Reports, International Series 163, 1983. v.1: "Hunter and their Prey". p.41-9.

SHIPMAN, P. Scavenging or hunting in the early hominids. Theoretical framework and tests. *American Anthropologist*, v.88, p.27-43, 1986.

SHIPMAN, P., BOSLER, W., DAVIS, J. L. Butchering of giant geladas at an Acheulian site. *Current Anthropology*, v.22, p.257-68, 1981.

SHIPMAN, P., BOSLER, W., DAVIS, K. L. Reply to Binford & Todd "On arguments for the butchering of giant geladas". *Current Anthropology*, v.23, p.110-11, 1982.

SIEVEKING, A. Palaeolithic art and animal behaviour. In: BANDI, H. et al. (Ed.) *La Contribution de la Zoologie et de l'ethologie à l'Interprétation de* Art des Peuples Chasseurs Préhistoriques. Fribourg: Editions Universitaires, 1984. p.99-109.

SIKES, N. E. Early hominid habitat preferences in East Africa: paleosol carbon isotopic evidence. *Journal of Human Evolution*, v.27, p.25-45, 1994.

SILBERBAUER, G. *Hunter and Habitat in the Central Kalahari Desert*. Cambridge: Cambridge University Press, 1981.

SIMONS, E. The fossil history of primates. In: JONES, J. S., MARTIN, R., PILBEAM, D. (Ed.) *The Cambridge Encyclopedia of Human Evolution*. Cambridge: Cambridge University Press, 1992. p.373-79.

SINCLAIR, A. The techniques as symbol in late glacial Europe. *World Archaeology*, v.27, p.50-62, 1995.

SINGER, R., WYMER, J. *The Middle Stone Age at Kasies River Mouth in South Africa*. Chicago: Chicago University Press, 1982.

SMITH, B. H. The physiological age of KNM-WT 15000. In: WALKER, A., LEAKEY, R. (Ed.) *The Nariokotome Homo erectus Skeleton*. Berlin: Springer Verlag, 1993. p.195-220.

SMITH, N., TSIMPLI, I.-M. *The Mind of a Savant: Language Learning and Modularity*. Oxford: Clarendon Press, 1995.

SMITH, P. E. The Late Palaeolithic and Epi-Palaeolithic of northern Africa. In: CLARK, J. D. (Ed.) *The Cambridge History of Africa*. Cambridge: Cambridge University Press, 1982. v.1: "From the Earliest Times to c.500 BC". p.342-409.

SMITH, R. J. GANNON, P. J., SMITH, B. H. Ontogeny of australopithecines and early Homo: evidence from cranial capacity and dental eruption. *Journal of Human Evolution*, v.29, p.155-68, 1995.

SOFFER, O. *The Upper Palaeolithic of the Central Russian Plain*. New York: Academic Press, 1985.

_____ . Upper Palaeolithic connubia, refugia and the archaeological record from Eastern Europe. In: SOFFER, O. (Ed.) *The Pleistocene Old World*: Regional Perspectives. New York: Plenum Press, 1987. p.333-48.

_____ . The Middle to Upper Palaeolithic transition on the Russian Plain. In: MELLARS, P., STRINGER, C. (Ed.) *The Human Revolution*. Edinburgh: Edinburgh University Press, 1989a. p.714-42.

_____ . Storage, sedentism and the Eurasian Palaeolithic record. *Antiquity*, v.63, p.719-32, 1989b.

SOFFER, O. Ancestral lifeways in Eurasia – The Middle and Upper Palaeolithic records. In: NITECKI, M. H., NITECKI, D. V. (Ed.) *Origins of Anatomically Modern Human*. New York: Plenum Press, 1994. p.101-20.

SOLECKI, R. *Shanidar*: The First Flower People. New York: Knopf, 1971.

SPELKE, E. S. Physical knowledge in infancy: reflections on Piaget's theory. In: CAREY, S., GELMAN, R. (Ed.) *Epigenesis of Mind*: Studies in Biology and Culture. Hillsdale, NJ: Erlbaum, 1991. p.133-69.

SPELKE, E. S., BREINLINGER, K., MACOMBER, J., JACOBSEN, K. Origins of knowledge. *Psychological Review*, v.99, p.605-32, 1992.

SPERBER, D. The modularity of thought and the epidemiology of representations. In: HIRSCHFELD, L. A., GELMAN, S. A. (Ed.) *Mapping the Mind*: Domains Specificity in Cognition and Culture. Cambridge: Cambridge University Press, 1994. p.39-67.

SPIESS, A. E. *Reindeer and Caribou Hunters*. New York: Academics Press, 1979.

SREJOVIC, D. *Lepenski Vir*. London: Thames & Hudson, 1972.

STEPANCHUK , V. N. Prolom II, a Middle Palaeolithic cave site in the eastern Crimea with non-utilitarian bone artifacts. *Proceedings of the Prehistoric Society*, v.59, p.17-37, 1993.

STERN, N. The structure of the Lower Pleistocene archaeological record: a case study from the Koobi Fora formation. *Current Anthropology*, v.34, p.201-25, 1993.

STERN, N. The implications of time averaging for reconstructing the land-use patterns of early tool-using hominids. *Journal of Human Evolution*, v.27, p.89-105, 1994.

STERNBERG, R. *The Triarchic Mind*: A New Theory of Human Intelligence. New York: Viking Press, 1988.

STILES, D. N. Early hominid behaviour and culture tradition: raw material studies in Bed II, Olduvai Gorge. *The African Archaeological Review*, v.9, p.1-19, 1991.

STILES, D. N., HAY, R. L., O'NEIL, J. R. The MNK chert factory site, Olduvai Gorge, Tanzania. *World Archaeology*, v.5, p.285-308, 1974.

STINER, M. A taphonomic perspective on the origins of the faunal remains of Grotta Guattari (Latium, Italy). *Current Anthropology*, v.32, p.103-17, 1991.

STINER, M., KUHN, S. Subsistence, technology and adaptive variation in Middle Palaeolithic Italy. *American Anthropologist*, v.94, p.12-46, 1992.

STOPP, M. *A taphonomic analysis of the Hoxne site faunal assemblages*. Unpublished M. Phil Thesis, University of Cambridge, 1988.

STRAUS, L. G. Carnivores and cave sites in Cantabrian Spain. *Journal of Anthropological Research*, v.38, p.75-96, 1982.

STRAUS, L. G. Upper Palaeolithic ibex hunting is SW Europe. *Journal of Archaeological Science*, v.14, p.149-63, 1987b.

_____ . The original arms race. Iberian perspectives on the Solutrean phenomenon. In: KOZLOWSKI, J. (Ed.) *Feuilles de Pierre*: Les Industries Foliacées du Paléolithique Supérieur Européen. Liège, Belgium: ERAUL 42, 1990a. p.425-47.

_____ . On the emergence of moderm humans. *Current Anthropology*, v.31, p.63-4, 1990b.

_____ . Southwestern Europe at the last glacial maximum. *Current Anthropology*, v.32, p.189-99, 1991.

_____ . *Iberia Before the Iberians*. Albuquerque: University of New Mexico Press, 1992.

_____ . Upper Palaeolithic hunting tactics and weapons in western Europe. In: PETERKIN, G. L., BRICKER, H. M., MELLARS, P. (Ed.) Hunting and Animal Exploitation in the Later Palaeolithic and Mesolithic of Eurasia. *Archaeological Papers of the American Anthropological Association*, n.4, p.83-93, 1993.

STRINGER, C. Secrets of the pit of the bones. *Nature*, v.362, p.501-2, 1993.

STRINGER, C., BRÄUER, G. Methods, misreading and bias. *American Anthropologist*, v.96, p.416-24, 1994.

STRINGER, C., GAMBLE, C. In: *Search of the Neanderthals*. London & New York: Thames & Hudson, 1993.

STUART, A. J. *Pleistocene Vertebrates in the British Isles*. New York: Longman, 1982.

SUGIYAMA, Y. Local variation of tools and tool use among wild chimpanzee populations. In: BERTHELET, A., CHAVAILLON, J. (Ed.) *The Use of Tools by Human and Non-human Primates*. Oxford: Clarendon Press, 1993. p.175-90.

SULLIVAN, R. J. *The Ten'a Food Quest*. Washington: The Catholic University of America Press, 1942.

SUSMAN, R.L. Who made the Oldowan tools? Fossil evidence for tool behaviour in Plio-Pleistocene hominids. *Journal of Anthropological Research*, v.47, p.129-51, 1991.

SVOBODA, J. Lithic industries of the Arago, Vértesszöllös and Bilzingsleben hominids: comparisons and evolutionary interpretations. *Current Anthropology*, v.28, p.219-27, 1987.

_____ . A new male burial from Dolni Vestonice. *Journal of Human Evolution*, v.16, p.827-30, 1988.

_____ . Comment on "Dense forests, cold steppes, and the Palaeolithic settlement of Northen Europe by W. Roebroeks, N. J. Conrad & T. van Kolfschoten". *Current Anthropology*, v.33, p.569-72, 1992.

SWISHER, C. C. III., CURTIS, G. H., JACOB, T., GETTY, A. G., SUPRIJO, A., WIDIASMORO. 1994. Age of the earliest known hominids in Java, Indonesia. *Science*, v.263, p.1118-21, 1992.

TACON, P. S. C. Art and the essence of being: symbolic and economic aspects of fish among the peoples of western Arnhem Land, Australia. In: MORPHY, H. (Ed.) *Animals into Art*. London: Unwin Hyman, 1989. p.236-50.

TALMY, L. Force dynamics in language and cognition. *Cognitive Science*, v.12, p.49-100, 1988.

TANNER, A. *Bringing Home Animals*: Religious Ideology and Mode of Production of the Mistassini Cree Hunters. London: C. Hurst, 1979.

TATTON-BROWN, T. *Great Cathedrals of Britain*. London: BBC Books, 1989.

TAYLOR, K. C., LAMOREY, G. W., DOYLE, G. A., ALLEY, R. B., GROOTES, P. M., MAYEWSKI, P. A.,WHITE, J. W. C., BARLOW, L. K. The "flickering switch" of late Pleistocene climate change. *Nature*, v.361, p.432-5, 1993.

TAYLOR, L. Seeing the "inside": Kunwinjku paintings and the symbol of the divided body. In: MORPHY, H. (Ed.) *Animals into Art*. London: Unwin Hyman, 1989. p.371-89.

TEMPLETON, A. R. The "Eve" hypothesis: a genetic critique and reanalysis. *American Anthropologist*, v.95, p.51-72, 1993.

TERRACE, H. S. *Nim*. New York: Knopf, 1979.

TERRACE, H. S., PETTITO, L. A., SAUNDERS, R. J., BEVER, T. G. Can an ape create a sentence? *Science*, v.206, p.891-902, 1979.

THACKERAY, A. I. Changing fashions in the Middle Stone Age: the stone artefact sequence from Klasies River main site, South Africa. *African Archaeological Review*, v.7, p.33-57, 1989.

TOBIAS, P. V. The brain of Homo habilis: a new level of organization in cerebral evolution. *Journal of Human Evolution*, v.16, p.741-61, 1987.

_____ . *Olduvai Gorge*. Cambridge: Cambridge University Press, 1991. v.4.

TOMASELLO, M. Cultural transmission in the tool use and communicatory signaling of chimpanzees? In: PARKER, S. T., GIBSON, K. R. (Ed.) *"Language" and Intelligence in Monkeys and Apes*: Comparative Developmental Perspectives. Cambridge: Cambridge University Press, 1990. p.274-311.

TOMASELLO, M., DAVIS-DASILVA, M., CARMAK, L., BARD, K. Observational learning of tool use by young chimpanzees. *Human Evolution*, v.2, p.175-83, 1987.

TOMASELLO, M., KRUGER, A. C., RATNER, H. H. Cultural learning. *Behavioural and Brain Sciences*, v.16, p.495-552, 1993.

TOOBY, J., COSMIDES, L. Evolutionary psychology and the generation of culture, part I. Theoretical considerations. *Ethology and Sociobiology*, v.10, p.29-49, 1989.

TOOBY, J., COSMIDES, L. The psychological foundations of culture. In: BARKOW, J. H., COSMIDES, L., TOOBY, J. (Ed.) *The Adapted Mind*. New York: Oxford University Press, 1992. p.19-136.

TORRENCE, R. Time budgeting and hunter-gatherer technology. In: BAILEY, G. N. B. (Ed.) *Hunter-Gatherer Economy in Prehistory*. Cambridge: Cambridge University Press, 1983. p.11-22.

TOTH, N. The Oldowan reassessed: a close look at early stone artifacts. *Journal of Archaeological Science*, v.12, p.101-20, 1985.

TOTH, N., SCHICK, K. D. Early stone industries and inferences regarding language and cognition. In: GIBSON, K. R., INGOLD, T. (Ed.) *Tools, Language and Cognition in Human Evolution*. Cambridge: Cambridge University Press, 1993. p.346-62.

TOTH, N., SCHICK, K. D., SAVAGE-RUMBAUGH., E. S. SEVCIK, R. A., RUMBAUGH, D. M. Pan the tool-maker: investigations into the stone tool-making and tool-using capabilities of a bonobo (Pan paniscus). *Journal of Archaeological Science I*, v.20, p.81-91, 1993.

TORRENCE, R. Time budgeting and hunter-gatherer technology. In: BAILEY, G. N. B. (Ed.) *Hunter-Gatherer Economy in Prehistory*. Cambridge: Cambridge Universtity Press, 1983. p.57-66.

TRINKAUS, E. *The Shanidar Neandertals*. New York: Academic Press, 1983.

————— . Pathology and posture of the La Chapelle-aux-Saints Neandertal. *American Journal of Physical Anthropology*, v.67, p.19-41, 1985.

————— . Cannibalism and burial at Krapina. *Journal of Human Evolution*, v.14, p.203-16, 1985.

————— . Bodies, Brawn, Brains and noses: human ancestors and human predation. In: NITECKI, M. H., NITECKI, D. V. (Ed.) *The Evolution of Human Hunting*. New York: Plenum Press, 1987. p.107-45.

————— . Morphological contrasts between the Near Eastern Qafzeh-Skhul and Late Archaic human samples: grounds for a behavioral difference. In: AKAZAWA, T., AOKI, K., KIMURA, T. (Ed.) *The Evolution and Dispersal of Modern Humans in Asia*. Tokyo: Hokusen-Sha, 1992. p.277-94.

————— . Neanderthal mortality patterns. *Journal of Archaeological Science*, v.22, p.121-42, 1995.

TRINKAUS, E., SHIPMAN, P. *The Neanderthals*. New York: Knopf, 1992.

TUFFREAU, A. Middle Palaeolithic settlement in Northern France. In: DIBBLE, H. L., MELLARS, P. (Ed.) *The Middle Palaeolithic*. Adaptation, Behaviour and Variability. Philadelphia: The University Museum, University of Pennsylvania, 1992. p.59-73.

TULVING, E. *Elements of Episodic Memory*. Oxford: Clarendon Press, 1983.

TURQ, A. Raw material and technological studies of the Quina Mousterian in Perigord. In: DIBBLE, H. L., MELLARS, P. (Ed.) *The Middle Palaeolithic*: Adaptation, Behaviour and Variability. Philadelphia: The University Museum, University of Pennsylvania, 1992. p.75-85.

TUTTLE, R. H. Kinesiological inferences and evolutionary implications from Laetoli bipedal trails G-1, G-2/3 and A. In: LEAKEY, M. D., HARRIS, J. M. (Ed.) *Laetoli, a Pliocene Site in Northern Tanzania*. Oxford: Clarendon Press, 1987. p.503-23.

TYLDESLEY, J. *The Wolvercote Channel Handace Assemblage*: A Comparative Study. Oxford: British Archaeological Reports, British Series 152, 1986.

VALLADAS, H., CACHIER, H., MAURICE, P., BERNALDO DE QUIROS, F., CLOTTES, J., CABRERA VALDES, V., UZQUIANO, P., ARNOLD, M. Direct radiocarbon dates for prehistoric paintings at the Altamira, El Castillo and Niaux caves. *Nature*, v.357, p.68-70, 1992.

VALOCH, K. Le Taubachien, sa géochronologiem paléoécologie et sa paléoethnologie. *L'Anthropologie*, v.88, p.193-208, 1984.

VANDERMEERSCH, B. Une sépulture moustérienne avec offrandes découverte dans la grotte de Qafzeh. *Comptes Rendus Hebdomadaires des Séances de l'Académie des Sciences*, 270, p.298-301, 1970.

_____. The evolutions of modern humans, recent evidence from Southwest Asia. In: MELLARS, P., STRINGER, C. (Ed.) *The Human Evolution*. Edinburgh: Edinburgh University Press, 1989. p.155-63.

VAN SCHAIK, C. P. Why are diurnal primates living in large groups. *Behaviour*, v.87, p.120-44, 1983.

VÉRTES, L. The Lower Palaeolithic site of Vértesszöllös, Hungary. In: BRUCE--MITFORD, R. (Ed.) *Recent Archaeological Excavations in Europe*. London: Routledge and Kegan Paul, 1975. p.287-301.

VILLA, P. *Terra Amata and the Middle Pleistocene Archaeological Record from Southern France*. Berkeley: University of California Press, 1983.

_____. Torralba and Aridos: elephant expoitation in Middle Pleistocene Spain. *Journal of Human Evolution*, v.19, p.299-309, 1990.

_____. Middle Pleistocene prehistory in southwestern Europe: the state of our knowledge and ignorance. *Journal of Anthropological Research*, v.47, p.193-217, 1991.

VISALBERGHI, E., FRAGASZY, D. M. Do monkeys ape? In: PARKER, S. T., GIBSON, K. R. (Ed.) *"Language" and Intelligence in Monkeuys and Apes*: Comparative Developmental Perspectives. Cambridge: Cambridge University Press, 1990. p.247-73.

WADLEY, L. The Pleistocene Late Stone Age south of the Limpopo River. *Journal of World Prehistory*, v.7, p.243-96, 1993.

WALKER, A., LEAKEY, R. (Ed.) *The Nariokotome Homo erectus Skeleton*. Berlin: Springer Verlag, 1993.

WANPO, H., CIOCHON, R., YUMIN, G., LARICK, R., QIREN, F., SCHWARCZ, H., YONGE, C., DE VOS, J., RINK, W. Early Homo and associated artifacts from China. *Nature*, v.378, p.275-78, 1995.

WELLMAN, H. M. From desires to beliefs: acquisition of a theory of mind. In: WHITEN, A. (Ed.) *Natural Theories of Mind: Evolution, Development and Simulation of Everyday Mindreading*. Oxford: Blackwell, 1991. p.19-38.

WENDORF, F., SCHILD, R., CLOSE, A. (Ed.) *Leaves and Fishes*: The Prehistory of Wadi Kubbaniya. Dallas: Southern Methodist University Press, 1980.

WESTERGAARD, G. D. The stone tool technology of capuchin monkeys: possible implications for the evolution of symbolic communication in hominids. *World Archaeology*, v.27, p.1-24, 1995.

WEYER, E. M. *The Eskimos*. New Haven: York University Press, 1932.

WHALLON, R. Elements of culture chage in the Later Palaeolithic. In: MELLARS, P., STRINGER, C. (Ed.) *The Human Revolution*. Edinburgh: Edinburgh University Press, 1989. p.433-54.

WHEELER, P. The evolution of bipedality and the loss of functional body hair in hominids. *Journal of Human Evolution*, v.13, p.91-8, 1984.

_____ . Stand tall and stay cool. *New Scientist*, v.12, p.60-5, 1988.

_____ . The influence of bipedalism on the energy and water budgets of early hominids. *Journal of Human Evolution*, v.21, p.107-36, 1991.

_____ . The thermoregulatory advantages of heat storage and shade seeking behaviour to hominids foraging in equatorial savannah environments. *Journal of Human Evolution*, v.26, p.339-50, 1994.

WHITE, R. Rethinking the Middle/Upper Palaeolithic transition. *Current Anthropology*, v.23, p.169-92, 1982.

_____ . Production complexity and standardization in early Aurignacian bead and pendant manufacture: evolutionary implications. In: MELLARS, P., STRINGER, C. (Ed.) *The Human Revolution*. Edinburgh: Edinburgh University Press, 1982a. p.366-90.

_____ . Husbandry and herd control in the Upper Palaeolithic. *Current Anthropology*, v.30, p.609-31, 1989b.

_____ . Beyond art: toward an understanding of the origins of material representation in Europe. *Annual Review of Anthropology*, v.21, p.537-64, 1992.

_____ . A social and technological view of Aurignacian and Castelperronian personal ornaments in S.W. Europe. In: CABRERA VALDÉS, E. (Ed.) *El Origin del Hombre Moderno en el Suroeste de Europa*. Madrid: Ministerio des Educacion y Ciencia, 1993a. p.327-57.

_____ . Technological and social dimensions of 'Aurignacian-Age' body ornaments across Europe. In: KNECHT, H., PIKE-TAY, A., WHITE, R. (Ed.) *Before Lascaux*: The Complex Record of the Early Upper Palaeolithic. Boca Raton: CRC Press, 1993b. p.247-99.

WHITE, T. D., SUWA, G., ASFAW, B. Australopithecus ramidus, a new species of early hominid from Aramis, Ethiopia. *Nature*, v.371, p.306-12, 1994.

WHITE, T. D., TOTH, N. The question of ritual cannibalism at Grotta Guattari. *Current Anthropology*, v.32, p.118-38, 1991.

WHITELAW, T. Some dimensions of variability in the social organization of community space among foragers. In: GAMBLE, C., BOISMIER, W. (Ed.) *Ethnoarchaeological Approaches to Mobile Composites*. Ann Arbor: International Monographs in Prehistory, 1991. p.139-88.

WHITEN, A. Transmission mechanisms in primate cultural evolution. *Trends in Ecology and Evolution*, v.4, p.61-2, 1989.

_____ . Causes and consequences in the evolution of hominid brain size. *Behavioral and Brain Sciences*, v.13, p.367, 1990.

WHITEN, A. (Ed.) *Natural Theories of Mind*: Evolution, Development and Simulation of Everyday Mindreading. Oxford: Blackwell, 1991.

WHITEN, A., PERNER, J. Fundamental issues in the multidisciplinary study of mindreading. In: WHITEN, A. (Ed.) *Natural Theories of Mind*: Evolution, Devolpment and Everyday Mindreading. Oxford: Blackwell, 1991. p.1-18.

WIESSNER, P. Style and social information in Kalahari San projectile points. *American Antiquity*, v.48, p.253-57, 1983.

WILLIS, R. G. (Ed.) *Signifying Animals*: Human Meaning in the Natural World. London: Unwin Hyman, 1990.

WILLS, C. *The Runaway Brain*. London: HarperCollins, 1994.

WINTERHALDER, B. Foraging strategies in the boreal environment: an analysis of Cree hunting and gathering. In: WINTERHALDER, B., SMITH, B. (Ed.) *Hunter-Gatherer Foraging Strategies*: Ethnographic and Archaeological Analyses. Chicago: Chicago University Press, 1981. p.66-98.

WOBST, H. M. Stylistic behavior and information exchange. In: CLELAND, C. E. (Ed.) *Papers for the Director*: Research Essays in Honour of Fames B. Griffin. Anthropological Papers n.61, Museum of Anthropology, University of Michigan, 1977. p.317-42.

WOLDEGABRIEL, G., WHITE, T. D., SUWA, G., RENNE, P., DE HEINZELIN, J., HART, W. K., HEIKEN, G. Ecological and temporal placement of early Pliocene hominids at Aramis, Ethiopia. *Nature*, v.371, p.330-33, 1994.

WOLPOFF, M. H. The place of Neanderthals in human evolution. In: TRINKAUS, E. (Ed.) *Emergence of Modern Humans*. Cambridge: Cambridge University Press, 1989. p.97-141.

WOLPOFF, M. H., WU, XINZHI & THORNE, A. G. Modern Homo sapien origins: a general theory of hominid evolution involving the fossil evidence from East Asia. In: SMITH, F. H., SPENCER, F. (Ed.) *Origins of Modern Humans*: A World Survey of the Fossil Evidence. New York: Alan R. Liss, 1984. p.411-83.

WOOD, B. Origin and evolution of the genus Homo. *Nature*, v.355, p.783-90, 1992.

_____ . The oldest hominid yet. *Nature*, v.371, p.280-81, 1994.

WOOD, B., TUERNER, A. Out of Africa and into Asia. *Nature*, v.378, p.239-40, 1995.

WRANGHAM, R. W. Feeding behaviour of chimpanzees in Gombe National Park, Tanzania. In: CLUTTON-BROCK, T. H. (Ed.) *Primate Ecology*: Studies of Feedings and Ranging Behaviour in Lemurs, Monkeys and Apes. London: Academic Press, 1977. p.503-78.

_____ . Evolution of social structure. In: SMUTS, B. B., CHENEY, D. L., SEYFARTH, R. M., WRANGHAM, R. W., STRUHSAKER, T. T. (Ed.) *Primate Societies*. Chicago: Chicago University Press, 1987. p.342-57.

WU, R., LIN, S. Peking Man. *Scientific American*, v.248, p.86-94, 1983.

WYMER, J. Clactonian and Acheulian industries from Britain: their character and significance. *Proceedings of the Geological Association*, v.85, p.391-421, 1974.

_____ . Palaeolithic Archaeology and the British Quaternary sequence. *Quaternary Science Reviews*, v.7, p.79-98, 1988.

WYNN, T. The intelligence of later Acheulian hominids. *Man*, v.14, p.371-91, 1979.

_____ . The intelligence of Oldowan hominids. *Journal of Human Evolution*, v.10, p.529-41, 1981.

_____ . *The Evolution of Spatial Competence*. Urbana: University of Illinois Press, 1989.

_____ . Tools, grammar and the archaeology of cognition. *Cambridge Archaeological Journal*, v.1, p.191-206, 1991.

_____ . Two developments in the mind of early Homo. *Journal of Anthropological Archaeology*, v.12, p.299-322, 1993.

_____ . Handaxe enigmas. *World Archaeology*, v.27, p.10-23, 1995.

WYNN, T., McGREW, W. C. An ape's view of the Oldowan. *Man*, v.24, p.383-98, 1989.

WYNN, T., TIERSON, F. Regional comparison of the shapes of later Acheulean handaxes. *American Anthropologist*, v.92, p.73-84, 1990.

YELLEN, J. E. *Archaeological Approaches to the Present*. New York: Academic Press, 1977.

YELLEN, J. E., BROOKS, A. S., CORNELISSEN, E., MEHLMAN, M. J., STE-WARD, K. A Middle Stone Age worked bone industry from Katanda, Upper Semliki Valley, Zaire. *Science*, v.268, p.553-56, 1995.

YEN, D. E. The domestication of the environment. In: HARRIS, D. R., HILL-MAN, G. C. (Ed.) *Foraging and Farming*: The Evolution of Plant Exploitation. London: Unwin Hyman, 1989. p.55-78.

YI, S., CLARK, G. Observations on the Lower Palaeolithic of Northeast Asia. *Current Anthropology*, v.24, p.181-203, 1983.

YOST, J. A., KELLEY, P. M. Shotguns, blowguns and spears: the analysis of technological efficiency. In: HAMES, R., VICKERS, W. (Ed.) *Adaptive Responses of Native Amazonians*. New York: Academic Press, 1983. p.189-224.

ZHONGLONG, Q. The stone industries of H. sapiens from China. In: AKAZAWA, T., AOKI, K., KIMURA, T. (Ed.) *The Evolution and Dispersal of Modern Humans in Asia*. Tokyo: Hokusen-Sha, 1992. p.363-72.

ZOLLIKOFER, C. P. E., PONCE DE LEON, M. S., MARTIN, R. D., STUCKI, P. Neanderthal computer skulls. *Nature*, v.375, p.283-84, 1995.

ZVELEBIL, M. Clues to recent human evolution from specialised technology. *Nature*, v.307, p.314-15, 1984.

_____ . Postglacial foraging in the forests of Europe. *Scientific American* (May), p.86-93, 1986.

_____ . Plant use in the Mesolithic and the transition to farming. *Proceedings of the Prehistoric Society, v.60, p.35-74, 1994.*

Ilustrações

1 Ilustração de Steven Mithen utilizando dados de Aiello & Dunbar (1993); a figura superior é uma modificação da ilustração de Aiello (1996b).

2 Desenho de Margaret Mathews, baseado em Saladin D'Angular (1990)

3 Desenho de Margaret Mathews, baseado em McGrew (1992).

4 Ilustração de Margaret Mathew e Steven Mithen.

5 Desenho de Margaret Mathew, baseado em Schick & Toth (1993).

6 Ilustração de Steven Mithen.

7 Desenho de Aaron Watson.

8 Desenho de Aaron Watson.

9 Desenho de Margaret Mathews, baseado em Jones et al. (1992).

10 Ilustração de Margaret Mathews e Steven Mithen.

11 Desenho de Margaret Mathews.

12 Desenho de Margaret Mathews.

13 Desenho de Aaron Watson.

14 Desenho de Aaron Watson.

15 Ilustração de Margaret Mathews e Steven Mithen.

16 Ilustração de Margaret Mathews e Steven Mithen.

17 Ilustração de Margaret Mathews e Steven Mithen.

18 Desenho de Margaret Mathews, baseado em fotografia de A. Marshack, de *National Geographic*, 174 (1988).

19 Desenho de Margaret Mathews, baseado em Delluc & Delluc (1978).

20 Desenho de Margaret Mathews, baseado em Mania & Mania (1988). Gravações intencionais em artefatos de osso de *Homo erectus*, *Rock Art Research*, v.5, p.91-107.

21 Desenho de Margaret Mathews, baseado em Breuil (1952).

22 Desenho de Simon S. S. Driver, em Fagan (1990), *Journey from Eden* (London & New York: Thames and Hudson).

23 Desenho de Margaret Mathews, baseado em Bahn & Vertut (1989).

24 Desenho de Margaret Mathews, baseado em Marshack (1991).

25 Ilustração de Margaret Mathews e Steven Mithen.

26 Ilustração de Margaret Mathews e Steven Mithen.

27 Ilustração de Margaret Mathews e Steven Mithen.

28 Desenho de Margaret Mathews, modificado de Schick & Toth (1993).

29 Desenho de Margaret Mathews, baseado em Jones et al. (1992).

30 Desenho de Margaret Mathews, baseado em Jones et al. (1992).

31 Desenho de Margaret Mathews, baseado em Jones et al. (1992).

32 Desenho de Margaret Mathews, baseado em Jones et al. (1992).

33 Ilustração de Margaret Mathews e Steven Mithen.

34 Desenho de Margaret Mathews, baseado em Wendorf et al. (1980).

35 Desenho de Aaron Watson.

36 Desenho de Margaret Mathews, baseado em Piette (1906).

Quadros

p.24   Ilustração de Steven Mithen.

p.38-40 Desenhos de Margaret Mathews, baseados em Jones et al. (1992).

p.40-3 Desenhos de Margaret Mathews: (superior a inferior) lascas de quartzo, baseado em Merrick & Merrick (1976); *chopper*, baseado em Bordes (1968); machado de mão com extremidade pontiaguda, baseado em Roe (1981); lasca e núcleo Levallois, baseado em Bordes (1968); a "lança" de Clacton-on-Sea, baseado em Oakley (1949) *Man the Tool-maker* (London: Trustees of the British Museum (Natural History); núcleo de lâmina, baseado em Bordes (1968); arpão de osso, baseado em Bordes (1968); "Venus de Willendorf", baseado em Marshack (1991).

p.44   Desenho de Margaret Mathews.

p.45   Desenho de Margaret Mathews.

p.46   Desenho de Margaret Mathews.

p.47   Ilustração de Steven Mithen, modificado de Wood (1993).

p.48   Ilustração de Steven Mithen, baseada em Stringer & Gamble (1993).

p.109   Ilustração de Steven Mithen.

p.201   Desenho de Margaret Mathews, baseado em Shea (1988) e Oswalt (1973).

p.257   Desenhos de Margaret Mathews, baseados em Morphy (1989) e Leroi--Gourhan (1968).

p.263   Ilustração de Steven Mithen.

p.266   Ilustração de Steven Mithen.

p.278   Desenho de Margaret Mathews, baseado em Cunliffe (1994).

Quadro p.322-3 Ilustração de Steven Mithen.

Quadro p.324 Ilustração de Steven Mithen.

Índice remissivo

Aborígines, australianos 75; arte dos, 99, 256; manipulação do ambiente por, 362-3; relação com a paisagem 76, 267, 311; tempo dos "Sonhos", 280; *ver também* Seres ancestrais

Abri Pataud, 297n.33, 299n.39

Abu Hureyra, 352, 355, 358

Aegyptopithecus, 325, 329

Agricultura, origens da, 18, 20, 26, 339, 351-64

Agulhas, 37, 43, 203

Aiello, Leslie, 22, 161, 172, 208, 218, 222, 334, 336

Altamira, colonização de, 254

Américas, colonização das, 37, 46, 282

Analogia, 63, 66, 113; papel na ciência, 345

Ancestral comum, 19, 23, 29, 31, 47, 165, 331

Antropomorfismo, 75, 78, 266-7; como meio de prever o comportamento animal, 285, 298n.35; compulsão por, 99n.38, 292n.9; e arte, 264-8, 292n.9, 296n.27

Apolo, caverna de, 255

Aprendizado, 57, 71, 73, 122; testes em laboratório, 326; aprendizado social, 146n.7, 175; *ver também* Imitação

Armazenamento, 230n.22, 299n.41

Arqueologia cognitiva, 20-1, 28n.7

Arte, 21, 43, 252-64; australiana, 256-8; definição de, 252-8; e clima, 256, 293n.13; e informação sobre armazenamento, 272-8; humanos arcaicos, 252-3, 255, 260, 263, 295n.22; origens da, 258-64, 292n.7

Arte de cavernas, 37, 212; *ver também* Chauvet, caverna de

Artefatos de osso, 35-6, 42, 276; surgimento de, 272, 288; entre os humanos arcaicos, 193-4, 205

Atapuerca, 39, 45, 237n.50

Atran, Scott, 82, 88, 322

Austrália, arte em rochas aborígine, 97n.23, 256; colonização da, 36, 46, 248, 282; arte em rochas do Pleistoceno, 293n.13; *ver também* Aborígines

Australopitecinos, 47, 331, 325

Australopithecus afarensis, 32, 38, 47, 151, 331-4

Australopithecus africanus, 32, 38, 47

Australopithecus anamensis, 32, 38, 47, 151

Australopithecus ramidus,, 19, 32, 38, 151

Autismo, 80-1, 83, 99n.32

Awash Médio, 38, 44

Babbage, Charles, 43, 58
Babuínos *Gelada*, 172
Banquetes 216
Bar-Yosef, Ofer, 357, 291n.4
Belfer-Cohen, Anna, 357
Benedict, Ruth, 322
Berlin, Brent, 82
Bilzingsleben, 41, 252, 259-60; costela com
   entalhes originária de, 252, 259-60
Binford, Lewis, 94n.6, 158, 160, 196, 211,
   230n.24
Bipedalismo, 38; consequências para a
   linguagem, 337; e parto, 314; evolução
   do, 332-4
Bird-Davis, Nurit,75
Bisbilhotices, 308
Blumenschine, Robert, 161
Boden, Margaret, 90, 94n.5, 114, 251
Boesch, Christophe & Hedwige, 118, 123,
   125-6, 139-41, 145n.3
Border, caverna de, 41-2, 287, 226n.8
Bosquímanos do deserto de Kalahari, 74,
   270
Boxgrove, 41, 45, 189, 225n.2, 236n.45,
   290n.1
Boyer, Pascal, 279-81, 322
Broca, área de, 169, 184n.33, 219
Byrne, Dick, 128, 130, 143, 149n.20, 166,
   183n.29, 329

Cabos, emprego de, nos artefatos, 195
Canto de pássaros, 135-6
Carnivoria, e tamanho do cérebro, 334; no
   Homo habilis, 156-65; e linguagem, 336-7
Caverna, *ver* Apolo, Bordes, Chauvet,
   Dederiyeh, Gough, Pontewydd
Chase, Phillip, 200
Chauvet, caverna de, 263, 265, 293n.12
Cheney, Dorothy, 143, 146n.9
Chimpanzés, 19, 117, 325; fabricação e uso
   de instrumentos, 118-24, 137-42, 153,
   145n.3, 149n.19; forrageamento,
   124-7; caça, 124-7; "linguagem" dos,
   132-6, 142; mente dos, 138-9; tradições,
   122, 141
Chomsky, Noam, 70

Ciência, 243-6; definição de, 348n.6
Clacton-on Sea, 42, 194
Colton, Charles, 186
Combe Grenal, 193, 200, 269, 347n.4
Conhecimento intuitivo, 79; e biologia, 84-
   4; e física, 84-5, 122; e psicologia, 79-81.
Consciência, 17; dos chimpanzés, 141;
   evolução da, 81, 131, 311-4; e mente do
   humano arcaico, 174, 241-6, 307
Corballis, Michael, 27n.6
Córtex cerebral, 149n.17, 171
Cosmides, Leda, 67-71, 79, 330
Cotte, La, 231n.27, 235n.35
Criacionismo, 18, 26, 27n.2
Criatividade, 63, 89-91, 94n.5, 313

D'Errico, Francesco, 275, 300n.44, 344
Dawkins, Richards, 342, 345
De Waal, Franz, 129, 171
Deacon, Terrance, 171, 184n.36
Decoração do corpo, 37, 43; aparecimento
   de, 254, 277; ausência nos chimpanzés,
   140; ausência nos humanos arcaicos,
   212, 216; e informação social, 98n.28,
   278; e ocre vermelho, 287
Dederiyeh, caverna de, 237n.48, 316
Dennett, Daniel, 168, 242, 244, 345, 318n.2
Desenhos animados, 78
Desenvolvimento cognitivo, 79-90, 316;
   dos humanos arcaicos, 39, 316; e Piaget,
   94n.8

Dmanisi, 39, 45
Domesticação de animais, 360-2
Donald, Merlin, 19, 27n.6
Douglas, Mary, 270, 298n.36
Dry Creek, 46
Dryopithecus, 347n.2
Dunbar, Robin,146n.9, 166, 171, 182n.28,
   208, 211, 218, 221, 235n.36-8, 306, 308,
   318n.1, 336, 348n.6, 349n.8

Eastham, Michael e Anne, 276
Efeito "funil" (na evolução humana), 289
Elo perdido, *ver* Ancestral comum
Endomoldes, 184n.34

Ensino, 139, 312, 319n.3

Enterros/sepultamentos, 36, 278; de cachorros, 365n.12; de *Homo sapiens*, 284, 288, 302n.52; dos humanos arcaicos, 212, 237n.48

Entópicos, fenômenos, 295n.20

Esquartejamento, por chimpanzés, 141; por *H. habilis*, 156; por *H. sapiens sapiens*, 214; por neandertais, 200-2

Estágios de isótopos de oxigênio, 48

Estilo, 294n.16

Estrutura cerebral, 135, 169-70, 219

Evolução da inteligência humana, 341

Evolução humana, 47, 325

Experiências de lascamento, 189-90

Falk, Dean, 341

Ferrassie, La , 212, 297n.33

Flageolet, Abri du, 297n.33

Flexibilidade de comportamento, 161

FLK Nort I, Garganta de Olduvai, 164

FLK 22 Zing, Garganta de Olduvai, 157, 181n.26

Fluidez cognitiva, 20-1, 28n.7; e antropomorfismo, 266; e agricultura, 258-64; e ciência, 343-6; e consciência, 311-4; e humor, 324; e linguagem, 310; e os primeiros humanos modernos, 282-9; e racismo, 322-3; e religião, 281-2; e transição do Paleolítico Médio ao Superior, 283; na arte, 263, 266, 283

Fodor, Jerry, 61-9, 72, 95n.10-11, 112, 250, 345

Foz do Rio Klasies, 226n.8, 231n.28, 287, 302n.55

FxJj50, Koobi Fora,180n.22

G/Wi, 270, 297n.35

Gamble, Clive, 94n.6, 202, 211, 282

Gardner, Beatrice, 132

Gardner, Howard, 64-7, 71, 88-9, 251

Garganta de Olduvai, 39, 40, 44, 152, 161, 164, 176n.1, 181n.25-6

Geary, David, 88, 100n.41

Gellner, Ernest, 76, 98n.26, 277

Gesher Benot, 42, 194

Gibson, Kathleen, 103-4, 146n.9

Goodall, Jane, 118, 322

Gough, caverna de, 322

Gould, Stephèn Jay, 103, 106

Greenfield, Patricia, 86

Grimaldi, 264

"grooming", 171, 218, 239n.52

Guattari, Grotta di, 202, 233n.34, 236n.39

Guthrie, Dale, 229n.20

Hadar, 38, 44

Haeckel, Ernest, 94n.7, 102

Haua Fteah, 42

Hayden, Brian, 360

Hillman, Gordon, 355

Hipótese dos esconderijos de pedras/ artefatos líticos, 161, 179n.15

Hohlenstein-Stadel, figurinha de homem--leão proveniente de, 253

Holoceno, 37

Homo erectus, 19, 25, 33, 39, 45, 47, 59, 164, 180n.24, 186, 188, 197, 208, 219, 222, 335-6

Homo ergaster, 33, 39, 47, 180n.24

Homo habilis, 19, 24, 33, 39, 44, 47, 151-76, 180n.24, 243

Homo heidelbergensis, 34, 39, 47, 186, 237n.50, 336

Homo neanderthalensis, ver Neandertais

Homo rudolfensis, 33, 39, 47

Homo sapiens arcaico, 34, 36, 39, 47, 187, 214, 226n.8

Homo sapiens sapiens, 19-21, 24, 29, 36, 41, 46-7, 186, 247, 250

Humanos arcaicos, 25, 215, 357; definição, 187; mente dos, 185-246; *ver também Homo erectus; Homo heidelbergensis; Homo sapiens arcaico;* Neandertais

Humor, 324

Humphrey, Nicholas, 80, 128, 131, 148n.15, 241, 245, 311, 330, 335, 362

Imaginação, 58, 62

Imitação, 122; *ver também* Aprendizado, social

Indústria clactoniense, 217, 228n.14, 237n.50

Indústria de Poort-Howieson, 226n.8, 302n.58

Indústria olduvaiense, 33, 40, 152-6, 175, 189, 192, 176n.1; matérias-primas da, 176n.1

Ingold, Tim, 76, 98n.26, 268.

Inteligência, geral, 73, 87, 105, 108, 111, 119, 124, 137, 140, 142, 155, 174, 205, 207, 214, 216, 306, 313, 326-8; especializada, 23, 110-11; linguística, 65, 112, *ver também* Linguagem; maquiavélica, 128-9, 140; múltipla, 64-6, 105; naturalista; 111, 124, 127, 156, 164, 196-204, 335; social, 111, 128, 137, 143-5, 165-8, 174, 205-21, 241, 307, 329-30; técnica, 111, 124, 142, 152-6, 188-93, 226n.8, 260, 334

Intencionalidade, ordens de, 168; na fabricação de instrumentos, 156, 188-90; na marcação, 261; *ver também* Machados de mão, Lascas/pontas de Levallois

Inuits, 75; e o urso polar, 75, 97n.24, 310; tecnologia dos, 199-201, 207, 229n.21

Isaac, Glynn, 35, 94n.6, 157-60, 178n.11, 195

Java, 39, 45

Kada Gona, 40

Kanapoi, 38

Kanzi, 134-5, 149n.16, 154, 177n.4

Karmiloff-Smith, Annette, 87-92, 105, 112, 115n.5, 251, 309, 316

Katanda, 42, 288

Kebara, 40, 42, 191, 212, 219, 231n.28, 284

Keil, Frank, 81

Kesem-Kebana, 41

Klein, Richard, 196

Knecht, Heidi, 298n.37

Knight, Chris, 237n.47, 287, 315

KNM-ER, 39, 170, 174; *ver também* Homo habilis

KNM-WT 15000, 222, 224; *ver também* Homo erectus

Koestler, Arthur, 90

Konso-Gardula, 41

Koobi Fora, 39-40, 44, 179n.17

Kuhn, Steven, 234

Kuhn, Thomas, 345, 348n.6

!Kung, 270

Kunwinjku, 294n.19

Laetoli, 44, 332

Lake, Mark, 167, 342, 347n.5

Lascas/pontas de Levallois, 34, 41, 187, 249, 260; manufatura, 191-3, 222; uso de cabos e replicação, 226n.5; uso na caça, 194, 231n.28, 302n.53

Lascaux, 254, 264

Leakey, Mary, 40

Lehringen, 194

Lepenski Vir, 265

Ler a mente, 108; *ver também* Teoria da mente

Leroi-Gourhan, Andre, 301n.48

Lévi-Strauss, Claude, 266

Lewis-Williams, David, 295n.20

Linguagem, 65, 86, 112, 134-6, 243; dos humanos arcaicos, 217-21, 239n.54; e a transição do Paleolítico Médio ao Superior, 27n.6, 291n.2; e estrutura cerebral, 169-72; e fluidez cognitiva, 306-8, 310; evolução da, 337; *ver também* Chimpanzés, "linguagem" dos

Lokalalei, 40, 177n.5

Longgupo, caverna de, 43, 45, 180n.24

Lucy, *ver Australopithecus afarensis*

Maastricht-Belvédère , 192, 226n.7, 236n.45

Macacos *vervet*, 147n.11

Machados de mão, 34, 41, 186, 246; função dos, 194, 228n.14; manufatura dos, 60, 188-91, 260; variação de, 195, 217, 225n.4, 228n.17

Makapansgat, 44

Mal'ta, 46, 276, 300n.46

Malakunanja, 46

Mapas mentais, dos chimpanzés, 125, 128; do *Homo habilis*, 164; dos neandertais, 203; estimulados pela arte, 277

Marler, Peter, 135
Marshack, Alexander, 275, 295n.22, 300n.42
Mas d'Azil, atirador de lanças de, 272, 274
Matemática, 73, 88, 100n.41
Mauer, 39
Mauran, 231n.27
Mbuti, 75
McGrew, Bill, 118-9, 121, 153
Meadowcroft, 46, 52
Mellars, Paul, 211
Memória, 125, 95n.9, 147n.10, 319n.3
Mente, como uma catedral, 102, 106-15, 143, 173, 176, 225, 241, 248; como um canivete suíço, 24, 61-2, 64, 68-72, 77, 79, 86, 88-92, 125, 245; como um computador, 23, 57-8, 69, 93n.4, 342; como uma esponja, 57-8, 69; como uma "tábua rasa", 24, 93n.4
Mente-corpo, o problema, 18, 93n.1
Mesolítico, 299n.41, 365n.13
Metáfora, 66; na ciência, 344-5, 349n.8
Metarrepresentação, módulo da (MMR), 91, 221, 309
Milton, Katherine, 146n.9, 328
MNK Principal II, Garganta de Olduvai, 164, 181n.26
Módulos mentais, 23, 61-4; desenvolvimento dos, 86-7, 137; dos chimpanzés, 137, 144; evolução dos, 67-72; ver também Conhecimento intuitivo; Mente; Inteligência
Mojokerto, 45
Monte Verde, 46, 52
Moradias-base, 157-8, 160, 178n.12, 203
Mudanças climáticas, 37, 48, 187, 199, 271, 355

Nagel, Thomas, 245
Nariokotome, o menino de, ver KNM-WT 15000
Nascimento, 314
Natufiano, 356, 360
Neandertais, 19-20, 25, 35-7, 40, 47, 186, 188, 208, 214; anatomia e demografia, 40, 47, 200, 214, 226n.8, 231n.27-8; caça, 202, 204, 230n.25, 231n.28; consciência,

241-6; desenvolvimento infantil, 316-7; destreza manual, 227n.12; enterros/ sepultamentos, 212, 237n.48, 284; forrageamento, 198-204, 284; linguagem, 217-21; mente, 223; tecnologia, 190-6, 200-1, 226n.8; trato vocal, 219, 239n.54
Neotenia, 104
Nihewan, 45
Notharctus, 327-9
Nunamiut, 270

Ocre vermelho, 36, 43, 212, 237n.47, 259, 287, 315
Oleneostrovski Mogilnik, 267, 297n.30
Olorgesailie, 41, 181n.25, 228n.18, 236n.45
Omo, 40, 44
Omo, Complexo Industrial de, 40, 155
Oring, Elliot, 324
Oswalt, Wendell, 201

Paleolítico Inferior, 34
Paleolítico Superior, 36, 191; caça, 268-72, 297n.33
Paranthropus, 38, 47
Partilha do alimento, 159-60, 214; por chimpanzés, 141, 175; ver também Provisionamento
Pelegrin, Jaques, 190
"Pequeno mal", ataques de, 244, 313
Pfeiffer, John, 267, 275
Piaget, Jean, 60, 94n.8, 103
Pinker, Steven, 27n.1, 135, 184n.33
Placa de Taï, 274-5
Planície da Rússia central, 211, 270, 358; abrigos em, 43, 358-9
Pleistoceno, 33, 69, 74; fauna, 198, 228n.18-9; vegetação, 229n.20
Plesiadapiformes, 323, 326
Plesiadapis, 323, 325
Pontnewydd, caverna de, 40, 42, 198, 336
Potts, Richard, 161, 179n.18, 236n.45
Powers, Camilla, 287
Premack, David, 130, 133
Primeiros humanos modernos, 247, 258, 289, 315, 319n.3, 339; mente dos, 280, 285-8, 317

Proconsul, 325, 329
Prolom II, 303n.60
Provisionamento, 314-5, 338
Psicologia evolutiva, 21, 24, 67, 72, 89-90
Psicologia da crença-desejo, *ver*
Conhecimento intuitivo
Purgatorius, 323

Qafzeh, 41, 231n.28, 284, 286, 302n.52

Racismo, 323-3
Rapinagem, 33, 161, 182n.27, 200, 204,
216, 228n.18, 233n.34; identificando a,
160, 178n.13; marginal, 158
Rastros de animais, 127, 148, 163, 295n.24;
como símbolos naturais, 261; na arte de
cavernas, 275
Recapitulação, 59, 86, 94n.7, 102-5
Redescrição representacional, 89, 105
Relações temáticas, hipótese das, 308
Religião, 279-82
Riera, La, 298n.38
Rio Upper Swan, 46
Riwat, 45, 180n.24
Roc de Combe, 297n.33
Rozin, Paul, 90, 251, 312

Sacks, Oliver, 83
Saint Césaire, 40
San Vincenzo, 102
Sangiran, 45
Sant'Agostino, Grotta di, 202
Savage-Rumbaugh, Sue, 133-4
Seleção natural, 68, 107, 116n.6, 307,
335, 342
Schacter, Daniel, 312
Schlanger, Nathan, 192
Searle, John, 313
Sedentarismo, 357, 364n.6
Seres ancestrais, 97n.23, 258, 294n.19,
297n.31; conhecimento intuitivo, 280
Seyfarth, Robert, 143, 146n.9
Shanidar, 210, 212, 223, 237n.48, 361
Shea, John, 237n.50
Simbolismo, 338; na fabricação de
instrumentos, 301n.50

Sítio de HAS, Koobi Fora, 157, 177n.2
Skhāl, 41, 284, 302
Soffer, Olga, 211, 230n.22, 270, 299n.41,
358
Spelke, Elizabeth, 84, 88-9, 105, 113, 251
Sperber, Dan, 91, 93, 113, 221, 351, 309, 311
Sterkfontein, 44, 192
Stiner, Mary, 233n.34
Straus, Lawrence, 269, 272, 297n.34,
299n.39-40
Sungir, 277-8, 322
Swartkrans, 44, 184n.31

Tabun, 40, 193, 284
Tamanho de grupo, e tamanho de cérebro,
165, 208, 235n.38; e *grooming*, 171; e o
ambiente, 182n.28, 209, 231n.28
Tamanho do cérebro, 20-2, 221; de
crianças dos humanos arcaicos, 315;
dos chimpanzés, 117; e a dieta, 161; e
a linguagem, 170, 217; e complexidade
social, 182n.28; e forrageamento, 145n.5,
146n.9; e tamanho do grupo, 166, 208;
e taxa de crescimento, 314
Tata, 259
Taung, 44, 184n.31
Tecnounidades, 119
Tecnologia da lâmina, 36, 42, 191, 249, 271,
273; anterior ao Paleolítico Superior,
226n.8
Terra Amata, 193
Terrace, Herbert, 133
Teshik Tash, 212
Teste das hipóteses, 131, 163, 344
Teste de QI, 57
Torre do Diabo, 316
Teoria da mente, 79, 115n.3, 131, 148n.13,
208; *ver também* Autismo; Inteligência,
social
Tooby, John, 67-72, 330
Totemismo, 75, 264-8
Toth, Nicholas, 154-5
Transporte, de alimentos, 157; de artefatos,
163, 180n.23, 233n.34; de machados de
pedra, 125; de matérias-primas, 180n.23,
233n.34

424

A pré-história da mente

Transição do Paleolítico Médio ao Superior, 247, 249, 251, 282, 287, 290n.1, 318

Trato vocal, reconstrução do, *ver também* Neandertais

Trinkaus, Erik, 230n.23, 233n.29

Trois-Frères, Les, 264, 279, 296n.25, 361; feiticeiro de, 264-5, 279

Ùbeidiya, 41, 45, 237n.50

Último teorema de Fermat, 73-4

Vale Bisa, 270, 236n.41

Villa, Paola, 205

Vogelherd, 292n.9

Wadi Kubbaniya, 352, 358, 364n.2; processamento de vegetais, 352-3

Walpiri, 256, 294n.18

Washoe, 132

Wernicke, área de, 169-70, 184n.33

Wheeler, Peter, 161, 332-4

White, Randall, 211, 291n.2

Whiten, Andrew, 79, 128, 130, 144, 329-30

Wiles, Andrew, 73

Wopkaimin, 276, 300n.47

Wrangham, Richard, 124

Wynn, Thomas, 59-60, 94n.6, 103, 153, 246

Zhoukoudian, 39, 228n.18

SOBRE O LIVRO

Formato: 16 x 23 cm
Mancha: 28 x 50 paicas
Tipologia: Iowan Old Style 10,5/15
Papel: Pólen Soft 80 g/m² (miolo)
Cartão Supremo 250 g/m² (capa)
1ª edição: 2003

EQUIPE DE REALIZAÇÃO

Coordenação Geral
Sidnei Simonelli

Produção Gráfica
Anderson Nobata

Edição de Texto
Nelson Luís Barbosa (Assistente Editorial)
Nelson Luís Barbosa (Preparação de Original)
Ana Luiza Couto e
Fábio Gonçalves (Revisão)
Gilson Ferraz (Índice Remissivo)
Kalima Editores (Atualização ortográfica)

Editoração Eletrônica
Lourdes Guacira da Silva Simonelli (Supervisão)
Cia. Editorial (Diagramação)